T0123398

Sammlung Metzler
Band 291

Manfred Mittermayer

Thomas Bernhard

Verlag J.B. Metzler
Stuttgart · Weimar

Die Deutsche Bibliothek – CIP-Einheitsaufnahme

Mittermayer, Manfred:
Thomas Bernhard / Manfred Mittermayer.
– Stuttgart ; Weimar : Metzler, 1995
(Sammlung Metzler ; Bd. 291)
ISBN 978-3-476-10291-1
NE: GT

ISBN 978-3-476-10291-1
ISBN 978-3-476-03988-0 (eBook)
DOI 10.1007/978-3-476-03988-0
ISSN 0558 3667

SM 291

© 1995 Springer-Verlag GmbH Deutschland
Ursprünglich erschienen bei J.B. Metzlersche Verlagsbuchhandlung
und Carl Ernst Poeschel Verlag GmbH in Stuttgart 1995

EIN VERLAG DER SPEKTRUM FACHVERLAGE GMBH

Inhalt

Vorwort

Die vorliegende Arbeit bietet eine Einführung in das gesamte publizierte Werk des Autors Thomas Bernhard, wie es sich nach dem aktuellen Stand der literaturwissenschaftlichen Forschung darstellt.

Zum einen werden die literarischen Texte Bernhards im einzelnen, aber auch im Werkzusammenhang vorgestellt. Durch bewußte Textnähe und Detailtreue soll das differenzierte künstlerische Zeichensystem des Autors in möglichst vielen seiner Facetten freigelegt werden, wobei auch sein spezifisches Idiom für den Leser erkennbar bleiben soll: es gibt nur wenige Schriftsteller, bei denen das literarische Vokabular, die individuelle Formulierung eine solche Bedeutung erlangt wie bei Thomas Bernhard. Zum anderen sind fortwährend die Stimmen anderer germanistischer Kommentatoren in die Darstellung eingeflochten; die umfangreiche wissenschaftliche Forschung zu Bernhard hat eine beträchtliche Anzahl substantieller Ergebnisse hervorgebracht, aus denen sich (soweit es der vorgegebene Rahmen erlaubt) eine repräsentative Synthese ergeben sollte.

Bei aller angestrebten Vielfalt hat die Untersuchung durchaus einen thematischen Kern. Von Beginn an geht es bei Bernhard um die mühevollen Versuche des Menschen, sich innerhalb von Natur und Gesellschaft als selbständiges Individuum zu etablieren. Dabei arrangiert er immer wieder kunstvolle Versuchsanordnungen, in denen er die Opposition des Einzelnen und des ihm bedrohlich entgegenstehenden Lebenszusammenhangs inszeniert. »Ich hatte überhaupt nichts werden und natürlich niemals ein Beruf werden wollen, ich hatte immer nur *ich* werden wollen«, lautet ein entscheidender Satz aus Bernhards Autobiographie (*Der Atem*, At 155). Um das Thema der Ich-Werdung und der Selbstbewahrung gruppiert sich jedoch eine komplexe literarische Bilderwelt, die in ihren wesentlichen Aspekten nachgezeichnet werden soll. Zunächst erfolgt darin vor allem eine subtile Auseinandersetzung des Künstlers mit sich selbst: »Mich interessieren *nur meine Vorgänge*«, sagt der Autor in einem der Monologe, in denen er Auskunft über sich und sein Schreiben gibt (*Drei Tage*, It 86). Doch seine literarischen Phantasien, die »Vorgänge« in seinen Büchern, lassen sich vielfach als Zeichen für eine allgemeine Lebenssituation lesen, repräsentativ für das Zeitalter, dessen Strukturen in diesen Texten protokolliert sind. Wiederholt werden in den folgenden Analysen deshalb – neben der detaillierten sprachlichen Betrachtung – auch soziologische oder psychoanalytische Kommentare eingesetzt, um die Zusammenhänge zu durchleuchten, die zwischen Selbst- und Weltdarstellung bestehen. Das breite Angebot an Zugangsmöglichkeiten, das sich damit (stets gestützt auf eine genaue Lektüre der konkreten Texte) eröffnet, soll nicht zuletzt Bernhards künstlerischer Verfahrensweise gerecht werden: Ausgangspunkte für sein Schreiben sind zumeist wiedererkennbare Realitätspartikel (Personen, Ereignisse etc.), aus denen er jedoch sogleich eine eigenständige literarische Welt errichtet, kunstvoll verdichtete sprachliche Gebilde, die den Leser durch Anspielungen auf die unterschiedlichsten Wirklichkeitsbereiche zur Sinngebung einladen.

Die Arbeit beginnt mit einer Zusammenfassung von Aussagen des Autors zu seinen schriftstellerischen Absichten, die für den späteren Gang durchs Werk hilfreich sind, und einem Abriß seines Lebens, dessen Kenntnis hier durchaus nicht als Schlüssel zu Bernhards Literatur angeboten wird; für eine Reihe von Details in seinen Texten ist sie gleichwohl unerläßlich. Nach einem Überblick über Bernhards Frühwerk (vor dem ersten erfolgreichen Roman *Frost*) folgt der umfangreichste Teil der Arbeit, die chronologisch angeordnete Darstellung des Prosaschaffens. In ihren Rahmen sind die fiktionalen Romane und Erzählungen gleichermaßen eingepaßt wie die autobiographischen Schriften: Nur in den frühen Jahren seines Schaffens tragen Bernhards längere Erzähltexte die Gattungsbezeichnung »Roman«, später hat er selbst an der Aussagekraft dieses Begriffs gezweifelt (vgl. Dreissinger 1992, 107). Und in der literarischen Beschreibung seiner Kindheit und Jugend stehen den authentischen Elementen in auffälliger Weise auch fiktionale Überlagerungen gegenüber (ebenso wie in den fiktionalen Texten stets autobiographische Markierungen zu erkennen sind).

Bernhards Theaterstücke sind (ab 1970) parallel zu seinen Prosabüchern erschienen; dieser Werkkomplex wird hier in einem separaten Abschnitt dargestellt, um ebenfalls in seinem Zusammenhang vorgeführt werden zu können. Dann folgt ein Blick auf Bernhards (Schelt-)Reden, deren Provokationskraft zu seinen Lebzeiten (im Verein mit den Skandalen im Anschluß an seine fiktionalen und autobiographischen Texte) die öffentliche Wahrnehmung seiner Persönlichkeit nicht unwesentlich geprägt hat; bewußt soll in diesem Buch nicht der ›Skandalautor‹ Bernhard im Mittelpunkt stehen, dennoch gehört auch dieser Aspekt zu seinem Erscheinungsbild. Am Ende wird in einem gesonderten Kapitel eine Annäherung an den eigentümlichen ›Ton‹ dieses Schriftstellers versucht, an die musikalisierte Sprachform, die einen Bernhard-Text stets sofort als solchen identifizierbar macht – womit noch einmal das oben angesprochene Thema der Ich-Werdung anklingt: Bernhards solipsistisch zugespitzter Erzählraum ist nicht zuletzt das Medium der Selbsterfahrung des imaginierenden Ichs in einer vom Zerfall bedrohten Welt. »In seinem selbstgeschaffenen Idiom [...] bewahrt es seine Einheit« (Huntemann 1990, 224).

Der Anhangsteil dient vor allem dem raschen Zugang zu Fakten und Zahlen. An seinem Beginn steht eine detaillierte Vita und eine Liste der gesamten publizierten Schriften von Thomas Bernhard. Dann folgt ein umfangreiches Literaturverzeichnis, das natürlich nicht die Vollständigkeit von Jens Dittmars *Werkgeschichte* anstreben kann, in dem dafür jedoch auch auf aktuelleres Material (bis zum Abschluß des Manuskripts im Frühjahr 1995) aufmerksam gemacht wird.

Daß der Name eines Autors nur den Knotenpunkt der vielen Diskurse markiert, deren Verflechtung einen neuen Text ergibt, gilt auch für eine wissenschaftliche Abhandlung. So sollen die fortwährenden Bezugnahmen auf Ergebnisse der Bernhard-Forschung nicht nur Hinweise für die weitere Beschäftigung mit dem Autor sein, sondern darüber hinaus auch dokumentieren, wieviel ich diesen Vor-Arbeitern für meine eigene Auseinandersetzung mit Bernhard verdanke. Ich denke an die vielen Gesprächspartner, deren Anregungen mein Denken in Bewegung gesetzt haben, bis es auf allen möglichen Wegen zu den folgenden Überlegungen gekommen ist, von den germanistischen KollegInnen bis zu den alten, kranken Menschen, denen ich im Zivildienst begegnet bin und die mein Bernhard-Bild zuweilen mehr geprägt haben als manche wissenschaftliche Studie. Es ist kaum ein adäquater Dank, wenn auch die Lebensbegleiterin genannt wird, der man sich selbst während der Arbeit am Zusammenfassen und Formulieren zugemutet hat; dennoch sei zumindest dieser Name dem des Autors hinzugefügt. Ohne Helga Mittermayer läge dieses Buch nicht vor.

0. Einleitung:
Bernhard über Bernhard

Alle Bücher, die er »bis heute gelesen und studiert habe«, schreibt der Autor Thomas Bernhard in einer kurzen Reminiszenz an seine *Erste[n] Lese-Erlebnisse* (1975), hätten ihm stets nur eines vermittelt: die Einsicht in »die Unmöglichkeit, die Wahrheit zu sagen und (oder) die Unfähigkeit, die menschliche Existenz zu überwinden« (TBL 33). Damit sind zwei wesentliche Aspekte angesprochen, die als Ausgangspunkte für seine gesamte literarische Arbeit angesehen werden können.

»Die Idee ist gewesen, der Existenz auf die Spur zu kommen, der eigenen wie der andern«, heißt es in dem autobiographischen Band *Der Keller* (1976; Ke 167). »Die Existenz klarmachen, sie nicht nur durchschauen, sondern aufklären, bis zu dem höchstmöglichen Grad an jedem Tag, ist die einzige Möglichkeit, mit ihr fertig zu werden« (Ke 150f.). Der Versuch einer gedanklichen Bewältigung der Existenz bedeutet in Bernhards Werk allerdings nicht nur eine Beschäftigung mit ahistorischen Gegebenheiten *des* menschlichen Daseins; der Autor bedient sich in seiner Existenzanalyse stets historisch markierter Darstellungselemente, um auf diese Weise die »Gefährdungen und Zerstörungen« sichtbar zu machen, »denen das Subjekt unter den heutigen Bedingungen ausgesetzt ist«. Hartmut Reinhardt sieht deshalb Bernhards künstlerische Leistung vor allem darin, »daß er die Möglichkeiten des Subjekts in eigentümlicher Radikalisierung untersucht und Formen der Beschädigung ans Licht rückt, die sowohl der gesellschaftliche Pragmatismus wie auch die gesellschaftliche Aufklärung zu übersehen neigen« (Reinhardt 1976, 355).

Zu diesen Beschädigungen gehört auch die Unmöglichkeit, das individuell Empfundene sprachlich zu vermitteln. »Verständlichmachen ist unmöglich, das gibt es nicht«, klagt der Autor in dem filmischen Monolog *Drei Tage* (It 80), der in Zusammenarbeit mit Ferry Radax, dem Regisseur des Films *Der Italiener*, im Jahre 1970 gedreht wurde (zur Entstehung vgl. Radax 1985, 209ff.). Bernhards fiktionale Texte enthalten von Beginn an Bemerkungen zu dem Problem, daß sich die Wahrheit grundsätzlich nicht sagen lasse, und auch in dem Band *Der Keller* wird das Thema der scheiternden Mitteilung alles Wahrgenommenen in prinzipieller Formulierung aufgegriffen: »Wir müssen sagen, wir haben nie etwas mitgeteilt, das die Wahrheit gewesen wäre, aber den *Versuch*, die Wahrheit mitzuteilen, haben wir lebenslänglich nicht aufgegeben« (Ke 43). Dabei richtet sich Bernhards Sprachskepsis nicht so sehr auf die mangelnde »Adäquanz von Wort und Ding« bzw. auf Erkenntnistheorie; es geht vor allem um die »authentische Kommunikation von Innerlichkeit« (Klug 1991, 83): »Die Wahrheit, denke ich, kennt nur der Betroffene, will er sie mitteilen, wird er automatisch zum Lügner. Alles Mitgeteilte kann nur Fälschung und Verfälschung sein« (Ke 42).

Der Filmmonolog *Drei Tage* und der letzte Abschnitt von *Der Keller* sind neben den zahlreichen Interviews (etwa den beiden Fernsehporträts von Krista Fleischmann, vgl. Fleischmann 1991, dazu auch v.a. die Zusammenstellung bei Dreissinger 1992 sowie Müller 1992) die aufschlußreichsten Selbstdarstellungen Thomas Bernhards. Abgesehen von den zitierten Bemerkungen enthalten sie noch eine Reihe weiterer entscheidender Aussagen zu seinem poetologischen Selbstverständnis, deren Kenntnis für eine Begegnung mit dem Werk dieses Autors vorauszusetzen ist; sie sollen deshalb der differenzierten Darstellung seiner literarischen Entwicklung vorangestellt werden.

1. »Drei Tage«

In dem Monolog *Drei Tage* formuliert Bernhard seine spezifische »Poetik der Künstlichkeit« (Höller 1981, 53):

»In meinen Büchern ist alles *künstlich*, das heißt, alle Figuren, Ereignisse, Vorkommnisse spielen sich auf einer Bühne ab, und der *Bühnen*raum ist total finster. Auftretende Figuren auf einem *Bühnen*raum, in einem *Bühnen*viereck, sind durch ihre Konturen deutlicher zu erkennen, als wenn sie *in der natürlichen* Beleuchtung erscheinen wie in der üblichen uns bekannten Prosa. In der Finsternis wird alles deutlich« (It 82).

Damit ist eine Ausgangssituation beschrieben, die in Bernhards Texten auch inhaltlich immer wiederkehrt: vor dem Hintergrund universaler Finsternis konturieren sich einzelne Wirklichkeitselemente, die in einer grundsätzlich in Auflösung begriffenen Realität ebenfalls vom Zerfall bedroht sind. Ausdrücklich wird auf den Konstruktionscharakter dieser literarischen Erzeugnisse hingewiesen: nicht so sehr die Nachahmung der Wirklichkeit steht im Vordergrund, sondern die künstlich-künstlerische Inszenierung, es geht nicht »um die Mimesis, sondern um die Poiesis« (Schmidt-Dengler 1986, 31).

Durch das beschriebene »Kunst*mittel*« wird vor allem der Sprache und dem einzelnen Wort eine ganz besondere Bedeutung verliehen. Man habe sich die Buchseiten »*vollkommen finster*« vorzustellen, sagt der Autor. »Das Wort leuchtet auf, dadurch bekommt es seine *Deutlichkeit* oder *Überdeutlichkeit*«, und auf diese Weise würden die Wörter »langsam zu *Vorgängen äußerer und innerer Natur*« (It 82f.). In einem späteren Interview hat Bernhard in diesem Zusammenhang eine weitere Aussage getroffen, die für ein Verständnis seiner Texte entscheidend ist: Die Wiedergabe von Natur als Selbstzweck habe ihn nie interessiert, er schreibe »immer nur über innere Landschaften« (zit. nach Fleischmann 1991, 14f.). »*Innere* Vorgänge, die niemand sieht, sind das einzige Interessante an Literatur überhaupt. Alles Äußere kennt man ja. Das was *niemand* sieht, das hat einen Sinn aufzuschreiben« (ebd. 274). In Bernhards Prosa gibt es »keinen bewußtseinsunabhängigen Raum«, hat man mit Recht behaupten können; »die Landschaftsschilderungen der frühen Prosa sind veräußerlichte Innenwelt und spiegeln in ihrer Todesverfallenheit die Befindlichkeit des Subjekts« (Huntemann 1991, 46).

Das Bewußtsein dieser Todesverfallenheit prägt bereits den Anfang von *Drei Tage*. Die ersten Eindrücke des Lebens seien am Schulweg entstanden, »der hat bei mir an einem Fleischhauer vorbeigeführt« und dann von dort »ein paar Treppen hinauf zum Friedhof«. »Lauter Tote ... Und das ist von ziemlicher Bedeutung für jeden Menschen, und man kann da auf alles Rückschlüsse ziehen ...« (It 78). Von hier aus durchzieht den Monolog ein seltsames Szenario der Ambivalenz zwischen Schöpfung und Vernichtung, zwischen (Selbst-)Konstituierung und Regression. Das einzige Vergnügen sei die Arbeit: »Das sind die Sätze, Wörter, die man aufbaut. Im Grunde ist es wie ein Spielzeug, man setzt es übereinander, es ist ein musikalischer Vorgang.« Doch habe man eine bestimmte Stufe erreicht, »durchschaut man das Ganze und haut alles wie ein Kind wieder zusammen« (It 80). Der Akt der Zerstörung wird auch mit Befreiung assoziiert: »Das wird hinausgeschmissen, wie von so einem Ballon. Man wirft Sandsäcke ab, das sind die Bücher«, sagt Bernhard später im Gespräch (Hofmann 1991, 29). Doch »während man glaubt, daß man's los hat«, wachse einem ein neues »Geschwür, das man als neue Arbeit, als neuen Roman erkennt, irgendwo am Körper heraus« (It 80). Mit einem »Krebsgeschwür« vergleicht der Autor seine Literatur, mit einem Krankheitssymptom – eine Begriffswahl, die angesichts der Bedeutung von Krankheit und Krankheitsbeschreibung vor allem in seinen ersten Romanen und Erzählungen bemerkenswert ist: »Man operiert das heraus und weiß natürlich ganz genau, daß die Metastasen den ganzen Körper schon verseucht haben und daß eine Rettung gar nicht mehr möglich ist« (ebd.).

Eine Reihe von Sätzen aus *Drei Tage* lassen sich als Proklamation einer neuen Ästhetik lesen, die sich radikal gegen alle traditionellen Konzepte richtet. Als Ablehnung klassischer Vorstellungen von Ganzheit und Harmonie, als Votum für eine Ästhetik des Fragmentarischen ist die folgende Äußerung zu verstehen: »Es darf nichts Ganzes geben, man muß es zerhauen. Etwas Gelungenes, Schönes wird immer mehr verdächtig« (It 87). Hier steht auch jener Satz, der in der Forschung mit Recht als eines der zentralen Prinzipien von Bernhards

Poetik aufgefaßt worden ist: »Geschichten hasse ich im Grund. Ich bin ein *Geschichtenzerstörer, ich bin der typische Geschichtenzerstörer.* In meiner Arbeit, wenn sich irgendwo Anzeichen einer Geschichte bilden, [...] schieße ich sie ab.« Auch bei einzelnen Sätzen verspüre der Sprecher diesen Impuls: »ich hätte fast die Lust, ganze Sätze, die sich *möglicherweise* bilden könnten, schon im vorhinein abzutöten« (It 83f.). Mit Bezug auf diese Bemerkungen ist Bernhards Prosa dem »Komplex der Polemik gegen das Erzählen« zugeordnet worden (Schmidt-Dengler 1986, 31). In *Drei Tage* nimmt die Vorstellung von der lustvollen Zerstörung aller entstehenden Sätze und Inhalte jedoch ein Szenario vorweg, mit dem der Monolog auf seine Ausgangskonstellation des schließlichen Zerfalls jeglichen Lebens zurückkommt: den Traum vom regressiven Eingehen in die absolute Finsternis, von der die menschliche Existenz eingefaßt ist. »Man müßte aus der *einen* Finsternis, die zu beherrschen einem zeitlebens unmöglich ist, [...] hineingehen in die *andere, in die zweite, in die endgültige* Finsternis vor einem« (It 89; vgl. zur literarischen Wiederkehr dieses Strukturmodells die Analyse von *Der Ignorant und der Wahnsinnige*).

Gegen die Lust am Verschwinden und an der Regression stellt der Autor ausdrücklich das Schreiben als Mittel der Selbstbehauptung. Über literarische Arbeit kann es gelingen, am Widerstand des Vorgegebenen sich selbst zu erfahren: »Widerstand ist Material. Das Gehirn braucht Widerstände« (It 81). Zum einen richtet sich das Schreiben gegen die eigene Existenz (»warum schreibe ich Bücher? *Aus Opposition gegen mich selbst*«, It 85). Widerstände bieten aber vor allem auch die Vorgänger auf dem Feld der Literatur, gegen die sich der Nachfolger zu behaupten hat. Gerade die Autoren, die für ihn die wichtigsten seien, betrachte er als seine größten Gegner: »Es ist ein ununterbrochenes zur-Wehr-setzen, gerade gegen die, denen man einfach *restlos* verfallen ist« (It 87). Am Anfang stehe das Gefühl der absoluten Unterlegenheit, doch »nach und nach bekommt man Gewalt, auch über ganz Große ... und man kann sie niederdrücken ...« (ebd.). »Die Selbstfindung des Ichs meist in Gestalt mißlingender Abgrenzungsversuche bis hin zum Aufgesogenwerden durch das Gegenüber« gehört nicht zufällig zu den wichtigsten Themen in Bernhards Literatur (Marquardt 1990, 168).

Eine Untersuchung des Werks von Thomas Bernhard hat stets seine Bezugnahmen auf die Texte anderer Autoren mitzureflektieren. Es gibt kaum einen Schriftsteller, bei dem die Nennung bekannter Namen aus der Philosophie- und Literaturgeschichte, aber auch aus anderen Bereichen der Kunst zu einem derart dichten Geflecht intertextueller Beziehungen geführt hat wie bei Bernhard (vgl. v.a. Jahraus 1992, 193ff.; Heyl 1995). Besonders auffällige »intertextuelle Markierungen« (vgl. Heyl 1995, 117ff.) finden sich in Gestalt der zahlreichen Motti, die »einen individuellen Kanon literarischer Klassiker konstituieren«, der »als wesentlicher Ordnungsfaktor« den Zusammenhalt von Bernhards Œuvre sichert (ebd. 149). Aber auch sonst lassen sich immer wieder Verbindungsstellen zu Texten anderer Autoren feststellen; viele dieser Schriftsteller und Philosophen werden im Verlauf der folgenden Darstellung noch zur Sprache kommen.

Besonders deutlich steht die Philosophie Arthur Schopenhauers hinter den literarischen Erfindungen Bernhards; sein Name wird auch in den eingangs zitierten Bemerkungen über *Erste Lese-Erlebnisse* genannt (vgl. dazu Jurdzinski 1984, Huber 1992). Vor allem ist der Verfasser von *Die Welt als Wille und Vorstellung* mit dem Fortwirken von Bernhards einflußreichem Großvater verknüpft, von Johannes Freumbichler, dessen Bedeutung für die intellektuelle Entwicklung seines Enkels wir später noch eingehend erörtern werden (vgl. At 141 f.). Gerade im Zusammenhang mit diesem Philosophen ist darauf hingewiesen worden, daß bei Bernhard keineswegs von einer wissenschaftlich-präzisen Auseinandersetzung mit den geistesgeschichtlichen Vorbildern auszugehen ist (aus Philosophemen würden durch die künstlerische Anverwandlung »Litereme«, vgl. Huber 1992, 35). Die von Bernhards Protagonisten so häufig angesprochenen Namen der Geistesgeschichte sind deshalb weniger im Sinne wissenschaftlicher Referenzen zu verstehen, sondern zumeist als »Abbreviaturen komplexer Denkprozesse und existentieller Haltungen«: die Figuren dieses Autors beschwören immer wieder »Autoritäten der Geistesgeschichte als Bürgen für die Authentizität ihrer Stimmungen, Befindlichkeiten und Erfahrungen« (Klug 1991, 37).

Am Beispiel Schopenhauers zeigt sich jedoch ein weiteres Charakteristikum von Bernhards Umgang mit den philosophischen Systemen der Meisterdenker: in seinen Texten erscheint nur mehr »die metaphysische Erschütterung« angesichts der angeschlagenen Themen, »während die alten metaphysischen Tröstungen ausgespielt haben. Bernhard rettet sozusagen die metaphysischen Themen, [...] nicht jedoch die Antworten« (Huber 1992, 115). So wenden sich seine Figuren denn auch im Verlauf der Werkentwicklung immer mehr von diesen Autoritäten ab; die Funktion philosophischen Denkens, die Existenz zu bewältigen oder gar zu erklären, erweist sich als unerfüllbar. »Alle haben sie bisher falsch gedacht, sie mögen gleich welche Namen getragen haben«, schreibt Murau in *Auslöschung*, »aber sie haben nicht von selbst aufgegeben, [...] nur durch den Willen der Natur, durch Krankheit, Wahnsinn, Tod am Ende« (Aus 156).

2. »Der Keller«

Wir haben eingangs schon auf den Schlußteil des Bandes *Der Keller* Bezug genommen. Dort sind weitere Aussagen zu finden, die Bernhards literarische Arbeit noch deutlicher als der Monolog *Drei Tage* in den Kontext der Selbsterhaltung rücken.

Ausgangspunkt ist dabei eine Vorstellung, die auch in den fiktionalen Texten zu finden ist (vgl. z.B. *Alte Meister,* AM 103): die Weigerung, sich auf einen konkreten Lebens-›Weg‹ einzulassen. »Ich bin keinen Weg gegangen im Grunde, wahrscheinlich, weil ich immer Angst gehabt habe davor, einen dieser endlosen und dadurch sinnlosen Wege zu gehen« (Ke 156). Das Verharren im Bereich der Möglichkeit (»Wenn ich wollte, habe ich mir immer gesagt, könnte ich. Aber ich bin nicht gegangen«; ebd.) dient als Mittel des Schutzes – und damit der Selbstbewahrung. Statt sich der Betrachtung und Beurteilung der anderen auszusetzen, sich in der Öffentlichkeit zu exponieren, verhilft die Methode der prinzipiellen »Verstellung« (Ke 157) dazu, sich allen bedrohlichen Festlegungen zu entziehen. Genau so funktioniert auch die Abwehrstrategie, die sich der Erzähler von *Der Keller* selbst zuschreibt:

»Ich darf nicht leugnen, daß ich auch immer zwei Existenzen geführt habe, eine, die der Wahrheit am nächsten kommt und die als Wirklichkeit zu bezeichnen ich tatsächlich ein Recht habe, und eine gespielte, beide zusammen haben mit der Zeit eine mich am Leben haltende Existenz ergeben« (Ke 153f.).

Dieser Abschnitt bildet wohl nicht zuletzt einen Kommentar zu Bernhards eigener Art zu schreiben. Schon früh hat Thomas Bernhard seine Leser mit der eigentümlichen Grenzverwischung zwischen Fiktionalität und Authentizität in seinen Texten irritiert. Während die fiktionalen Arbeiten deutliche autor-biographische Markierungen aufweisen, lassen sich zugleich auch an den als autobiographisch deklarierten Texten Merkmale fiktionaler Stilisierungen erkennen. Ab Erscheinen der Autobiographie (*Die Ursache*, 1975) wird in Bernhards Büchern die Grenze zwischen Selbsterlebtem und Fiktionalem oft noch zusätzlich verwischt. Das literarische Mittel für diese Vorgangsweise in den erzählenden Texten läßt sich als »Rollenprosa« charakterisieren:

»Die Rollenprosa (richtiger wäre wohl die Bezeichnung Rollenerzählung) garantiert ihm die Identität von Erzählen und Erzähltem – wobei zunächst offenbleibt, ob und inwieweit diese Identität den Autor miteinbezieht. Bernhards distanziert und zugleich subjektiv gestimmtes Erzählen verdankt seinen Wahrheitsanspruch [...] dem poetologischen Faktum der *fingierten Wirklichkeitsaussage* (Käte Hamburger), die ihm freilich mehr als nur formales Stilmittel ist. Sie verleiht seinen Aussagen den Charakter von Authentizität« (Schweikert 1974, 2).

Der Grundsatz, »daß man Rollenprosa nicht mit der Aussage des Autors gleichsetzen dürfe« (ebd. 6), scheint hier aufgehoben – was nicht bedeutet, daß man Autor, Erzähler und Protagonisten tatsächlich miteinander identifizieren kann: »Objektivierung und subjektive Ich-Aussage, Identifikation und Distanz stehen in dauerndem Spannungs- und Wechselverhältnis« (ebd. 4).

Besonders bemerkenswert ist in diesem Zusammenhang ein Denkansatz, der Bernhards literarische Präsentationsform in den Kontext der Selbsterforschung rückt: in seiner Prosa, aber auch in seinen Arbeiten fürs Theater finde eine besondere Art der »Selbstreflexion im *Rollenspiel*« statt (Huntemann 1990, 14). Im Hintergrund dieser Überlegungen steht der Vorschlag, Bernhards Fiktion (bzw. seine »Selbstfiktionalisierung«, nicht zuletzt in der Autobiographie) als »Spiel in der Kunst« aufzufassen (Thorpe 1981, 174f.). In der Prosa wird diese »Selbstreflexion« vor allem durch eine für Bernhard charakteristische Erzähltechnik ermöglicht: durch das »aufgespaltene Erzählen« (Herzog 1995, 107) aus der Perspektive eines Ich-Erzählers, der zum Übermittler der in Form langer Monologe bzw. schriftlicher Hinterlassenschaften artikulierten Erfahrungen einer dominanten Zentralfigur wird (vgl. dazu im Detail das Kap. über *Frost*). Dabei identifizieren sich jeweils nicht nur die Erzählerfiguren mit den Protagonisten, auch der Autor selbst ist von seinem erfundenen Personal nicht vollkommen zu trennen; in einem fiktionalen Raum entsteht auf diese Art ein »Modell der Selbstverständigung über bedrohliche Möglichkeiten des Selbst« (Huntemann 1991, 69), wobei sich die Erzählerfiguren in Bernhards frühen Texten »zunächst ständig an der Grenze zur zerstörerischen Denk-Welt der Protagonisten aufhalten, jedoch in der Werkentwicklung mehr und mehr Distanz dazu gewinnen« (ebd. 68).

Dies bedeutet, daß Bernhards literarische Arbeit als fortlaufendes künstlerisches Projekt zu verstehen ist, das zwar in einzelne literarische Texte zerfällt, dabei jedoch deutlich ein übergreifendes Anliegen verfolgt. Tatsächlich hat man die eigentümliche Konstanz bestimmter Themen und Motive bei diesem Autor schon sehr früh bemerkt. »Im Grunde ist es immer die eine gleiche Prosa und die eine Art, für die Bühne zu schreiben«, sagt auch Bernhard selbst in einem Interview (zit. nach Dreissinger 1992, 77), und einem erfundenen Verleger schreibt er in die Rolle: »Diese Beobachtung machen Sie / an allen bedeutenden Künstlern / sie schaffen alle immer nur ein einziges Werk / und verändern es immer in sich ununterbrochen unmerklich« (*Die Berühmten*, St II/177). In diesem Sinne charakterisiert sich Bernhards Schreiben durch den Widerspruch zwischen der klar definierten Abgeschlossenheit des einzelnen Kunstprodukts und dem Fortlaufen einer komplexen Thematik über die Grenzen der einzelnen Texte hinaus. Bestimmte Themenbereiche ziehen sich bei diesem

Autor durchs gesamte Werk, werden modifiziert, differenziert, bleiben aber als Obsessionen erhalten, andere Aspekte kommen hingegen nur in bestimmten Phasen der Werkentwicklung zum Tragen, werden dort mit größerer Deutlichkeit ausformuliert; auch sie prägen dann in der Regel mehrere Texte. Allerdings läßt sich aus diesem Befund bei aller Betonung der nachweisbaren Kontinuitäten keineswegs eine bloße Variation des Immergleichen in Bernhards Werk ableiten – wie man sie dem Autor seitens der Kritik nicht selten unterstellt hat; es gibt darin eine klar erkennbare Entwicklung.

Greift man auf die oben referierten Vermutungen zur Funktion des literarischen Rollenspiels zurück, so läßt sich die Literatur Thomas Bernhards als eine Art künstlerisch-theatralischer Apparat der Selbstreflexion verstehen, in dessen imaginärem Raum eine lebenslange Analyse der (individuellen und überindividuellen) Bedingungen des eigenen Existierens stattfindet. Dabei wird im Verlauf des konkreten Schreibens eine Art privater Mythos (vgl. dazu auch vom Hofe 1982, 34f., Finnern 1987, 124f.) ausgefaltet, durch den diese Analyse erst formulierbar wird. Bedrohliche Tendenzen des Individuums werden reflektiert und durchgespielt, empfundene Ängste werden bebildert und für das imaginierende Bewußtsein dieser Texte zugleich faßbar gemacht (die feindliche Natur, die angsterweckende Weiblichkeit, die Familienkonstellation einer übermächtigen Mutter und eines absenten Vaters, die den Einzelnen entmächtigenden überindividuellen Apparaturen wie Schule und Staat – wir werden ihnen im Verlauf unserer Darstellung begegnen). Immer wieder geraten so auch jene historisch-politischen Phänomene ins Blickfeld, deren aggressive Benennung im Extremfall zu Bernhards spektakulären Wortmeldungen und Skandalen geführt hat; die Auseinandersetzung mit der individuellen Lebens- und Erfahrungswelt ist keine bloß private Selbstbespiegelung, sondern sie beinhaltet auch die literarische Erfassung der Zeitumstände, unter denen sie erfolgt.

In dem Band *Der Keller* findet sich noch ein weiteres Bild für die Art der Weltbewältigung, wie sie Bernhards Literatur praktiziert: »Das Theater, das ich mit vier und mit fünf und mit sechs Jahren für mein ganzes Leben eröffnet habe, ist schon eine in die Hunderttausende von Figuren vernarrte Bühne [...]. Jede dieser Figuren bin ich, der Direktor bin ich« (Ke 157f.). Die Verwandlung der Umwelt in theatralische Elemente raubt dem Bedrohlichen seine Realität, erklärt es zum verfügbaren Material, das der Allmacht des gottgleichen Theaterdirektors unterworfen ist. Und sie ermöglicht eine Haltung, deren Berücksichtigung für das Verständnis von Bernhards Texten unerläßlich ist: »Wie gut, daß wir immer eine ironische Betrachtungsweise gehabt haben, so ernst uns immer alles gewesen ist. Wir, das bin ich« (Ke 158). »Das Ironische, das die Unerträglichkeit abschwächt« (*Verstörung*, V 101), dient der rettenden Distanznahme, ähnlich wie der erzählerische Mechanismus, mit dessen Hilfe das beobachtende Ich aus der bedrohlichen Welt des Protagonisten noch einmal entkommen kann. Auf diese Weise, schreibt Franz Schuh, habe Bernhard aber auch »einen rhetorischen Panzer entwickelt, hinter dem sein Selbst unverwundbar weilt«. Vor allem auf die spezifische Form der Selbstäußerung im Medium der Fiktion, durch die Figurenrede seiner Protagonisten, ist die folgende Analyse von Bernhards »Unverwundbarkeitstechniken« zu beziehen: »Indem er immer, was er selber ist, zugleich auch denunziert, ist er zugleich auch das Denunzierte, ohne es zu sein« (Schuh 1981, 20f.). Wer die komplexe Mechanik der Distanzierung und Ironisierung bei Bernhard nicht nachvollzieht, wird die spezifische Kommunikationsstruktur nicht verstehen, in die selbst philosophisch ernste Welt- und Werturteile eingebunden sind: »Jede dezidierte Option und Vereindeutigung muß die im Werk angelegte strukturelle Ambivalenz übergehen, die insbesondere die Dialektik der formalen Konstruktion (Identifikation – Distanz, Rollenspiel, Ironie) ausmacht« (Huntemann 1990, 187).

Zu der eingeschlagenen Verwirrtaktik gehört auch die auffällige Vermischung der theatralischen Gattungen, die sich durch Bernhards gesamtes Werk zieht: »Zuerst habe ich hundertprozentig eine Tragödie aufgeführt und dann eine Komödie und dann wieder eine Tragödie, und dann vermischte sich das Theater, es ist nicht mehr erkennbar, ob es eine Tragödie oder eine Komödie ist. Das verwirrt die Zuschauer« (Ke 159). Die »Erfahrung der Gleichzeitigkeit und Identität des Schmerzlich-Ernsten und des Lächerlichen« unterstreicht der Autor nicht nur in seinen Theaterstücken, sondern auch in seinen Prosatexten. Es gibt bei ihm »kaum ein Werk, wo dieses Ineinanderfließen von Komik und Tragik, bzw. Komödie und Tragödie, nicht in irgendeiner Form zur Sprache käme« (Barthofer 1982, 82). »Manchmal behaupten wir, es sei eine Tragödie, manchmal das Gegenteil, und sagen, eine Komödie ist es, und wir können nicht sagen, jetzt ist es eine Tragödie, jetzt eine Komödie« (Ke 158f.). Dieses unentwirrbare Ineinander von Tragödie und Komödie, das nichts mehr mit der additiven Form der Tragikomödie als Verbindung tragischer und komischer Elemente zu tun hat, ist mit Schopenhauer in Verbindung gebracht worden (vgl. Huber 1992, 91ff.) und mit Kierkegaard (vgl. Klug 1991, 101f.); Schmidt-Dengler hat in diesem Zusammenhang die Metapher geprägt, Bernhards Texte funktionierten nach dem »Modell von Umspringbildern« (Schmidt-Dengler 1995, 79). Bernhards letztes Wort zu diesem Aspekt steht in dem Band *Alte Meister* (1985): »Was denken wir und was reden wir nicht alles und glauben, wir sind kompetent und sind es doch nicht, *das ist die Komödie*, und wenn wir fragen, wie soll es weitergehn? *ist es die Tragödie*« (AM 308).

Der Untertitel dieses Buches benennt zugleich auch das Ziel, auf das sich die Texte des Autors im Verlauf der Entwicklung zubewegt haben: er lautet *Komödie*. Schmidt-Dengler bezieht die allmähliche Verschiebung hin zur Komödie auf den bekannten Satz aus Bernhards Staatspreisrede, es sei alles lächerlich, wenn man an den Tod denke (vgl. Bernhard 1968, 349): »Ist in der ersten Phase es immer der Tod, der im Mittelpunkt steht, so wird es in der zweiten das Lächerliche« (Schmidt-Dengler 1986, 102). Die Vorherrschaft des Lächerlichen bewirkt aber schon von Beginn an, daß dem Weltgeschehen in diesen Texten die Dignität des Tragischen nicht mehr zugesprochen wird: »*Nichts ist tragisch*«, klagt Strauch in *Frost*. »Das Lächerliche sei ›allgewaltiger als alles andere‹« (F 258f.). In dem Roman *Das Kalkwerk* stellt die Hauptfigur Konrad fest, wir könnten tun, was wir wollen, »wir kommen aus der Komödie nicht heraus, der Versuch der Jahrtausende, die Komödie zu einer Tragödie zu machen, hat naturgemäß scheitern müssen« (Kw 70). Doch die universale Herrschaft des Komischen ermöglicht ihm genau jene rettende Funktion, die auch Konrad schon anspricht: dadurch sei »ja alles erträglich, weil es komisch ist« (ebd.). »Wem es gelingt, auf dem Totenbett eine Komödie oder ein reines Lustspiel zu schreiben, dem ist alles gelungen«, heißt es diesbezüglich in *Ungenach* (Ung 44). Um sich »diese fürchterlichen Dinge überhaupt erträglich zu machen«, habe er schon als Kind »immer den Umweg über das Theatralische gesehen«, sagt der Autor selbst. »Die fürchterliche Wirklichkeit letzten Endes niemals als Tragödie, sondern als Komödie. Das war mir die einzige Möglichkeit – und ist es auch heute noch« (zit. nach Dreissinger 1992, 62).

So werden Theatralisierung und Komisierung in Bernhards Texten zum »Mittel, sich dem Bannkreis eigener Verzweiflung zu entwinden, ohne die gemachten Erfahrungen darum zu verleugnen« (Klug 1991, 105). In *Der Keller* wird der Zustand ausdrücklich beschrieben, der damit erreicht werden sollte: »Mein besonderes Kennzeichen heute ist die Gleich*gültigkeit*, und es ist das Bewußtsein der Gleich*wertigkeit* alles dessen, das jemals gewesen ist und das ist und das sein wird. Es gibt keine hohen und höheren und höchsten Werte, das hat sich alles erledigt« (Ke 166). Diese Feststellung bedeutet nicht, daß sich der Autor Bernhard zunehmend mit den beobachteten Unzulänglichkeiten und Mißständen abgefunden hätte; die Vehemenz seiner literarischen Rede bleibt bis in die letzten Bücher hinein ungebrochen. Dennoch läßt sich vor allem in seinen späteren Arbeiten immer mehr »die Gleich-Gültigkeit als die tragende Grundhaltung gegenüber der Welt und damit als Weltsicht des Erzählers« feststellen (Seydel 1986, 96). Auch hier kann man an Schopenhauer denken, wenn er vom heilsamen Rückzug des leidenden Menschen ins »Gebiet der ruhigen Ueberlegung« schreibt. Dort nämlich erscheine diesem »kalt, farblos und für den Augenblick fremd«, was ihn ansonsten »ganz besitzt und heftig bewegt«. Als »bloßer Zuschauer und Beobachter [...] gleicht er einem Schauspieler, der seine Scene gespielt hat und bis er wieder auftreten muß, unter den Zuschauern seinen Platz nimmt« und alles, selbst »die Vorbereitung zu seinem Tode (im Stück), gelassen ansieht« (Schopenhauer 1977, I/127). Die beschriebene Haltung betrifft bei Bernhard jedoch nicht nur das Thema, sondern insbesondere die »formale Gestaltungsmöglichkeit der Texte« (Seydel 1986, 96). Im Bestreben, »Ausgleich, Aufhebung, Gleichwertigkeit« auch literarisch zu inszenieren, werden »Absoluta und Totalisierungen nebeneinander gestellt«, obwohl sie einander doch ausschließen müßten. »Sie sind aber alle gleich gültig« (ebd. 97). Auch hier äußert sich nochmals die ironische Auseinandersetzung mit der Welt – und mit sich selbst.

I. Das Leben. Eine Skizze

Vor der Darstellung der literarischen Schriften von Thomas Bernhard muß noch kurz auf sein Leben eingegangen werden. Zwar sollen diese Texte hier keineswegs in erster Linie aus seiner Biographie erklärt werden, und deshalb steht der Abschnitt auch bewußt erst nach den poetologischen Anmerkungen des Einleitungskapitels. Dennoch ist eine gewisse Kenntnis der biographischen Voraussetzungen gerade bei diesem Autor besonders wichtig, und die Bezugnahmen auf lebensgeschichtliche Erfahrungen, mit denen Bernhard auch seine fiktionale Texte unübersehbar an seine eigene Person bindet, werden nur auf diese Weise nachvollziehbar.

Die frühen Lebensjahre Thomas Bernhards waren lange Zeit fast ausschließlich über Selbstaussagen des Autors zugänglich. Dazu gehörten ein Lebenslauf (ein nicht zur Veröffentlichung bestimmter Brief an Hans Weigel, abgedruckt in *Stimmen der Gegenwart*, Wien 1954), eine »Vita« im Anhang zu dem Aufsatzband *Über Thomas Bernhard* (vgl. Lit.-verz.), der Film-Monolog *Drei Tage* (It 78-90), vor allem aber die autobiographischen Bände von *Die Ursache* bis *Ein Kind* (1975-1982). In seiner Monographie hat es Hans Höller inzwischen unternommen, das Ineinander von Realität und Stilisierung zu entwirren. An seiner grundlegenden (die detailgenauen Recherchen von Louis Huguet einbeziehenden) Darstellung können sich die folgenden biographischen Einordnungsversuche orientieren (vgl. Höller 1993; dazu auch Huguet 1991).

Nicolaas Thomas Bernhard wurde am 9. Februar 1931 in Heerlen (Holland) geboren. Seine Mutter, Herta Bernhard (1904-1950), wollte das uneheliche Kind fern von der Heimat zur Welt bringen. Der Vater Herta Bernhards war der Schriftsteller Johannes Freumbichler (1881-1949), der einzig durch den über Vermittlung Carl Zuckmayers publizierten Bauernroman *Philomena Ellenhub* (1936; Öst. Staatspreis 1937) vorübergehend Anerkennung fand. Ihre Mutter Anna Bernhard (1878-1965, geb. Schönberg, legitimierte Pichler) war aus der Ehe mit einem Karl Bernhard geflüchtet und hatte ihren weitgehend erfolglosen Lebensgefährten Freumbichler, dessen Unterhalt sie hauptsächlich bestritt, auf einem ruhelosen Wanderleben über Basel, Meran, München, Bozen, Henndorf und Salzburg begleitet, ehe sich die Familie 1913 in Wien niederließ. In seinen Werken hat Thomas Bernhard »mit dem unbestechlichen Blick für das Wahnhafte, Despotische und menschlich Destruktive« solchen Künstlertums (Höller

1993, 48) die als Kind erlebte Grundkonstellation immer wieder literarisch ausphantasiert, »den einsamen Geistesmenschen und die unterdrückte Frau, den von lebenslänglichen Studien, künstlerischen oder wissenschaftlichen Ideen Besessenen und seine Opfer« (ebd. 40). Bernhards Vater, der Tischler Alois Zuckerstätter, verschwand nach der Geburt seines Sohnes in Richtung Deutschland und schied 1940 in Berlin, dem Alkohol verfallen, freiwillig aus dem Leben – nicht erst 1943 als Opfer einer Gewalttat in Frankfurt an der Oder, wie es in der Autobiographie heißt (vgl. Kä 71). Bernhard verbrachte die ersten Monate seines Lebens nicht auf einem Fischerboot, wie er später in dem Monolog *Drei Tage* angibt (vgl. It 79), sondern in verschiedenen provisorischen Unterkünften in Rotterdam und Umgebung, v.a. in einer streng geführten Kinderbewahranstalt in Hillegersberg, wo die Mutter das Kind bei ihren vierzehntägigen Besuchen nicht einmal aus dem Bett herausnehmen durfte. Erst ganz zuletzt folgte tatsächlich eine kurze Zeit auf dem erwähnten Fischkutter, ehe Herta Bernhard ihren Sohn im Herbst 1931 zu den Großeltern in Wien brachte. Im Mai 1932 kam sie endgültig nach.

1935 zogen die Großeltern mit dem Enkelkind nach Seekirchen bei Salzburg, finanziell beinahe mittellos, von Gelegenheitsarbeiten der Großmutter bei den Bauern der Umgebung abhängig. In Erinnerung an die eigene Jugend in der Familie des besitzlosen Schriftstellers sollte später »die Welt der verachteten Künstler, der Schauspieler, Schausteller und Zirkuskünstler« ins Zentrum einiger Werke des mittlerweile erfolgreichen Autors Thomas Bernhard treten (Höller 1993, 36). »Als Schriftsteller wird der Enkel den gescheiterten Großvater, der sein Erbe in Henndorf ausgeschlagen hatte und um der Kunst willen ins soziale Elend gegangen und letztlich immer erfolglos geblieben war, auf dem Terrain der Literatur rächen« (ebd.).

Um den Jahreswechsel 1937/38 kam der Sechsjährige zur Mutter nach Traunstein in Bayern. Herta Bernhard hatte mittlerweile den Friseur Emil Fabjan geheiratet, für den es hier eine Arbeitsmöglichkeit gab. Vermutlich 1942 wurde das Kind, das schulische Probleme hatte und dessen Beziehung zur Mutter äußerst konfliktgeladen war, vorübergehend in ein NS-Erziehungsheim in Saalfeld (Thüringen) gebracht. Ab Herbst 1943 setzte Bernhard seine Schulzeit in Salzburg fort, wo der Hauptschüler in einem NS-Schülerheim wohnte. 1944 übersiedelte er nach dem schwersten Bombenangriff auf Salzburg wieder nach Traunstein. Ab September 1945 war er jedoch erneut in Salzburg, diesmal als Schüler des Humanistischen Gymnasiums und als Zögling des katholischen Schülerheims Johanneum. Zuvor, im August 1945, habe er einen Selbstmordversuch unternommen, steht im Tagebuch von Johannes Freumbichler (vgl. ebd. 33). Neben der Schulausbildung erhielt Bernhard auf Anregung des Großvaters, der seinen Enkel unbedingt zu einem Künstler erziehen wollte, Geigen-,

Zeichen- und Malunterricht. 1946 übersiedelten auch die Mutter und der Stiefvater mit ihren beiden Kindern und die Großeltern mütterlicherseits nach Salzburg.

Im April 1947 brach Thomas Bernhard die Schulausbildung ab und trat in eine Kaufmannslehre ein. Das Lebensmittelgeschäft, in dem er arbeitete, der sogenannte *Keller* der späteren Autobiographie (1976), befand sich in der Scherzhauserfeldsiedlung, einer der ärmsten Wohngegenden der Stadt. Daneben nahm Bernhard auch privat (bei der Gesangslehrerin Maria Keldorfer und dem Musikkritiker Theodor W. Werner) Musik- und Gesangsunterricht. Im Jänner 1949 erkrankte er jedoch lebensgefährlich an einer schweren Rippenfellentzündung und wurde in dasselbe Krankenhaus eingeliefert, in dem sich seit kurzem auch der Großvater befand. Am 11. Februar 1949 starb Johannes Freumbichler an einer Nierenkrankheit. Der Enkel mußte in der Folge bis zum Jänner 1951 aufgrund einer Lungentuberkulose, die sich mittlerweile ausgebildet hatte, mehrere Aufenthalte in Sanatorien- und Lungenheilstätten absolvieren. In dieser Zeit begann er, sich intensiv mit Literatur zu beschäftigen und auch selbst zu schreiben. 1950 wurde er nochmals auf schmerzliche Weise mit dem Tod konfrontiert: seine Mutter starb an einem Krebsleiden.

In den frühen fünfziger Jahren erfolgten entscheidende Weichenstellungen für die spätere künstlerische Laufbahn Thomas Bernhards. Schon im Sommer 1950 erschienen unter Pseudonymen erste Erzählungen im »Salzburger Volksblatt«. Im Verlauf eines Aufenthalts in der Lungenheilstätte Grafenhof bei St. Veit (1949) begann die Beziehung zu der um 35 Jahre älteren Wienerin Hedwig Stavianicek, dem sogenannten »*Lebensmenschen*« (WN 30), die bis zu deren Tod 1984 andauerte. Die Frau verschaffte Bernhard durch ihren Wiener Wohnsitz Zugang zur künstlerischen Szene in der österreichischen Hauptstadt, und auch seine ersten Reisen (1952 Venedig, 1953 Jugoslawien, 1956 Sizilien) fanden in ihrer Begleitung statt. 1952 wurde Bernhard über Vermittlung Carl Zuckmayers Journalist beim Salzburger »Demokratischen Volksblatt«, wo er hauptsächlich regionale Kulturberichte und Gerichtsreportagen schreiben mußte (vgl. dazu die Darstellung seines damaligen Vorgesetzten, des späteren SPÖ-Landeshauptmannstellvertreters und Unterrichtsministers Moritz 1992); Chefredakteur war zu dieser Zeit Josef Kaut, der später als Präsident der Salzburger Festspiele Bernhards erste Theaterproduktionen für die Festspiele verantwortete. An die 250 Artikel entstanden in dieser Zeit, von Berichten über Dichterlesungen bis zu Hinweisen auf Moorbäder und Jodkuren, eine »journalistische Scherbenwelt« gewissermaßen (Höller 1993, 51; vgl. ausführlicher auch Dittmar 1981 bzw. 1992, Klug 1988, Moritz 1992, v.a. aber Habringer 1984, wo einige Texte aus dieser Zeit erstmals nachgewiesen und dokumentiert werden; WG 341ff. bietet eine Bibliographie der nicht unter Pseudonym erschienenen frühen journalistischen und literarischen Arbeiten). Später sollte der Autor in einem Interview ausdrücklich die Bedeutung seiner Arbeit in den Salzburger Gerichtssälen betonen: »Ein unschätzbares Kapital. Ich glaube, da liegen die Wurzeln« (zit. nach Dreissinger 1992, 146).

Für Bernhards später behauptete Bibliothekarstätigkeit in London und ein Studium an der Wiener Hochschule für Musik und Darstellende Kunst (vgl. Gamper 1977, 217f.) fehlen die entsprechenden Beweise (vgl. Höller 1993, 50), von 1955 bis 1957 studierte er jedoch am Salzburger Mozarteum Schauspiel und Regie. Auch hier dürfte eine Fiktion zu berichtigen sein: die angebliche Abschlußarbeit über Brecht und Artaud hat es nach Mitteilung von Bernhards langjährigem Freund Wieland Schmied nur als Stilisierung für die biographischen Angaben zum Debütroman von 1963 gegeben (vgl. Fialik 1992, 23f.). Mag sein, daß der Eintritt ins Mozarteum tatsächlich in erster Linie eine »Flucht zum Menschen« gewesen ist, wie Bernhard später behauptet hat, »damit ich mich nicht isolier'« (Hofmann 1991, 49). Mit Sicherheit hat aber die Theaterarbeit »sein Sensorium für die Stimme, das Sprechen, die ästhetischen Möglichkeiten des szenischen Raums geschärft« (Höller 1993, 52). Schon bald sollten auch die ersten eigenen Versuche folgen, Literatur fürs Theater zu schreiben (1957, vgl. Gamper 1977, 81). In diesem Zusammenhang war vor allem Bernhards Freundschaft zu dem Komponisten Gerhard Lampersberg von Bedeutung, den Bernhard 1957 gemeinsam mit dessen Frau Maja kennengelernt hatte. Auf dem Tonhof der Lampersbergs in Maria Saal, Kärnten, wo sich Bernhard bis zum Bruch der Beziehung im Jahre 1960 immer wieder aufhielt, wurden auch die ersten Theaterarbeiten Bernhards gespielt.

Nach zahlreichen Erzählversuchen und drei Lyrikbänden (1957/ 1958) gelang Bernhard 1963 mit dem Roman *Frost*, der über Vermittlung von Wieland Schmied beim Insel-Verlag herauskam (wo Schmied damals noch als Lektor tätig war), endlich der literarische Durchbruch. In rascher Folge erschienen nun weitere Romane und Erzählungen; besonders *Verstörung* (1967), *Das Kalkwerk* (1970) und *Korrektur* (1975) machten den Autor im deutschsprachigen Raum, aber auch international bekannt. Äußere Zeichen des Erfolgs waren nicht zuletzt die Verleihungen der angesehensten Literaturpreise, etwa des Bremer Literaturpreises (1965) und des Georg-Büchner-Preises (1970). Im Zusammenhang mit der Verleihung des sogenannten Kleinen Österreichischen Staatspreises (1968) kam es zu einem jener Skandale, die sich nun immer hartnäckiger mit dem öffentlichen Auftreten des Autors verbanden – Bernhards Dankesrede hatte den Unterrichtsminister durch einige polemische Sätze über Österreich und seine Einwohner zum Verlassen des Saales provoziert.

Im Jahr 1965 kaufte Bernhard in Ohlsdorf (Oberösterreich) einen alten, verfallenen Vierkanthof. Dieses und noch zwei andere Gebäude, die er in der Umgebung erwarb, restaurierte er in jahrelanger Arbeit. Der Versuch einer restaurativen »Rettung alter Schönheit und Formgewißheit in einer immer häßlicher werdenden Welt« verweist nicht zuletzt auf einen konservativen Aspekt in seiner Ästhetik (Höller 1993, 87). In seiner literarischen Arbeit bewirkte die neue Orientierung der Lebensinteressen eine deutche Veränderung: »War bisher im Werk Thomas Bernhards die Landschaft der Schauplatz der Menschengeschichte«, so bildeten nun »Grundstücke und Gebäudekomplexe das *Grund*thema« (ebd. 83). Später nahm der Autor in seinen Texten auch ausdrücklich Bezug auf diese fast im Wiederholungszwang unternommene Sanierung alter Häuser, die sich durchaus als subtile Versuche verstehen lassen, »in den Sanierungsarbeiten auch den eigenen Zustand in die Hand zu nehmen« (ebd. 96); spätestens seit *Korrektur* wurde deshalb »der praktische und philosophische Arzt, die Hauptgestalt in Bernhards Werken der sechziger Jahre, vom praktischen und philosophischen Baumeister abgelöst« (ebd.).

Mit dem 1970 uraufgeführten Stück *Ein Fest für Boris* und seinen weiteren 17 abendfüllenden Dramen wurde Thomas Bernhard zu einem der erfolgreichsten deutschsprachigen Theaterautoren; viele seiner Stücke wurden nicht nur auf den bekanntesten Bühnen nachgespielt, sondern auch in Fernsehaufzeichnungen ausgestrahlt. Fast alle Uraufführungen inszenierte der deutsche Regisseur Claus Peymann, der zuerst in Stuttgart und in Bochum, dann am Wiener Burgtheater als Direktor tätig war. 1972 wurde mit *Der Ignorant und der Wahnsinnige* erstmals ein Bernhard-Stück bei den Salzburger Festspielen aufgeführt, und auch diese Produktion endete mit einem Skandal: wegen einer Auseinandersetzung um die Abschaltung des Notlichts wurde das Stück nur ein einziges Mal in Salzburg gespielt. Dennoch folgten bei den Festspielen 1974 *Die Macht der Gewohnheit* und (trotz einer erneuten Kontroverse, weil das für 1975 vorgesehene Stück *Die Berühmten* abgelehnt worden war) in den Jahren 1981, 1985 und 1986 noch drei weitere Uraufführungen (*Am Ziel*; *Der Theatermacher*; *Ritter, Dene, Voss*).

Zur Arbeit fürs Theater kamen in diesen Jahren zwei Bernhard-Verfilmungen: 1970 entstand auf Schloß Wolfsegg (Oberösterreich; später der Schauplatz des Romans *Auslöschung*) der Film *Der Italiener* (nach dem 1963 geschriebenen Erzählfragment), Regie führte der österreichische Experimentalfilmer Ferry Radax, der im Zusammenhang mit dieser Produktion auch das erste große Filmporträt von Thomas Bernhard gestaltete, den Monolog *Drei Tage*. (Radax drehte auch einen Film über Ludwig Wittgenstein; vermutlich ist Bernhards Beschäftigung mit Leben und Denken dieses Philosophen nicht zuletzt auf seine Vermittlung zurückzuführen – vgl. Radax in Fialik 1992, 200f.). 1973 realisierte der Regisseur Vojtech Jasny (mit Helmut Qualtinger in der Hauptrolle) in der Strafanstalt Garsten (Oberösterreich) den Film *Der Kulterer* (nach der 1962 entstandenen Erzählung). In beiden Fällen schrieb Bernhard eigene Filmgeschichten, die auch veröffentlicht wurden.

Im gleichen Jahr wie der Roman *Korrektur* (1975) erschien der erste Band von Bernhards Autobiographie: *Die Ursache*. Die polemische Auseinandersetzung mit den Kindheits- und Jugendjahren in der Stadt Salzburg provozierte nicht nur wütende Proteste seitens der Verteidiger eines rein positiven Erscheinungsbildes Salzburgs, der einstige geistliche Betreuer Bernhards im katholischen Internat, der sich in dem Buch verunglimpft sah, strengte auch einen Prozeß gegen ihn an (im Rahmen eines Vergleichs einigte man sich darauf, die inkriminierten Stellen in folgenden Auflagen zu streichen). Vier weitere Bände erschienen: *Der Keller* (1976), *Der Atem* (1978), *Die Kälte* (1981) und *Ein Kind* (1982). Anders als Bernhards fiktionale Prosa und seine Dramen, die in der Regel im Suhrkamp-Verlag erschienen, kamen die autobiographischen Bücher in einem der angesehensten österreichischen Literaturverlage heraus, bei Residenz in Salzburg.

Die letzten Lebensjahre Bernhards standen erneut im Zeichen körperlicher Leiden. Ende der sechziger Jahre war der Autor wieder erkrankt, diesmal unheilbar. 1967 war eine schwere Operation im pulmologischen Krankenhaus auf der Baumgartnerhöhe in Wien erforderlich (beschrieben im Anfangsteil des Bandes *Wittgensteins Neffe*, 1982), 1978 ein Aufenthalt im Krankenhaus Wels. Der Autor litt an der sogenannten Sarkoidose (Morbus Boeck), einer Immunerkrankung, von der die Lunge betroffen war; später kam eine Herzerweiterung hinzu (vgl. Höller 1993, 129). Seit Mitte der siebziger Jahre wußte Bernhard um die Schwere seiner Krankheit; Texte wie *Ja* (1978) und *Beton* (1982) dokumentieren den Versuch, sich diesem Wissen zu stellen.

In dieser Zeit verbrachte der Autor den Winter zumeist im mediterranen Süden: in Jugoslawien, auf Mallorca, in Spanien und Portugal. Medizinisch betreut wurde er von seinem Halbbruder Dr. Peter Fabjan, neben dessen Praxis in Gmunden er eine Wohnung besaß. Letzte öffentliche Erregungen verbanden sich mit dem Erscheinen von *Holzfällen* (1984) und vor allem mit dem Theaterstück *Heldenplatz* (1988). Das erstgenannte Buch wurde als ›Schlüsselroman‹ gelesen und sogar vorübergehend beschlagnahmt, weil sich Bernhards ehemaliger Freund Gerhard Lampersberg in Gestalt des heruntergekommenen Komponisten Auersberger verächtlich gemacht sah und eine ›Ehrenbeleidigungsklage‹ einbrachte; Bernhard verbot daraufhin einige Zeit lang die Auslieferung seiner Bücher nach Österreich. *Heldenplatz* rief als Beitrag zum sogenannten ›Bedenkjahr‹ in Österreich (50 Jahre Anschluß an das nationalsozialistische Deutschland) eine wütende Kampagne seitens der Medien und einzelner politischer Gruppierungen hervor; die Aufführung am Wiener Burgtheater wurde jedoch zum letzten großen Triumph des todkranken Autors.

Nach einem schweren Herzanfall im November 1988 kehrte Bernhard nach Österreich zurück und starb am Morgen des 12. Februar 1989 in seiner Gmundner Wohnung. Auf seinen Wunsch wurde er unter Ausschluß der Öffentlichkeit auf dem Grinzinger Friedhof in Wien an der Seite von Hedwig Stavjanicek begraben. Sein Testament erwies sich als letztes Dokument der Verweigerung gegenüber Österreich und seinen Institutionen: für die Dauer der gesetzlichen Urheberschutzfrist verbot er darin jede öffentliche Aufführung seiner Texte in seinem Herkunftsland; außerdem untersagte er jegliche Veröffentlichung aus seinem literarischen Nachlaß.

II. Das Frühwerk (bis »Frost«)

Die frühesten Texte Thomas Bernhards sind vor allem geprägt vom »Motiv der Rückbesinnung in die Kindheit, in Geordnetheit und Geborgenheit des Landlebens« (Habringer 1984, 21). Das gesellschaftliche Normen- und Regelsystem wird »im grundsätzlichen nicht in Frage gestellt«, weshalb dem Autor für diese Zeit eine konservative Grundhaltung attestiert wurde (Mixner 1981, 69). Auch die formale Gestaltung unterscheidet sich noch wesentlich von den späteren Texten. »Die Erzählweise bleibt beschreibend, bestenfalls konventionell«, das Erzählen dominiert über die ab *Frost* vorherrschende »indirekte Wiedergabe« (Marquardt 1990, 30). Schon in den feuilletonistischen Zeitungstexten ist erkennbar, worum es auch in der Literatur gehen wird: »erstens um die existentielle Problematik, und zwar als zu vermittelndes sinnliches Erlebnis und nicht im Hinblick auf philosophisch-begriffliche Klarheit, zweitens um die Natur und die Beziehung des Menschen zu ihr« (Klug 1988, 145). Zwei Grundideen der Bernhardschen Essayistik dieser Zeit lassen sich dabei erkennen: »zum einen die gelebte Harmonie durch eine bereitwillige Fügung unter die Schöpfungsordnung und zum anderen die individuelle Tragik der Existenz, welche als unveränderliches Schicksal und als anzunehmende Aufgabe dargestellt wird« (ebd. 147; zu den Zeitungstexten Bernhards vgl. die auf S. 14 genannten Autoren). In der Spannung zwischen der Sehnsucht nach der Geordnetheit der ländlichen Gemeinschaft und dem immer wieder durchbrechenden Bewußtsein des Getrenntseins von dieser Geborgenheit bewegt sich in der Folge auch Bernhards literarische Produktion dieser Jahre, deren zentrale Bilder und Motive hier vor allem im Hinblick auf ihre Wiederaufnahme bzw. Umwertung im späteren Werk herausgearbeitet werden sollen.

Größere Beachtung hat (trotz ihrer handwerklichen Schwächen) die Erzählung *Die verrückte Magdalena* (Demokratisches Volksblatt, 17.1.1953) gefunden, in der bereits deutlich Motive und Bilder des späteren Schaffens präformiert sind. Eine Briefträgerstochter, die man schon in ihrer Kindheit im Dorf für verrückt hielt, weil sie »alles verschenkte« (zit. nach Habringer 1984, 171), wird im mondänen Paris zur Tänzerin. Für den Erzähler, einen Maler, ist die Großstadt jedoch eine Welt »der Durchtriebenheit, der Gefühlsfaselei«, die Tänzerin erscheint ihm wie eine »Puppe«, mit Fingern wie aus »einem mechanischen System« (ebd. 171f.). Als er sie kurz vor ihrer reuevollen Rückkehr ins Dorf und ihrem Tod wiedersieht, lungenkrank, von allen verlassen, hat er sie fast vergessen, so wie alle Frauen, die außer ihrer Schönheit nicht noch etwas Besonderes an sich haben, »etwa einen Sinn für Malerei ... oder Mütterlichkeit« (ebd. 172). Man kann auf die Vorwegnahme des Motivs eines radikalen Abbruchs der Beziehung zu den Eltern hinweisen; wer sich dem Zugriff der Gesellschaft entziehe, handle sich daraufhin Isolation ein (vgl. Dittmar 1983, 38f.). Außerdem erscheint schon hier wie in späteren Texten »Künstlichkeit« als »Vehikel des negativen Werturteils« (Klug 1988, 155). Bemerkenswert ist vor allem die Stilisierung des Weiblichkeitsbildes, die als Zeichen für die Angst des Erzählers angesichts einer schönen Frau, »welche ihm weder durch Mütterlichkeit noch durch gemeinsame Interessen die Zuneigung erleichtert«, gedeutet werden kann (ebd.).

In der Erzählung *Großer, unbegreiflicher Hunger* (1954, Überarbeitung von *Der große Hunger*, 1953) spricht der Erzähler von der Einsamkeit, die aus der Trennung vom Ort seiner Kindheit resultiert. Die Sehnsucht »nach mütterlichen Frauen und nach reifen Vätern« wird artikuliert, nach »Gärten, Wegen, Weissagungen, nach allen Früchten der Erde« (TBL 60), und von fern erscheint die »Mutter, die gute, verstorbene, [...] mit einem gütigen Lächeln auf ihrem Antlitz« (TBL 59). Wie eine Zusammenfassung des ländlichen Idealbilds dieser Arbeiten nimmt sich die literarische Nachzeichnung der *Landschaft der Mutter* in der gleichnamigen Erzählung (1954) aus. »Dort ist die Heimat«, heißt es, und das Schönste im Leben sei »die Heimkehr«. Dagegen erscheint die moderne Welt als Sammelbecken von Gefahren: »die Tänze der Neuzeit sind Totentänze«. Deshalb sei es nötig, so zu bleiben, »wie du bist, und wie dich die Vorfahren wünschten« (Bernhard 1954, unpagin.) – die gegenwärtige Existenz bezieht ihren Sinn also einzig »aus Herkunft und Tradition« (Klug 1988, 162). Der Text endet mit einem »Schlußtableau bäuerlichen Lebens« (ebd. 161): »Solange der Bauer sät und die Bäuerinnen die Kinder einwiegen«, solange brauche »uns nicht bange zu sein um die Welt« (Bernhard 1954).

Die idyllischen Bilder dieser frühen Texte beruhen vor allem auf zwei Momenten: »auf der Vorstellung einer das individuelle Dasein gleichsam überwölbenden Schöpfungsordnung und auf Phantasien harmonischer Sozialbeziehungen« (Klug 1991, 7). Im Dorf, dem sozialen Raum dieser Verklärungen, »vollzieht sich das Zusammenleben der Menschen in geordneten und überschaubaren Bahnen, im Einklang mit der Natur, im Rhythmus der Jahreszeiten« (ebd.). Christian Klug faßt diese Zeit von 1952 bis 1954 deshalb als erste Entwicklungsphase in Bernhards Schaffen auf, und er deutet dessen spätere polemisch-aggressive Haltung gegen Österreich und Salzburg nicht zuletzt als eine Polemik des Autors gegen sich selbst, als Versuch, »sich von einem vergangenen Selbst zu distanzieren, welches der restaurativen Ideen- und Gedankenwelt jener Jahre restlos erlegen war« (Klug 1988, 137). Ab 1963, dem Erscheinungsjahr des Romans *Frost*, habe die »Erkenntnis der eigenen ideologischen Verführbarkeit« zu einem grundsätzlichen Vorbehalt Bernhards gegenüber Sinnentwürfen aller Art geführt (ebd. 138). Daneben habe sich aber auch im psychologischen Bereich das Ungenügen der frühen literarischen Arbeiten herausgestellt, in denen allzu ungeschützt der Verlust der Mutter zutage getreten sei (vgl. ebd.). Erst in den späteren Texten habe eine distanziertere Strategie der »Selbstvergewisserung und Selbst-Inszenierung« (ebd. 136) dem Autor die Möglichkeit eröffnet, sich mit Hilfe der »Veräußerlichung des unglücklichen Bewußtseins in einer phantastisch-realistischen Szenerie« zunehmend ironisch aus seinen Texten zurückzuziehen (ebd. 138f.).

Doch zunächst folgt auf die literarische Flucht in die Inszenierung regressiver Phantasien und bäuerlicher Idyllen eine zweite Entwicklungsphase (von etwa 1954 bis 1958) im Zeichen der »Negativität und Anti-Idylle« (ebd. 138), wobei Bernhard nun versucht, »seiner existentiellen Unruhe, Orientierungslosigkeit, Einsamkeit und der verzweifelten Suche nach dem eigenen Grund unmittelbar Ausdruck zu verleihen« (Klug 1991, 8). Im Bereich der erzählenden Prosa markiert diesen Umschlag besonders der Text *Der Schweinehüter* (1956; vgl. dazu v.a. Seydel 1986, 27-32). Darin findet sich ein frühes Beispiel für die Bedeutung von Grundstücken und Gebäuden als Mittel der Festsetzung des Menschen in einer von Zerfall bedrohten Welt. Bernhards Protagonist, der Kriegsverletzte Korn, muß feststellen, daß die Mauern seines selbsterbauten Hauses, in dem er mit seiner Frau lebt, schon Risse bekommen haben, und daß der Boden, auf dem es steht, schlecht ist. Alle Hoffnung setzt er auf den bevorstehenden Verkauf seines Schweines, das er am Karfreitag schlachten will. »Es ist *mein* Eigentum«, sagt Korn von seinem Tier (Bernhard 1956, 160); der kindliche Ausspruch »Dieser Hund gehört mir« benenne zugleich »Beginn und Urbild der widerrechtlichen Besitzergreifung der ganzen Erde«, heißt es in der vom Autor nicht mehr zitierten Fortsetzung des dem Text vorangestellten Mottos aus Pascals *Pensées* (Pascal 1956, 73). In einem plötzlichen Anfall von Haßliebe prügelt Korn sein Schwein, und es stirbt tatsächlich am Karfreitag, aber an den Folgen der Mißhandlungen. »Er denkt, daß die Menschen immer alle Schönheiten zerbrechen müssen« (Bernhard 1956, 170), und er entschließt sich zum Freitod, wobei sich seine Gedanken in diesem Moment ausdrücklich an dem Bild seiner Mutter entzünden, der gehaßten »Urheberin seines Leidens«: noch nie habe er so deutlich ihre »Lieblosigkeit« entdeckt (ebd. 172). Das ganze Geschehen ist jedoch von einem auffälligen »Netz christlich-gläubiger Sinnsuche« (Seydel 1986, 31) eingefaßt, und Korn, der sich zu Beginn noch von Gott schmerzlich im Stich gelassen fühlt (vgl. Bernhard 1956, 160), läßt sich zuletzt durch eine Vision, die ihm den gekreuzigten Gottessohn zeigt, vom Selbstmord abhalten.

Hauptsächlich schreibt Bernhard in dieser zweiten Phase seines Frühwerks allerdings Lyrik. Schon einer seiner ersten veröffentlichten Texte war ein Gedicht: *Mein Weltenstück* (Münchner Merkur, 22.4.1952, auch GG 5), in dem bereits – bei allem Abstand in Ton und Gestaltung – sehr deutlich Motive der späteren Werke vorweggenommen sind: »die Szene am Fenster, die tausendfache Wiederholung, das alte Haus, die Vergänglichkeit, die Leiden eines alten Mannes« (Höller 1993, 49). Doch während die frühe Lyrik Bernhards noch ganz im Zeichen der Idyllik dieser Jahre steht (»O wunderbarer Augenblick!«, heißt es 1955 in *Heimkehr*: »Das Heu, die Ruh – ich darf hinein – / Fürs ganze Leben soll es sein«; GG 289), offenbart sich in Bernhards Gedichtbänden *Auf der Erde und in der Hölle* (1957), *In hora mortis* (1958) und *Unter dem Eisen des Mondes* (1958) eine völlig andere Welt. In ihrem Mittelpunkt steht jetzt das »Thema von Vergänglichkeit, Lebensqual und Tod«, wobei sich die komplexe »Bildersprache der Verwesung und des Verfalls« vor allem auf die »naturbezogene bäuerliche Arbeits- und Erfahrungswelt« bezieht – auch wenn im ersten Lyrikband in neun Gedichten mit dem zusammenfassenden Titel *Die ausgebrannten Städte* von neuem auch die Großstadt als »Paradigma absoluter Einsamkeit und Not« erscheint (Barthofer 1976a, 188). Man wird das Ich der Texte nicht mit dem realen Autor gleichsetzen dürfen, dennoch suggeriert die gewählte Gestaltungsform den Eindruck intensiver unmittelbarer Selbstaussage (vgl. Sorg 1992b, 16). Unübersehbar ist die äußere Natur in Bernhards Gedichten als »Spiegelbild der umdüsterten Innenwelt dieses depressiv-isolierten und schuldgequälten Ich« (Barthofer 1976a, 190) in Szene gesetzt.

Man hat den Lyriker Bernhard einen »*Homo religiosus* auf christlichem Trümmerfeld« genannt (Finck 1992, 135); das zentrale Moment dieser Gedichte sei ihre religiöse Thematik, die »Frage nach dem Sinn der täglichen Qual und dem Gott, der sie erlaubt« (Sorg 1992b, 18). »Warum muß ich die Hölle sehen? Gibt es keinen anderen Weg / zu Gott?« heißt es zu Beginn von *Auf der Erde und in der Hölle*, und eine »*Stimme*« bejaht die Frage (GG 11). Es wird jedoch schnell deutlich, wie sehr Erde und Land hier vor allem auch »biographisches und geschichtliches Terrain« sind (Höller 1993, 63). Bilder von Isolation und Selbstverlust weisen auf ein Gefühl existentieller Bedrohung hin: »keiner, den ich nach mir / frage, hat mich gesehen«, beklagt sich das Ich in dem Gedicht *Biographie des Schmerzes* (GG 62). »Verlassenheit« (z.B. GG 39), »Verrat« (z.B. GG 31) und die »Verachtung« der anderen (z.B. GG 60) sind wiederkehrende Begriffe, und die häufige Bezugnahme auf den vergeblich ersehnten »Ruhm« (z.B. GG 22, 26) verweist auf ein »unbändiges Verlangen, wahrgenommen zu werden« (Höller 1993, 66). Auffällig sind die Artikulationen eines brennenden Schuldgefühls, als dessen Ursache der Körper angeklagt wird (»wie mein Körper zur größten Falle meines Lebens wird«, GG 76). Kälte ist das universale Grundgefühl (z.B. GG 116), der Winter die Jahreszeit, auf die alles natürliche Geschehen zuläuft (z.B. GG 183). Der immer wieder genannte Wind (vgl. dazu von Matt 1991) löst auf, was Orientierung bieten könnte: »Unaufhörlich wirbelt das Laub in die Gassen / und richtet Zerstörung an unter den Denkmälern« (GG 62).

Eines jener Gedichte, in denen die Wiederholung einzelner prägnanter Verszeilen als refrainartiges Strukturierungs- und Intensivierungsmittel eingesetzt wird (die auffälligste formale Eigenheit in Bernhards erstem Gedichtband), enthält gewissermaßen eine Art Zwischenbilanz des jungen Lebens, dessen Grundgefühl sich in diesen Texten ausspricht: »Sechsundzwanzig Jahre«, heißt es jedes Mal, »und keinen Freund / und den Tod«. Sechsundzwanzig Jahre – »und kein Haus und keine Mutter / und keine Vorstellung von Gott, dem Vater« (GG 93), »nichts als Schnee und Finsternis / und die tiefen Spuren der Väter / in denen meine tödliche Seele zurückstapft« (GG 94). Damit sind die entscheidenden Themen angesprochen: Isolation und Schutzlosigkeit – und die Schwierigkeit, sich an einen unzugänglich gewordenen familiären Herleitungszusammenhang anzuschließen. Die Suche nach der Kontaktnahme mit Verwandten und Vorfahren, vor allem die Klage über den Verlust der Eltern entwickelt sich zu einem wiederkehrenden Motiv. Die mißlingende Anerkennung des eigenen Hierseins wird in jenem Gedicht beklagt, das gleichzeitig auch vom Tod der Mutter spricht: »Meinen Namen«, das Signum der Identität, »nehmen die Äcker nicht an, [...] wenn ich ins Dorf / zum Grab der Mutter geh'« (GG 105). »Künftig werde ich in den Wald gehen«, sagt der Alleingelassene, »auf den Steinen / meiner verlassenen Ortschaft knien / und meinen Vater suchen« (GG 120).

Dagegen baut sich das Ich (etwa in den *Neun Psalmen* des ersten Gedichtbands, vgl. bes. GG 75) »in einer blasphemischen zweiten Schöpfung im Gedicht einen Vater-Gott auf, der, zu Stein geworden, Bestand hat und eine neue Familie begründet« (Höller 1993, 63). Der christliche Glaube ist der »Rahmen für den Himmel und Hölle in Bewegung setzenden Wiedergutmachungsanspruch des lyrischen Ich« (ebd.). Noch weiter geht die beinahe gebetartige Sammlung *In hora mortis* (gewidmet Gerhard Lampersberg, der hier noch als einziger und wirklicher Freund bezeichnet wird; WG 27), in der die »verzweifelten Versuche einer ekstatisch mystischen Kommunikation mit dem deus absconditus« (Sorg 1992b, 21) artikuliert sind. Ausgehend von der Deklaration absoluter Auswegslosigkeit sucht das lyrische Ich nach der »Vereinigung mit dem Absoluten« (ebd.). Die Selbstauslö-

23

schung soll die rettende Verschmelzung mit einem mächtigen Beschützer ermöglichen: »Deine Stimme ist meine Stimme / Herr ich bin in Dir« (GG 134), »zerschlage mich mein Gott / und laß mich nicht allein« (GG 135).

Der Band *Unter dem Eisen des Mondes* inszeniert hingegen eine »Welt ohne religiösen Trost«; die nunmehr titellosen Gedichte ohne Reim und Metrum sind »Psychogramme existentieller und sprachlicher Not« (Finck 1992, 135). Die Bilder des Zerfalls und der Vernichtung kehren wieder: »Vergiß mich«, »lösch mich aus« (GG 188). Die Vergangenheit läßt das Ich nicht los: »mich schlägt der Stock / der frühen Tage mit Erinnerung« (GG 204). Die schon im ersten Gedichtband (vgl. GG 88) beklagte »Mühsal des langen Krieges« wird erneut erwähnt und die »Trauer zwischen zwei Grabsteinen, / dem des Vaters und der der Mutter« (GG 185). Fünfmal in vier Gedichtstrophen wiederholt, kündet die folgende Verszeile nochmals von der Schwierigkeit, sich sprachlich zu dokumentieren: »Wie schwer fällt mir ein Wort« (GG 207). Bernhard Sorg sieht diese Lyrik als den Versuch, »in einer heillosen Welt durch Angleichung an das Entsetzliche« einen »letztmöglichen Trost« zu finden, »sich den Dingen in höchster Genauigkeit und Bewußtheit anzupassen und doch mit sich, d.h. mit seinen Obsessionen und Bedürfnissen, identisch zu bleiben« (Sorg 1992b, 22f.). Wie schon in den frühesten Gedichten, läßt sich auch hier Bernhards Anlehnung an das Vorbild Trakl kritisieren (vgl. ebd. 16f.), die neben Anklängen an die französische Moderne (vgl. Höller 1993, 62) spürbar ist; es gibt jedoch gute Gründe, darin eher eine *kreative Nachfolge* zu sehen (Finck 1992, 142), eine »*Antwort auf Georg Trakl*, und zwar als Selbstbehauptungsversuch, woraus sich der Wille zur *eigenen* Aussage erkennen läßt« (ebd. 135).

In der Folgezeit veröffentlicht Bernhard nur mehr kleinere Zusammenstellungen von Gedichten, in denen er ähnliche Themen und Motive gestaltete wie in seinen vorangegangenen Lyrikbänden. Manche dieser Texte entstammen einem 144 Gedichte umfassenden Typoskript, das ebenfalls den Titel *Frost* gehabt hätte und dessen Veröffentlichung der Salzburger Otto-Müller-Verlag (wo die ersten beiden Gedichtbände erschienen waren) Ende 1961 ablehnte (vgl. Volker Bohn in der editorischen Notiz zu GG 338). Ausschlaggebend für die Ablehnung war das diesmal negative Urteil Ludwig von Fickers, der Bernhard vorwarf, die ganze Welt nur als »Requisit für sein Bedürfnis nach tragischer Eingebildetheit« einzusetzen (zit. nach Finck 1992, 140); Bernhards Freund und Förderer Gerhard Fritsch hatte sich dagegen für eine Publikation eingesetzt (vgl. ebd.). Auch der erst 1981 von Bernhard zur Publikation freigegebene Gedichtband *Ave Vergil*, der nach Auskunft des Autors schon in den Jahren 1959/60 entstanden sei und wie kein zweiter seine damalige Verfassung wiedergebe (vgl. GG 277), enthält »nochmals fragmentarische, zum Teil verän-

derte, surrealistisch verfremdete Passagen des Frost-Typoskripts«
(Finck 1992, 141). Als Grundformel für dieses Existenzgefühl ließe
sich der bekannte Satz aus *The Waste Land* von T.S. Eliot zitieren,
dessen damaligen Einfluß auf sein Schreiben Bernhard ausdrücklich
betont hat (GG 277; auch das Motto der Sammlung stammt aus
Eliots Gedicht): »I can connect / Nothing with nothing« (Eliot 1974,
74). Erneut dominieren die Bilder der eigenen Unvollständigkeit und
der Isolation: »ohne Echo war ich ein ausgetrockneter Baum / ohne
Wurzeln« (GG 253). Die Berechtigung des eigenen Hierseins wird
angezweifelt: »an dieser Stätte, / mit *welchem* Recht ...?« (GG 256).
Die mangelnde Anerkennung (»nicht eines einzigen Urteils Spruch /
erfand mich«, GG 275) hat das Fehlen sprachlicher Kompetenz zur
Folge: »*ich* konnte keine Strophe, keinen Vers« (GG 276). Deshalb
geht es von Anfang an um die sprachliche Festsetzung in der zerfallenden, kalten Welt: »Wo führte ich Namen und Widernamen ein /
in die Geschichte, in diese Rede / aus Armut« (GG 235). Wie früher
an Gott, erfolgt auch hier die stabilisierende Anlehnung an mächtige
Autoritäten, an die sprachlichen »Eroberer der Welt: / Dante, Vergil,
Pascal« (GG 271).

In seinen Gedichtbänden erarbeitet sich Bernhard eine Bildersprache
che, die in vieler Hinsicht bereits das Ausdrucksrepertoire seiner Prosa vorbereitet. Der Zerfall aller stabilen Existenzgefüge, Selbstverlust
und Einsamkeit, der Mangel an identitätsstiftenden Zusammenhängen und die Schwierigkeit der Sprachfindung bleiben auch in den erzählerischen Arbeiten zentrale Motivkomplexe; gerade *Frost*, der erste
Roman, und der kürzere Text *Amras* sind dabei durchaus noch von
der Sprache der frühen Lyrik mitgeprägt. Dennoch bedeutet die distanzierende Erzählform von Bernhards Prosa eine entscheidende Veränderung gegenüber der lyrischen Artikulation verletzter Innerlichkeit. In der 1965 erschienenen Erzählung *Ein junger Schriftsteller*
formuliert Bernhard ein dichterisches Selbstverständnis, das sich auch
auf seine eigene Art zu schreiben beziehen läßt: Er habe jetzt nur
noch »sogenannte innere Rätsel zu lösen; die Außenwelt ist ihm ein
Körper, auf welchem man immerfort die Krätze der ganzen Natur
studieren könne« (TBL 52). Deutlich wird die Konzentration der
Prosaarbeiten dieser Zeit auf die Beschreibung universaler Krankheitsprozesse angesprochen. Dabei gehe es ihm jetzt darum, »Ursachen, nicht Wirkungen« zu analysieren (ebd.), und er bezieht sich
ausdrücklich auf jenes Mittel der geistig-abstrakten Existenzverarbei-
tung, das von Bernhards Figuren in der Folge immer wieder beschworen wird: »Die Jugend ist nur in Bildern; der durchschnittliche
Mensch ist auch nur in Bildern, nicht in Gedanken [...], anders der
Außergewöhnliche, der Gedanken entstehen lassen und machen und
produzieren kann« (TBL 52f.). Josef Donnenberg liest diese Bemerkungen als Proklamation für eine neue Poetik: eine »Poetik nicht der

Stimme und des (bildhaften) Ausdrucks, sondern eine Poetik der (gedanklichen) Analyse und der Anschauung« (Donnenberg 1983, 21). Bernhard habe damit eine Wende vollzogen: »statt verzweifelt-hoffnungsvoll zu ertrinken (Spiegelung in der Lyrik) begann er mit der illusionslos-tätigen Rettung (Produktivität in der Prosa-Kunst, dann im Drama)« (ebd. 22).

Voraussetzung für diese »Rettung« ist die dritte Phase in Bernhards Frühwerk (z.T. parallel zur Lyrik, bis 1962), die Klug durch formale Reduktion gekennzeichnet sieht (vgl. Klug 1988, 138). Unter dem Einfluß der seriellen Musik, die er vor allem durch Gerhard Lampersberg kennenlernt, entwickelt Bernhard ein »Bewußtsein für die formale Arbeit an seinen Sätzen« (Höller 1993, 56), wie es an den »parallel gesetzten grammatischen Figuren und Strukturmustern« (ebd.) der »fünf sätze für ballett, stimmen und orchester« *die rosen der einöde* (1959; zum Titel vgl. GG 190) in besonders radikaler Form zu erkennen ist. Durch die Arbeitsmethode der »Isolation« und der äußersten »Konzentration von Gedankengängen und Situationen« (so Bernhard in einem Kommentar, zit. nach Gamper 1977, 84) löst der Autor die Begriffe aus ihrem herkömmlichen Kontext und fügt sie »in ein von seinem Ausdruckswillen diktiertes System von Bedeutungen«, in dem die Bilder und Vorgänge zu »Chiffren elementarer Lebensprozesse und Empfindungen« werden (Gamper ebd.).

Auf dem Gebiet der Prosa erscheinen zu dieser Zeit (1959) erstmals Beispiele für jene kurzen anekdotenartigen Texte, die Bernhard zur Zeit der Veröffentlichung von *Frost* unmittelbar vor ihrer Publikation zurückgenommen und erst wesentlich später (1969) unter dem Titel *Ereignisse* herausgegeben hat (vgl. zu dieser Entstehungsgeschichte WG 108). Darin wird jeweils ein bestimmtes Existenzmodell auf eine »paradigmatische Situation« reduziert (Mixner 1981, 76), die dann wie eine Parabel gelesen werden kann. Zumeist ungewöhnliche, häufig groteske Geschehnisse werden so zur komplexen »Chiffrierung von Bewußtseinserfahrungen« (ebd. 84) – eine Verfahrensweise, die man als eine der Voraussetzungen für Bernhards zunehmende Distanznahme von der zuvor allzu unmittelbar vorgetragenen existentiellen Problematik ansehen kann (vgl. Klug 1988, 139). Es dominieren Themen wie »Schuld, Angst, Ekel, Grausamkeit, Gleichgültigkeit, Krankheit, Tod, Wahnsinn und Verzweiflung« (Schönau 1986, 830). Neben Konstellationen, die gewissermaßen dem motivischen Grundvokabular Bernhards angehören (wie die einleitende Flucht eines jungen Paares in die Finsternis eines Turmes, Ereig 7f., vgl. später *Amras* und *Das Kalkwerk*) finden sich auch gesellschaftskritische Parabeln wie die Beschreibung einer Maschine, die ihre Mechanik den an ihr Beschäftigten so sehr aufgezwungen hat, daß diese auch einen von der Maschine irrtümlich abgeschnittenen Kopf wie alle anderen Produkte verpacken (Ereig 37, vgl. dazu Höller 1979, 8ff.). Die ihr eigenes Grab schaufelnden Menschen, die wie später auch ihre Exekutoren erschossen und begraben werden (Ereig 65f.), und die auch nach dem in ihren Köpfen fortwirkenden Krieg noch zwanghaft in den schützenden Bombenstollen hineingehenden Überlebenden (Ereig 69, der letzte Text der Sammlung) spielen deutlich auf die zeitgeschichtliche Wirklichkeit dieses Jahrhunderts an. Besonders häufig treten Wahnsinn und absurde Todesfälle auf, und nicht selten sind die merkwürdigen Vorkommnisse als ›Träume‹ markiert. Walter Schönau hat diese Texte deshalb mit Termini der Psychoanalyse als Versuche gedeutet, ein traumartiges Geschehen durch die Form als »literarisches Analogon zur *Abwehr* gegen das Material aus dem Unbewußten (Phantasie, Wünsche, Strebungen)« (Schönau 1976, 830) künstlerisch einzufangen: »es handelt sich um *literarische*, d.h. konstruierte und stilisierte Träume« (ebd. 831).

1962 entsteht eine kleine Erzählung, die erstmals 1963 unter dem Titel *Der Briefträger* herauskommt und 1969 als *Der Kulterer* (um den letzten, vom Selbstmord der Hauptfigur berichtenden Absatz gekürzt) wiederveröffentlicht wird (vgl. WG 57). In dieser »Künstlernovelle« (Anz 1986, 177) wird der Aufbau eines mathematisch kalkulierten Gedankensystems zum Ausgangspunkt für die Bewältigung der Welt und für die kreative Artikulation des Einzelnen; Voraussetzung ist allerdings die Reduktion des individuellen Erfahrungsbereichs. Der Protagonist befindet sich nach einem »wie in radikaler selbstmörderischer Bewußtlosigkeit« (Ku 100) begangenen Verbrechen im Gefängnis. In der »Ordnung der Strafanstalt« (Ku 97), die ihm Entlastung von der verwirrenden Vielfalt verletzender Eindrücke von außen schafft, gelingt es ihm, sich die Welt mathematisch zu erobern. Das »Rechnen mit Gedanken, vergleichbar der Addition und der Subtraktion« habe es ihm ermöglicht, »mit sich fertig zu werden« (Ku 100). Von da an habe er sich in einer klar gegliederten »Hierarchie« orientieren können, »Wirkungen« hätten »plötzlich tatsächlich auf Ursachen« beruht (Ku 101). In der Strafanstalt, wo »die Konturen aller Begriffe« plötzlich ganz »klar« geworden seien (Ku 104), beginnt er aber auch zu schreiben, kurze Geschichten, unter denen – als autobiographische Markierung – auch ein Text aus den *Ereignissen* ausdrücklich genannt ist (vgl. Ku 93). Die Erzählung enthält »das poetologische Paradigma, das dann in den folgenden Texten variiert, verkehrt, – zerstört wird« (Anz 1986, 177). Dabei wird erstmals auf »die romantische Tradition des Zusammenhangs von Mathematik und Poesie« angespielt (ebd. 183), die für Bernhard stets (auch in der Negation) bedeutsam geblieben ist: der Kulterer, so heißt es, »entdeckte auf den Stützpfeilern der Mathematik die Poesie, die Musik, die alles zusammenhält« (Ku 101). In den späteren Texten mißlingt Bernhards Protagonisten in der Regel der rettende Rückzug in einen klar strukturierten Schutzraum; auch der Kulterer fürchtet zuletzt,

»im wilden Ausgesetztsein des Entlassenseins« sich selbst wieder zu verlieren, »nichts mehr zu sein« (Ku 104).

Mit den Worten »Vaterland, *Unsinn*« (IH 5) beginnt jener Text aus Bernhards Frühzeit, der den Übergang zu seinem ersten erfolgreichen Roman *Frost* markiert; allerdings ist *In der Höhe. Rettungsversuch, Unsinn* erst wenige Tage vor dem Tod des Autors im Druck erschienen, als letztes Dokument einer Entwicklung, das er offenbar selbst noch zur Vervollständigung seines literarischen Erscheinungsbildes hinzufügen wollte. Es ist eine »Collage aus lauter Erzähl-Miniaturen und aphoristischen Mosaik-Steinen« (Michaelis 1989), ein »einziger Steinbruch später aufgegriffener oder für immer liegengelassener literarischer Themen und Motive« (Höller 1993, 69). An seinem Beginn steht viel deutlicher als anderswo ein an psychoanalytischen Erkenntnissen modelliertes Szenario der Regressionssehnsucht: »eines Tages wird man abgeschnitten, ganz am Anfang wird man abgeschnitten und kann nicht mehr zurück, die Sprache, die man lernt und die ganzen Gehkünste und das Ganze überhaupt, sind nur für den einen Gedanken, *wie man wieder zurückkommt*« (IH 10f.). Ständig spricht das literarische Ich von seiner quälenden Unfertigkeit: »das alles ist nur eine Vorbereitung auf mich selbst« (IH 54). Wie in den späteren Texten herrschen Bilder der Auflösung aller stabilen Anhaltspunkte vor: »die guten Eigenschaften des Charakters [...], die Reste der Kultur, alles schmilzt hin wie Wachs«, wird ein »Studienrat« zitiert (IH 20), der Erzähler nennt das Leben eine konturlose, »unaufhörlich vibrierende unansehnliche Masse, die sich in wunderbaren Farben ausdrückt« (IH 63). Gegen diese bedrohliche, orientierungslose Wirklichkeit wird für das Ich, das sich darin »Positionen schaffen, abstecken« will (IH 65), Sprache zum Ausgangspunkt von Welt-Konstruktion: »meine Schrift ist meine Entdeckung, ich habe sie erfunden, ich werde sie nicht mehr zerstören« (IH 79). Gerade dieses Motiv (Sprache als Mittel der Etablierung in einer ansonsten zerfallenden Welt) wird in Bernhards Texten immer wiederkehren (vgl. bes. auch das Kap. über die Autobiographie).

III. Prosa vor der Autobiographie

Mit dem Erscheinen des ersten Romans *Frost* (1963) stellte sich endlich jener literarische Erfolg ein, der zuvor trotz einer gewissen Aufmerksamkeit, die man Bernhards Texten geschenkt hatte, ausgeblie-
ben war (zur Entstehungsgeschichte vgl. Höller 1993, 68, Wieland
Schmied in Dreissinger 1991, 320f., etwas abweichend Hennetmair
1994, 156). »In das erste Buch, da schreibt man alles hinein«, hat
Bernhard später über seinen Debütroman gesagt (zit. nach Kathrein
1984). Tatsächlich erarbeitete er sich in diesem Buch jene literarische
Bilderwelt, die als Grundlage und Bezugsfeld für seine gesamte spätere Entwicklung bestehen bleiben sollte.

Man kann *Frost* und *Verstörung* (1967), die beiden frühesten Romane, als Eckpunkte einer ersten Phase von Bernhards Prosaschaffen
ansehen; ihre Untersuchung steht auch am Anfang dieses Abschnitts.
Parallel dazu und gleichzeitig weiterführend entstanden jeweils die
kürzeren Texte *Amras* (1964) und *Ungenach* (1968), die im nächsten
Kapitel analysiert werden sollen. In diesen Jahren veröffentlichte
Bernhard jedoch auch eine Reihe kürzerer Erzählungen, die für die
spätere Werkentwicklung weniger bedeutend waren. Ihre Besprechung erfolgt im Sinne einer kohärenten Darstellung jeweils dort, wo
sich Verbindungslinien zu den vier Hauptarbeiten zwischen 1963
und 1968 feststellen lassen (die jeweiligen Bezugnahmen auf diese
Texte können über das Register aufgefunden werden).

Mit der Erzählung *Watten* (1969) tritt Bernhards Prosawerk in
eine zweite Phase ein (vgl. dazu auch die spätere Analyse des Textes),
ehe es mit Beginn des autobiographischen Schreibens 1975 seinen ersten großen Einschnitt erfährt. Den Abschluß dieser Phase bildet der
Roman *Korrektur* (1975), mit dem Bernhards literarische Entwicklung in vielerlei Hinsicht einen Extrem- und Wendepunkt erreicht.
Dazwischen liegen Texte wie der Roman *Das Kalkwerk* (1970) und
die Erzählung *Gehen* (1971), die ebenfalls im einzelnen behandelt
werden sollen. Die hier vorgeschlagene Grobgliederung (deren Problematik bei all den Überschneidungen und Parallelentwicklungen in
einem literarischen Schaffen bewußt bleiben muß) gibt auch der folgenden Untersuchung von Bernhards Prosaarbeiten vor Erscheinen
des autobiographischen Bandes *Die Ursache* ihre Struktur vor.

1. Die ersten Romane: »Frost« und »Verstörung«

1.1 »Frost«

Bernhards erster Roman ist ausdrücklich als Krankheitsgeschichte ausgewiesen. Ein junger Famulus wird zur Beobachtung des zurückgezogen in der düsteren Ortschaft Weng lebenden Malers Strauch abgesandt. Sein Auftraggeber ist der Bruder Strauchs, der als Assistent in der chirurgischen Abteilung des Krankenhauses Schwarzach arbeitet. Sechsundzwanzig Tage lang führt der Famulus über seine Begegnungen mit Strauch ein Tagebuch; aus der Wiedergabe dieser Eintragungen und den angeschlossenen sechs Briefen setzt sich der Roman zusammen. Am Ende steht die Meldung, daß der Maler in Weng abgängig sei.

»Eine Famulatur muß auch mit außerfleischlichen Tatsachen und Möglichkeiten rechnen«, leitet der Famulus seinen Bericht ein, und er fügt hinzu, daß »das Außerfleischliche«, womit er »nicht die Seele« meine, womöglich das sei, »woraus alles existiert« (F 7). Seine medizinische Darstellung geht also über die herkömmliche Zuordnung körperlicher und seelischer Symptome hinaus und bezieht sich dabei auf universale Lebenszusammenhänge. Tatsächlich umfaßt die Krankheit Strauchs nicht nur seine unablässigen Schmerzzustände, die stets gleichzeitig als »Teileelemente eines umfassenden Leidensgefüges« erscheinen (Beutner 1995, 126; dort auch die Besprechung weiterer Krankheitssymptome). Die »*Krankheit der Auflösung*« nennt er in seinem dritten Brief, was er an dem Maler Strauch beobachtet habe (F 303), und der Assistent selbst wird mit dem Begriff »Diluviumszerfall des Einzelnen« (F 299) zitiert. Die dem Geologischen entlehnte Metapher bezeichnet »die Überflutung und Zersetzung eines Gebirges durch entfesselte Wassermassen«, es geht somit grundsätzlich um die »Verwandlung des Statisch-Hierarchischen in Dynamisch-Amorphes« (Gößling 1987, 50).

Die langen Monologe, in denen der Maler seinen Zustand zu charakterisieren sucht, werden deshalb auch sprachlich durch das Wortfeld von Auflösung und Zerfall dominiert. Er befinde sich in einer Landschaft, in der alles »zerbrochen und zerrissen und zerschlagen« sei (F 268), hier habe er »die Vorstellung der Auflösung alles Lebendigen, Festen« (F 54). Der gesamte Orientierungsrahmen des Menschen scheint verloren gegangen zu sein, weil »die heutige Wissenschaft« alles »hinausgeblasen hat in die Luft«: »alle Begriffe sind Luft, alle Anhaltspunkte sind Luft, alles ist nur mehr Luft« (F 153; vgl. auch Bernhards Bremer Rede *Mit der Klarheit nimmt die Kälte zu*). »Die Religionen täuschen darüber weg, daß alles Unsinn ist« (F 165), wendet sich der Maler gegen jene Sinngebungsinstanzen, deren Tröstungen der Lyriker Bernhard noch nachgetrauert hat: in einer blasphemischen Vaterunserparodie (vgl. F 208) gipfeln seine demonstrativen Akte der Abgrenzung von christlichen Wertsetzungen. Es ist die charakteristische Ausgangssituation von Bernhards Protagonisten, die sich stets mit der Totalität des von ihnen Vorgefundenen auseinanderzusetzen trachten und dabei einer unüberblickbaren Ansammlung von Daten und Wirklichkeitselementen gegenüberstehen: »Alle Straßenzüge hören in meinem Hirn auf«, sagt der Maler, ein riesiges »System von Ansätzen und Bedeutungen« versuche er zu ordnen, »das ungeheuer Chaotische der Geschichte« (F 113).

Wie viele andere Figuren dieses Autors führt auch Strauch seine gegenwärtige Befindlichkeit auf eine verhängnisvolle Entwicklung in seiner Kindheit zurück (vgl. F 28). *Frost* ist die erste von vielen negativen Familiengeschichten in Bernhards Werk, deren vielleicht radikalste Version die im zeitlichen Umfeld des Romans entstandene Erzählung *Das Verbrechen eines Innsbrucker Kaufmannssohns* (publ. 1965) darstellt: Der Protagonist, ein Student der Pharmazie (also der Lehre von den medizinischen Heilmitteln), begeht in Wien das Verbrechen des Selbstmords – wie es die Mitglieder seiner Familie sehen, allesamt »grauenhafte Rechner [...] mit dem Riecher für das Geschäft« (E 7), die ihn auch vorher immer nur »Verbrecher« gerufen haben (E 10); »von der Natur verunstaltet«, war er für sie ein ihnen »aus lauter Nutzlosigkeit ständig im Weg und im Magen liegender Fleischklumpen, der auch noch Gedichte schrieb« (E 9). Ähnlich wie der Pharmaziestudent (und viele andere Bernhard-Figuren) artikuliert sich auch der Maler Strauch mit Hilfe künstlerischen Phantasie – zu der er eine ambivalente Beziehung hat: »Phantasie ist ein Ausdruck von Unordnung«, sagt er, »die Ordnung duldet keine Phantasie«. Er sei sich sicher, »daß Phantasie eine Krankheit ist«, die man »nicht verstehen« kann (F 36; vgl. auch die auf Kierkegaard bezugnehmende Deutung der rätselhaften Stelle, in der Strauch die Vermittelbarkeit seiner »Poesie« leugnet, F 253, als Beleg für einen »hermetischen Poesiebegriff«; vom Hofe/Pfaff 1980, 34). Die künstlerischen Versuche des Malers, die er als »Geschwüre« wahrnimmt (F 33; vgl. auch *Drei Tage*, It 80), vermitteln ihm nur das Bewußtsein des unaufhaltsamen Selbstverlusts (vgl. F 33). In dem Haltlosen entsteht ein Selbstgefühl, das zwischen Omnipotenz und Nichtigkeit hin- und herpendelt: »Die Grenzenlosigkeit ist es und das fatale Unterbewußtsein, überhaupt alle Fähigkeiten aller Erscheinungen zu besitzen [...] bis man dann endlich von nichts überzeugt ist [...]. Denn man hat schließlich nur seine Charakterzustände und keinen Charakter« (F 196).

Im Vergleich zum Maler wird sein Bruder als stabiler »Erfolgsmensch« charakterisiert, der nicht »bebt« und sich »keine Launenhaftigkeit« leistet (F 199f.). »Der Chirurg der Fähige. Sein Bruder, der Maler, der Unfähige« (F 201), heißt es zusammenfassend. Als Vermittlungsinstanz zwischen den Brüdern Strauch, die einander im Text nicht begegnen, dient Bernhards Ich-Erzähler, und er ist auch das Übertragungsmedium gegenüber dem Leser. (Die Nennung des Autors Henry James, z.B. F 223ff., läßt an dessen Erzählform des »imagined observer« denken. Man kann Bernhards Famulus durchaus als seinen modifizierten Abkömmling verstehen; vgl. Gößling 1987, 79ff. Heyl 1995, 151f. stellt einen konkreten Bezug zu *Die Madonna der Zukunft*, 1875, von H. James her; vgl. dort auch die Vermutung, der in *Frost* ebenfalls erwähnte Maupassant könnte mit seiner Novelle *Die Brüder*, 1888, den Prätext für Bernhards später so fruchtbare Brüderfiktion geliefert haben, vgl. ebd. 184f.). Im Verlauf des Buches wird der Erzähler jedoch immer mehr durch die »Gedankengänge« (F 128) Strauchs überwältigt: er habe das Gefühl, als hätte ihn der Maler »in seine Vorstellungswelt hineingezwängt«. »Ich bin nicht mehr ich« (F 281). Andreas Gößling schlägt vor, die drei dominanten Figuren Chirurg, Famulant und Maler trotz ihrer »realistischen, primär je formal manifestierten Autonomie« (Gößling 1987, 106) als »drei Aspekte *eines* Bewußtseins« aufzufassen (ebd. 24), das sich innerhalb dieser Konfiguration selbst reflektiert. Demnach versucht die im Chirurgen Strauch inkarnierte Rationalität, auf realistischer Ebene »als ›Krankheit‹ eines ihm *äußerlichen Individuums*« zu erfassen, »was sich auf symbolischem Niveau als ihm *immanenter* sowie *überindividueller* Zerfall erweist« (ebd. 23). Der Famulus fungiert hingegen als »Emissär« dieses »bewußten, rein verstandbestimmten Ichs«, mit dem Auftrag, »die Lage in einer aufbegehrenden Region des Unterbewußten zu sondieren, welche die Herrschaft des klaren Verstandes bedroht« (ebd.).

In dem Roman *Frost* werden damit »wichtige erzählerische Parameter« für das gesamte folgende Werk festgelegt (Heyl 1995, 150). Mit der Konfiguration ›Ich-Erzähler vs. Strauch‹ tritt zum ersten Mal jenes grundlegende Modell Bernhardschen Erzählens auf, das auch die späteren Prosatexte des Autors (bei allen Weiterentwicklungen und Modifikationen) prägen wird. Fortan steht den namenlosen Ich-Erzählern immer wieder ein Protagonist gegenüber, »dessen inhaltliche Übermacht der formalen Dominanz von jenen im Wortsinn widerspricht mit nicht enden wollendem Monolog« (Gößling 1987, 3). Bernhards Erzählstrategie ist als Technik der Dissimulation gelesen worden, als »Bestandteil eines Distanzierungsprogramms«, das »den Autor davor bewahrt, etwa eigenes Betroffensein zu decouvrieren« (Knapp/Tasche 1971, 490). Bernhards »Zitatenmontage« (ebd.) ziele zwar »auf die Identifikation des Lesers mit dem Gesagten« (ebd. 492), lasse aber dennoch Raum für »eine mit-reflektierende Distanzierung« (ebd. 493). Die Ich-Erzähler machten Erfahrungen ähnlich einer »*Katharsis*«, sie blieben aber, »als Berichterstattende, Tagebuchführende, ebenso im Leben zurück wie der Leser« (ebd.). Willi Huntemann hat ein Modell formuliert, nach dem sich Bernhards Weiterführung der in *Frost* angelegten Erzählform zwischen zwei Polen bewegt habe. Es gebe im wesentlichen zwei Strukturtypen, die »vor allem nach ihrem Kommunikationscharakter definiert« seien: zum einen den »*Erzählerbericht als 'memoria mortui'* mit dem *Zitat* als dominierendem Konstruktionsprinzip«, zum anderen »die als *'authentisch' fingierte Selbstdarstellung* und die *Monologform*« (Huntemann 1990, 64). Im ersten Fall »ist das Interesse des Ich-Erzählers auf einen ihm befreundeten Protagonisten« gerichtet, dessen Tod den Erzählvorgang auslöst (vgl. ebd. 65). Im zweiten Fall berichtet ein Erzähler »in direkter Rede monologartig von sich und seiner Umwelt«, entweder in diarischer Chronologie oder in Form von Briefen, Nachlaß oder Fragmenten (ebd. 99).

Gößling spricht der »Konfrontation der antagonistischen Figurenpaare« bei Bernhard auch eine historische Signifikanz zu. Während die Ich-Erzähler »stets als Verfechter naturwissenschaftlich-rationalistischen Denkens fungieren«, seien die Protagonisten »einem Selbst- und Weltbild christlich-feudaler und idealistischer Provenienz verpflichtet« (Gößling 1987, 4). Tatsächlich verhindert das ästhetische Verfahren in *Frost*, das die Bewußtseinsstruktur des Protagonisten »in den zeichenhaften Landschaften objektiviert«, Krankheit und Scheitern »auf die ahistorische Diagnose der Vergeblichkeit menschlichen Strebens zu reduzieren«, vielmehr erhellt es »subjektives Bewußtsein als ursächlich abhängig von historisch-gesellschaftlichen Veränderungen, die der Einzelne in seinem Innern reproduziert« (ebd. 10). Umgekehrt macht die »konstitutive Künstlichkeit des objektivierten Außenraums Weng und folglich dessen systematisches Bezogensein auf die Vorstellungswelt des Malers« (ebd. 84) die »objektivierte Landschaft zugleich als Bewußtseinslandschaft erkennbar, d.h. als Traum- oder Wunschtraumwelt, in der sich – in verdichteten, überdeterminierten Zeichen – die psychische Problematik des imaginierenden Subjektes niederschlägt« (ebd. 11).

Historisch gesehen tritt die Zersetzung der überkommenen Strukturen in Weng in drei Phasen ein: durch den Bau von Bahnstation und Zellulosefabrik Jahrzehnte vor dem Erzählzeitpunkt, durch die Auswirkungen des Krieges auf das Tal und durch den zum Erzählzeitpunkt gerade stattfindenden Kraftwerksbau (vgl. ebd. 150). »Grausige Spuren habe der Krieg im ganzen Tal hinterlassen«, sagt Strauch (F 138), »Hunderte und Tausende Geschwüre, die dauernd aufgehen« (F 53). Auch in dem etwa gleichzeitig entstandenen Erzählfragment *Der Italiener* findet sich ein eindrucksvolles Zeichen für das Fortleben dieser Erlebnisse: dort erzählt der Ich-Erzähler von einem Massengrab, in dem ermordete Polen liegen, deren Schreien er noch jahrelang »überall in der Welt« gehört habe (It 76). Die Zellulosefabrik und der Bau des Kraftwerks kann man als Bilder für den »Allmachtanspruch« absolut gesetzten »naturwissenschaftlichen Verstandes« auffassen

(Gößling 1987, 167). Die Errichtung der Zellulosefabrik ist gleichzeitig das Signal für das Herabsinken von Mensch und Baum »auf die Stufe frei verfügbarer Ressourcen, mithin amorpher Natur« (ebd. 157). Aus dieser Entwicklung resultiert im Roman ein weiteres Symptom für die Auflösung überkommener Zusammenhänge: das Proletariat, »alles, was im Laufe von drei Jahrzehnten ins Tal hereingeschwemmt worden ist, um von der Zellulosefabrik, von der Eisenbahn, jetzt auch noch vom Kraftwerk verschlungen zu werden« (F 109), und im Zusammenhang damit der Kommunismus (ebd.), ein politisches System, das zeichenhaft »den zerstörerischen Widerpart statisch-hierarchischer Staatsorganisation repräsentiert«, sodaß auch im gesellschaftlichen Bereich die »Umwälzung des Statisch-Hierarchischen durch entfesselte amorphe Masse« unaufhaltsam scheint (Gößling 1987, 46). Nur kurz blitzt dagegen das »Bild eines geretteten Daseins« (Höller 1985, 37) auf, das in *Frost* mit dem Rückgriff auf den reichen »Fundus von vorbürgerlich geprägten, katholisch-feudalen Daseinsformen« innerhalb der österreichischen Kulturtradition (Höller 1980, 502) beschworen wird: Es gebe hier »Herrenhäuser und Schlösser«, in denen man in eine völlig andere Welt eintrete. Alles habe »brauchbare Beziehungen zueinander«, und keiner sei vom Zerfall seiner Identität bedroht: »wie für immer geformte Gesichter« (F 230). »Im Grunde sind alle Bernhardschen Protagonisten auf der Suche nach einer verlorenen Harmonie, gerade wenn sie über die *Naturgemeinheit* oder die *Zivilisationskatastrophe* räsonieren« (Tismar 1970, 75).

Die »den Menschen zerzausende Landschaft« von Weng (F 191) ist ein polemisches Gegenbild zu den idyllischen Naturdarstellungen, die man zur Zeit des Erscheinens von *Frost* mit literarischen Darstellungen der Provinz assoziieren mußte. Zu Recht kann man an Hans Leberts Roman *Die Wolfshaut* (1960) denken, in dem unmittelbar zuvor das »Verdrängte und Grauenvolle unter der heiteren Fremdenverkehrslandschaft« Österreichs erstmals zum Vorschein gekommen war (Höller 1993, 72). »Erbe, Erde, was war das immer? Nein, das war nie etwas anderes als Kolportage!« heißt es mit deutlichem Bezug auf die ideologisierte Form der Heimatkunst (F 153). Neben der »beklemmenden Realistik«, die Carl Zuckmayer in seiner Rezension (1963) hervorgehoben hat (zit. nach WG 53), gibt die »rätselhafte Überlagerung von Erdgeschichte, Landschaft, Geschichte und Biographie« (Höller 1993, 74) in Bernhards Debütroman allerdings vor allem eine jener »inneren Landschaften« wieder, von denen der Autor gesprochen hat (vgl. das Einleitungskap., S. 3). Ein »Zustandsgefüge mit einer rücksichtslosen gehirnzersetzenden Übermethodik« (F 299) nennt der Famulus den räumlichen Schauplatz des Geschehens, wenn er dessen Auswirkungen auf den Maler reflektiert. Sätze wie »Der Frost ist allmächtig« (F 41) sind nicht nur die Beschreibung einer Winterlandschaft, sondern die Diagnose eines umfassenden Weltgefühls. Stets hat in Bernhards fiktionalen Texten der konkret benannte Ort »vorwiegend kontextuelle Bedeutung und verweist nicht direkt auf den real existierenden Ort gleichen Namens, enthält aus diesem Grund auch keine direkte und objektiv gegen diesen Ort gerichtete Kritik« (Obermayer 1981, 221) – eine für das Werk dieses Autors entscheidende Erkenntnis, die in der Reaktion betroffener Städte und Ortschaften auf ihre Literarisierung durch den Autor oft nicht ausreichend beachtet wurde.

Vor allem ist Weng (dessen Name an österr. ›wenig‹ erinnert; vgl. auch den ›Strauch‹, der nicht zum Baum geworden ist) die Objektivierung einer grundsätzlich böse und bedrohlich wahrgenommenen ›Natur‹. Alles Leben, das nicht der rationalen Kontrolle zivilisatorischer Verfügungsgewalt gehorchen will, wird in Bernhards Büchern unter diesem Begriff zur übermächtigen Bedrohung menschlicher Existenz stilisiert, und in gnostischer Tradition, wonach »die Materie, durch einen Abfall vom göttlichen Lichtreich entstanden, selbst das Böse und die Finsternis ist« (Zelinsky 1970, 28), wird sie mit dem völligen »Abbau des Lichts« (F 306) gleichgesetzt: der Famulus schreibt in seinem ersten Brief an den Chirurgen von dem »wahrscheinlich einzigen Natürlichen, der Natur Entsprechenden«, dem »Finsteren, das ohne Grenzen ist« (F 307). »Natur wird als Gewalt erfahren, die das Wesen menschlicher Identität, die lebendige Einheit des Individuums in Frage stellt« (Jurgensen 1981a, 62). Allerdings spielt dieser Vorstellungsbereich in Bernhards Werk eine Doppelrolle: einerseits ist die Natur »die Brutalität des Geistlosen, eine ständige Bedrohung des Künstlers und des Intellektuellen, andrerseits die Verkörperung eines Gesetzes, die Manifestation eines musterhaft Vorhandenen, das der menschliche Geist (als Ausdruck seiner geistigen Natur) zu erkennen sucht« (ebd. 51). Bemerkenswert ist in diesem Zusammenhang der Satz des Malers Strauch, der seine Naturangst ausdrücklich relativiert und mit einer entfremdeten Haltung zu sich selber in Verbindung bringt: er stellt nämlich fest, »daß eine krankhafte Einstellung der Natur gegenüber mich gar nicht in mich hereingelassen hat« (F 270).

Wie im Fall seiner Naturphobie wird an der Figur des Malers auch ansonsten ein Persönlichkeitsprofil ausformuliert, das (bei allen Weiterentwicklungen) als Ausgangsmodell für Bernhards Protagonisten bestehen bleibt; die meisten der hier zusammengetragenen Charakterisierungsmerkmale und Idiosynkrasien kommen im späteren Werk immer wieder vor. Dazu gehören Strauchs paranoische Gefühle (vgl. z.B. F 143), wobei die kollektive Inkarnation der »Eindringlinge« (F 204), gegen die er sich »wehren« muß (F 217), die ›Masse‹ ist, in der sich die von Bernhards Figuren immer gefürchtete unkontrollierte Konturlosigkeit materialisiert. Der Maler sagt zum Famulus, daß von der geballten Ansammlung vieler Menschen »Entsetzen, dann plötzlich aber Gewalt ausgeht«. Außerdem erzeuge sie »eine krankhafte Sucht [...], ihr angehören zu wollen«, denn jeder einzelne Mensch sei selbst »immer die Menge, die Masse« (F 191); es sind ähnliche Gedanken wie in Elias Canettis Abhandlung über *Masse und Macht* (vgl. Canetti 1980, 9-14; zur komplizierten Beziehung zwischen Bernhard und Canetti vgl. Dittmar 1992, 67, Dreissinger 1992, 98).

Noch folgenreicher (vgl. Bernhards spätere Texte) ist ein anderer Vorstellungsbereich, der Strauch als Projektionsfeld seiner Ängste dient. Ausdrücklich setzt er das Gefühl und den Instinkt mit dem Teufel gleich (vgl. F 244f.), und als genauso böse denunziert er die Sexualität, das »Geschlechtliche, die Krankheit, die von Natur aus abtötet« (F 17). Vor allem aber fürchtet er die Frauen, die er zu dem dominierenden Bildbereich des Romans parallel setzt: »Der Frost und die Frauen bringen die Männer um« (F 112). »[...] hüten Sie sich vor den Frauen«, warnt er den Famulus, »aber noch mehr vor dem weiblichen Teil in Ihnen, der darauf aus ist, aus Ihnen ein Nichts zu machen« (F 217; vgl. dazu den Text *Ist es eine Komödie? Ist es eine Tragödie?*, 1967, der in der Forschung fast immer nur in bezug auf die im Titel ausgedrückte poetologische Ambivalenz angesprochen wird: dort begegnet der Erzähler einem Frauenmörder, der seit 22 Jahren allabendlich den Weg wiederholt, auf dem er sein Verbrechen begangen hat, und in der Erzählung Frauenkleider trägt, als hätte nun ihn selbst jene Weiblichkeit überwältigt, deren personale Repräsentantin er damals aus seinem Leben eliminieren wollte). Das Weibliche sei »Gift für den männlichen Geist, für den Geist überhaupt, für das Männliche«, sagt der Maler Strauch, denn die Frau versuche, »einen Mann in seine Bestandteile zu zerlegen und nicht mehr zusammenzusetzen« (F 218). Die Formulierung erinnert bis ins Detail an Otto Weiningers *Geschlecht und Charakter*; es gibt den pointierten Hinweis, Bernhard habe »die Sprache erfunden, die das genaue ästhetische Äquivalent zu Weiningers Denken« sei (Stieg 1984, 61; vgl. auch LeRider 1985, 240-243; in Bernhards Stück *Die Berühmten* stellt der »Verleger« Weininger als »großen Charakterforscher« Freud an die Seite; St II/ 184). In Gestalt der Wirtin begegnet dem Maler auch ein abstoßender Beleg für die abstrakt formulierten Thesen, und bezeichnenderweise tritt die Frau wie die Wiederkehr eines Verdrängten auf: »so wie ein Bild erscheint, einfach auftaucht aus dem Unterbewußtsein, halb Traum, halb Wirklichkeit, wie etwas, das man nicht leiden kann und das einem darum keine Ruhe läßt« (F 64).

Weininger kehrt jedoch auch an anderer Stelle wieder. Angesichts von Bernhards Naturbegriff ist es nicht verwunderlich, daß bei diesem Autor Tierlaute stets Chaos und Bedrohung signifizieren. In der Erzählung *Zwei Erzieher* (1967) erschießt einer von Bernhards vielen

Schlaflosen (vgl. auch F 207) ein Tier, das Nacht für Nacht vor seinem Fenster auftaucht und ihn am Einschlafen hindert (vgl. E 62). Doch das »Hundegekläff«, von dem sich der Maler Strauch in *Frost* verfolgt fühlt, hat eine viel weitere Dimension: Die Hunde »bringen alles um« (F 39), ihr Bellen sei das »Gekläff des *Weltuntergangs*« (F 152). Otto Weininger hat in seinem als »Entwurf« ausgewiesenen Text *Metaphysik* eine Art Phänomenologie des Hundes skizziert, deren Terminologie mit der des Malers auffällig übereinstimmt. Die »absolut verneinende Ausdrucksbewegung« heißt dort das von Bernhards Figur so sehr gefürchtete Hundegebell (Weininger 1912, 122). Und bei Weininger ist der Hund eigentlich ein Symbol für eine menschliche Kategorie, deren Beschreibung sich ebenfalls in Bernhards Werk niedergeschlagen zu haben scheint: für den »Verbrecher«, dem er ein »kontinuierliches einheitliches Ich« abspricht und die Fähigkeit zur »*Selbstbeobachtung*«; ausdrücklich heißt es: »der Verbrecher *zerfällt*« (ebd. 116). Einem »Menschenschlag voll von der gänzlich unbewußten Substanz« (E 28) ordnet Bernhard die auffälligste Verbrecherfigur aus seinem frühen Werk zu, den *Zimmerer* in der gleichnamigen Erzählung (1965), der eben aus dem Gefängnis entlassen worden ist und der wiedergewonnenen Freiheit völlig hilflos gegenübersteht. »Verbrechen seien Krankheitserscheinungen«, resümiert dort der Erzähler, ein Anwalt (wie Arzt und Student kommt auch dieser Beruf, der Experte für den Gesetzesapparat, bei Bernhard wiederholt vor); »die Natur sei von Natur aus verbrecherisch« (E 41).

Dem schrecklichsten Bild der Auflösung organischer Ganzheit begegnet Strauch, als er plötzlich die zerstückelten Körper von Kühen findet, die von Viehdieben abgeschlachtet wurden (vgl. F 275). Die grausige Inszenierung ruft in Erinnerung, wogegen sich im Verlauf der Sozialisation das Urbild körperlicher Ganzheit ausformt: gegen »den Hintergrund des ›Bildes vom zerstückelten Körper‹« (Lang 1973, 49). Die Matrix des menschlichen Ichs bildet sich nach der Theorie des »Spiegelstadiums« in einer frühen Lebensphase, in der sich das Kleinkind vor dem Spiegel erstmals als eine zusammengehörige Einheit wahrzunehmen vermag; es bildet so auf imaginäre Weise die Basis für alle späteren Vorstellungen von Ganzheit und Integrität (vgl. Lacan 1973). Auch später sucht der Mensch diese Erfahrung der Einheit des Ichs zu wiederholen, wenn die »Gefahr des Rückfalls in das Chaos« (Lang 1973, 50) droht; nicht zufällig ist deshalb für den Maler Strauch der selbst-vergewissernde Blick in den Spiegel zuletzt das einzige Mittel gegen seine »Verzweiflung« (F 316), ehe er endgültig in der tödlichen Winterlandschaft verloren geht (vgl. auch das analoge Vorgehen des Fürsten Saurau in *Verstörung*, V 112). Es überrascht nicht, daß Bernhard die Malerei Francis Bacons geliebt hat (vgl. dazu Becker 1978, 87; auch Kw 44, 145), denn auch die zerfließenden Gestalten auf diesen Bildern veranschaulichen die Erfahrung von Menschen, die vergeblich versuchen, »sich zu verwirklichen, aufrecht zu stehen, zu ent-stehen« (Syring 1981, 65). Auf ähnliche Weise läßt sich die Krankheit verstehen, von der Bernhards Figuren hier befallen sind, ihr Ichzerfall und die Auflösung ihres zivilisatorischen Existenzgefüges: auch sie finden »keinen Halt, weder in der Selbstbespiegelung, noch in dem geistigen und kulturellen Gerüst, das sie umgibt« (ebd.).

Wie für den Maler Bacon (vgl. Sylvester 1982, 25) ist für den Maler Strauch (ebenso wie für Bernhard selbst, vgl. das Einleitungskapitel, S. 3) die Erfahrung des Schlachthauses grundlegend: »das einzige grundphilosophische Schulzimmer« nennt er es (F 255). Dort erweist sich, wie schnell aus Lebendigem Totes werden kann, wie fragil und bedroht der Organismus in Wahrheit ist; im Buch zur Verfilmung des Fragments *Der Italiener* (1971) motiviert der Autor die Vorführung einer Schlachtung so: »man weiß nicht nur von der Möglichkeit, man *sieht* jetzt, man kann in einer knappen halben Stunde eine Kuh töten und aufhängen und zerlegen und aufbereiten« (It 10), und in Strauchs Monologen gehört der Tod ebenfalls zu den immer wieder angesprochenen Vorstellungsbereichen (vgl. F 151). Man kann das Schlachthaus freilich auch allgemeiner als »Chiffre so methodischer wie wahnsinniger Vernichtung alles Lebendigen« verstehen (Gößling 1987, 161), in einem Text, der beängstigende Bilder für die Folgen einer »auf Natur- und damit auch Menschenbeherrschung gegründeten Rationalität« (Gamper 1977, 31) enthält, die »verstandesmäßige Verstümmelung« einer Welt, in der es »keine wirklichen Menschen mehr« gebe, nur »Totenmasken von wirklichen Menschen« (F 248). In einem »schlachthausähnlichen« (F 101) Raum spielt auch der Traum, in dem sich der Famulant über Aufforderung des Assistenten und der anderen Ärzte eine Reihe von Operationen gleichzeitig ausführen sieht. Am Ende hätten die Ärzte seine »großartige Leistung« gelobt, während von Strauch nur ein »Haufen völlig zerstückelten Fleisches« zurückgeblieben sei (F 102). Zum einen inszeniert der Traum des Famulanten die Unangemessenheit seines eigenen Zugriffs auf das Objekt seiner Beobachtungen. Der Vorgang wird jedoch zugleich zu einem Bild für die zersetzenden Folgen analytischer Rationalität, die organische Zusammenhänge zertrennt und damit zugleich entlebendigt.

Viele von Bernhards Figuren sind von der »Zersetzungsapparatur« (F 111) analytischen Denkens beherrscht, mit der sie alles Ganze zwanghaft in seine Einzelteile zerlegen. Auch der Maler Strauch »gehört zu denen, die alles flüssig machen. Was sie anrühren, schmilzt. Der Charakter, das Festeste« (ebd.). So ist zumeist er das Medium der Träume, in denen sich die von Bernhard mit den verschiedensten Mitteln beschworene »tödliche Anmaßung des Kopfes gegen das Kreatürliche« ausdrückt (Gamper 1977, 31). Einmal träumt Strauch, sein Kopf habe sich in einer phantastischen Landschaft plötzlich derart aufgebläht, daß er die Bäume und Menschen, die farblich völlig mit dieser Landschaft verschmolzen waren, erdrückt habe; hinter ihm sei »alles abgestorben« (F 38). Ein anderes Mal habe sich sein Kopf in einem Gasthaus ebenfalls »mit einem Ruck« so vergrößert, daß »Gegenstände und Menschen zu einem Brei« geworden seien. Er habe versucht, den Brei nicht in sich »eindringen zu lassen«, aber das sei mißlungen (F 287).

Mit jener Stelle, die Manfred Mixner als Bild für die »verselbständigte Rationalität, die das Gehirn wie eine Reproduktionsmaschine funktionieren läßt«, gedeutet hat (Mixner 1983, 45), beginnt im Roman der letzte jener Teilabschnitte, die (jeweils unter einem eigenen Titel, hier: »Die Felsschlucht«) in die Wiedergabe der einzelnen Beobachtungstage integriert sind: »Wie das Gehirn plötzlich nur mehr Maschine ist, wie es noch einmal alles exakt herunterhämmert, womit es [...] malträtiert worden ist« (F 290). Strauch stellt sich vor, wie er ausgerechnet einen Lehrer, einen berufsmäßigen Vermittler gesellschaftlich überlieferten Wissens, in eine Felsschlucht hineinschickt, in »seine Ausweglosigkeit«, die er (Strauch) »beherrsche« (F 293). Dort geht das Opfer dieser Phantasie zugrunde, ist »aufgelöst in der Luft meiner exemplarischen Zustände«, wie Strauch sagt: dann »erschaffe ich mir wieder meine Welt« (F 294). Daß dies ausdrücklich am »siebten Entschöpfungstag« erfolgt (F 291), nach der absoluten Rücknahme der göttlichen Schöpfung also, hat zu dem Schluß geführt, es handle sich hier um die restlose »Liquidation des christlichen Welt- und Menschenbildes« (Gößling 1987, 147). Man kann die Episode über Strauchs Berufskollegen (der Maler war ebenfalls früher Hilfslehrer, vgl. F 169) jedoch auch als »allegorische Deutung [...] des Handlungsverlaufs« verstehen (Petrasch 1987, 73), als paradigmatische Nachgestaltung des ästhetischen Verfahrens von *Frost*: »an den Erfindungen [...] allerkleinsten Grauens« könne sich »der Denkmittelpunkt noch weiden«, ausgehend »von einem ganz kleinen Individuum, das einem plötzlich zu Willen ist« (F 295). Als »Darstellung und Überwindung einer gescheiterten Kunst- und Geistesanstrengung des Protagonisten« ist Bernhards charakteristische Schreibform der Erinnerung an eine verstorbene literarische Hauptfigur interpretiert worden (Huntemann 1990, 175). »Wenn ich so was beschreibe, so Situationen, die zentrifugal auf den Selbstmord zusteuern«, sagt Bernhard selbst in einem Interview (1979), »sind es sicher Beschreibungen eigener Zustände, in denen ich mich, während ich schreibe, sogar wohl fühle vermutlich, eben weil ich mich *nicht* umgebracht habe, weil ich selbst dem entronnen bin« (Müller 1992, 68).

1.2 »Verstörung«

Auch der Roman *Verstörung* (1967) handelt von Krankheit, und wiederum ist eine seiner Hauptfiguren ein Arzt. »Wir reden viel von Krankheit, [...] von Tod und Konzentration des Menschen auf Krankheit und Tod, weil wir sie, Krankheit und Tod und Konzentration auf Krankheit und Tod, uns nicht klarmachen können«, sagt in prinzipieller Formulierung einer seiner Patienten, der Fürst Saurau, dessen Monolog den größten Teil des Buches einnimmt (V 170). Als Ich-Erzähler fungiert der Sohn des Arztes, und auch er ist (wie der Famulus in *Frost*) Student, diesmal allerdings Montanist – man erinnert sich an das romantische Interesse am Erdinneren als Bild für das Territorium des Unbewußten.

Verstörung ist als »stationär strukturierte Rundreise« von Vater und Sohn durch eine Landschaft angelegt, die »Modellcharakter« hat (Herzog 1995, 104f.). Erstmals verbindet sich die literarische Pathographie hier mit dem Motiv der Aufklärung einer rätselhaften vergangenen (familiären) Entwicklung: der Student hat nämlich seinen Vater brieflich nach der Schuld am letzten Selbstmordversuch seiner Schwester und am frühen Tod seiner Mutter gefragt (vgl. V 21; vgl. dazu den kurzen Text *Jauregg*, 1966, in dem der Erzähler eine Arbeit in den Steinbrüchen seines Onkels annimmt, um dessen Schuld am Tod seiner Mutter aufzuklären, vgl. E 45). Als Reaktion auf den Brief entschließt sich der Arzt, den Sohn auf seine »Krankenbesuche mitzunehmen« (V 14) – »studienhalber«, wie das letzte Wort des ersten Textabschnitts lautet (V 77). Er bewege sich »fortwährend in einer kranken Welt«, die lediglich »vortäusche, eine gesunde zu sein«, und es sei falsch, »sich der Tatsache, daß *alles krank* und traurig sei, [...] zu verschließen« (V 14). Was sich wie eine poetologische Grundsatzerklärung zu Bernhards gesamter literarischer Unternehmung ausnimmt, ist jedoch mit der Erkenntnis gekoppelt, daß die individuelle Familiengeschichte nicht zu klären sein wird (vgl. V 21; auch der Ich-Erzähler von *Jauregg* stellt am Ende fest, es gebe »gar nichts, das man erklären könnte«, E 54).

Die Abkömmlinge der Arztfamilie in *Verstörung* sind (charakteristisch für Bernhards frühe Hauptfiguren, vgl. auch *Amras*) durch das übergroße Ausgeliefertsein an die Natur gekennzeichnet, durch das mangelhafte zivilisatorische Einwirken der Eltern: ihrer Mutter seien sie »mehr *Kinder der Landschaft um uns* als solche unserer Eltern« gewesen (V 20). Das Verhältnis zu seiner Schwester, die noch mehr als er »ausschließlich aus der Natur« gekommen sei (ebd.), empfindet der Erzähler als »*das schwierigste, das chaotischste*« (V 21); wieder einmal scheint hier Bedrohliches literarisch abgespalten worden zu sein. Auffällig sind die wiederkehrenden Selbstermahnungen des Studenten, mit Hilfe des Verstandes seine Existenz unter Kontrolle zu bringen:

»Sich zu beherrschen sei das Vergnügen, sich vom Gehirn aus zu einem Mechanismus zu machen, dem man befehlen kann und der gehorcht« (V 41). Deutlich wird die dahinter stehende Unsicherheit erkennbar, der mit radikaler Organisation des Alltags begegnet werden muß: »Durch die geringste Abweichung von meinem Stundenplan verliere ich mein Gleichgewicht« (V 70).

Im ersten Abschnitt des Romans erlebt der Student zunächst eine ländliche Welt, in der es »mehr Brutale und Verbrecherische« gebe als in der Stadt (V 15) – das Buch beginnt mit dem Totschlag an einer Gastwirtsfrau. Doch dann trifft er auf eine Reihe von Patienten und Bekannten des Vaters, auf eine Art Panoptikum verschiedener Krankheitszustände und Existenzweisen, die sich allesamt in Bernhards bis dahin erarbeitetes Modell des menschlichen Daseins fügen. Andreas Gößling hat *Verstörung* als »Tagtraum-Version« des Debütromans *Frost* abgewertet (Gößling 1987, 185), in der »die virtuell bedrohlichen Traumgestalten« (ebd. 186) auf Klischees reduziert worden seien, auf Patienten, mit denen der Tagträumer jeden seiner abgespaltenen Selbstaspekte »seinen je standardisierten Rollentext heruntersagen« lasse (ebd. 185). Die Auffächerung der angelaufenen literarischen Pathographie ist aber wohl eher ein weiterer Schritt zur Bewältigung des ›Verstörenden‹, das als Ursprung von Bernhards Schreiben zu vermuten ist.

Zuerst besuchen der Arzt und sein Sohn einen »Realitätenbürobesitzer«, den ersten seiner Zunft im Werk des Autors (vgl. v.a. später die Erzählung *Ja*). Bernhards Makler ist nicht so sehr ein medizinischer Betreuungsfall, sondern aus seiner Bibliothek bezieht der Arzt die Bücher für seine literarisch-philosophische Lektüre (er heißt Bloch, wie der Philosoph des *Prinzips Hoffnung*). Die Texte stammen von den bei Bernhard immer wieder beschworenen Meisterdenkern: Kant, Marx, Pascal. Und *Mystifikation*, die »kleine, spätentdeckte Schrift« des Diderot, die Bloch empfohlen hat (V 26), handelt nicht zufällig von der Krankheit der Melancholie und von der verhängnisvollen Fixation auf Dinge, die mit verlorenen, einst geliebten Menschen in Verbindung stehen (vgl. bes. Diderot 1956, 498, 507); selbst die kleinsten literarischen Hinweise bei Bernhard haben ihre Funktion. Bloch erscheint als Inkarnation verstandesbezogener Lebenskompetenz: Er »beherrsche die Kunst, das Leben als einen [...] Mechanismus je nach seinem persönlichen Bedürfnis auf eine [...] brauchbare und also erträgliche Gangart einzustellen« (V 24f.). Der Arzt charakterisiert ihn als »einen durch den rudimentären Übermut der sich von Jahr zu Jahr immer wenigstens um ein Hundert- oder Tausendfaches beschleunigenden Geschichte nicht die Beherrschung Verlierenden« (V 26).

Zu den ihrer Natur ausgelieferten Kranken gehören die folgenden Beobachtungsobjekte des Studenten, von denen sich nicht selten Verbindungslinien zu anderen Texten des Autors ziehen lassen. Die Geschichte der Ebenhöh erinnert an Bernhards Erzählung *Der Zimmerer* (1965), in der ein tierhaft geschilderter Mensch (vgl. E 24) zum Verbrecher geworden ist und durch seine »Gewaltakte« das Leben seiner Schwester »systematisch zertrümmert« hat (E 25). Die Ebenhöh hat einen »Schwerverbrecher als Bruder« (V 30), der seine Verlobte umgebracht und sich nach seiner Entlassung aufgehängt hat (vgl. auch den *Kulterer*). Ihr Sohn ist »geistig beschränkt« (V 32), er kommt ihr »mehr und mehr als ein Vieh« vor (V 33), und er »getraue sich wegen seiner sie hassenden Frau nicht mehr«, seine Mutter »zu lieben« (V 32). Diese Konstellation nimmt wiederum ein Motiv der Erzählung *Der Wetterfleck* (1971) vorweg, wo der Besitzer eines Bestattungswäschegeschäftes auf ähnliche Weise durch den Einfluß seiner Schwiegertochter auf seinen Sohn (vgl. E 163) Schritt für Schritt bis in den dritten Stock, der »*für Wohnzwecke vollkommen ungeeignet*« ist (E 164), hinaufgezwungen wird; am Ende begeht er Selbstmord.

Auch der Lehrer in Salla trägt verbrecherische Züge, für deren Durchbruch (in Form sexueller Verirrungen mit einem Knaben) ausdrücklich das kalte, feindselige Klima in dem engen Gebirgstal mitverantwortlich gemacht wird. Als Ausgangspunkt seines Schicksals wird ein traumatisches Kindheitserlebnis in einem »tiefen Wald« (V 52) angeführt: »Immer könne man von später in einem Menschen eingetretenen Katastrophen auf frühere, meistens sehr frühe Schädigungen seines Körpers und seiner Seele schließen« (V 53), ist geradezu ein Fundamentalsatz von Bernhards literarischem System. Vor seinem Tod sei der Lehrer »zu einer erstaunlichen Kunst des Federzeichnens« gelangt: »eine sich selbst vernichtende Welt« habe er wiedergegeben (V 53), die »ganze grauenhafte Natur« (V 55). »Zerfetzte Vögel, auseinandergerissene Menschenzungen, [...] von unsichtbaren Körpern abgerissene Extremitäten« (V 53f.) – die Beschreibung seines »Surrealismus«, der »nichts anderes als die Wirklichkeit« sei (V 54), greift Visionen wieder auf, mit deren Hilfe auch in *Frost*, ebenfalls innerhalb der Sterbensgeschichte eines Künstlers, fundamentale Ängste in Bilder übertragen wurden.

In der Fochlermühle verdichtet ein rätselhaftes Ölgemälde auf eindrucksvolle Weise die in Bernhards Texten illustrierten Züge universaler Entfremdung: die Dissoziation zwischen Geist und Körper und die Isolation der einzelnen Menschen, die gleichwohl immer wieder in Zweierbeziehungen aufeinander fixiert sind. Es sind »zwei mit den Rücken zueinander stehende nackte Männer mit ›total verdrehten‹ Köpfen, ›Gesicht zu Gesicht‹« (V 65; vgl. Höller 1979, 87f.). An dieser Stelle befaßt sich Bernhard aber auch erstmals mit jenen verkünstlichenden menschlichen Eingriffsversuchen in die Natur, die das Unkontrollierbare aneignen und domestizieren sollen. Der Onkel der Müllerssöhne hat nur »*den Vögeln zuliebe* gelebt« (V 60), die er aufgezogen hat; als sie nach seinem Tod unerträglich zu schreien beginnen, werden sie umgebracht und präpariert, damit die Fochlerbrüder wieder »*vollkommene Ruhe*« haben (V 61). Das Bild kehrt in dem Roman *Korrektur* (1975) wieder, der im Haus eines Tierpräparators spielt, und es zeigt, welchen Preis radikale Verkünstlichung fordert: erst die Entlebendigung des aus dem organischen Naturzusammenhang herausgenommenen Objekts nimmt ihm restlos seine Bedrohlichkeit.

Die Schilderung des extremsten Krankheitsfalls bildet das Ende des ersten Romanabschnitts, und sie enthält gleichzeitig den deutlichsten Hinweis darauf, wie wenig all dies vom Beobachter abgelöst zu sehen ist: Der verkrüppelte Krainersohn ist gleichaltrig wie der Ich-Erzähler, und der Arzt fühlt sich durch die beiden Krainerschen Kinder sehr an seine eigenen erinnert (vgl. V 70f.). In dem jungen Mann gehen »*Katastrophalveränderungen*« vor sich (V 71), und was er spricht, ist »genauso verkrüppelt wie er selber« (V 72): »Zu einer solchen Verkrüppelung trete«, formuliert Bernhards Arzt einen weiteren entscheidenden Satz dieser Literatur, »immer die entsprechende Verrücktheit. Durch die *Körper*krankheit folge, aus ihr heraus, die *Geistes*krankheit« (V 76). Nicht nur auf die Wiederkehr verkrüppelter Menschen in Bernhards Werk und ihre Signifikanz als Zeichen für deformierte Existenzen läßt sich diese Bemerkung beziehen, sondern auch auf die Auffassung der Romantiker von der engen Verbundenheit körperlicher und geistiger Krankheitsprozesse. Der junge Krainer ist aber vor allem das polemische Gegenbild zu der romantischen Vorstellung einer musikalischen »Weltharmonie«, an die in diesen Texten nicht mehr geglaubt wird (vgl. Klug 1991, 194): Überall hängen Musikinstrumente herum, auf denen er früher gespielt habe. Doch jetzt sei es ihm »nicht mehr möglich, gleich welche Musikstücke in seinem Kopf zu harmonisieren. Seine Musik sei *entsetzlich*.« (V 74)

Zwischen diesen Pathographien steht die Beschreibung eines Personenpaares, in dem man durchaus wesentliche Züge aller erzählten Figuren vereinigt sehen kann (vgl. Gößling 1987, 279) – eine Art Bernhardscher Grundkonstellation also. In Hauenstein lebt ein Industrieller mit seiner Halbschwester »wie Mann und Frau« (V 43) zusammen. Das Thema des Geschwisterinzests hat der Autor wiederholt gestaltet (vgl. *Das Kalkwerk* oder das Stück *Vor dem Ruhestand*). Am radikalsten erscheint es allerdings in der im Erscheinungsjahr von *Verstörung* entstandenen (vgl. WG 87) Erzählung *An der Baumgrenze*. Außerhalb der »Zivilisation« (E 103), wie es eigens heißt, verbringt ein Geschwisterpaar in einem Gasthaus als »Liebespaar« (E 108) eine Nacht »wie Mann und Frau in einem einzigen Zimmer« (E 107); später werden die beiden tot aufgefunden. Ausdrücklich gegen den Vater, der im Verlauf der Sozialisation die Funktion erfüllt, trennend in die Dyade zwischen Mutter und Kind einzutreten und sie damit in Richtung auf den gesellschaftlichen Menschenverkehr zu öffnen (vgl.

Stork 1974, 273), erfolgt das Handeln des jungen Mannes: Er werde den Vater zwingen, »abzudanken«, sagt er (E 104), bevor er sich mit seiner Schwester zurückzieht. Der Repräsentant der gesellschaftlichen Ordnung, ein Gendarm, den Bernhard die Vorgänge überliefern läßt, denkt plötzlich, »die beiden sind ein *Gesetzesbruch*« (E 106). Das Gesetz, das hier gebrochen wird, liegt ursprünglich jeglichem Gesetz zugrunde, denn das Inzestverbot schafft erst die Bedingungen von Sozialität, beendet die absolute Herrschaft der Natur (vgl. Lévi-Strauss 1984). Ins Jenseits von Kultur will also, was wie der Inzest auf »Einswerdung mit der Mutter« abzielt (Stork 1974, 267), wobei in solchen Phantasien oft die Schwester »als idealer Ersatz an ihre Stelle treten« kann (Rank 1926, 407). Der Industrielle in *Verstörung* hat sich allerdings aus der· menschlichen Gesellschaft zurückgezogen, weil er im »Kerker« (V 47) seines Jagdhauses an einer Studie »über ein *durch und durch philosophisches* Thema« arbeitet (V 42). Um dabei nicht gestört zu werden, hat er das ganze Wild in den Wäldern, »die letzte wirkliche Ablenkung«, abschießen lassen (V 49). Wächter müssen ihm »alle Menschen vom Leib halten« (V 46), und auch er selbst liebt es, regelmäßige Schießübungen abzuhalten: »Ich übe mich da, ich weiß nicht, worauf hin« (V 45).

Es ist nicht ohne Belang, daß der zweite Abschnitt des Romans, der Monolog des Fürsten Saurau, zuerst geschrieben worden sein dürfte (vgl. Buchka 1974, 133). Schon durch die Topographie des Raumes sind die Personen und Beschreibungen des ersten Teils auf Bernhards Hauptfigur bezogen: die Orte und Landschaften liegen etwa in einem Halbkreis rund um Sauraus Burg Hochgobernitz, »wie die Peripherie um das Zentrum« (Donnenberg 1971, 19). Liest man auch diesen Roman als Inszenierung einer »inneren Landschaft« (s.o., S. 3), so bekommt die Bemerkung, das ganze Land habe »einmal dem Saurau gehört« (V 57), einen ganz spezifischen Sinn (auch das Jagdhaus des Industriellen sei ursprünglich »Bestandteil einer Saurauschen Befestigung« gewesen, V 48).

Man hat auf die »Sprunghaftigkeit des Denkens« in Sauraus Rede hingewiesen und sie als »Zeichen einer entfesselten Subjektivität« gedeutet, wobei dieser Tendenz zum Zerfall lediglich die »Monotonisierung der Person durch ständig wiederkehrende Zwangsvorstellungen« entgegenwirke (Jooß 1976, 11). *Das Hirn* sollte der Roman *Verstörung* ursprünglich heißen (vgl. WG 82), und Saurau ist vielleicht der extremste Repräsentant jener Abrechnung »mit *dem* Körperlichen« (V 146), die bei Bernhard immer wieder zur wahnhaften Verselbständigung losgelöster Rationalität führt: »Der Denkende hat immer mehr die Bilder aus seinem Gedächtnis zu entfernen«, lautet sein Prinzip totaler Abstraktion (V 185). »Wir haben die Welt in unserm Denken noch nicht überwunden. Weiter kommen wir dann, wenn in unserem Denken die Welt völlig zurückgelassen ist« (V 168). Man erinnert sich an Paul Valérys *Monsieur Teste*, dessen Bedeutung für sein Werk Bernhard in *Drei Tage* betont hat (vgl. It 87). »Monsieur Teste – zu deutsch: Herr Kopf – ist eine Personifikation des Intellekts«, für den »der Gedanke die einzige Substanz darstellt, aus welcher das Vollkommene sich bilden läßt« (Benjamin 1977, 388). Das Buch vereinigt aber auch alle Bernhardschen Darstellungsformen der Prosa: den (zitierenden) Bericht eines vom Protagonisten faszinierten Erzählers über die Begegnung mit ihm, Briefe anderer und als authentisch ausgegebene Notizen (vgl. Huntemann 1990, 225).

Saurais rigorose Abgrenzung von der Umgebung gilt zum einen dem politischen Zustand des Landes, in dem er sich befindet: »*Der Staat ist morsch*« (V 97), sagt er, und seine Aversionen haben die gleiche Struktur, wie sie auch in *Frost* und in *Ungenach* (vgl. das folg. Kap.) auftreten: »die republikanische Agonie« sei »wohl die widerwärtigste«, und alles unterhalb der Burg sei »kommunistisch« (V 97). Dagegen setzt er die Begrenzungen des eigenen Territoriums: »Das hier ist ein *eigener* Staat. Hier herrschen, sage ich, *eigene, die saurauschen Naturgesetze*« (V 91). Doch sein Gefühl der »*Entfernung* und Ent*fremdung*« (V 117) weitet sich zu einer grundsätzlichen Weltdiagnose aus, wenn er feststellt, er lebe in einem »Zeitalter der Selbstgespräche« (V 138). Viel radikaler noch als *Frost* (vgl. dazu Madel 1990) hat der zweite Abschnitt von *Verstörung* den Charakter »einer *solipsistischen Monade*« (ebd. 10): »Außerhalb der Köpfe ist nichts«, sagt der Fürst (V 139). Dabei formuliert er zugleich einen Grundsatz für alle analogen Totalisierungspraktiken in Bernhards Werk, mit deren Hilfe das dem sensiblen Einzelnen Zugängliche als repräsentativ für allgemeine Zustände deklariert wird: »ich schließe immer von mir, von meinem Gehirn aus, wie von einem geistigen Hochgobernitz aus sozusagen, von meiner unmittelbaren und unmittelbarsten Umgebung auf das Ganze, auf die ganze Welt« (V 116).

Der Monolog des Fürsten hat keine logisch-diskursive Struktur, aber er sammelt sich immer wieder an einzelnen Brennpunkten, die ihn (neben der Wiederkehr bestimmter Gedankenkomplexe) strukturieren. Es handelt sich dabei um die Erzählung Saurais von seiner Auswahl eines neuen Verwalters, um die Schilderung eines kürzlich stattgefundenen Hochwassers, um den Bericht vom Tod seines Vaters und um seinen Traum von der Vernichtung des Familienbesitzes durch seinen Sohn.

Den Abschnitt über die drei Verwalterkandidaten hat der Autor bereits 1966 als Vorabdruck publiziert (vgl. WG 82); daß er gegenüber damals u.a. die landschaftlichen Zuordnungen geändert hat, belegt nochmals, daß seine Ortsbenennungen wenig über den konkreten Ort gleichen Namens aussagen, sondern auf Allgemeineres verweisen (vgl. Donnenberg 1971, 38f.). Saurau entscheidet sich bei seinem Hearing weder für den ehemaligen Lehrer Zehetmayer, den er als »willenloses Opfer der Natur« einschätzt (V 81), noch für den einstigen Forstvorarbeiter Huber, dessen Sprache und Ausdrucksweise »*zivilisationsfeindlich*« sind (V 92). Obwohl ihn bei seinem Anblick eine »plötzliche Abneigung gegen enormes Wissen«, gegen »*Ordnung überhaupt*« (ebd.) befällt, engagiert er Henzig, dessen »moderne Arroganz und Wissenschaftlichkeit« der heute feststellbaren Wandlung des Forstischen in eine »reine *Naturwissenschaft*« entspreche (V 98). Durch Anpassung an die Notwendigkeiten der heutigen Zeit unternimmt der Fürst einen Versuch der Machterhaltung, der Weiterführung des ererbten Besitzes; nicht zufällig war der prominenteste reale Vertreter seines Namens ein hoher Machtträger innerhalb des Metternichschen Regierungssystems (Franz von Saurau, 1760-1832, u.a. Innenminister; zu Metternich vgl. auch St IV/113).

Saurus Bericht vom Hochwasser erweitert sich zu einem großangelegten Szenario von Ichzerfall und versuchter Wiedergewinnung der Herrschaft über sich selbst. Durchzogen wird der Abschnitt von der Erwähnung der Geräusche im Kopf, die das Gehirn des Fürsten »in ein Chaos« versetzen (V 109) wie die Kreissäge, von der Strauch in *Frost* geplagt wird (vgl. F 88): es ist »ein idealer Zersetzungsprozeß der Natur« (V 103). Worte wie »*Verfaulprozeß*« und »*Diluvismus*« ausrufend, stellt er einen Bezug zwischen den Zerstörungen an den Ufern der Ache und der »noch viel größeren Verwüstung *in seinem Kopf*« her (V 104); in seinem Essay über Bernhards *Verstörung* hat Peter Handke auf den Verweischarakter solcher Ausrufe hingewiesen: »Was er von der Außenwelt erwähnte, war nur ein Zeichen seiner Innenwelt. [...] Die Namen für die Dinge und Vorgänge, so erkannte ich, waren nur Zeichen für seine Zustände« (Handke 1970, 102). Nun spricht der Fürst über die Verbindung zwischen der Naturkatastrophe und dem Schauspiel, das die Familie (wie auch jene im *Italiener*, vgl. It 70) alljährlich im Lusthaus aufführt, und deutlich wird die Ablenkungsfunktion erkennbar, die dem Theater hier, durchaus repräsentativ für Bernhards Werk, zugesprochen wird: »Je intensiver ich über das Hochwasser redete, desto mehr war Ihr Herr Vater vom Hochwasser *abgelenkt*. Und zwar [...] *durch das Schauspiel*, das wir einen Tag vor der Hochwasserkatastrophe im Lusthaus aufgeführt haben« (V 105). Bezeichnend ist das Thema des Vortrags, den der Fürst später in der Bibliothek hält: er spricht »über den Antikörper in der Natur« (V 109), über einen Abwehrmechanismus also.

Ausdrücklich nachdem er »von der äußern [...] auf die innere Mauer« (V 118) gewechselt ist, erzählt Saurau von einem Traum, in dem er seinen Sohn schriftlich von der Vernichtung des väterlichen Besitzes berichten sieht. Acht Monate nach dem Selbstmord des Träumenden (vgl. ebd.) sei es dem Erben gelungen, diesen »ungeheuren Land- und Forstwirtschafts*anachronismus*« (V 119) zu ruinieren, in »völlig nutzlose Grundstücke« (V 122) umzuwandeln, womit er seine

Theorien »praktiziere« (V 119) und »jahrtausendealtes Unrecht« rä-
che (V 123): Wie der Erzähler des gleichnamigen Fragments *Der Italiener* (entst. 1963, vgl. WG 66), das in mancherlei Hinsicht dem inhaltlichen Umfeld von *Verstörung* zuzurechnen ist (vgl. Fröhlich
1968, 356), befaßt sich auch Sauraus Sohn mit marxistischen und
utopisch-sozialistischen Theoretikern (vgl. V 124; zu den diesbezügli-
chen historischen Bezugspunkten im *Italiener*, die sämtlich von konkreten Fehlschlägen derartiger gesellschaftsverändernder Konzepte
zeugen, vgl. Sorg 1992b, 30). Formal eingesperrt in seinen Traumbe-
richt (vgl. Gößling 1987, 260ff.), drängt sich dem Fürsten eine Alternative zu seinem Restaurationsversuch, den er mit Hilfe des Engage-
ments seines neuen, zeitgemäßen Verwalters begonnen hat, ins
Bewußtsein, und der Text stellt ausdrücklich eine Beziehung zwischen Vater und Sohn her: »Strenggenommen«, sagt Saurau, »sind die
Methoden, mit welchen mein Sohn sich von mir entfernt, meine eigenen« (V 142). Im Stück *Der Präsident* (1975) wird Bernhard diese
Ambivalenz in dem Konflikt zwischen dem Diktator und seinem an-
archistischen Sohn ein weiteres Mal auseinanderlegen.

Wiederum an den *Italiener* erinnert die Verbindung zwischen
Theater und Tod, die im Zusammenhang mit dem Selbstmord von
Sauraus Vater formuliert wird (vgl. It 69): als der Tote dort aufge-
bahrt wird, sind von dem kurz zuvor gespielten Schauspiel noch Dut-
zende von »Prospekten, Requisiten, Kostümen« übriggeblieben (V
156). Sauraus Vater hat vor seinem Tod wochenlang jede Nahrung
verweigert; statt dessen hat er aus seinen Lieblingsbüchern, etwa aus
Schopenhauers *Die Welt als Wille und Vorstellung*, Seiten herausgerissen und sie aufgegessen. Dann hat er jedoch auf ein Vorblatt dieses
Buches geschrieben: »*erschießen besser*« (V 155), und sich (übrigens
am letzten Geburtstag von Bernhards Großvater vor dessen Tod, vgl.
Jurdzinski 1984, 165) umgebracht. Erstaunlicherweise folgt dieser
Sterbensprozeß zunächst Schopenhauers Postulat, lediglich der frei-
willige Hungertod sei als Äquivalent zu der von ihm geforderten Wil-
lensverneinung akzeptabel, ansonsten sei der Selbstmord als eigentliche Bejahung des Willens abzulehnen (vgl. Schopenhauer 1977, II/
492). Die schriftliche Bemerkung des Selbstmörders ist folglich eine
Korrektur des Philosophen; der Verzehr der Textseiten (»Schopenhauer ist für mich immer die allerbeste Nahrung gewesen«, V 155) bedeutet eine »Perversio der geistigen Nahrungsaufnahme« und damit
eine »groteske Karikatur aller Bemühungen, Philosophien angemessen
zu rezipieren und zu realisieren, sie als Lebenshilfe ›einzunehmen‹«
(Jooß 1976, 73).

Zwischen diesen Brennpunkten entfaltet sich ein ausufernder
Strom von meist aphoristischen Bemerkungen, in denen Saurau, Themen und Motive immer wieder von neuem aufgreifend und umkrei-
send, sein leidvoll vereinzeltes Dasein kommentiert. Der Monolog

des Fürsten ist die erste zusammenfassende Darstellung eines individuellen Lebensgefühls und eines allgemeinen Weltzustands in Bernhards Prosa, von der ausgehend sich seine literarische Erforschung der Existenz weiterentwickelt hat. In vielen Fällen greift Saurau dabei Bilder und Befindlichkeiten auf, die bereits in *Frost* zum ersten Mal formuliert worden sind. Noch nicht so dominant war im ersten Roman jedoch jener Vorstellungsbereich, der zu einem der wichtigsten im gesamten Zeichensystem des Autors Bernhard werden sollte: die Metaphorik des Theaters. Die Welt sei »eine Probebühne, auf der ununterbrochen geprobt wird«, sagt der Fürst. »Die Menschen nichts als Schauspieler, die uns etwas vormachen, das uns bekannt ist« (V 136). »Dem, der nicht mehr dazugehört, der aus allen sozialen Beziehungen herausgefallen ist, wird gesellschaftliches Handeln zur Rolle, Sprache zum Text, den man nachsagt, Umwelt zur Kulisse und Welt zum Theater« (Höller 1978/79, 171). Die Theatralisierung des gesamten Erfahrungsbereichs wird jedoch auch zur Voraussetzung für eine frühe modellhafte Beschreibung des manipulativen Umgangs mit einer derealisierten Welt, wie ihn der Autor als Strategie für seine eigene Existenzbewältigung angegeben hat (vgl. das Einleitungskap.): Vom Fenster aus sehe sich Saurau selbst im Hof stehen. »Ich beobachte mich. Ich verstehe mich, während ich mich beobachte, ich verstehe mich nicht. [...] Ich spiele mit mir, *ich spiele*, ich eruiere, ich denke« (V 178). Dann setzt er eine vergangene familiäre Situation in Szene, die gänzlich seiner Verfügung unterliegt (»die ich nach meinem Geschmack und nach meinem eigenen Willen *verändere*«, V 179; vgl. eine analoge Szene in der Erzählung *Ja*, Ja 85f.).

Vor allem aber ist die Theatermetapher ein Zeichen für eine historische Weltsituation. »Hier wird ein Schauspiel gespielt, hier ist alles eingefroren usf. In diesem Schauspiel herrschen erfrorene Geistesverfassungen, Phantasien, Philosopheme, Idiotien, ein auf seinem Höhepunkt erstarrter Maskenwahnsinn« (V 177). »Das Leben hat irgendwann aufgehört, ist zur leerlaufenden Gewohnheit des Existierens geworden« (Gamper 1977, 9). Ganz Europa laufe in »ausgefransten Fetzen herum« (V 148); kulturelle Überlieferung vollziehe sich als »perfekt gespielte, aber doch unerträgliche Komödie« (V 177). Vor allem auf den Roman *Verstörung* kann sich die Ausgangsthese Herbert Gampers berufen, der hinter den frühen Texten Bernhards ein grundsätzlich philosophisches Interesse vermutet. Die sich auflösende gegenwärtige Welt in Bernhards Werk stehe »zunächst vor dem Hintergrund eines hierarchisch geordneten Universums, Verwirklichung des Reiches Gottes auf Erden, welche Idee, wenn auch als vergessene und pervertierte, noch dem feudalen Gottesgnadentum der letzten Jahrhunderte, zuletzt dem habsburgischen Kaiserreich, zugrunde lag« (Gamper 1970, 130). Der Fürst berichtet von einem Gang zu einer Audienz, die er zur wichtigsten in seinem Leben erklärt, doch der

Saal, durch den er geht, sei unendlich, und daher sei nicht nur die Audienz unmöglich, sondern auch eine Auskunft, »*bei wem*« sie stattfinden werde (V 160). Ein letztes Mal findet sich auch in *Verstörung* eine polemische Anspielung auf christliche Sinngebungssysteme: Saurau sieht »einen riesigen Zettel ans Firmament geheftet, auf dem in lateinischer Schrift *geöffnet* steht« (V 182) – Verweis auf die Vulgata-Stelle: »Aperti sunt coeli, et vidi visiones Dei« (Jooß 1976, 60). Durch den letalen Ausgang der Krise des Individuums erhält bei Bernhard die barocke Theatermetapher neue Geltung, »jedoch als ihres Sinnes beraubt« (Gamper 1988): »Jeder von uns lernt ununterbrochen eine (seine) oder mehrere oder alle nur *denkbaren* Rollen, ohne zu wissen, wofür (oder für wen) er sie lernt«, sagt der Fürst (V 137). Als einzige Funktion dieses Theaters erscheint bei Bernhard die Ablenkung von der Gewißheit des Zerfalls und des Todes: »Da die Menschen unfähig waren, Tod, Elend, Unwissenheit zu überwinden, sind sie, um glücklich zu sein, übereingekommen, nicht daran zu denken«, lautet eines der signifikanten Pascal-Zitate, die der Autor seinen Arbeiten vorangestellt hat (diesmal gleich zwei Texten: *Der Berg*, WG 115; *Der Atem,* At 5).

Auch *Verstörung* hat ein Motto von Pascal; es ist darauf hingewiesen worden, daß der gedankliche Hintergrund des Fürsten Saurau im Frankreich des 17. Jahrhunderts anzusiedeln ist (von dort ausgehend aber auch im 16. Jahrhundert, zur Zeit der italienischen Manieristen und Macchiavellis; vgl. Fröhlich 1968, 353f.). Der Ausspruch vom Schweigen der unendlichen Räume (V 5, vgl. Pascal 1956, 41) antwortet auf die »historische Konstellation, in der sich die Unhaltbarkeit der aristotelisch-ptolemäischen Kosmologie« (Jooß 1976, 49) abzeichnete, und er zeigt die »Verkehrung einer ehedem sinnvollen in eine absurde Welt« (ebd. 51). »Die Saurauschen Bemerkungen über Unendlichkeit und Leere des Universums thematisieren folglich den Wandel von der religiös-mythologischen Weltsicht zum wissenschaftlich-rationalen Denken« (ebd. 55), freilich verkürzt um die religiöse Perspektive, die bei Pascal noch aufrecht bleibt (vgl. ebd. 53f.).

Die absolute Verwissenschaftlichung der Welt ist die zweite große Obsession in Sauraus Gegenwartsdiagnose. Die Welt sei »ein riesiger wissenschaftlicher Apparat« (V 98) geworden, und die allgemeine Orientierungslosigkeit habe sich dadurch nur gesteigert: ein »monumentales Zahlen- und Ziffern-, Chiffern- und *unendliches Naturlabyrinth*« nennt der Fürst seine Gedanken (V 81). »Wir werden in ein Zahlensystem hineingeboren und eines Tages von ihm herausgeschleudert, aufs Universum zu, ins Nichts« (V 161). Auch die Luft, deren Deutung als erlösendes ›pneuma‹ in diesen Texten als negative Folie noch durchschimmert (vgl. Gamper 1977, 11; dazu auch *Amras*), ist dieser Digitalisierung verfallen: »Was wir einatmen, ist auch nichts anderes als Ziffern und Zahlen, von welchen wir nur noch annehmen, daß sie die Natur sind« (V 168). Damit hat sich das Bild der Natur radikal verändert – ein wichtiger Aspekt jener ›Künstlichkeit‹, die später in Bernhards Texten auf vieldeutige Weise beklagt werden wird. *Verstörung* enthält auch eine apokalyptische Vision der tödlichen Konsequenzen sich verselbständigender technologischer Rationalität: der Fürst stellt sich vor, »daß die Erdoberfläche nach und nach zu einem vollkommen luftleeren Raum wird«, alle Straßen seien »von erstickten Menschen« bedeckt, »viele von herrenlosen Maschinen verursachte Katastrophen werden, weil sie *nach* dem völligen Auslöschen der Menschheit erst stattgefunden haben [...], gar nicht mehr wahrgenommen« (V 149f.).

2. Brüdergeschichten 1: Von »Amras« bis »Ungenach«

2.1 »Amras«

»Das Wesen der Krankheit ist so dunkel als das Wesen des Lebens« (Novalis 1960, III/595). Dieses Novalis-Zitat hat Bernhard seinem deklarierten »Lieblingsbuch« (vgl. Kathrein 1984) *Amras* (1964) als Motto vorangestellt. Tatsächlich vertritt der romantische Autor in seinen theoretischen Schriften Vorstellungen, die in den Aussagen von Bernhards literarischen Figuren erstaunlich präzise wiederkehren. Nach Novalis hat die Medizin zur Formulierung einer »Lebensordnungslehre« (Novalis 1960, III/315) beizutragen. »Indem wir einsehn, wie die Natur verfährt [...] lernen wir wie die Natur verfahren – und uns dieser Gesetze zu unsern *Privatzwecken* bedienen« (ebd. III/ 325). Für die Konzeption dieses Versuchs, »Leben als einen eigenen, großangelegten, architektonisch durchdachten Plan zu entwerfen« (Schipperges 1978, 235), habe die Philosophie zu sorgen (ihr Prinzip habe das »gesundheitmachende« zu sein, Novalis 1960, III/319), und ihre Aufgabe sei es, die fehlgegangene Ausbildung von Geist und Körper zu korrigieren, die damit als entscheidende Krankheitsursache erscheint: Die »Filosofie muß nur die Fehler unserer Erziehung gut machen« (ebd. II/155).

Die Sammlung von Notizen, Briefen, Aphorismen und Tagebuchaufzeichnungen, aus denen der Text besteht, macht die Krankheitsgeschichte zweier Brüder zugänglich. Die beiden leben nach einem Selbstmordversuch ihrer gesamten Familie, der allerdings nur zum Tod der Eltern geführt hat, in einem Turm, der für sie Gefängnis und Zuflucht zugleich bedeutet (vgl. Tismar 1973, 113, der auch auf die traditionelle literarische Funktion des Turmes als »Zeichen einer außergewöhnlichen, erhabenen oder auch besonders erniedrigenden Situation« verweist); ihr Onkel mütterlicherseits hat sie dorthin gebracht und damit ihre Einlieferung in ein Irrenhaus verhindert. Eines Tages findet der eine Bruder, aus dessen Perspektive der Text vorgetragen wird, den anderen nach einem Sturz tot auf, »mit zerschmettertem Kopf [...] *unter dem offenen Turmfenster liegend*« (A 71). Er selbst zieht sich nach Aldrans zurück, wo er immer mehr in die Isolation gerät; der letzte Textsplitter kommt aus der Irrenanstalt Schermberg (die Anstalt Scher*n*berg gibt es im Salzburgischen tatsächlich; ›Scherm‹ ist österr. für ›Scherben‹) und kündigt den Versuch an, nun dort die eigene »Ungehörigkeit aufzuklären« (A 99).

Die Form des Textes als »lockere Reihung kleiner, noch dazu heterogener Zerspaltungseinheiten« (Reinhardt 1976, 346) entspricht der inhaltlichen Konzentration auf Absterben und Zerfall – und dem Existenzgefühl des Erzählers: »Das Bewußtsein, daß du nichts bist als Fragmente, [...] daß die *ganze Entwicklung* Fragment ist« (A 78). Schon vor dem Erzählgeschehen hat die Auflösung einer Familie eingesetzt, auf deren »sehr freie und dadurch strenge Erziehung« (A 28f.) ohne die Vermittlung eines richtungweisenden Lebensmodells die Brüder ihre eigene Instabilität zurückführen. Der Vater repräsentiert dabei die gesellschaftliche Verankerung des in der »Herrengasse« wohnhaften (A 26) familiären Existenzgefüges; nach seinem Tod muß der Erzähler feststellen, wie »verschuldet« (A 28) die Familie bereits gewesen ist. Die Mutter signifiziert die mangelnde Herrschaft über das Körperliche, da sie an Epilepsie gelitten, an der »Krankheit, die die Souveränität des Menschen aufhebt« (Zelinsky 1970, 29). Als größter Feind existentieller Stabilität wird aber wie schon in dem vorangegangenen Roman *Frost* auch hier wieder die Natur denunziert. Es ist »die Vision einer von undurchschaubarem Zerstörungsgeschehen beherrschten Welt, die in gottlose Finsternis versinkt« (ebd. 32f.). Selbst die »von den Gnostikern angenommene Erlösung durch das Pneuma« ist nicht mehr möglich (ebd. 31): »Produkte der fürchterlichen tirolischen Oxydationen« werden alle Familienmitglieder genannt (A 94).

Gegenüber *Frost* hat sich nun die Konstellation zwischen den beiden Brüdern verschoben. Es gibt keinen distanzierenden Ich-Erzähler als (wenn auch sich letztlich nur schwach behauptenden) Vermittler; der Leser ist den inneren Landschaften der Figuren noch direkter ausgesetzt. Wieder stehen einander ein künstlerischer und ein (natur-) wissenschaftlicher Typ gegenüber, doch diesmal erweisen sich beide als Beispielfälle für eine jeweils unterschiedlich ablaufende verhängnisvolle Entwicklung. Beide sind auf die Charaktere ihrer Eltern bezogen, der Erzähler auf den Vater, sein Bruder Walter auf die Mutter, deren Epilepsie er geerbt hat (vgl. A 12). Dem einen mißlingt die lebensnotwendige Vermittlung zwischen seiner Innenwelt und der Welt der anderen, der andere empfindet sein Selbst als ausschließlich von außen aufgesetzt: »für Walter war alles *aus ihm*, für mich aber war *nicht das allergeringste aus mir*« (A 42). In den beiden Brüdern scheint vor allem auch die Lust am naturwissenschaftlichen Zugriff rationaler Analyse einerseits, die Furcht vor der Auflösung organischer Ganzheit andererseits inkarniert, eine Ambivalenz, die Bernhards Werk immer wieder auseinanderlegt: Während das »Augsburger Messer der Philippine Welser«, ein konkretes Bild des Zerlegens und Auseinandernehmens, bei Walter »ein fürchterliches Entsetzen« (A 36) auslöst, weil er fürchtet, »daß es in seiner Hand nur zur ›Zufügung sonst nicht geschehenden Schmerzes‹ gebraucht werde« (A 34), erzeugt es beim Erzähler »den Genuß einer ungewöhnlichen Schärfe und hohen Kunst« (A 36).

Einander völlig entgegengesetzt sind nicht zuletzt die Schriften, mit deren Hilfe sich die Brüder innerhalb eines (wie in *Frost*) unüberblickbaren Wahrnehmungsmaterials vergeblich zu orientieren trachten, in den »Millionen von Schneestürmen von Entwicklungen« (A 9). Gegenüber den universalen Auflösungsprozessen zerfällt die Sprache: die wissenschaftlichen Begriffe des Erzählers (er ist bezeichnenderweise Genetiker, also mit der Herleitung des gegenwärtigen Lebens befaßt, vgl. A 24) ebenso wie Walters Rezitationen Baudelaires, des Novalis und der »Rede des toten Christus« aus Jean Pauls *Siebenkäs* (ebd.). Von »Sätzezerbröckelungen« (A 22) ist auch in den eindrucksvollen Schilderungen gemeinsamer Anfälle von Regressions- und Destruktionslust die Rede, wenn die »Wärme« ihrer »Körper« die Lenkung übernimmt (ebd.): in Obsthaufen hätten sie sich hineingebohrt, »in das Modrige, Faule«, und sich an den Körpern »in hoher Erregung« Verletzungen zugefügt (A 22f.). Daß sie sich nach der Befreiung aus der »tierischen« Herrschaft der »Körper« (A 22) »völlig nackt, Körper an Körper«, in für sie »schon lange nicht mehr wunderwirkender zarter Berührung an die vor Feuchtigkeit blitzenden Mauern« lehnen (A 23), ist wohl eher die Suche nach Wiedergewinn ihrer körperlichen Grenzen und nicht so sehr der Durchbruch eines utopischen »anderen Zustands« (vgl. Höller 1993, 79).

Über die »Böden und Mauern« (manche Textabschnitte von *Amras* tragen Titel, dies ist einer davon) erleben die Brüder einen eigentümlichen mystischen Augenblick, in dem sie sich, »eingeweiht in die Schöpfungsvorgänge, in die Willensstärke der ganzen Materie«, ihrer selbst »als zweier doppelter Spiegelbilder des Universums bewußt« werden (A 29f.). Auch hier enthüllt die Formulierung, daß die Einweihung in die universalen Naturvorgänge nur das Ausgeliefertsein an eine unbändige naturhafte Produktivität fortführt (vgl. Fischer 1985, 37). Die ohnmächtige Subjektivität ist »auf den zufälligen Augenblick angewiesen«, in dem »die Natur sich offenbart und die Subjektivität, die selbstbewußte willkürliche Reflexion, verlischt« (ebd. 36; vgl. auch Marquardt 1990, 92f.): »Das Phantastische enthüllte uns alles sekundenlang nur, um es wieder *für sich* zu verfinstern« (A

30). Spätestens hier beginnt die polemische Abgrenzung vom Vorbild der Romantik, das im Zusammenhang mit diesem Text zu Recht immer wieder angesprochen wurde: die romantische Idee einer progressiven Reflexion, einer in der Reflexion auf das Absolute bezogenen Subjektivität, weicht in *Amras* dem nicht-reflexiven Erfahrungsmodus »eines ganz unmittelbaren Erlebens, in dem das Subjekt in einem kontingenten Augenblick verschwindet« (Fischer 1985, 36).

Man hat im Zusammenhang mit diesem Text mehrmals an die Krankheitsphilosophie des Novalis erinnert, die ihrerseits auf die Erregungstheorie des schottischen Arztes John Brown zurückging (z.B. Zelinsky 1970, 24f.). Krankheit besteht demnach in zu starker oder zu schwacher Erregung des lebendigen Organismus, in Sthenie oder Asthenie; Bernhard selbst läßt seinen *Jungen Schriftsteller* in der gleichnamigen Erzählung (1965) über diese Thematik arbeiten (vgl. TBL 51). Ordnet man das ungleiche, aber untrennbar verbundene Brüderpaar in *Amras* (anders als Zelinsky 1970, 25; er unterscheidet lediglich zwischen den Brüdern und den Holzfällern) dieser Polarität von Sthenie und Asthenie zu (vgl. auch Heyl 1995, 188), der Opposition von extremer Reizausgrenzung und extremer Reizoffenheit, so werden der Naturwissenschaftler und der Künstler zugleich zu Repräsentanten zweier Haltungen des Menschen gegenüber den Einwirkungen seiner Umwelt, die im Verlauf einer Sozialisation miteinander vermittelt werden müssen, die aber in ihrer Ausschließlichkeit zur schließlichen Zerstörung seiner Existenz führen. *Amras* hält also fest, was das Individuum in sein Selbst zu integrieren hat, will es dem Zerfall seiner Identität entgehen. Der Text inszeniert allerdings ein Lebensgefüge, in dem die mühsame Regelung des Gleichgewichts zwischen Selbstverlust und totaler Isolation, zwischen Abgrenzung von und Hinwendung zu den anderen noch nicht funktioniert.

Nur vorübergehend deutet sich auch schon in *Amras* jene Möglichkeit der Selbst-Distanzierung an, die der Autor im Verlauf seiner späteren literarischen Produktion immer nachdrücklicher verfolgt hat. An dieser Stelle erinnert sich der Erzähler, wie er durch den Einsatz seiner Vorstellungskraft plötzlich die Vorgänge, in die er eingebunden war, von sich habe absetzen können: »ich spazierte und täuschte mir einen Spaziergang *vor*«. Wie »in einem schlechten Roman« sei er vorgegangen und habe auf analoge Weise sein *»ganzes Elend«* in die Irrealität versetzt: »denn ein vorgetäuschter Spaziergang ist kein Spaziergang, während er doch ein Spaziergang ist« (A 59). »Und aus einer Entfernung, die für mich die beste war, jede Einzelheit an mir beobachtend, mit rücksichtsloser Verstandesschärfe mich kritisierend«, habe er sich dann lächerlich gemacht, »ich machte da alles lächerlich, alles [...] am meisten machte ich aber *mich* lächerlich« (A 60). Am Ende dieser Reflexionen wird die Spirale der Selbst-Komisierung noch um einige Windungen weitergedreht: »die Lächer-

lichkeit, aus welcher ich mich da [...] aus dem Hinterhalt meines Gehirns beobachtete, war ja auch die Lächerlichkeit meiner Darstellung
[...] wie auch die Beobachtung meiner Darstellung zu beobachten« (A
60f.).

Dennoch verliert am Ende (nach dem Zerfall des sensiblen künstlerischen Charakters) auch der Repräsentant naturwissenschaftlicher
Rationalität seine soziale Position: die in Aldrans ansässigen Holzfäller hätten allein »ein Recht auf die Landschaft«, lautet sein Eindruck,
er »hätte kein Recht darauf« (A 79). »Kein Alibi, wenn du dich wie
sie einmummst, ihre Röcke anziehst, [...] sie verwickeln dich dauernd
in Widersprüche« (A 84). Es ist ein Motiv, das nur wenig später in einer weiteren Brüdergeschichte Bernhards fortgeführt wird: In der
Erzählung *Die Mütze* (publ. 1966) hat sich ein gehirnkranker Forst-
wissenschaftler in das Haus seines Bruders zurückgezogen, der in den
USA äußerst erfolgreich Vorträge über »Mutationsforschung« hält,
über Veränderungen von Erbgut also. Doch als er seinen Zufluchtsort
verläßt und noch dazu von der Gewohnheit, stets nach Burgau zu
laufen, erstmals abweicht (vgl. E 66 bzw. 72), bringt ihn der Fund einer Mütze, wie sie charakteristisch für Menschen aus der Gegend ist,
völlig aus dem Gleichgewicht: Zum einen empfindet er es als ange-
nehm, die Mütze auf dem Kopf zu haben, zum anderen jedoch habe
er »kein Recht auf diese Mütze« (E 75): »du kannst sie nicht aufset-
zen, weil du weder ein Fleischhauer noch ein Holzfäller, noch ein
Bauer bist« (E 73), »*nichts mehr!*« (E 75). Vergeblich fragt er nach
dem Besitzer der Kopfbedeckung, und in höchster Irritation beginnt er zu schreiben und setzt dabei die Mütze auf: »Alle haben sie
eine solche Mütze auf, dachte ich, alle, während ich schrieb und
schrieb und schrieb ...« (E 80). Man kann den Text lebensgeschicht-
lich mit dem Einzug Bernhards in seinen Vierkanthof in Ohlsdorf
und mit seinen anfänglichen Versuchen, sich in der Bevölkerung
der Gegend zu integrieren, in Verbindung bringen (vgl. zu dieser
Lebensphase Höller 1993, 81ff.). Doch aus diesem Hintergrund
entwickelt sich eine komplexe Phantasie des Verdrängtwerdens aus
dem Leben, des unheilbaren Gefühls, nicht zu den anderen zu gehören und dennoch nach einer konkreten Identität zu suchen, auch
wenn sie geborgt und zufällig übertragen ist wie das zentrale Ding-
symbol der Erzählung.

2.2 »Ungenach«

Während *Amras* noch die Welt von *Frost* weiterführt, ist die Erzählung *Ungenach* (1968) im inhaltlichen Umfeld von *Verstörung* anzusiedeln (Heyl 1995, 155, vermutet ihre Entstehung sogar vor dem
Roman von 1967; ähnlich Herzog 1995, 122; er bezieht sich auf die

Nennung des Jahres 1966 im Text, vgl. Ung 88; Hennetmair 1994, 156, betont die parallele Arbeit an beiden Büchern). Dabei steht nun nicht mehr die literarische Inszenierung von Krankheit und Existenzzerfall im Mittelpunkt. Was der Fürst Saurau von seinem Sohn nur träumt, vollstreckt Robert, das perspektivische Zentrum von *Ungenach*, tatsächlich am Besitz seiner Familie, der für ihn mehr ist als nur ein Herrschaftssitz: »alles was mit Ungenach zusammenhängt, diese ganze Geschichte« (Ung 20), will er nach dem Tod seines (ermordeten) Halbbruders Karl und seines Vormunds (auch die Eltern sind bereits verstorben) vernichten, um sich »von einer solchen Riesenhaftigkeit nicht erdrücken« zu lassen (Ung 43). *Ungenach* enthält (wie später *Korrektur* und *Auslöschung*) die Geschichte einer »Abschenkung« (Ung 7); der Text ist somit ein erster wesentlicher Beleg für die These, Bernhards Werk sei mindestens bis *Korrektur* eine »Partitur von Traditionsaufnahme, ihrer Umwertung und eines Vernichtungsversuches« des Überlieferten (König 1983, 57). Wie in *Amras* wird erneut, allerdings zugleich zum letzten Mal in Bernhards Werk, »epische Kontinuität durch fragmentarische Zustandsbeschreibung ersetzt«, als Ausdruck einer literarischen Perspektive, die »keinen *zentralen* Zugriff auf Wirklichkeit mehr hat« (Huntemann 1990, 106): Bernhards Erzählung ist nach Art eines »Dossiers« (Heyl 1995, 155) aus Notizen, Briefzitaten, Aphorismen und einem den gesamten Text durchziehenden (und ihn auch abschließenden) Monolog arrangiert.

Dieser Monolog, der die Bruderbeziehung gegenüber *Amras* auf eine dritte Sprecherinstanz hin erweitert und formal die Integration der einzelnen Fragmente leistet, kommt aus dem Munde des Familienanwalts Moro, sein sprachliches Material ist jedoch vor allem (in der für Bernhard charakteristischen Konstellation einer Sprach-Übertragung) von der Rede eines Verstorbenen geliehen, denn in Moros Auslassungen mischen sich immer wieder (und kaum von den seinen unterschieden) Aussprüche des bereits erwähnten Vor-Munds. Angesichts der Nähe zu *Verstörung* überrascht es nicht, daß in diesen Kommentaren zu Welt und Wirklichkeit häufig die Saurausche Aphoristik widerhallt. Es ist die Analyse einer historischen Entwicklung, die den Menschen vollständig entglitten sei, »in welcher nicht wir herrschen, sondern in welcher die Natur absolut herrscht« (Ung 22). Auch für den Vormund ist die Natur »infam« (Ung 11), doch als Grund für diese Phobie wird mehr als zuvor in Bernhards Werk die menschliche Entfremdung von den natürlichen Lebenszusammenhängen deutlich: »die ganze Menschheit« lebe »schon die längste Zeit vollkommen im Exil«, sie habe sich völlig »aus der Natur hinauskomplimentiert« (Ung 17). Die Familie, deren Erbe abgeschenkt werden soll, wird unmittelbar mit der abgelaufenen Geschichte in Verbindung gebracht: »die Zoiss haben tatsächlich Geschichte gemacht, *diese* Geschichte gemacht« (Ung 15), sagt Moro, und der Anklang an den Namen des griechischen Göttervaters (vgl. König 1983, 239) ist vermutlich nicht ganz zufällig. Bemerkenswert sind einige provokante politische Kommentare, die deutlich an Bernhards kurz zuvor publizierte *Politische Morgenandacht* (1966) erinnern: »im Gefolge von Sozialismus und Kommunismus gehen wir alle zusammen genauso zugrunde, wie wir im Gefolge der Kaiser- und Königreiche zugrunde gegangen sind, *weil wir zugrunde gehen müssen*« (Ung 24).

Moros Forderung, man müsse »aus dem Zustand der Beobachtung heraus in den Zustand der Beurteilung kommen« (Ung 41), ist ein Kernsatz von Bernhards literarischem Œuvre, denn er kommentiert zugleich jene Vorgangsweise einer Erfassung der Wirklichkeit in grundsätzlichen Fest-Stellungen, an die sich die Figuren des Autors während des gesamten Werkverlaufs zunehmend heranarbeiten. Der Hang zum Aphorismus in diesen Texten läßt sich dabei durchaus auf »die gestörte Dialektik zwischen allgemeinem Wertsystem und individueller Erkenntnis« beziehen (Greiner-Kemptner 1990, 127). In Bernhards zerfallenden Splittertexten, in denen sich die »Gewißheit des Verlustes zeitlicher Kontinuität« abbildet (ebd. 130), spiegelt sich zugleich auch das »Zerbrechen aller teleologischen Geschichtsvorstellungen« (ebd. 132). » ... in der Geschichte sehen wir immer nur Einzelheiten«, beginnt die eben besprochene Textpassage (Ung 41).

Die Aufforderung zur Beurteilung des Wahrgenommenen ist allerdings nur die eine Seite einer ambivalenten Haltung, die der Text in zwei Personen auseinanderlegt: »es könnte ja sein, daß der Mensch nichts ist als ein Beobachter der Natur, nicht ihr Beurteiler, wozu er kein Recht hat«, heißt es in den Papieren Karls, aus denen der zweite Teil des Textes hauptsächlich besteht (Ung 89). Seine Aufzeichnungen sind von dem Verlangen geprägt, klärende Auskünfte im Hinblick auf die eigene Gegenwart zu erhalten: »Wir fragen, aber wir bekommen keine Antwort. Wir fragen immer wieder. Wie das ganze Leben nur aus Fragen besteht« (ebd.). Ein Verständnis würde erst zustandekommen, »wenn es möglich wäre, einmal alles, auch alles mich Betreffende, sowie alles die andern betreffende mir einmal in einem einzigen Gedanken klar zu machen«. Dazu sei aber »eine dritte Person notwendig, als ein neutrales Gehirn notwendig, die oder das es naturgemäß nicht gibt« (Ung 48f.): das Eingeschlossensein in die eigene Subjektivität wird zum Zeichen für das Fehlen eines die solipsistische Vereinzelung aufbrechenden gottähnlichen Zentrums. Erstmals wird in Bernhards Werk in dieser Deutlichkeit das Motiv der Ursachensuche artikuliert, und auch in der Recherche nach der verlorenen Vergangenheit hat das phantasierend-theatralische Spiel mit Menschen, das wir aus *Verstörung* kennen, seine Funktion – als kommentierte der Autor seine eigene literarische Verfahrensweise: Es ist Karl »das größte Vergnügen«, den verlassenen Park »mit Verwandten anzufüllen, so wie man eine untergeordnete Bühne mit Menschen [...] anfüllt«. Aber »alle diese Menschen [...] gibt es nicht mehr«, nur noch den künstlichen »Mechanismus«, mit dem er sie vorübergehend wiederbelebt (Ung 57f.).

Robert, der überlebende Bruder, ist einmal mehr Naturwissenschaftler; er hat sich aus seiner österreichischen Lebensumgebung nach Stanford geflüchtet und lehrt dort Chemie. Er ist ein frühes Beispiel für die aus ihrer verständnislosen Heimat vertriebenen Genies in Bernhards Werk (vgl. v.a. *Gehen*). Im Text, der immerhin auf ihn als wahrnehmenden Mittelpunkt bezogen ist, erscheint er allerdings kaum konturierter als die Ich-Erzähler von *Frost* und *Verstörung*, seine Charakterisierung als Inkarnation erfolgreicher Lebensbewältigung kommt lediglich als indirekte Darstellung aus der Perspektive Karls zustande. In den Eigenschaften, die Robert dabei zugesprochen werden, ist präzise ausformuliert, was Bernhards kranken Protagonisten zur Bewältigung ihrer Existenz fehlt. Dabei ist bezeichnend, wie sehr dieses Zeugnis von Lebenskompetenz, von »Orientierungsvermögen« (Ung 86), Bezug auf Sprache nimmt, auf Roberts »Redegewandtheit« (Ung 60) etwa, die Karl an sich selbst vermißt: sein Halbbruder könne »in ununterbrochener Verstandes- und Körperbeherrschung auf den Mittelpunkt bezogen sprechen, Erscheinungen zum Schweigen bringen, Ursachen klar machen usf.« (Ung 67). Als Ziel erscheint die Erarbeitung eines rettenden Lebens-Werks: »Die Vorstellung, daß ich mir nach und nach ein Werk erarbeite, wie Robert gesagt hat, in das ich dann, wenn ich alt geworden bin, hineingehe, Zuflucht suchend« (Ung 68).

Neben der in die Tat umgesetzten ›Abschenkung‹ eines Herkunftszusammenhangs gibt es ein weiteres inhaltliches Element, das von *Ungenach* aus in die Zukunft weist. Zum ersten Mal taucht in diesem Text eine Instanz der absoluten Vernichtung des berichtenden Individuums auf, die in Bernhards Zeichensystem fortan einen festen Platz einnehmen wird: Es sei seine Stiefmutter gewesen, schreibt Karl, die den Vater sofort nach dem Tod der Mutter »bewußtlos gemacht« habe, um Ungenach, den Ort »der Großzügigkeit und der Menschlichkeit und der Kultur und der besseren Herrschaftlichkeit«, zu vernichten (Ung 78). Anders als in den von Naturangst beherrschten ersten Büchern wird der Begriff ›Natur‹ hier zum Signum eines intakten, harmonischen Existenzzusammenhangs – freilich wiederum aus der Position unaufhebbaren Verlusts: durch die neue »Alleinbeherrscherin« (ebd.) sei »aus Ungenach, das *eine Natur für sich* gewesen ist, *eine groteske Künstlichkeit* geworden« (Ung 81). Zeichen dieses Zerstörungsprozesses ist die ›Abtötung‹ der Cousine Sophie, die Karl ein seiner neuen Mutter »entgegengesetztes, weil feineres Naturkunstgebilde« nennt (Ung 79); nicht zufällig heißt sie wie Klingsohrs Himmelskönigin im romantischen Märchen aus dem *Heinrich von Ofterdingen* des Novalis, die den anderen zuletzt die Schale mit der

verbrannten mütterlichen Asche darreicht, als Spenderin der immer-
während den Teilhabe an der jeglichen Mangel stillenden Mutter. Was
in diesem Text noch ganz schwach erscheint, der neuen Herrscherin
von Ungenach nicht gewachsen und fast schon in der Vergangenheit
verschwunden, wird der Autor später in Gestalt von Roithamers
Schwester in *Korrektur* literarisch weiterführen.

3. *Rückzüge:* »*Watten*« *und* »*Das Kalkwerk*«

Die Erzählung *Watten* (1969) eröffnet einen neuen Abschnitt in
Bernhards Prosaschaffen. Hier findet der Autor mit dem »theatra-
lisch-musikalischen Monolog eines zur Stimmenfigur reduzierten tra-
gikomischen Helden« (Herzog 1989, 9) zu jener Form, die er bis zu
seinen letzten Texten zwar modifiziert, aber (außer in Kurztexten, vgl.
die Sammlung *Der Stimmenimitator*) nie mehr grundlegend verlassen
hat. In *Watten* erreicht »die manisch fixierte Rotation einzelner Wörter, alle Proportionen grotesk verzerrend«, einen ersten Höhepunkt
und führt zu »hemmungsloser Eigenbewegung« einer sprachlichen
»Mechanik« (Gamper 1970, 135). Von nun an überlagert die »formalisierte, in sich kreisende Rede, die von den musikalischen Prinzipien
der Wiederholung, Entgegensetzung und Variation dominiert wird«,
zunehmend den Inhalt der Aussagen. »Das zitathafte Spiel mit der
Sprache ist sichtlich wichtiger als verbindlich-informative Mitteilung«
(Herzog 1995, 110).

Man kann die neue Form der Auseinandersetzung mit den spezifischen Kopfwelten seiner Protagonisten nicht zuletzt auf die kurz zuvor begonnene Arbeit fürs Theater beziehen – vermutlich Mitte der
sechziger Jahre ist das 1970 uraufgeführte Stück *Ein Fest für Boris*
entstanden (vgl. später, S. 141). Die Auswirkungen dieser Ausweitung
und Neuorientierung des literarischen Schaffens sind »in der schrittweisen Zurücknahme des Spektakulären« verzweifelter, romantisch
inspirierter Rede und in der Akzentuierung der »Eigendynamik men-
taler Prozesse« (Klug 1991, 9) gesehen worden.

»Die Sprache wird analytischer. Bernhard arbeitet immer weniger mit den semantischen Beziehungen und der Assoziativität des sprachlichen Materials. Statt dessen wird die Logik der Argumentation, vor allem in Gestalt antinomischer und
tautologischer Beziehungen, zum Mittel indirekter Figurendarstellung« (ebd. 10).

Aber auch eine Reduktion der Schauplätze hat sich mittlerweile vollzogen, die sich mit Bernhards Einzug in seinen Ohlsdorfer Vierkanthof und die daraus resultierende Konzentration auf die nähere Lebensumgebung in Verbindung bringen läßt.

»Erstreckten sich die literarischen Schauplätze Mitte der sechziger Jahre noch über ganz Österreich, hat sich die von Innsbruck, über die Landschaft des Pongau, den Mönchsberg in Salzburg und die Strafanstalt Garsten bis nach Wien verlaufende geographische Linie nach 1965 zum Kreis um Ohlsdorf geschlossen: Ungenach und Altensam im Nordwesten, Sicking im Westen, die Straße um den Attersee im Südwesten, der Wald zwischen Traich und Föding, Peiskam und das Gasthaus vor der Haustür im Osten, Wolfsegg im Norden, der Kobernaußerwald erneut im Nordwesten« (Herzog 1995, 108).

3.1 »Watten«

Watten ist die literarische Nachzeichnung eines totalen Rückzugs, dessen letales Ende durch den Untertitel »Ein Nachlaß« angedeutet wird. Der Protagonist der Erzählung, ein Arzt, ist schon früher gesellschaftlich ausgegrenzt worden; unter dem Verdacht des Morphiummißbrauchs hat man ihm seine Praxis gesperrt. Seither ist er in der letzten Zeit regelmäßig in ein Gasthaus in der Umgebung »watten gegangen« (W 13; Watten ist ein Kartenspiel). Bernhards Text ist allerdings von dem immer wiederkehrenden Rechtfertigungsversuch des Arztes gegenüber einem ihn aufsuchenden Fuhrmann durchzogen, warum er in Zukunft *nicht* mehr watten gehen wird. Diesem Entschluß vorausgegangen ist der Selbstmord eines seiner Partner bei dem Kartenspiel, das man durchaus als Chiffre »für zwischenmenschlichen Kontakt« lesen kann (Sorg 1992b, 59): Der Papiermacher Siller hat in dem Wald, durch den die Kartenspieler auf dem Weg zum Gasthaus zu gehen haben, »die Orientierung verloren« (W 37) und sich umgebracht. Zwar betont der Arzt, nicht *nur* aus diesem Grund werde er das Gasthaus nicht mehr aufsuchen (vgl. W 59) und sucht nach weiteren Ursachen – wie all die anderen nach Erklärungen für vorerst Unerklärliches suchenden Figuren in Bernhards Werk. Doch die Schilderung des traumatischen Ereignisses steht buchstäblich im Mittelpunkt des Textes, formal eingesperrt ins Bewußtsein des davon berichtenden Fuhrmanns, eines Menschen von intaktem »Orientierungsvermögen« (W 38), und um eine weitere Erzählinstanz in die Ferne gerückt, indem sich der Fuhrmann seinerseits wieder auf die Erzählung eines Reisenden beruft.

Versteht man den »entsetzlichen Wald der ungeheuerlichsten Verletzungsmöglichkeiten« (W 78) als Zeichen für den Kultur und Zivilisation bedrohlich umgebenden Naturbereich (das Gasthaus wäre dann eine Metapher für den Schutzraum der menschlichen Gesellschaft), so führt dem Arzt der tödliche Orientierungsverlust Sillers die Übermacht dieser Natur vor Augen. Auch der *Attaché an der französischen Botschaft* aus dem fiktiven Schluß eines »Ferientagebuchs« (1967), ein »meisterhafter Aufklärer selbst der finstersten Zusammenhänge« (E 100), verliert im Wald »die Orientierung« (ebd.) und wird zuletzt »mit durchschossenem Kopf« aufgefunden (E 101; vgl. zu dem Text v.a. Lederer 1970, 58ff.). In *Watten* läßt jedoch die bemerkenswerte Schlußwendung eines langgezogenen Satzgebäudes die Erkenntnis aufblitzen, daß die Naturangst des Erzählers auch die Bemäntelung eigener Deformationen sein könnte, die Folge einer tiefgreifenden Entfremdung von der selbstverständlichen Einbindung in die Abläufe der Natur: »Wenn die Natur einem zuvorkommt, sage ich zum Fuhrmann, [...] von einem Augenblick auf den andern aus einem Lebendigen einen Toten macht, womit nichts gesagt ist, sage ich, soll nicht gefragt werden: warum nicht durch die eigene Künstlichkeit?« (W 40). Im leidvoll erlebten Gefühl des Abgetrenntseins von einem zusammenhängenden, »natürlichen« Verhaltensrepertoire erlebt der Arzt (so wie viele Figuren Bernhards) den Umgang mit seinem Körper als mühevoll beherrschten Mechanismus, der von einer verhängnisvollen Verselbständigung der rational gesteuerten Selbstbeobachtung zeugt (vgl. W 17). »Wenn wir uns des Mechanischen unseres Körpers ganz bewußt sind, können wir nicht mehr atmen«, heißt es schon im Monolog des Fürsten Saurau (V 172). »Als ob hinter meinem Gehirn ein zweites gegen das erste sich zu denken getraute«, beschreibt der Arzt in *Watten* die eingetretene Dissoziation seines Bewußtseins (W 76).

Gleichmäßigkeit lautet auch die Devise, nach der sich die Hauptfigur von *Watten* in ihrer Lebensumgebung zu orientieren sucht. Gegen die universale Auflösung, die in Bernhards frühen Texten so eindrucksvoll bebildert wird, setzt der Arzt eine beständig nachgezeichnete Spur innerhalb seines Lebensbereichs, der »reduziert erscheint auf wenige signifikante Fixpunkte« und »an die Topologie von Märchenwelten« erinnert (Gamper 1970, 133): »Mit erschreckender Regelmäßigkeit«, sagt er, sei er in den »letzten zwanzig Jahren den Weg gegangen: Baracke, faule Fichte, Schottergrube, faule Fichte, Baracke« (W 9). »Das Bedürfnis, der räumlichen Umgebung eine feste Kontur zu geben«, läßt sich in Bernhards Werk als »auf den Raum projizierter Wunsch nach einer gefestigten Gestalt der Persönlichkeit« lesen (Marquardt 1990, 90). Auch seine auffällige Angst vor dem Aufgehen in der Masse (»Ich gehöre nicht in die Masse«, sagt er, »*ich gehöre in mich selbst*«; W 23) bezieht sich vor allem auf den drohenden Selbstverlust: »Die Frage ist nicht, wie komme ich an diesen (an alle) Menschen heran, sondern die, wie ich wieder, und zwar in jedem Falle immer wieder, aus diesem (aus allen) Menschen herauskomme, zurück zu mir« (W 71). Die folgende Formel artikuliert ein Dilemma, das wie kein anderes die Ambivalenz der Protagonisten in diesen Texten ausmacht: »Bin ich allein, will ich unter Menschen, bin ich unter Menschen, will ich allein sein« (W 68; vgl. auch bereits V 166).

In dem Haus, in das sich der Arzt nun immer mehr zurückzieht (aus dem obersten Stockwerk ins unterste, von dort in die Baracke etc.), versucht er, den Papierhaufen zu ordnen, der seine lebenslangen Beobachtungen enthält. In diesen Aufzeichnungen ist er, als einer der ersten aus der Reihe der Studienschreiber in Bernhards Werk, an die schriftliche Auseinandersetzung mit dem Phänomen der Krankheit gegangen: das Ziel war, »aus *allen* Krankheiten *eine* Philosophie zu machen« (W 15). Doch seine Ordnungsversuche scheitern, und wie alle anderen Schriftsteller in diesen Texten ist auch er von der »Unfähigkeit« überzeugt, den »Verstand« tatsächlich zu Papier bringen zu können (W 66).

3.2 »Das Kalkwerk«

Die Konfiguration des Romans *Das Kalkwerk* (1970) erinnert an die Episode mit dem Industriellen in Hauenstein, den der Ich-Erzähler von *Verstörung* mit seinem Vater aufsucht (vgl. V 42ff.). Sie ist jedoch in diesem Fall als Kriminalgeschichte ausphantasiert: Ausgerechnet zu Weihnachten, in der Geburtsnacht des christlichen Messias, erschießt Bernhards Protagonist Konrad seine verkrüppelte, seit Jahren an den Rollstuhl gefesselte Frau. Er hat, so stellt sich heraus, über zwanzig Jahre vergeblich an einer Studie gearbeitet, und das Buch ist der Versuch, nicht nur den Mord, sondern zugleich auch die Gründe für die fatale Schreibhemmung Konrads zu rekonstruieren; es ist einer jener Texte Bernhards, die sich nach einem irritierenden Ereignis der »Ursachenforschung« (Kw 136) widmen, ohne zu einer wirklich befriedigenden Erklärung zu gelangen: »Man suche hinter chaotischen oder wenigstens hinter merkwürdigen, jedenfalls hinter außergewöhnlichen Zuständen naturgemäß immer gleich nach der Ursache« und erkläre zu einer solchen, »was sich als nächstes anbiete«, sagt Konrad, doch dabei komme man »immer nur auf Ersatzursachen«, nie auf die wirklichen (Kw 135f.).

Erzähltechnisch geschieht dieser Rekonstruktionsversuch durch einen völlig konturlosen, nur als Aufnahme- und Vermittlungsmedium eingesetzten Lebensversicherungsvertreter (!), der seinerseits Bekannte des Mörders (Wieser und Fro) befragt und ihre Aussagen im konsequent vorherrschenden Konjunktiv I wiedergibt. Man hat vermutet, daß Bernhard hier unter Verzicht auf die Überlegenheit eines Ordnung stiftenden Er-Erzählers bzw. die Kompetenz des herkömmlichen Ich-Erzählers eine Erzählform angestrebt habe, die zum Ausdruck einer offenen Welt ohne Lebensordnung oder Existenzsinn werde (vgl. Petersen 1981, 160f.). Versteht man den Konjunktiv andererseits als »Ausdruck einer tiefgreifenden Verzerrung, einer trügerischen Reduktion, welche den Aussagewert schmälert« (Lindenmayr 1982, 25), so liegt die Auffassung nahe, Bernhard verwende ihn als Beleg für »die prinzipielle Unverläßlichkeit« der Aussagen (Marquardt

1990, 37). Man sollte das aufgebaute Erzählgerüst jedoch wiederum als distanzierende »Form der absoluten Indirektheit« nehmen (Sorg 1992b, 83): es ist »ein einziger riesiger, aus der Distanz gehaltener Monolog mit verteilten Wiedergabe-Rollen« (Rossbacher 1983b, 374), und die darin ausgefaltete Konstellation fügt sich präzise in Bernhards fortlaufendes Projekt der literarischen Selbstreflexion.

Schauplatz des Geschehens, dessen Ablauf zusammengetragen wird, ist ein einsames Kalkwerk. Wie die anderen »Einsamkeitszellen« (Tismar 1973, 106) in Bernhards Werk dient auch dieses kerkerartige (vgl. Kw 18) Gemäuer der Abgrenzung gegen eine als bedrohlich empfundene Umwelt: »Der Sicherheitsfaktor sei der allerwichtigste Faktor«, habe Konrad gesagt (Kw 20). Dabei wiederholt sich (wenn auch mit umgekehrtem Ausgang) die Konstellation des *Kulterer*, der erst im Schutzraum des Gefängnisses die Sicherheit für seine schriftstellerischen Arbeiten findet. Konrads Abwehrbedürfnis manifestiert sich im sofortigen Kauf einer größeren Anzahl von Gewehren, die ihn »gegen sogenannte *Fremdelemente*« schützen sollen (Kw 7). Außerdem hat er gleich bei seinem Einzug Fenstergitter einmauern lassen (vgl. Kw 19) und um das Gebäude »höchstwachsendes Gestrüpp« angepflanzt (Kw 21; die Beschreibung der gesamten Anlage ist sogar schon als Indiz dafür angesehen worden, daß Bernhard hier eine Chiffre für den menschlichen Kopf gestaltet habe, vgl. König 1977, 232-234; das reale Kalkwerk in Bernhards Lebensumgebung findet sich abgebildet bei Höller 1993, 84).

Die Isolation, in der Konrad freiwillig-unfreiwillig verharrt, ist zum einen auch im *Kalkwerk* die Verlängerung eines leidvoll erlebten Kindheitszustands. Neben der »Gleichgültigkeit« und »Herzenskälte« seiner Eltern (Kw 48) macht er dafür das Unglück, »sechs Jahre älter als seine Schwester, sieben Jahre älter als sein Bruder Franz zu sein«, verantwortlich (Kw 47), womit er eine familiäre Konstellation nachzeichnet, die der seines Autor ähnelt (vgl. Ki 150). Konrads Rückzug soll ihm jedoch zum anderen die Möglichkeit verschaffen, seine wissenschaftliche Studie zustandezubringen, die er schon so lange schreiben will. Ins Kalkwerk flieht er nicht zuletzt vor dem »Apparat der [...] sogenannten Konsumgesellschaft« (Kw 58), vor einer Gegenwart, in der er eine »gleichmäßig von Fortschritts- und also Maschinenwahnsinn durchzogene Atmosphäre« wahrnimmt (Kw 173). Mit der für Bernhards Werk charakteristischen Bildlichkeit des Maschinellen und der absoluten Künstlichkeit wird jener zerstörerische »Gesellschaftsvermischungsprozeß« charakterisiert, »an dessen Ende der qualifizierte Mensch als Unmensch und das heißt als Maschine herauskomme« (ebd.). In einer grotesken Szene denunziert Konrad die Auslöschung jeder Individualität durch die Arbeit im Dienst des kapitalistischen Geldflusses: »Die Physiognomie der Bankangestellten ist immer die gleiche Physiognomie«, sagt er bei seinem letzten deprimierenden Bankbesuch, »die Köpfe der Bankleute seien mit nichts anderem als mit Papiergeld angefüllt und ihre Gesichter aus nichts anderem als aus Papiergeld« (Kw 180; vgl. die »von der jaureggschen Büroapparatur« vollkommen gleich behandelten Arbeiter in *Jauregg*, die ebenfalls eine Einheitsphysiognomie angenommen haben, E 45).

Konrads Studie wird im Text ausdrücklich mit dem Versuch der Selbstverwirklichung in Verbindung gebracht: sie nicht zu beenden, wäre der Verlust »seines Existenzzweckes« (Kw 16). Für Hartmut Reinhardt ist »das Bemühen um die Studie« deshalb »als der Versuch des Subjekts gekennzeichnet, sich durch die Niederschrift ›in einem einzigen Zuge‹ der eigenen Identität zu versichern« (Reinhardt 1976, 347). Darüber hinaus steht Konrads Arbeit aber im Zusammenhang mit dem Problem des Einzelnen, sich den anderen verständlich zu machen: Man könne sich »nicht mitteilen außer durch das totale Geistesprodukt«, sagt Konrad (Kw 62). Und mit Kommunikation hat auch das Thema von Konrads Forschungen zu tun: es ist das Gehör, das er für »wichtiger als das Gehirn« hält (Kw 64); es nimmt »die primäre und vor der Bedeutung aller schriftlichen Übertragung liegende Aufgabe der Vermittlung von Sinnesdaten« wahr, »die das Medium der begrifflich-reflektierenden Welterkenntnis sind« (Struck 1985, 71, im Anschluß an Schopenhauer). Konrads Studie setzt dabei ausdrücklich voraus, »immer gleichzeitig alles zu sehen im Hinblick auf das Gehör« (Kw 91). Alle analogen wissenschaftlichen Arbeiten bei Bernhard sind stets auf die Natur »als *Erkenntnisobjekt* bezogen« (Huntemann 1990, 30), und sie sind nie einzelwissenschaftlich angelegt: für eine solche Studie, sagt Konrad, müsse man nicht nur Arzt und Philosoph, sondern »auch Mathematiker und Physiker und also ein vollkommener Naturwissenschaftler und dazu auch noch Prophet und Künstler sein« (Kw 61).

Konrad führt seine Beschäftigung mit dem Gehör zum einen darauf zurück, »daß er immer vieles hörte und vieles sah, die andern aber nichts hörten und nichts sahen«, worin für ihn immer »die Schwierigkeit des Zusammenlebens mit Menschen« bestanden habe (Kw 25). Zum anderen markiert er seine wissenschaftliche Erfassung des Gehörssinns als Fortsetzung der Bestrebung, die körperlichen Organe zur Aufnahme von Informationen über die Umwelt in den Griff zu bekommen: »zeitlebens habe ich immer alles versucht, um mein Hören und Sehen zu vervollkommnen, vor allem mein Hören zu vervollkommnen« (ebd.). Seine Frau habe er zu der gleichen Perfektion erziehen wollen, es sei ihm aber nicht gelungen (vgl. ebd.). Der Schluß daraus ist signifikant: durch diesen Fehlschlag habe er erkannt, daß es »auf der ganzen Welt keinen einem andern entsprechenden Menschen gebe«, diese Feststellung sei »die für Konrad charakteristischste«, fügt Wieser, der sie überliefert, hinzu (Kw 81). Bernhards Protagonist ist also auf der Suche nach einem Menschen, der seinen Ansprüchen genau angepaßt ist, der seine eigenen Mängel ideal auffüllt – ein Bild, das im Werk des Autors nun immer auffälliger wiederkehren wird (vgl. *Korrektur, Ja, Alte Meister*, aber auch viele seiner Theaterstücke).

Konrad und seine Frau (Halbgeschwister, wie das Buch an einer winzigen Stelle verrät, vgl. Kw 16) sind durch ihre gegensätzlichen Leseinteressen markiert: Konrad bevorzugt Kropotkin, seine Frau den *Heinrich von Ofterdingen* des Novalis; man hat darin die Dichotomie zwischen Politik und Poesie (vgl. Tismar 1973, 134f.), zwischen Aktion und Kontemplation (vgl. Sorg 1992b, 84) angedeutet gesehen – oder die für Bernhard überaus charakteristische Ambivalenz zwischen anarchistischer »Sonderung des einzelnen« und »Überwindung aller Sonderung auf einen Universalismus aller Beziehungen hin« (Rossbacher 1983b, 375). Vor allem aber hat Konrad die Beziehung zu seiner Frau von Beginn an so angelegt, daß er mit Sicherheit der Überlegene ist: »gerade weil sie krank und verkrüppelt« gewesen sei und deshalb »die Hilfsbedürftigste«, habe er sie geheiratet, eine Frau, die vollkommen auf ihn angewiesen sei, die ohne ihn »nicht existieren kann«, die andererseits aber bedingungslos für seine Zwecke »zur Verfügung steht« (Kw 208).

Im Kalkwerk fungiert sie nämlich vor allem als Objekt für Konrads wissenschaftliche Experimente. Mit der sadistischen Praxis seiner Urbantschitschen Methode pervertiert er den therapeutischen Sinn der Hörübungen des Wiener Professors für Ohrenheilkunde, Victor Urbantschitsch, die das Ziel hatten, den in die Isolation geratenen Schwerhörigen wieder in die Gesellschaft zu integrieren (vgl. Tismar 1973, 134): Konrad habe seine Frau mit unverständlichen Sätzen tyrannisiert, deren Wirkung »auf ihr Gehör wie auf ihr Gehirn« sie ihm dann habe beschreiben müssen, wird erzählt (Kw 73). »Sein ganzer Umgang mit ihr wäre nur ein einziges Experimentieren gewesen« (Kw 91); in der methodischen Regelung des Umgangs mit dem anderen etabliert das Subjekt eine formalisierte Herrschaftsapparatur, in der es sich sein Gegenüber als Objekt verfügbar macht (vgl. dazu Höller 1979, 83-87). Die gleiche Verfahrensweise wendet Konrad im übrigen auch auf seine gesamte Umwelt an, »alles sei ihm nichts mehr als nur Experiment« (Kw 93).

Doch die Gefährtin, deren Krankheit sie für seine Zwecke zu prädestinieren schien, wird gerade durch ihren fortschreitenden körperlichen Verfall, den Konrad mit ansehen muß, zum ständig anwesenden Exempel für jene Hinfälligkeit der (menschlichen) ›Natur‹, an der Bernhards Figuren die Projektionen ihrer Zerfallsängste festmachen. Die er wegen ihrer Verkrüppelung zuverlässiger als andere an seiner Seite zu haben hoffte, führt ihm beispielhaft die Unzuverlässigkeit des Körpers vor – und damit das Scheitern des von allen Protagonisten des Autors zwanghaft vorangetriebenen Projekts der Naturbeherrschung (vgl. Endres 1980, 79): »Das Gehör und besonders ihr Gehör sei ja am empfindlichsten den unscheinbarsten Wetterumschwüngen ausgesetzt« (Kw 89), die Herrschaft der Natureinflüsse reicht auch in das abgegrenzte Territorium des Kalkwerks hinein. »Körper und Kopf seien natürlich rettungslos miteinander verbunden« (Kw 68). »Man beherrsche nichts« (Kw 117).

Konrads grundsätzliche Formulierung gibt preis, welche Denkschablonen hinter diesem Szenario stehen, und er spinnt damit zugleich die bereits in *Frost* artikulierte Geschlechterphilosophie fort: »Dem Manne sei angeboren, was der Frau angelernt werden müsse in mühevoller, oft verzweifelter Lehrmethode, nämlich der Verstand als chirurgisches Instrument gegenüber der sich sonst unweigerlich auflösenden, ja sonst rettungslos zerbröckelnden Geschichts- und Naturmaterie« (Kw 129). Auf seine Frau konzentriert sich deshalb auch zuletzt seine Suche nach Gründen für das Scheitern seiner Studie, die sich durch das gesamte Buch zieht (an seine unglückliche Kindheit denkt er dabei, an Krankheiten, vgl. Kw 48f., später auch an das Kalkwerk selbst, vgl. 165). Im Traum werden seine Vernichtungsängste konkret: In einer Szene, die er später »als die glücklichste in seinem Leben bezeichnete« (Kw 149), habe er sich im Besitz der endlich fertiggestellten Studie gesehen, da sei plötzlich die Frau in sein Zimmer getreten und habe den Stoß Papier mit dem Vorwurf, Konrad habe die Studie heimlich niedergeschrieben, in den Ofen geworfen. »Wiesers Bericht über diesen Traum deckt sich vollkommen mit dem Bericht Fros«, heißt es dazu auffälligerweise (Kw 151). Aus dem Bereich des Unbewußten brechen Bilder durch, die die Frau als Zerstörerin der Studie ausweisen und zugleich, denkt man die oben gezeigte Verbindung von Geistesarbeit und Selbstverwirklichung hinzu, als Vernichterin der Identität des Mannes, der hier träumt. Konrads Phantasmen können dabei auch als Inszenierung des angstbesetzten Verhaftetseins an die übermächtige Mutter gelesen werden, gegen die der Träumende vergeblich seine Selbständigkeit erkämpfen will (vgl. Endres 1980, 83).

Kurz vor dem Mord träumt Konrad außerdem, er sei darangegangen, das Kalkwerksinnere »mit schwarzem Mattlack auszumalen«; zuletzt sei »alles im Kalkwerk schwarz« gewesen, sogar seine Frau. Er habe »genau sieben Tage dazu« gebraucht, dann habe er sich von einem Felsvorsprung in die Tiefe gestürzt (Kw 187f.). Wie in früheren Texten werden eschatologische Vorstellungen in ihr Gegenteil verkehrt. Nicht nur die phantasierte Rücknahme der Schöpfung weist darauf hin, auch die Bezugnahme auf den »einzig richtigen Augenblick«, in dem die Niederschrift »in einem Zuge« gelingen könne: dieser Moment, in dem »einmal alles möglich« ist, entziehe sich dem Zugriff des Individuums (Kw 189f.; vgl. dazu vom Hofe/Pfaff 1980, 47f., die die Stelle auf Kierkegaard beziehen). »Negiert wird im ›Kalkwerk« der wissenschaftliche Zugang zu einem Sinnganzen«, schreibt zusammenfassend Heinrich Lindenmayr. »Negiert wird die religiöse Antwort durch die Verkehrung von Schöpfung, heilsgeschichtlicher Erlösung und Vernichtung. Und negiert werden endlich genialische Konzeptionen, die mit Bestimmungen wie Intuition, Augenblick, Sprung u.ä. die Loslösung von aller Bedingtheit und d.h. letzte Einsichten postulieren« (Lindenmayr 1982, 116f.). Man kann die zahlreichen scheiternden Natur-Erforscher als Parodie einer Vorstellung lesen, die noch bei Schopenhauer bejaht wird (vgl. Huntemann 1990, 29f.): Große theoretische Leistungen entstünden dadurch, »daß ihr Urheber alle Kraft seines Geistes auf Einen Punkt richtet, in welchen er sie zusammenschießen läßt und koncentrirt«, so daß ihm die ganze übrige Welt verschwindet und »sein Gegenstand ihm alle Realität ausfüllt« (Schopenhauer 1977, II/461). Das Genie sei insofern »naturwidrig«, sagt der Philosoph, »als es darin besteht, daß der Intellekt, dessen eigentliche Bestimmung der Dienst des Willens ist, sich von diesem Dienst emancipirt, um auf eigene Faust thätig zu seyn« (ebd. 457).

Man kann in den Schwierigkeiten der Studienschreiber bei Bernhard aber auch »Projektionen des Autors« sehen, nicht als reine Gestaltung biographischer Bezüge, sondern als »immer neu durchgespielte Modelle«, die der »poetologischen Selbstreflexion ihre Autors« dienen. Ihr notorisches Scheitern wäre dann nicht so sehr eine Konsequenz »weltanschaulicher Prämissen, die dem Schreiben Bernhards vorauslägen, sondern eine imaginierte Grenzerfahrung des Schreiber-Ichs« (Huntemann 1990, 64). Gerade im *Kalkwerk* tritt diese Ambivalenz zutage, wenn Konrad betont, »die Person des Schriftstellers bedeute nichts, [...] seine Arbeit sei alles, der Schriftsteller sei nichts, nur glaubten die Leute in ihrer Geistesniedertracht immer, Person und Arbeit eines Schriftstellers vermischen zu können« (Kw 175) – während Bernhard selbst im Gespräch über seinen Roman durchaus identifikatorisch davon redet, »daß ich im ›Kalkwerk‹ diesen selben Satz nicht weiterführen kann, d.h. diese Hauptfigur, der Konrad« (zit. nach WG 125).

4. Brüdergeschichten 2: In Stilfs und am Ortler

Die 1971 erschienene Sammlung *Midland in Stilfs* enthält neben der Erzählung *Der Wetterfleck* (vgl. dazu v.a. Best 1976 und Sorg 1977, 158ff.) zwei weitere Texte, mit denen Bernhard die Serie seiner Brüdergeschichten fortschreibt (vgl. v.a. *Amras* und *Ungenach*, aber auch schon *Frost*).

In der titelgebenden Geschichte (publ. bereits 1969, vgl. WG 138) haben sich zwei Brüder mit der Absicht, sich aus ihrer als

»künstlich« empfundenen Existenz (vgl. E 112) zu retten, in die Hochgebirgslandschaft von Stilfs zurückgezogen. Doch das »Zufluchtsidyll« der Vorfahren (E 124), einer der anachronistischen Familienbesitze in Bernhards Werk, hat sich für sie in eine »Einsamkeitshölle« (E 112) verkehrt, zu der sie sich von den Eltern, den »furchtbaren Machthabern« (E 123), verurteilt fühlen. Die Konfiguration dieser Erzählung führt das begonnene Modell Bernhards fort und erweitert es zum Teil. Die Brüder haben verschiedene Väter gehabt und sind deshalb erneut gegensätzliche und zugleich eng aufeinander bezogene Existenzpole: der Erzähler nennt die Ansichten seines Bruders Franz »natürlich«, seine eigenen »widernatürlich« (E 133). Darüber hinaus wohnt in Stilfs ihre gelähmte Schwester Olga, die offenbar die Bindung an die Hinfälligkeit des Körpers signifiziert, und der Arbeiter Roth, ein Repräsentant unglücklicher, tierhafter Körperlichkeit (vgl. E 127), ohne dessen Hilfe die Brüder jedoch nicht lebensfähig wären.

In diesem hoffnungslosen Zustand sucht sie zuweilen ein Engländer auf, den Bernhard als Gegenbild zu ihrer »Erbärmlichkeit zweier Verpfuschter« (E 117) zeichnet. Midland, wie er bezeichnenderweise heißt, ist ein »politischer Kopf« (E 118), dem es gelingt, seine Gedanken »an sich in seinem Gehirn zu befestigen« (E 119). Die mühelose »Beherrschung seines eigenen Körpers« gehe mit einer »genauen Verteilung der Gewichte in seinen Gedanken« einher (ebd.). In den Zusammenhang von Bernhards literarischem Zeichensystem paßt auch, daß er seine Gebundenheit an ein ihm nahestehendes, ausdrücklich dem Kopf und ihm selbst entgegengesetztes weibliches Wesen überwunden hat: Vor fünfzehn Jahren ist seine ihm vollkommen fremde (vgl. E 120) Schwester hier »kopfüber [...] zutode gestürzt« (E 115); nach ihrem Tod ist er zunächst, »von Schuld gepeinigt«, immer wegen ihr nach Stilfs gekommen, jetzt empfinde er jedoch an ihrem Grab nichts mehr (E 120). Midlands Einstellung zu Stilfs weist zugleich darauf hin, wie sehr die Auswirkungen des Ortes auf die Brüder von ihrer persönlichen Konstitution bestimmt sind: Im Gegensatz zu ihnen genießt er an Stilfs die »Ruhe« und die »Konzentrationsmöglichkeit«, und er glaubt, die beiden hätten hier bereits ein »abgeschlossenes Werk der Naturgeschichte« hervorgebracht (E 114f.). Doch der Erzähler sieht voraus, daß sich nach ihrem Tod lediglich herausstellen wird, daß sie »außer Unordnung, ein unvorstellbares Chaos, nichts gewesen sind« (E 131).

Noch radikaler erscheint *Am Ortler*, wiederum die Geschichte eines Rückzugs. Der nervenkranke Akrobat und sein naturwissenschaftlich interessierter Bruder sind diesmal eng verschränkte Repräsentanten der Dialektik zwischen konkreter Beherrschung des natürlichen Organismus und geistiger Beschäftigung mit der Natur: »Der Zusammenhang zwischen meiner Arbeit (über die Luftschichten) und seinen Kunststücken sei der größte« (E 173; man kann an die zahlreichen Artistenfiguren bei Bernhard denken, an die »Akrobatik« des Gehirns in *Die Mütze*, vgl. E 63, aber auch an die Bedeutung der Luft v.a. in den frühen Prosatexten). Die beiden sind unterwegs zu einer von den Eltern hinterlassenen Sennhütte, auf der Suche nach »vollkommener Störungsfreiheit [...] in höchster Höhe« (E 179). Dort hoffen sie auf Befreiung von der als zwanghaft erlebten »künstlichen« Lebensweise: »plötzlich wieder die Natur einatmen in vollen Zügen und die Wissenschaft ausatmen [...]. Den Unrat ausatmen« (E 184).

Auch die beiden Brüder kommen von der Übermacht der Vergangenheit nicht los, die sich vor allem im Weiterwirken ihrer Kindheit manifestiert: »Unser Leben, zur Strafe. Unsere Kindheit, zur Strafe. Alles zur Strafe« (E 182). Mit dem Ortleraufstieg wiederholen sich jene gehaßten Bergwanderungen, zu denen der Vater die gesamte Familie einst gezwungen hat, und die väterliche Rede bricht zuletzt im Artistenbruder durch, als er plötzlich Sätze des Vaters »beispiellos gut kopiert« (E 177) vorträgt: »*Weiter! Weiter!* sagte er im Vatertonfall. Und: *höher! Höher!* im Vatertonfall« (E 187). In diesem Zusammenhang ist auch das Thema der absoluten Perfektion zu sehen, das hier zum erstenmal bei Bernhard in dieser Deutlichkeit aufgegriffen wird; vor allem im Spätwerk wird es sich dann zu einem zentralen Aspekt ausweiten. So wie der Erzähler eine immer kompliziertere Arbeit über die Luftschichten angegangen habe (vgl. E 172), habe der Akrobat stets »*ein noch komplizierteres Kunststück*« versucht (E 173), und wiederum sind die rationale Erforschung der Natur und die körperliche Praxis aufeinander bezogen: durch die Beobachtung der wissenschaftlichen Arbeit seines Bruders habe der Artist im gleichen Ausmaß, in dem dieser sich vervollkommnet habe, auch in seinen Kunststücken »Vollkommenheit« erreicht (ebd.). Dabei verbindet er, der von seiner ständigen »Körperanfälligkeit« spricht (E 180), sein Metier ausdrücklich mit der Fähigkeit zu existieren, mit dem zivilisatorischen Gefüge, in dem er sich behaupten soll: »Du existierst nur für deine Kunststücke und bist, genau genommen, deine Kunststücke [...]. Alles Kunststück. Die ganze Welt Kunststück« (E 178).

»Wenn man die Atmung beherrscht, beherrscht man alles« (E 174f.) – der Satz kann nicht völlig losgelöst von der Tatsache gelesen werden, daß der Autor selbst in seiner Lungenkrankheit die menschliche Gebundenheit an die Herrschaft der Natur erlebt hat, er greift aber zugleich die auffällige Bedeutung des Atmens in den früheren Texten wieder auf. »Kopf, Denken, Körper durch die Atmung beherrschen, sagte er und allein die Beherrschung der Atmung zu der schönsten aller Künste entwickeln« (E 175). Diese Überlegungen führen jedoch auf einen weiteren Aspekt des Textes hin, auf das »Problem der Vermittlung« (Sorg 1977, 163). Es helfe nämlich nichts, dem Kunststück entsprechend atmen zu können, wenn man »es nicht *vortragen*« kann (E 175). Es geht im Grunde um die Selbstpräsentation, die diesen Figuren stets so schwer fällt. Von der »Schwierigkeit, das Geistesprodukt oder das Körperprodukt [...] zu veröffentlichen«, spricht der Artist, »diesen fürchterlichen Beschämungsprozeß durchzumachen, ohne sich umzubringen, [...] etwas zu veröffentlichen, das man ist«; das Thema der Vortragskunst sei deshalb »das wichtigste Thema überhaupt« (E 176f.).

Der Weg in eine radikale Kopfexistenz (»alles vom Kopf aus«, E 193) schlägt allerdings, wie häufig bei Bernhard, in Selbstzerstörung um. Aus dem Akrobaten, dem das »vollkommene Kunststück [...] schon lange Zeit nicht mehr möglich« ist (E 186), bricht während des Aufstiegs plötzlich ein Sprachstrom hervor, der unentrinnbar auf den endgültigen Zusammenbruch seines künstlichen Existenzgefüges hinsteuert. Zuletzt gibt der Erzähler nur noch die sich verselbständigende Rede seines wahnsinnig werdenden Bruders wieder. Ständig laufen diese Sätze in ein ihre mechanische Fortsetzbarkeit andeutendes »usf.« aus; mit diesem Kürzel indiziert Bernhard zu dieser Zeit auch in anderen Texten (vgl. u.a. Kw 136f.) das obsessive Ablaufen eines sprachlichen Schematismus, im dem sich die Unentrinnbarkeit der fatalen Entwicklung spiegelt. »Plötzlich sagte er mehrere Male *abbrechen, abbrechen, abbrechen*. Weil wir [...] über die Beherrschung unserer Kunst überhaupt nichts wissen« (E 194). Mit dem Ausbruch aus dem verhängnisvollen Antriebsmechanismus (vgl. auch das Theaterstück *Der Ignorant und der Wahnsinnige*) vollzieht sich zugleich das Herausfallen aus der Kunstfertigkeit des Existierens, der Verlust aller Lebensstabilität. Und der von den Eltern zurückgelassene Zufluchtsort, die Sennhütte, ist nur mehr ein Haufen Steine. »Kein Schutzmittel, nichts. [...] Alles zerfallen, alles« (E 194).

5. Endpunkte: »Gehen« und »Korrektur«

5.1 »Gehen«

Was die Erzählung *Gehen* (1971) mit den in zeitlicher Nachbarschaft erschienenen Texten *Das Kalkwerk* und *Am Ortler* verbindet, ist vor allem eine sprachliche Tendenz, die sich hier noch verstärkt und damit wohl ihren Extrempunkt in Bernhards Werk erreicht. Wie nie zuvor scheint sich die literarische Rede kaum von der Stelle zu bewegen, kreist sie um einzelne Wörter, staut sie sich an bestimmten Punkten und setzt sich obsessiv daran fest. Da der Text »aufgrund von lautlichen, lexematischen und syntaktischen Wiederholungsstrukturen formal überdeterminiert und das Wortmaterial begrenzt ist, potenzieren sich gewisse sinnliche Qualitäten der abstrakten Sprache« (Petrasch 1987, 170). Man kann die »rhythmische Sprachform« bei Bernhard zugleich auch »als mimetische Darstellung der Erfahrung von Wirklichkeit als unauflöslichem Zusammenhang« verstehen, weil sie »genau das Gegenteil einer klaren Welt« evoziert (ebd. 171f.). »Der orientierenden Mitte verlustig, [...] versucht das Denken sich gleichsam an sich selber festzuhalten« (Gamper 1977, 20), dreht sich »um eine einzige Vorstellung, um ein einziges Wort, von dieser einen Vorstellung, diesem einen Wort beherrscht (irritiert, attackiert) und in eins damit es verschleißend« (ebd. 25).

Daß das sprachliche Material bedrohliches Eigenleben gewinnt, weil es keinen die sich verselbständigenden Satzgebäude »organisierenden Einheitsgrund mehr zu geben« scheint (Fischer 1985, 80), ist auch als »motorische Entäußerung des andauernden Erregungszustandes« gedeutet worden (ebd. 118). Dennoch ist *Gehen* deshalb noch nicht »gegen eine Beziehung auf Gegenständlichkeit abgedichtet« (ebd. 136); das Wiedergegebene reduziert sich lediglich »auf ein minimales Substrat an Stoff, welches die Rede stagnierend umkreist« (Huntemann 1990, 181). Buchstäblich im Hintergrund des Sprachstroms, erneut durch ein verschachteltes Gefüge an perspektivischen Vermittlungsinstanzen dissimuliert, steht als inhaltlicher Ausgangspunkt der Moment, in dem Bernhards Protagonist Karrer im Rustenschacherschen Laden in Wien während eines der regelmäßig durchgeführten Spaziergänge mit seinem Jugendfreund Oehler plötzlich wahnsinnig geworden ist. Ein namenloses Ich hat Oehlers Bericht von diesem Ereignis aufgezeichnet, so daß sich schließlich komplizierte Inquit-Formeln wie die folgenden ergeben: »so Karrer, so Oehler zu Scherrer« (G 57; Scherrer ist die Karikatur eines völlig unsensiblen Psychiaters, mit dem der Fall besprochen wird), »so Rustenschacher zu Karrer, sage ich Scherrer, so Oehler« (G 59). Doch die genannten »Abhängigkeitsketten« aus zitierenden Verweisen erstrecken »sich auf alles Erzählte und auf alle genannten Personen [...]: Das Erzählte erscheint abhängig vom Erzähler und *aus* ihm« (Lederer 1970, 54). Die »durch die Sprecherrollen vermehrten Perspektiven dienen keiner gedanklichen Relativierung«, ein- und derselbe Argumentationszusammenhang scheint »durch alle Sprecher hindurchzulaufen« (Huntemann 1990, 69). Auch die künstlich hervorgestrichenen kontrastiven Wesenszüge von Karrer und Oehler, die sich etwa über Oppositionen der Kleidungsgewohnheiten definieren (vgl. G 8ff.), sind »vor allem plakativ gesetzt, kaum aber psychologisch entwickelt« (Finnern 1987, 41).

»Die Unscheinbarkeit der Rahmenhandlung (Spaziergang) und die Verteilung des Redestroms auf die verschiedenen Sprecherrollen läßt die Rede, sonst eigentlich eine Funktion kommunizierender Individuen, selbständig und ihre Sprecher umgekehrt zu deren Funktionen werden, die Gesagtes nur noch zitierend affirmieren. Die Rede wird zum theatralischen Rollentext, den sie nachsprechen« (Huntemann 1990, 69).

Mit seiner komplexen Zitatstruktur verweist der Text eindringlich auf die Herrschaft der Sprache über das Individuum, auf den Fluß der Wörter durch den Einzelnen hindurch: »*Im Grunde ist alles, was gesagt wird, zitiert,* ist auch ein Satz von Karrer« (G 22).

Nimmt man das Motto der Erzählung als Wegweiser, so ist *Gehen* auch inhaltlich vor allem die literarische Inszenierung jener fundamentalen Instabilität, die in der formalen Analyse bereits angesprochen wurde: »Es ist ein ständiges zwischen allen Möglichkeiten eines menschlichen Kopfes Denken und zwischen allen Möglichkeiten eines menschlichen Hirns Empfinden und zwischen allen Möglichkeiten eines menschlichen Charakters Hinundhergezogenwerden« (die Stelle stammt aus dem Text, vgl. G 73f.). Diese »ununterbrochene Ruhelosigkeit« (G 68) entspricht zum einen dem Charakter Karrers, der als eine Art Extremvariante von Bernhards gefährdeten Protagonisten erscheint: »*Kein Mensch unter solchen Bewußtseinsschwankungen. Kein Mensch mit einer so hohen Reizbarkeit und mit einer so großen Verletzungsbereitschaft*« (ebd.). Zum anderen kennzeichnet sie die Denkbewegung, die der Text in ausdrücklicher Parallelität zur im Titel genannten Körperbewegung vollführt (vgl. G 88). Dabei artikuliert sich in der Problematik dieser Verbindung erneut die Unmöglichkeit einer reibungslosen Vermittlung von Geist und Körper und (wie schon in früheren Texten, z.B. in *Watten*) die Schwierigkeit einer Beherrschung von beiden: man könne nicht »Gehen und Denken *zu einem einzigen totalen Vorgang* machen«, weil es nicht möglich sei, beides mit gleicher Intensität und Gleichmäßigkeit zu betreiben (G 84f.). Hinter den gemeinsamen Denk- und Spaziergängen Karrers und Oehlers steht aber auch eine subtile homoerotisch getönte Vereinigungsphantasie, in der alles Körperliche eliminiert ist: beide hätten einen »ununterbrochenen Gedanken« jeder für sich »festgehalten« und »durchschaut« und dann versucht, die beiden Gedanken »zu einem einzigen zu machen« (G 77).

Bernhards Text ist über weite Strecken eine Ausmessung des Wirkungsbereiches menschlichen Denkens, des Geistes und der Sprache, und er markiert damit eine spezifische Phase in Bernhards Schaffen, die durchaus auf seine Begegnung mit der Philosophie Ludwig Wittgensteins zurückgehen könnte (Wittgenstein wird – ebenso wie der Sprachphilosoph Ferdinand Ebner – in *Gehen* ausdrücklich genannt, vgl. G 83, 100). Die Idealversion einer geistiger Bewältigung der Existenz ist erneut nach dem Vorbild eines abstrakten Kalküls modelliert (vgl. *Verstörung*), und Oehlers Vorstellungen beziehen sich hier – wie so oft in Bernhards Werk – auf Konzepte der Romantiker. Demnach konstituiert »die universale Konstruierbarkeit der Mathematik« einen »aus der tätigen Subjektivität erzeugten Zusammenhang aller Elemente wie aller Verknüpfungen« (Fischer 1985, 40); in der Mathematik sei »alles ein Kinderspiel«, wird der Maler Strauch in *Frost* zitiert,

»denn in ihr ist alles *vorhanden*« (F 81). »Wenn wir denken, handelt es sich weniger um Philosophie«, sagt Oehler, »mehr um Mathematik. Es ist alles eine ungeheuerliche, haben wir sie von Anfang an unterbrechungslos aufgestellt, *ganz einfache* Rechnung« (G 45). Auch in anderen Texten des Autors wird die Mathematik (bzw. die Geometrie) vielfach als Paradigma einer perfekten gedanklichen Auseinandersetzung mit der Realität angesprochen.

Immer wieder jedoch kehren Oehlers Gedanken zu jenem Ereignis zurück, das der Anlaß für den »Nervenzusammenbruch des karrerschen Gehirngefüges« (G 84) gewesen ist. Im Rustenschacherschen Laden hat sich Karrers Denkmechanismus endgültig seiner Verfügung entzogen, als er auf die Frage nach »warmen, gleichzeitig widerstandsfähigen Winterhosen« (G 53) seiner Ansicht nach nur wertlose »tschechoslowakische Ausschußware« (G 55) präsentiert bekam. Daß Karrers sich verselbständigende Rede ausgerechnet auf dem wiederholten Ausruf »*diese schütteren Stellen*« einrastet (G 73), unterstützt die Annahme, Kleidung bekomme hier erneut (wie häufig bei diesem Autor) eine spezifische Bedeutung: als Schutz gegenüber den Einflüssen der Natur, aber auch als zivilisatorisch geformte Einfassung des nackten Körpers (vgl. die zahlreichen Ankleideszenen in Bernhards Stücken, vgl. auch die »ausgefransten Fetzen« in *Verstörung*, V 148). Mit Karrers Eindruck, über die Qualität der »*Wirkware*« (G 65) betrogen zu werden, läßt sich durchaus sein grundlegendes Existenzgefühl des Ausgesetztseins (vgl. G 68) assoziieren und seine Klage, von der ihn umgebenden Gesellschaft nicht adäquat behandelt und aufgenommen worden zu sein (vgl. hingegen Schmidt-Dengler 1986, 37f., wo Karrers Irritation in erster Linie auf das »Problem des Bezeichnens der Gegenstände« zurückgeführt wird, weil er Rustenschacher beim Etikettieren beobachtet und erkannt habe, »daß Bezeichnungen nicht übereinstimmen, daß andere Namen für etwas gebraucht werden«).

Das zerstörerische Verhalten einer Gesellschaft gegenüber einem ungewöhnlichen Individuum wird in *Gehen* durch den Selbstmord des Chemikers Hollensteiner illustriert, mit dem Oehler Karrers Verrücktheit »ursächlich in Zusammenhang« vermutet (G 46). Der Jugendfreund Karrers ist eines jener Opfer des österreichischen Staates, die in Bernhards Texten beklagt werden, denn er hat sich in dem Moment umgebracht, da ihm »die für sein Chemisches Institut lebensnotwendigen Mittel entzogen« worden sind (G 33). Aber auch sein eigener Existenzbereich habe Karrer nur mehr ein fatales Gefühl der »*Ausweglosigkeit*« vermittelt, erinnert sich Oehler: »*Wir besitzen keinerlei Fähigkeit, aus der Klosterneuburgerstraße wegzugehn*«, aus dem Territorium der frühen Kindheit (G 97). Und Karrers Gegenwartsdiagnose greift zu einer Kategorie, die sich in der späteren Prosa des Autors zum zentralen Bild für einen entfremdeten Weltzustand, der sich als leidvoll erlebte zweite Natur verselbständigt hat, entwickeln wird: »Eine solche Künstlichkeit habe es noch niemals gegeben, eine solche Künstlichkeit mit einer solchen Natürlichkeit« (G 99f.).

5.2 »Korrektur«

Der Handlungskern von Bernhards letztem großem Roman vor der Autobiographie ist deutlich von der Lebensgeschichte des Philosophen Ludwig Wittgenstein inspiriert (vgl. Barthofer 1979): ein Sohn aus wohlhabender Familie, der sich für Philosophie und Wissenschaft interessiert, führt den ererbten Familienbesitz Altensam nicht weiter und baut mit dem Erlös aus dem Verkauf einen Kegel als Wohnung für seine Schwester. Wittgenstein mag Bernhard durchaus »als der *exemplarische österreichische Intellektuelle* dieses Jahrhunderts« (Sorg 1992b, 106) erschienen sein; ob man freilich so viele Bezüge zum Werk dieses Philosophen herstellen kann, wie es zuweilen versucht wurde (vgl. Weber 1981), ist wohl eher fraglich. Bernhard selbst hat nur die Lektüre des *Tractatus* angegeben, in bezug auf *Korrektur* verweist er auf die lebensgeschichtlichen Aspekte, die ihn interessiert hätten (vgl. Dreissinger 1992, 100). Jedenfalls sollte man das Buch nicht in erster Linie als »Wittgenstein-Roman« verstehen (Sorg 1992b, 105); zu deutlich steht es im Kontext von Bernhards fortlaufendem literarischem Projekt, das an dieser Stelle an einem Wendepunkt angekommen ist.

Der Text ist erneut, wie so oft bei diesem Autor, Rückschau auf ein Geschehen, das bereits Vergangenheit ist. Der Kegel ist vollendet, doch zugleich ist die Schwester gestorben, für die ihn Roithamer, die Hauptperson des Romans, errichtet hat, worauf sich der Erbauer des zwecklos gewordenen Wohnraums umgebracht hat. Die Umstände des Kegelbaus und die Zeit danach hat Roithamer jedoch auf zahllosen Manuskriptblättern kommentiert, die ein Freund nunmehr zu ordnen versucht. Sein Bericht über die Annäherung an Roithamers Nachlaß macht den ersten Abschnitt des zweiteiligen Romans aus, dann folgt die Wiedergabe der aufgefundenen Schriften. Die formale Zweiteilung (vgl. dazu auch Mauch 1979) hat dabei zugleich inhaltliche Relevanz. Während die familiäre Herkunft des Ich-Erzählers an *Frost* und *Verstörung* erinnert (er ist der Sohn eines Arztes, vgl. K 80f.), wird nunmehr »erstmals das *Erwachen* des konstitutiven Subjektes thematisch«, das »in der erzählten Gegenwart jene Imaginationen, die es lange Zeit bannten und mystifizierten, zwar nochmals erinnert und vergegenwärtigt, sich aber hierbei zugleich [...] tendenziell befreit« (Gößling 1987, 290). Wie sehr Erzähler und Protagonist wiederum ineinanderprojizierte Aspekte desselben imaginierenden Bewußtseins sind, geht aus der Bemerkung hervor, die Eltern des einen hätten jedesmal auch die Erziehung und Entwicklung des anderen beeinflußt, und jeder habe sich für die jeweils andere Welt interessiert (vgl. K 79). In Cambridge, wo Roithamer Genetik studierte (Spezialgebiet: »Erbänderungen«, K 334) und der Erzähler Mathematik (K 69), hätten die beiden eine derart enge Beziehung entwickelt, daß diese »von Außenstehenden als absolutes Aufgehen in einem anderen Menschen bezeichnet« wurde (K 124). Inzwischen sei der Erzähler jedoch aus der »Kerkerhaft des roithamerschen Gedankengefängnisses« herausgetreten, nachdem er zuvor von Roithamers Denken »ausgelöscht gewesen« sei. Sein Satz, daß er »wahrscheinlich Roithamer niemals von [sich] aus angeschaut hatte bis jetzt«, weist deutlich auf sein Bestreben hin, eine eigenständige Position zu erringen (K 38).

Roithamers Studie enthält v.a. Reflexionen über seinen Herkunftsort – und über »*alles, das mit Altensam zusammenhängt*« (K 178). Wie die meisten Figuren Bernhards erinnert sich auch er an seine Kindheit als fürchterliche Zeit der Verletzungen und der Not. Stets hätten die Eltern versucht, von den Kindern Besitz zu ergreifen. Gleichzeitig hätten sie ihnen kein Lebensvorbild geliefert, denn alles »in und an« den Eltern sei »Unruhe« gewesen (K 230), sie hätten sich niemals auf längere Zeit »für etwas Bestimmtes entscheiden« können (K 231; vgl. Bernhards Bemerkung, auch in ihm sei »das Bedürfnis nach etwas Festem, Dauerhaftem so stark geworden, weil er es in der Jugend entbehrt hatte«, zit. nach Gamper 1977, 215f.). Der »Fremdkörper« (K 193) in Altensam habe sich von beiden Elternteilen stets alleingelassen gefühlt. Während der Sohn »naturgemäß« zu seinem Vater gehe, wenn »Fragen zu stellen« seien, habe Roithamer gewußt, daß sein Vater keine seiner Fragen beantworten werde (K 263). Seine Mutter hingegen zeichnet Roithamer als Inbegriff alles Feindlichen: ihr Ziel war »nichts anderes, als mich zu gewinnen um den Preis der Vernichtung dessen, das meine Persönlichkeit, meinen Charakter, meinen Kopf ausmacht« (K 317f.). Nicht eine einzige Stunde seines Lebens habe er mit seiner Mutter »*in Harmonie*« verbracht (K 308). Auch Roithamer greift in verallgemeinernder Diktion eine Argumentationslinie auf, die schon bei Strauch und Konrad festzustellen war: er wisse »aus Erfahrung, daß der *weibliche Mensch* [...] über eine erste Willigkeit zum Geistigen nicht hinauskommt« (K 317). Doch anders als in *Frost*, wo die abstrakte Behauptung vor allem auf die Figur der Wirtin zu beziehen ist, und im *Kalkwerk*, wo sich Konrads Vorurteile in Gestalt seiner Frau (und Halbschwester) konkretisieren, rückt in *Korrektur* erstmals die Figur der Mutter in den Vordergrund des Textes; in *Ungenach*, wo die Konstellation des späteren Romans vorbereitet wird, ist die Stief(!)mutter der beiden Brüder noch weniger präsent, auch wenn sie ähnlich zerstörerische Potenz zugesprochen erhält.

Vom Einflußbereich seiner Familie habe sich Roithamer immer nur absetzen wollen, »nur nicht Altensam verfallen, nicht an Altensam hängenbleiben« (K 33). Ins Grundsätzliche übertragen, entsteht einer jener Kernsätze in Bernhards Werk, die sich im Verlauf seiner Entwicklung ansammeln: »Wir kommen in eine uns vorgegebene, aber nicht auf uns vorbereitete Welt«, die uns in jedem Fall, »weil von unseren Vorgängern gemacht«, vernichten wolle; wir müßten sie deshalb »zu einer Welt machen nach unseren Vorstellungen, [...] so daß wir nach einiger Zeit sagen können, *wir leben in unserer Welt, nicht in der uns vorgegebenen*« (K 237). Zum Zeichen dieser Selbstermächtigung wird in *Korrektur* der Bau des Kegels, den Roithamer mit dem Versuch der Überwindung Altensams gleichsetzt: »Die Vollendung des Kegels ist dann gleichzeitig auch die Vernichtung von Altensam« (K 225). Der Name »Alten-sam« markiert dabei nicht nur das Territorium der Eltern, sondern in ihm wird der das gesamte »geschichtliche Erbe verkörpernde Raumbesitz« gefaßt (Kucher 1981, 223). »Denn was ist Altensam für mich anderes gewesen, als Geschichte als Marter, Herkunft als Marter« (K 272). Bezeichnenderweise spiegelt sich in Roithamers Familie die historische Abfolge der dominanten Gesellschaftsschichten in Österreich: Der Vater stammt aus dem Landadel, seine erste Frau aus dem Großbürgertum, seine zweite Frau, Roithamers Mutter, aus dem Kleinbürgertum, das in Bernhards Texten immer wieder besonders negativ dargestellt wird (König 1983, 95-99). Und geschichtsträchtig ist auch das Grundstück, auf dem der Kegel stehen soll: Es gehörte anfangs, »nach der Enteignung des aristokratischen Vorbesitzers, eines Habsburgers, dem Staate« (K 20).

Der »Herkunft als Marter« (s.o.) setzt Bernhards Protagonist nun sein Bauwerk selbstbestätigend entgegen: »Der Kegel, *mein Beweis*« (K 225); die Verwirklichung seiner Idee, mit der er »identisch« sei (K 204). Die Art des Bauens dient dem Nachweis von Individualität: alles an dem Kegel Roithamers, denkt der Ich-Erzähler, sei »das Eigenartigste« (K 113). Wie zahlreiche Figuren dieses Autors (vgl. *Ungenach*, *Auslöschung*) sieht auch Roithamer in der radikalen »Vernichtung des Überkommenen« (Kucher 1981, 224) den einzigen Weg zur Befreiung von der obsessiv erlebten Vergangenheit. Wittgenstein noch überbietend, dessen Villa für Margarete Stonborough in Wien von seiner ältesten Schwester als »hausgewordene Logik« bezeichnet wurde (Wuchterl 1979, 103), folgt Roithamer in der radikalen Hinwendung zur reinen Form der Praxis von politischen Bewegungen, die sich um einen kompromißlosen Bruch mit dem Bestehenden bemühen: Die Architekten der Französischen Revolution konzipierten ihre ideale Stadt nach »den Gesetzen einer einfachen und strengen Geometrie« (Starobinski 1981, 59), und zu ihren Architekten zählte auch jener Boullée, von dessen Theorien Roithamer unter anderem seine Arbeit herleitet (vgl. K 211) und unter dessen Projekten neben dem berühmten kugelförmigen Kenotaph für Newton auch ein Kegel war (vgl. dazu König 1983, 132). Noch niemals sei es gelungen, einen solchen Wohnkegel zu bauen, »*nicht in Frankreich, nicht in Rußland*« (K 289). Die Arbeit an dem Bauwerk ist der »Versuch, sich der Verbindlichkeit einer Tradition zu entziehen, deren Zeit abgelaufen ist« (Reinhardt 1976, 349). Der Kegel repräsentiert »eine geschichtslose rationalistische Gegen-Utopie« zum Komplex von Roithamers Herkunft (Höller 1993, 91).

Bedeutungsvoll ist der genaue Standort des Bauwerks: es ist »*die Mitte des Kobernaußerwaldes*« (K 53). Zum einen erinnert der Versuch, die Mitte zu markieren, an den Verlust orientierender Zentren in den Weltbildern von Bernhards Protagonisten; auch die »gigantischen spiralenförmigen Gedankengebäude um eine fehlende Mitte«, die der Erzähler (bzw. Roithamer) ausbreitet, kann man als formalen »Ausdruck des Mangels an einem festen Bezugspunkt in der Welt und in seinem Bewußtsein« verstehen (Mauch 1982, 106). Zum anderen soll damit der Wald, ein Territorium, das bei Bernhard immer wieder mit bedrohlich widerständiger Natur assoziiert ist, unter die Raster der Geometrie gezwungen werden. Wie sehr es in *Korrektur* um Naturbeherrschung geht, zeigt sich an dem Haus des Tierpräparators Höller, das Roithamer für seine Unternehmung als »Vorbild« (K 99) angesehen und in dessen Dachkammer er die Verwirklichung seines Kegels geplant hat. Höllers Haus ist für Roithamer das Musterbeispiel für einen Bau, der so stabil konstruiert ist, daß er den Naturgewalten nicht mehr anheimfallen kann: Höller habe sein Haus so konstruiert, »daß es gegen alle Naturgewalttätigkeiten *immun* sei« (K 108). So sind die Bauwerke in diesem Roman nicht zuletzt »Gleichnisse über das Verhältnis von Kunst und Natur und über die gefährdete Stellung des Ich, das, wenn man es so sehen will, eingezwängt ist zwischen der katastrophalen Gewalt der Geschichte und der Dunkelheit des Unbewußten« (Höller 1993, 89f.). Aber auch die Arbeit Höllers wird für Bernhards Erzähler zum »Anlaß für verschiedene Betrachtungsweisen über Natur und Kunst und Kunst und Natur«, als er beobachtet, wie »mitten in der doch von solchen Hunderten und Tausenden von Noch-Naturgeschöpfen strotzenden Natur [...] die Naturgeschöpfe durch die Hand Höllers zu Kunstgeschöpfen inmitten der Natur« gemacht werden (K 173f.).

Roithamer nennt darüber hinaus noch einen anderen, den Hauptzweck für seinen Bau. Der Kegel soll seiner Schwester als Wohnung dienen, der einzigen Person aus Altensam, mit der er sich verbunden fühlt, an der er »mit der ganzen Liebe«, zu der er fähig war, gehangen habe (K 34). Roithamer beschreibt seine Schwester als Inbegriff jener liebevollen Anteilnahme an seiner Person, die ihm von seiten seiner Mutter immer versagt geblieben sei. Zwischen den beiden habe – anders als in der Beziehung zur Mutter – ständig »Harmonie« (K 308) geherrscht: »*voller Anmut*« sei sie jederzeit bereit gewesen, mit ihrem Bruder den Inhalt seiner Lektüre zu besprechen, so »wie sie ja immer zuhören hatte können zum Unterschied von unserer Mutter« (K 309). Im *Kalkwerk* organisiert Konrad seinen Umgang mit dem unzuverlässigen Gehör der Frau, mit der er zusammenlebt, zuletzt als streng geregelte wissenschaftliche Versuchsanordnung; Roithamer kann sich dagegen sicher sein, daß ihm seine Schwester stets Gehör schenkt. Wenn wir »die Einsamkeit nicht mehr ertragen können«, wird Roithamer mit Bezug auf seine Schwester zitiert, »*schreiben wir, dem geliebten Menschen, der uns am tiefsten vertraut ist,* [...] damit wir nicht mehr allein, sondern zu zweit sind, [...] sie solle herkommen, damit ich gerettet bin« (K 327). »In manchem Leben ist die unwirkliche, erdichtete Schwester nichts anderes als die hochfliegende Jugendform eines Liebesbedürfnisses«, heißt es in Musils *Mann ohne Eigenschaften*. Das Verhältnis zu ihr »stellt schlechthin die Liebe dar und ist immer das Zeichen eines unbefriedigten und gespannten Verhältnisses zur Welt« (Musil 1978, 1337f.; zu Bernhards intensiver Musil-Beziehung vgl. It 87).

Roithamer versucht also, sich des einzigen Menschen, von dem er sich geliebt und verstanden weiß, mit Hilfe eines Bauwerks zu bemächtigen, das er »*gegen den Willen dieses Menschen*« (K 216) gebaut hat. Verwirklicht werden soll der eingleisige Verfügungswunsch durch eine Strategie, der jeder Mensch in seiner frühesten Lebenszeit folgt, wenn er, hilflos auf die Zuwendung des anderen angewiesen, ein »Begehren nach dem Begehren des anderen« entwickelt, wie es in der strukturalen Psychoanalyse heißt, den Wunsch, vom anderen erwünscht zu sein (vgl. Gallas 1981, 76). Um sich der beruhigenden Anwesenheit dieses anderen sicher sein zu können, will er dasjenige sein, was seinem lebensnotwendigen Gegenüber zur Vervollkommnung des Glückes mangelt: »Die Idee ist gewesen, meine Schwester vollkommen glücklich zu machen durch eine vollkommene ganz auf sie bezogene Konstruktion« (K 223). Wie sehr das Glück des anderen mit der Existenz dessen, der es herbeizuführen trachtet, verbunden ist, zeigt der folgende Satz: »Wir verwirklichen die Idee, um uns selbst zu verwirklichen für einen *geliebten Menschen*« (K 224). Nur in diesem Sinn signifiziert der Kegel die »Utopie der vollkommenen Kommunikation« (König 1983, 137).

Als die Schwester stirbt, noch ehe sie in den vollendeten Kegel einziehen kann, macht Roithamer zunehmend sein eigenes Projekt dafür verantwortlich: »Wahrscheinlich hat der Bau des Kegels bewirkt, daß ihre Todeskrankheit zum Ausbruch gekommen ist« (K 347). Der Tod der Schwester wird in prinzipieller Formulierung zur eigentlichen Vollendung des Projekts umgedeutet: »das Bauwerk als Kunstwerk ist erst vollendet, indem der Tod eingetreten ist dessen, für den es gebaut und vollendet worden ist« (K 345). Das Gebäude, das für die Schwester bestimmt war, überläßt Roithamer jedoch jenen Kräften, denen die Baukunst ihre Schöpfungen abringt: er wird es

»der Natur überlassen, *gänzlich*« (ebd.). Es ist das gleiche Motiv wie in der Kurzprosa *Entdeckung* aus *Der Stimmenimitator* (1978), wo ein Turiner Industrieller das für seinen Sohn in eine der unberührtesten Alpenlandschaften erbaute Hotel nach dessen plötzlichem Tod vollkommen verfallen läßt (vgl. Sti 72f.). Roithamer vollzieht die Abdankung des Menschen in der Natur, die in Bernhards Büchern so provokant vorgeführt wird, aber auch an sich selbst. Nachdem er schon die ihm in bezug auf die Wiedergabe der Wirklichkeit völlig unzulänglich erscheinende »Studie über Altensam« immer von neuem zu korrigieren versucht hat, bis er sie »durch unausgesetztes Korrigieren vernichtet« hat (K 86), nimmt er zuletzt mit seinem Selbstmord die »*eigentliche wesentliche Korrektur*« vor: »Unsere ganze Existenz als eine einzige bodenlose Fälschung und Verfälschung unserer Natur korrigieren, so Roithamer« (K 326). Mit einem Heideggerschen Begriff aus den *Holzwegen*, der dort auf die plötzliche Begegnung mit der Wahrheit verweist (vgl. Bartsch 1988, 26; einen weiteren Heidegger-Bezug stellt her: Mauch 1982), beendet Bernhard seinen Text: »Lichtung« (K 363; gleichzeitig spielt er damit auf den konkreten Ort von Roithamers Selbstmord an, vgl. K 96).

Auf vielfältige Weise ist versucht worden, diese seltsame Untergangsgeschichte zu verstehen. Die »Einsicht in die Unaufhebbarkeit der eigenen Herkunftsbedingungen« habe Roithamer Selbstmord verursacht (Reinhardt 1976, 350). Kein Versuch des Subjekts, »den Kerker seiner geschichtlich-gesellschaftlichen Konditionierung zu sprengen«, könne die Befreiung bringen, »es sei denn der selbstgewählte Tod« (ebd. 351). In bezug auf den Tod der Schwester hat man auf die Lebensfeindlichkeit des Kegels hingewiesen, als »starr-duale Konstruktion, in der das Statische, Tote seinen Widerpart dominiert« (Gößling 1987, 325): »Steine, Ziegel, Glas, Eisen, sonst nichts« (K 222). Der Kegel sei nicht zuletzt auch deshalb tödlich, weil es »in jenem logisch konstruierten Glücks-Bauwerk nichts Offenes mehr gibt« (Höller 1993, 92). Im allgemeinen gruppieren sich die vorliegenden Deutungsversuche zu Roithamers Bauwerk, bei denen nicht selten ziemlich frei allegorisiert wird, »um die Pole Tod, Liebe, Traditionsverhältnis und – weit gefaßt – Ordnungsvorstellungen (Mitte/Achse der Welt)« (Kohlenbach 1986, 90; dort auch eine Zusammenstellung der bis dahin vorliegenden Interpretationen, vgl. ebd. 89f.). Man sollte jedoch vor allem nicht allzu sehr Roithamers eingeengte Perspektive übernehmen. Seine Überlegungen zu den Ursachen für den Tod der Schwester, die immer mehr auf Selbstanklagen und die Behauptung einer zwingenden Verbindung mit dem Kegelbau hinauslaufen (»folgerichtig«, »*zu keinem anderen, als zu dem tödlichen Zeitpunkt*«, »Denn allerhöchstes Glück ist nur im Tod«, K 346), können auch als Bewältigungsversuch gelesen werden, als gedankliche Konstruktion, die »eine mit Notwendigkeit sich abspulende Folgerichtigkeit des Unternehmens« retten soll, obwohl die geplante Bewohnerin zu früh gestorben ist (Kohlenbach 1986, 138). Auch *Korrektur* gehört in die Reihe jener Texte Bernhards, in denen seine Figuren verzweifelt nach den Ursachen für irritierende Ereignisse und Entwicklungen suchen – und letztlich zu keinen befriedigenden Erklärungen gelangen.

Irritiert haben die Kommentatoren stets die zahlreichen »Versionenwidersprüche« (ebd. 66ff.), die Bernhards Text besonders auffällig durchziehen. Gerade im Fall von *Korrektur* hat man auch sonst auf eigentümliche Brüche im künstlerischen Formgefüge des Romans hingewiesen, auf sprachliche Zerfallssymptome oder auf blinde Erzählelemente wie etwa den kurz vorgestellten Bruder Roithamers (es ist sein exzeptionell »sprachenbegabter Bruder Johann«, K 14), der später wieder aus dem Text verschwindet (vgl. dazu Gößling 1987, 300ff.). Man wird dies nicht voreilig als Beleg für den bewußt vorgeführten »Zusammenbruch jedes Erkenntnisversuchs durch Denken, Sprechen, Schreiben« (Mauch 1979, 210; ähnlich Lindenmayr 1982, 107) deuten können. Es ist eher zu vermuten, daß diese Unstimmigkeiten ein Indiz für die grundsätzliche »Unwesentlichkeit epischer Kontinuität« bei Bernhard sind. Seine Texte bilden »eine Folge wechselnder erzählerischer Identifikationen«; sie zerfallen jeweils »in assoziative Teile«, deren Zusammenhang durch übergreifende Konstellationen und weniger durch die Vernetzung der Details zustande kommt (Finnern 1987, 38). Raimund Fellinger, Bernhards letzter Lektor, hat in einem Interview (ORF, Ö 1, 5.2.1994) eigens darauf hingewiesen, daß der Autor auf die »Realien«, auf die inhaltliche Kohärenz seiner Texte auffällig wenig Wert gelegt habe; die Überprüfung der logischen »Stimmigkeit« sei letztlich erst bei der Drucklegung durch den Verlag erfolgt.

Eine bemerkenswerte Vermutung zur werkgeschichtlichen Position des Romans stellt Andreas Gößling an. Er wertet das Buch als Ergebnis einer Krise im Schaffen Bernhards. In der literarisch inszenierten Zweiphasigkeit – einerseits sechsjährige (vgl. K 210) Planungs- und Bauzeit des Kegels, dann aber hastiger Zugriff des Ich-Erzählers auf die vorliegenden Schriften (der im Falle von Bernhards eigener literarischer Arbeit auch für die oben erwähnten Phänomene inhaltlicher und sprachlicher Inkohärenz verantwortlich sein könnte) – liege eine Analogie zum zeitlichen Abstand zwischen der Erzählung *Ungenach* (1968), einer Art Vorstufe zu *Korrektur*, und dem vorliegenden Text. Noch einmal habe der Autor versucht, »seine eigene Autobiographie, das disparate Material seiner – zunächst privaten, individuell-beliebigen, nicht zuletzt psychologisch zu würdigenden – Erinnerung als symbolische Biographie zu fiktionalisieren« (Gößling 1987, 304). Es sei jedoch nurmehr gewaltsam gelungen, mit Hilfe der im Roman inszenierten Instanzen einer dämonisierten und einer idealisierten Variante von Weiblichkeit (Mutter und Schwester) sowie eines schwächlichen Vaters den drängenden Erinnerungsstrom »in den undifferenzierten motivischen Versatzstücken des objektivierenden Fiktionskonzeptes zu territorialisieren« (ebd. 367). In der seit mehreren Texten propagierten naturwissenschaftlichen Rationalität zeige sich vor allem ein »so verzweifeltes wie ohnmächtiges Streben nach hierarchischer Verstandesherrschaft«, das »als brüchiger Staudamm einem chaotischen Unter- und Unbewußten« wehren solle (ebd. 371f.). Die in dem Roman »verbildlichte subjektive Wahrheit« laute hingegen: »daß das erinnernde Ich vaterlos aufwuchs, auf die ›Mutter‹ als ›Mittelpunkt‹ fixiert, und daß es daher zu keiner stabilen männlichen Identität fand – nicht ›naturgemäß‹, sondern sozialisationsbedingt« (ebd. 372f.; zur psychoanalytischen Deutung von *Korrektur* vgl. Bugmann 1981). In der Autobiographie, deren erster Band im gleichen Jahr erscheint wie *Korrektur*, geht der Autor nun an die direkte Darstellung des zuvor symbolisch Durchgespielten; im Verlauf ihrer Analyse werden wir noch einmal kurz auf Roithamers Kegelbau zu sprechen kommen (vgl. später, S. 88).

IV. Die Autobiographie

Die Arbeit an der »Studie über Altensam«, sagt Roithamer in *Korrektur*, hätte es ihm ermöglicht, »Altensam zu durchschauen und dadurch sich selbst zu durchschauen und zu erkennen«; die Erforschung von Altensam würde ihm zugleich »sein ganzes Leben« erklären, denn »alle seine Handlungen seien immer Wirkung dieser Studierursache gewesen, von welcher er sich niemals hatte befreien können« (K 194). »Nach der Ursache fragen wir / Ist es *das* / oder ist es *das*«, sagt der Schriftsteller in dem Stück *Die Jagdgesellschaft* (St I/220). »Die Herkunft ist das Entscheidende«, bestätigt eine Literaturwissenschaftlerin in *Über allen Gipfeln ist Ruh* einem anderen fiktiven Autor in Bernhards Werk (St III/264).

Die Ursache ist auch der Titel des Bandes, mit dem der Erfinder dieser Schriftstellerfiguren selbst an die Nachzeichnung des »Entscheidenden« in seinem Leben geht; »die Erforschung der eigenen Herkunft« ist »das Lebensthema Bernhards«, sagt sein Biograph (Höller 1993, 64). Der Autor selbst hat ausdrücklich auf die Verbindung zwischen den vorangegangenen Texten und seinen Lebenserinnerungen Wert gelegt; er habe *Die Ursache* geschrieben, um seine früheren Arbeiten, die ansonsten in der Luft hängen würden, irgendwo anzuschließen, sagt er in einem Fernsehinterview mit Rudolf Bayr (ORF 1975, ausschnittsweise wieder gesendet nach Bernhards Tod 1989). Auf die »Phänomenologie der Verzweiflung« in den frühen Texten folgt damit die »Andeutung ihrer zuvor verdrängten Ätiologie« (Klug 1990, 19).

Bernhards autobiographische Schriften entsprechen jedoch durchaus einer Tendenz innerhalb der literarischen Landschaft ihrer Entstehungszeit, nämlich »der für die Literatur der siebziger Jahre charakteristischen Wiederentdeckung des Ich und seiner Geschichte« (Höller 1993, 97). Vor allem ihr erster Band ist dabei nicht nur als Dokument einer individuellen Vergangenheitsrecherche von Bedeutung, sondern auch als schmerzhafte Auseinandersetzung mit der Zeitgeschichte eines ganzen Landes, mit den Ereignissen vor der historischen Zäsur des Jahres 1945, aber auch mit politischen und mentalen Kontinuitäten über dieses Jahr hinweg, die erst im Zusammenhang mit der Präsidentschaft Kurt Waldheims und mit dem ›Bedenkjahr‹ 1988 von einer breiten Öffentlichkeit aufgearbeitet und diskutiert wurden. So gesehen, hat es seinen »tiefen geschichtlichen Sinn«, daß Bernhard an den Beginn seiner Lebensbeschreibung »die epochale

Vernichtung gestellt hat, der er ab 1943, in der Zeit von Nationalsozialismus und Krieg, in Salzburg ausgeliefert war« (ebd. 105). Exemplarischer als am Beispiel der barocken »Kulturstadt par excellence« kann man »den Traditionsbruch, den die nationalsozialistische Vernichtungspolitik bedeutete, nicht vor Augen stellen« (ebd.). Bernhards Vergangenheitsbefragung konzentriert sich damit aber auch auf eine Stadt, deren gemeinhin wahrgenommenes (und nicht zuletzt touristisch vermarktetes) Erscheinungsbild als Inbegriff landschaftlicher und architektonischer Schönheit zu der angestrebten Darstellung einer bewußt verdrängten Realität einen besonders auffälligen Kontrast abgibt; die wütenden Reaktionen, die gerade das Erscheinen des Bandes *Die Ursache* begleiteten, waren ein Indiz dafür, daß der Autor mit seinen Angriffen eine Reihe von Schmerzpunkten des österreichischen (bzw. des Salzburger) Selbstverständnisses berührt hatte.

Bernhards fünfteilige Autobiographie ist allerdings nicht sein erster Versuch, den »Blick / auf die Ursachen« (St II/260) zu richten. Bereits in dem Aufsatz *Unsterblichkeit ist unmöglich. Landschaft der Kindheit* aus dem Jahre 1968 versucht der Autor, sich an eine »Genetik« anzuschließen, von deren Verlaufslinien er sich als ihr »schreibender Ableger« (TBL 25) abgeschnitten fühlt, und er macht damit deutlich, daß es vor allem um die Selbstherleitung eines vereinzelten Individuums geht, um die Erschreibung eines identitätsstiftenden Zusammenhangs: »Wer *war* meine Mutter? Wer *war* mein Vater? Ich frage, weil ich das alles nicht weiß. Wie oft habe ich gefragt!« (TBL 28). Bereits hier wird jener Mensch genannt, der den sich Erinnernden »entdeckt« und »aufgeklärt« hat (ebd.) – und dessen zentrale Bedeutung jeder autobiographische Text von neuem unterstreicht: der Großvater mütterlicherseits (vgl. dazu v.a. Markolin 1988). Doch die Beziehung zu ihm zerbricht an der elementaren Grenze, die schon der Titel in Erinnerung ruft. Unmittelbar nach einer kurzen Schilderung der Gefährdung dieser Kindheit durch Krieg und Nationalsozialismus (vgl. TBL 30) bricht plötzlich der Abstand zwischen Vergangenheit und Gegenwart auf: »Heute sind alle tot, die ich erwähnt habe. Aber auch die meisten, die ich nicht erwähnt habe, sind tot. Beinahe alle sind tot« (ebd.).

In seinen fünf autobiographischen Bänden *Die Ursache, Der Keller, Der Atem, Die Kälte* und *Ein Kind* (1975-1982) führt Bernhard das begonnene Projekt der Selbsterforschung weiter. Mit Recht hat man immer auf das Element der Stilisierung in diesen Texten hingewiesen: »Bernhards Autobiographie ist in gleichem Maße fiktional wie die Romane autobiographisch« (Marquardt 1990, 176), »die nichtfiktionale Selbstdarstellung ist ebenso *inszeniert* wie die fiktionale« (Huntemann 1990, 193). Dabei folge Bernhards Lebensbeschreibung in vielem der Schematik von »Passionsgeschichten« (vom Hofe 1982, 19). Es sei »keine auf vollständige Information und entwicklungspsychologische Fundierung Rücksicht nehmende ›Bildungsgeschichte‹« (ebd. 20), sondern eine »auf bedeutsame Lebensmomente, nahezu ausschließlich auf Krankheitsstadien, Leiderfahrungen, Katastrophen und Krisen zusammengeschmolzene Vita« (ebd.), die von einer auffälligen »Zitation der Topoi religiöser Bekehrungs- und Erweckungsliteratur« geprägt sei (ebd. 30). Auch die Anklänge an das Modell von »Künstlerlegenden« sind festgestellt worden (Höller 1993, 104).

Der Autor selbst reflektiert (abgesehen von den im Einleitungskapitel zitierten grundlegenden Bemerkungen über die Unmöglichkeit authentischer Selbstäußerung durch Sprache) von Anfang an das prekäre Verhältnis von Realität und literarischer Wiedergabe in seinen autobiographischen Texten. In *Die Ursache* weist er auf die Distanz zwischen dargestellter Zeit und dem Augenblick der Darstellung hin: es sei schwierig, »die Empfindungen von damals und das Denken von heute zu Notizen und Andeutungen zu machen, die den Tatsachen von damals [...] entsprechen« (U 106). Er sei sich der Tatsache bewußt, daß seine Wiedergabe nicht mehr als »Annäherung« sein könne (At 86, vgl. den Untertitel des ersten Bandes: *Eine Andeutung*), die »Mängel und Fehler« gehörten genauso zu dieser Schrift »wie das in ihr Notierte« (At 87). Die faktischen Unrichtigkeiten lassen sich jedoch, wo sie überhaupt ins Gewicht fallen, nicht selten nachweisen und korrigieren (vgl. dazu Höller 1993, 102ff.); der konkrete lebensgeschichtliche Hintergrund ist in unserem einleitenden biographischen Abriß bereits dargestellt worden. Was uns an dieser Stelle an Bernhards autobiographischen Schriften interessiert, ist die literarische Inszenierung jenes Bildes, das der Autor von sich selbst zeichnen wollte. Ihre Grundzüge sind zu analysieren und auf die jeweiligen Motive hin zu untersuchen.

Die Struktur von Bernhards schriftlicher Ursachen-Suche läßt sich als Indiz für die Vorsicht deuten, mit der sich ihr Verfasser seinen Jugendjahren angenähert hat. Vier Bände lang behandelt die Autobiographie erst einmal die Zeit der Adoleszenz, von der Schulzeit bis zur Entlassung aus dem Lungensanatorium, in das den Erzähler eine schwere Erkrankung gezwungen hatte. Im vierten Band, *Die Kälte*, wird das Kontinuum der erinnerten Geschehnisse von einer erneuten Erinnerung durchbrochen, die von dort aus wiederum in die Vergangenheit vorstößt, in die frühen Kinderjahre. Die Beschreibung dieser Zeit wird im fünften Band, *Ein Kind*, nachgereicht, doch auch hier wählt der Erzähler die behutsame Methode des vorangegangenen Buches: Die allererste Lebenszeit wird abermals nicht fortlaufend beschrieben, sondern im Verlauf einer in den Fortlauf des Geschehens eingearbeiteten Erinnerungsphase rekonstruiert. Zu dieser zeitlichen Staffelung kommt eine auffällige Veränderung im Stil: dominiert in der *Ursache* noch »eine immens gedrängte, gelegentlich manierierte

Sprache, die oft wie unter einem unentrinnbaren Leidensdruck zusammengepreßt« erscheint, so ist *Ein Kind* »unvergleichlich viel entspannter, ja nicht selten geradezu kunstlos umgangssprachlich« formuliert (Sorg 1992b, 139f.).

1. Ich-Gewinnung

Die erste Erinnerungsschicht der Autobiographie, deren Beschreibung die ersten vier Bände fast zur Gänze einnimmt, hat im wesentlichen nur ein Thema: Sie entwirft ein großangelegtes Szenario der Selbstdurchsetzung eines Ichs gegen eine Umwelt, die es von Anfang an daran zu hindern trachtet, und zeichnet die Strategien nach, deren es sich dabei bedient. Wenn man den absatzlos vorgetragenen Sprachstrom (nur *Die Ursache* ist in zwei Abschnitte unterteilt) daraufhin skelettiert, läßt sich zeigen, wie sehr der Erzähler alle Mühe darauf verwendet, die genannte Konstellation möglichst deutlich herauszuarbeiten. In dieser Vorgangsweise schlägt sich gerade auch in den autobiographischen Texten Bernhards Stilprinzip nieder, in einer vom Zerfall bedrohten Welt durch wortreiche Konturierungsversuche umso klarere Fronten zu etablieren.

Die beiden Teile des Bandes *Die Ursache (1975)* beginnen jeweils mit der Benennung von Gegenmächten, die dem jungen Menschen zunächst noch *über*mächtig gegenüberstehen. Es ist zum einen die Stadt Salzburg, die der Erzähler einen »durch und durch menschenfeindlichen architektonisch-erzbischöflich-stumpfsinnig-nationalsozialistisch-katholischen Todesboden« nennt (U 11) – und deren Einfluß er (ähnlich wie denjenigen Altensams in *Korrektur*) bis in die Gegenwart hinein verlängert, als Motivation für die Abfassung der vorliegenden Schrift: »Denn tatsächlich ist alles in mir auf diese Stadt und auf diese Landschaft bezogen und zurückzuführen« (U 65). Zum anderen wird der familiäre Herkunftsbereich des Menschen angesprochen, in dem jeweils »schon in den ersten drei Lebensjahren alles« in einem neuen Menschen ruiniert werde (U 88) – wobei der Erzähler ein Bild verwendet, das die problematische Verwirklichung der Eigentümlichkeit jedes Einzelnen gegen die Last überindividueller Einflußnahme ausdrückt: alles sei »in diesem Menschen in den ersten drei Jahren, wie in jedem anderen«, derart »zugeschüttet worden, daß dieser von seinen Erzeugern als Eltern zur Gänze verschüttete Mensch dreißig Jahre gebraucht hat, um den Schutt [...] wieder wegzuräumen« (U 92f.).

Auch die Überschriften der beiden Abschnitte von *Die Ursache* verweisen auf die bedrohliche Gegenwelt des Individuums: sie nennen zwei Personen, »Grünkranz« (U 7) und »Onkel Franz« (U 88), als Repräsentanten für zwei ideologische Systeme, die in Österreich chronologisch aufeinandergefolgt sind und nach Bernhards Darstellung in ihren Auswirkungen fast ununterscheidbar waren. Grünkranz ist »der Inbegriff des Nationalsozialisten« (U 116), dessen Sadismen der Erzähler als Internatszögling erlebt hat. Hinter dem vertraulich klingenden Namen »Onkel Franz« verbirgt sich hingegen als »Inbegriff des Katholiken« (ebd.) der spätere Stadtpfarrer von Salzburg, der Grünkranz nach Kriegsende als Internatsleiter ablöste. Zu den Mächten, gegen die sich das Individuum zur Wehr zu setzen hat, gehören also auch die ideologischen Apparate, nach denen sich die Gesellschaft organisiert. Dabei achtet der Erzähler weniger auf ihre inhaltlichen Unterschiede als auf ihre Grundstruktur: die im Buch durch die genannte Zweiteilung formal angedeutete Zäsur zwischen dem Dritten Reich und der Republik Österreich, die für Bernhard ideologisch eng mit dem Katholizismus verknüpft ist (»der ganze österreichische Staat hat sich ja auch immer *katholischer Staat* genannt«, U 114), habe nur an der Oberfläche stattgefunden, die »Züchtigungsmethoden« (U 105) seien gleichgeblieben. Wie der wiedereingeführte Katholizismus in Onkel Franz, so hat auch der weiterbestehende Nationalsozialismus seinen personellen Repräsentanten: »In dem Präfekten habe ich tatsächlich immer [...] den vollkommen unbeschädigten Geist des Grünkranz gesehen«, erinnert sich der Erzähler (U 106).

Das Internat, wo der Erzähler diese ideologische Struktur und ihre Träger vor allem kennengelernt hat, ist die integrative Klammer, welche die beiden Teile des Buches zusammenfügt. Der Aufenthalt im »staatlichen Kerker« (U 14) des Gymnasiums ist zugleich das letzte Glied in einer lückenlosen Vernichtungskette, die etwa in der Mitte des Textes nachgezeichnet wird: zuerst werde der Mensch von seinen »Erzeugern als Eltern oder ihren Stellvertretern« in seinen »*Gefühls*- und Nervenzentren eingeebnet«, dann übernehme die Kirche (so wie alle Religionen) die »Vernichtung der *Seele*«, und zuletzt beginnen die Schulen »auf Befehl der Regierungen in allen Staaten der Welt« den »*Geistes*mord« (U 93f.). Der ohne Rücksicht auf den Einzelnen ablaufende Funktionszusammenhang wird immer wieder durch die aus Bernhards fiktionalen Texten schon bekannten Bilder des Maschinellen charakterisiert: eine »Schönheits- als Verlogenheitsmaschine« nennt der Erzähler die Stadt Salzburg (U 8), und die bürgerliche Gesellschaft erscheint als »menschenverheerender Apparat«, von dem das Individuum »in eine künstliche Form gepreßt« werde (Ke 121). Als »*einzige Fluchtmöglichkeit*« (U 17) des Erzählers gegenüber »den normalisierenden bzw. pädagogisierenden Zugriffen der institutionalisierten Machtstrukturen der Erwachsenenwelt« (Strutz 1983, 180) erscheint im Text unmittelbar nach der ersten Evokation des als existenzvernichtend empfundenen Herkunftsorts (und damit dieser entgegengesetzt) das einsame Geigenspiel in der nach außen abgeschlossenen Schuhkammer. In einer Szenerie der Isolation, wie wir sie aus Bernhards Texten bereits kennen, findet der Schüler erstmals zu sich selbst (vgl. U 15), dort artikuliert und etabliert er unter absoluter Verweigerung gegenüber jeglicher Formung und Regelung eine noch schwache Position der Subjektivität, indem er »eine vollkommen selbsterfundene« Musik »allein zur Selbstbefriedigung« spielt (U 53f.).

Von der radikalen Abkehr von jenem Lebensbereich, den der Erzähler als Inbegriff des ihm »in allem Entgegengesetzten« bezeichnet (U 137), handelt der Band *Der Keller. Eine Entziehung* (1976): »*Die anderen Menschen* fand ich *in der entgegengesetzten Richtung*, indem ich nicht mehr in das gehaßte Gymnasium, sondern in die mich rettende Lehre ging«, lautet sein Anfangssatz (Ke 7). Wie häufig in Bernhards Texten wird eine möglichst einfache, klare Grundsituation evoziert. »Zwei Möglichkeiten« habe der Erzähler gehabt: »die eine, mich umzubringen, wozu mir der Mut fehlte, und/oder das Gymnasium zu verlassen« (Ke 10). In der Folge hämmert er sich selbst und dem Leser geradezu ein, was für ihn »der entscheidende Augenblick« für sein späteres Leben (Ke 75) gewesen sei. Insgesamt einundzwanzigmal fällt in der betreffenden Passage im Anfangsteil des Buches (Ke 18-23) das Wort von der »*entgegengesetzten Richtung*«, in die er damals gegangen sei. Der Weg ins »Schreckensviertel der Stadt« (Ke 7), zu den Menschen, die der Heranwachsende von der bürgerlichen Gesellschaft ebenso ausgestoßen weiß wie sich selbst, markiert eine wichtige Etappe jener »›Übersetzung‹ äußersten Systemzwangs in Freiheitsaspekte«, die Bernhards Autobiographie nachzeichnet (Piechotta 1982, 14): »Ich *war* frei, und *ich fühlte mich frei*« (Ke 75). Der Text setzt die neugewonnene Existenzform der überwundenen deutlich »entgegen« (s.o.): Statt Abgedrängtheit in ohnmächtige Selbstbezogenheit herrschen jetzt »Zugehörigkeit« (Ke 24) und »Selbständigkeit« (Ke 83). Endlich fühlt er die ersehnte Anerkennung durch die anderen: »*Ich wollte von Anfang an nicht nur nützlich sein, ich war nützlich, und meine Nützlichkeit war zur Kenntnis genommen worden*« (Ke 14). Auf die »philosophische Schule« des Großvaters, des Lehrers im »Alleinunterricht«, folgt jetzt der Lebensmittelhändler Podlaha, der den Lehrling »im Zusammensein mit den Menschen« unterweist, in der Schule der absoluten »Realität« (Ke 67). Von neuem wird die Musik zum Überlebensmedium: »Ich hatte inzwischen ein neues Instrument erprobt, meine Stimme«, die im Text ausdrücklich mit dem verzweifelten Geigenspiel der Gymnasialzeit in Beziehung gesetzt wird, denn, so schreibt der Erzähler, damit habe er jetzt gesungen, »was ich auf meiner Geige versucht hatte« (Ke 132).

Der Atem. Eine Entscheidung (1978) überliefert jedoch neuerlich »eine entscheidende Wende« in der Existenz des jungen Menschen (At 8). Aufgrund der schwerwiegenden Folgen einer verschleppten

Verkühlung wird der Lehrling ins Krankenhaus eingeliefert – nur kurz, nachdem sich auch der Großvater in Spitalsbehandlung begeben mußte. In auffälliger Weise wird dabei ein Wechselspiel zwischen Ohnmacht und Existenzbeherrschung inszeniert, dessen Details auf ähnliche Abläufe in Bernhards fiktionalem Werk verweisen: Zunächst scheitert die Orientierung in einem kausal zusammenhängenden Faktengefüge, die »Rekonstruktion« der vergangenen Tage (At 17). Doch im Sterbezimmer erwacht plötzlich von neuem die verloren geglaubte Widerstandskraft. Wie schon im *Keller* konzentriert sich die Schilderung auf jenen Moment, in dem der Entmächtigte seine Existenz wieder in die Hand nimmt. Wieder steht er vor einer klaren Alternative: »Von zwei möglichen Wegen hatte ich mich in dieser Nacht in dem entscheidenden Augenblick für den des Lebens entschieden« (At 20). Der Sieg über den Tod wird als Ergebnis individueller Selbstermächtigung dargestellt: »*Ich* bestimmte, welchen der beiden möglichen Wege ich zu gehen hatte« (At 21). Nicht zufällig hat diese persönliche Umdeutung der »Lazarus-Mythe« durch »ein selbstmächtiges und aktives Geist-Subjekt« (vom Hofe 1982, 34) auch bereits Eingang in die psychosomatische Fachliteratur gefunden (vgl. Beck 1981, 143-146). Reinhard Tschapke hat hingegen darauf hingewiesen, daß die Ereignisse im Badezimmer des Krankenhauses der Struktur von Initiationsreisen folgen: »Allein über den symbolischen Tod, das Ablegen des alten Selbst und Wieder-zu-sich-finden konnte ein Neuanfang gewagt werden« (Tschapke 1984, 109).

In der Phase der Wiedergewinnung seiner Existenz bemüht sich der Kranke vor allem um die Rekonstruktion des abgelaufenen Geschehens. Das als Einzelmoment Unerklärliche wird in den Zusammenhang eines sinnvollen Kausalgefüges eingeordnet. So entsteht der Gedanke, daß zwischen der eigenen Krankheit und der des Großvaters »ein Zusammenhang« (At 54) besteht, und dabei fallen Bemerkungen, die sich durchaus mit Erkenntnissen der psychosomatischen Medizin decken: nachdem der Großvater als Stütze ausgefallen war, schreibt der Erzähler, »war dieses System der Krankheitsunterdrückung und der Krankheitsverweigerung in mir zusammengebrochen« (At 30; vgl. Beck 1981, 52). Der rekonstruierende Bericht unterstützt seine Triftigkeit mit Zwangsläufigkeit bezeichnenden Vokabeln: es erscheine »nur folgerichtig, daß ich selbst erkrankte, nachdem mein Großvater plötzlich erkrankt war«, heißt es schon im Anfangssatz von *Der Atem* (At 7, vgl. auch 32). Aus der Situation der absoluten Gefährdung wird nun jene rettende Distanzierungsstrategie abgeleitet, der auch Bernhards Schreiben insgesamt folgt (vgl. das Einleitungskap.). Durch die aufmerksame Beobachtung der Ereignisse ringsum, durch die Entwicklung eines ihn »nicht mehr schädigenden, sondern belehrenden Mechanismus der Wahrnehmung« versucht der allzu Verletzliche, sich an das Unerträgliche zu gewöhnen. »Ich mußte in meinen Betrachtungen und Beobachtungen davon ausgehen, daß auch das Fürchterlichste und das Entsetzlichste und das Abstoßendste und das Häßlichste das Selbstverständliche ist, wodurch ich überhaupt diesen Zustand hatte ertragen können« (At 44f.).

Der Tod des Großvaters vermittelt dem noch immer rekonvaleszenten Enkel einen zusätzlichen »Existenzantrieb [...], allein zu sein und aus sich selbst heraus weiterzugehen« (At 105f.). Die Stelle des Verstorbenen nimmt ein Mensch ein, zu dem der Erzähler zeitlebens ein äußerst schwieriges Verhältnis gehabt hat, wie er schreibt (vgl. At 119): seine Mutter. Bezeichnenderweise wird diese neu gewonnene Beziehung im Text über »Lieblingsbücher« des Großvaters gestiftet, aus denen die Mutter ihrem kranken Sohn vorgelesen habe (vgl. At 117), und der Erzähler charakterisiert sie dabei als »voller Anmut, Empfindsamkeit, Aufmerksamkeit« (At 119), mit genau jenen Begriffen, die auch Roithamers Schwester in *Korrektur* zugeordnet sind. Daß die Mutter des Schriftstellers, der diese Frauenfigur erfand, kurz nach ihrem Vater, dessen Platz sie im Existenzgefüge ihres Sohnes gerade erst eingenommen hat, ebenfalls verstirbt, just in dem Moment also, da der Sohn eben dabei ist, die zuvor so schmerzlich entbehrte »enge und liebevolle Beziehung« dauerhaft zu etablieren (At 116), ergibt genau jene Geschehensstruktur, die den Kern des Romans *Korrektur* ausmacht: dort wird, wie wir gesehen haben, die Absicht eines einsamen, seiner Mutter ebenfalls durch »ein feindseliges Verhältnis« (At 119) verbundenen (Bau-)Künstlers, seine geliebte Schwester in einer sie glücklich machenden Wohnanlage für sich aufzubewahren, ebenfalls durch ihren Tod vereitelt. Bevor er die schmerzvollen Erlebnisse in der Autobiographie beschwört, spielt Bernhard also ihre Grundkonstellation in einem fiktionalen Text durch – eine weitere Zugangsmöglichkeit zu dem vorangegangenen Roman, der so vielfältig ausgedeutet werden kann, aber auch ein Beleg für die These, Bernhards Jugenderinnerungen seien »strukturell aus dem fiktionalen Modell der Selbstverständigung« herausgewachsen (Huntemann 1991, 50).

Zur gleichen Zeit, da die Mutter ihrem Sohn die tödliche Krebserkrankung bekanntgibt, erfährt auch er von einer Krankheit, die ihn erneut an den Rand des Selbstverlusts bringt. Der vierte Band der Autobiographie, *Die Kälte. Eine Isolation* (1981), befaßt sich mit dem Aufenthalt in der Lungenheilstätte Grafenhof. Das Buch beginnt mit der grotesken Version eines Vorgangs, der in Bernhards Werk immer wiederkehrt: mit dem Versuch eines sich ausgeschlossen fühlenden Menschen, in eine Gemeinschaft integriert zu werden, wobei es sich hier »um die scheußlichste und entsetzlichste Gemeinschaft handelte, die sich denken läßt« (Kä 15). Der Ausweis, den vorzulegen hat, wer als Mitglied gelten will, ist das Sputum, das die Lungenpatienten unablässig produzieren, und gültig ist er nur, wenn es ihm die entsprechende Krankheit bescheinigt. Doch auch in der Lungenheilanstalt wird jene Strategie der Selbstwerdung eingesetzt, die schon einmal den Tod überwunden hat: »Der Kranke muß sein Leiden selbst in die Hand und vor allem in den Kopf nehmen *gegen die Ärzte*« (Kä 23). Wiederum begibt er sich in die rettende Distanz des Analytikers, wodurch er »vom wehrlosen Opfer zum Beobachter dieses Opfers und gleichzeitig zum Beobachter aller andern« wird. »Dieser Abstand« allein ermöglicht es, die »Existenz zu retten« – bei allem Wissen um die Grenzen solchen Vorgehens: »Ich kontrollierte meine Verzweiflung und die der anderen, ohne sie tatsächlich beherrschen, geschweige denn abstellen zu können« (Kä 42f.). Sogar die Handlungen der Pfleger, von deren Hilfe ihn seine Erkrankung abhängig gemacht hat, werden dem behaupteten Allmachtszenario eingegliedert (vgl. Kä 139), und selbst die Entlassung wird in der Erinnerung der eigenen Verfügungsgewalt unterstellt (vgl. Kä 148). Gerade an solchen Inszenierungen läßt sich die Stilisierung erkennen, die das real Erlebte erfährt. Eva Marquardt spricht im Zusammenhang mit Bernhards autobiographischen Schriften vom »Versuch, sich eine eigene Vergangenheit in Form einer Geschichte zu entwerfen«, die sich der Autor selbst anmißt (Marquardt 1990, 163). Wenn der Erzähler »seine Existenz gleichsam sich selbst verdankt«, erscheint sein Leben »als von realer Geburt und Herkunft unabhängig« (ebd.). Bernhards Autobiographie ist im wesentlichen »Ich-Erfindung« (ebd. 164), der Entwurf einer radikal selbstbestimmten Existenz.

2. Die Macht der Sprache

»Niemand hat gefunden oder wird je finden«, lautet das Voltaire entlehnte Motto von *Ein Kind* (Ki 5). Auf die konsequente Nachzeichnung einer Selbstgewinnung durch Ausschluß alles Nicht-Zugehörigen aus dem eigenen Verfügungsbereich in den ersten Bänden der Autobiographie folgt nun in der zweiten Erinnerungsschicht der Versuch des Erzählers, seine Position durch den Anschluß an das ihm Zugehörige zu bestimmen, seine isolierte Gegenwart aus ihren verschütteten Ursprüngen herzuleiten. Begonnen haben diese Recherchen schon in dem Band *Die Kälte*, und wie das Voltaire-Zitat zeugt auch die Metaphorik dieses Rekonstruktionsversuchs von der Aussichtslosigkeit, zu befriedigenden Erklärungen für alles Gegenwärtige zu gelangen: In der Einsamkeit der Lungenheilanstalt geht der Kranke erstmals daran, »das Dickicht« seiner Herkunft »aus dem Weg zu räumen« (Kä 77), wagt er, wie er sagt, Vorstöße »*in den großen Zusammenhang*« (Kä 113). Mit bezeichnendem Vokabular wird die Notwendigkeit dieses Anschlusses an identifizierende Herkunftslinien begründet: Es gehe um »die Beweise, die rechtsgültigen sozusagen«, »mein ganzes Leben war ich nach Beweisen für meine Existenz aus gewesen« (Kä 80f.). Doch die sprachliche Überlieferung der Herkunft vom Vater, durch die das Kind in der patrilinearen Genealogie erst *legitimiert* (dem Gesetz eingeschrieben) wird, bleibt aus; es gibt nur eine Blutprobe des Sohnes als »Beweis für die Vaterschaft des *Alois Zuckerstätter*«. Der Vater selbst ist »unauffindbar« und weigert sich, für seinen Sohn zu zahlen (Kä 73): »Er hatte mich nicht anerkannt« (Kä 72).

Der Band *Ein Kind* (1982) widmet sich der Rekonstruktion der frühesten Lebensjahre. Bemerkenswert ist vor allem die auffällige Bezugnahme auf Sprache – als Mittel der Machtausübung, aber auch als Medium der Selbstgewinnung. Das Buch beginnt mit einem ironischen »Gleichnis« für den Ausgangspunkt von Bernhards eigener Dichterexistenz, in der er sich zu retten versucht »vor Strafe und Schmach, kraft seiner Gabe zu erzählen, zu erfinden, zu erdichten« (Michaelis 1982a, 44). Der Erzähler erinnert sich an seine erste Radfahrt als kleiner Junge, die er ohne Wissen seiner Familie unternahm. Zunächst empfindet er sich noch als »Beherrscher der Welt« (Ki 10), der sich »doch immer, gegen die größten Hemmnisse und Widerstände, durchsetze und Sieger sei« (Ki 9). Doch der voreilig gezogene Schluß, eine jener Größenphantasien, die Bernhards Werk so häufig demontiert, wird schon bald durch einen kapitalen Sturz des stolzen Radfahrers widerlegt. Der Emanzipationsversuch ist gescheitert: »Das Kind fiel aufeinmal wieder kopfüber in seine Kindheit hinein« (Ki 16).

Die Beschreibung der wenig triumphalen Heimkehr verbindet sich alsbald mit dem Gedanken an die Mutter, aus deren Verfügungsbereich er sich mit seiner heimlichen Ausfahrt wegbewegen wollte – und deren Strafgewalt er sich durch sein klägliches Scheitern erst recht wieder ausgeliefert hat. In den Angstphantasien des gescheiterten Ausreißers wird diese Beziehung vor allem als sprachliches Machtverhältnis inszeniert: Nicht nur mit dem »Ochsenziemer« (Ki 37), der in Bernhards fiktionalen Texten immer wieder als Instrument elterlicher Peinigungen auftaucht (z.B. *Das Verbrechen eines Innsbrucker Kaufmannssohns*, E 19, *Auslöschung*, Aus 88), habe seine Mutter in analogen Fällen auf ihn eingeschlagen.

»Da mich die körperliche Züchtigung letztenendes immer unbeeindruckt gelassen hat, was ihr niemals entgangen war, versuchte sie, mich mit den fürchterlichsten Sätzen in die Knie zu zwingen, sie verletzte jedesmal meine Seele zutiefst, wenn sie *Du hast mir noch gefehlt* oder *Du bist mein ganzes Unglück, Dich soll der Teufel holen! Du hast mein Leben zerstört! Du bist an allem schuld! Du bist mein Tod! Du bist ein Nichts, ich schäme mich Deiner! Du bist so ein Nichtsnutz wie Dein Vater! Du bist nichts wert! Du Unfriedenstifter! Du Lügner!* sagte« (Ki 38).

Zwar wird aus den mütterlichen Anschuldigungen ablesbar, wer eigentlich Ursache und Ziel der Verwünschungen ist: »Meine Mutter beschimpfte nicht *mich* im Grunde, sie beschimpfte meinen Vater« (Ki 39). Damit verwirft sie aber zugleich jenen Menschen, der als »Alternativobjekt« für die »Lösung des Kindes aus der Dyade mit der Mutter die Stellung des Dritten« darstellt, der »aus der Abhängigkeit von der Mutter heraushelfen kann«, indem er »die notwendige Distanz zu den Mutterbildern« schafft (Storck 1974, 273). Als der Vaterlose einige Jahre später auf der Suche nach dem unbekannten Urheber seines Daseins wenigstens ein Foto von ihm auftreibt, wirft die Mutter fluchend und schimpfend das einzige übriggebliebene Kontaktstück zur Person des Vaters ins Feuer – und damit zugleich das Dokument der verhängnisvollen Identifikation: »Mein Gesicht war dem Gesicht meines Vaters nicht nur ähnlich, es war *das gleiche Gesicht*« (Ki 38f.; Reproduktion bei Höller 1993, 28; vgl. dazu auch Dreissinger 1992, 92). Auf solche und ähnliche Erinnerungen konnte man sich beziehen, wenn man Bernhards Texte als Verarbeitung frühkindlicher Verletzungen deuten wollte: als literarische »Bewältigungsversuche« der »Grunderfahrung des Verlassenseins« (Bugmann 1981, 108), in denen sich »narzisstische Kränkungen« aus der Frühzeit des Lebens niedergeschlagen hätten (ebd. 190). »Am Anfange einer Reihe von Ursachen dieser Hilflosigkeit, dieses Ausgesetztseins steht die Mutter« (ebd. 134).

Man darf bei aller Authentizität jedoch auch den Aspekt der bewußten Inszenierung nicht vergessen, mit deren Hilfe den anekdotischen Erinnerungen im Kalkül der autobiographischen Selbst-Erschreibung eine spezifische Funktion zugemessen wird. Schon in *Der Keller* hat der Erzähler davon gesprochen, sich stets als »Störenfried« empfunden zu haben. »Ich habe immer gestört, und ich habe immer irritiert« (Ke 40). Dort fällt diese Charakterisierung im Zusammenhang mit seinem schriftstellerischen Selbstverständnis: »Alles, was ich schreibe, alles, was ich tue, ist Störung und Irritierung. Mein ganzes Leben als Existenz ist nichts anderes als ununterbrochenes Stören und Irritieren. Indem ich aufmerksam mache auf Tatsachen, die stören und irritieren« (Ke 40f.). So hat der spätere Autor die früh erlittenen Identitätszusprechungen aufgenommen und für sich positiv umdefiniert. Was ihm einst den ersehnten Platz in der Familie verwehrt hat, verschafft ihm jetzt eine Position im Bereich der Literatur und der Gesellschaft. Auch in der modellhaften Episode, die den Band *Ein Kind* eröffnet, setzt der Heimkehrer dem oben wiedergegebenen Hintergrund mütterlicher Sprachgewalt Strategien eines *rettenden* Gebrauchs von Sprache entgegen. Bevor er der Mutter gegenübertreten muß, sucht er seinen Großvater auf und informiert ihn über die verunglückte Unternehmung, wobei er das offensichtliche Debakel seiner Ausfahrt jedoch in einen »Triumph« umdichtet (Ki 36). Tatsächlich gelingt es ihm, mit Hilfe dieses Berichts, den er ein »wohlgelungenes Kunstwerk« nennt (ebd.), der Strafe der Mutter zu entgehen, denn sein Großvater stellt sich auf seine Seite und unterstützt seine Rechtfertigungsversuche, deren Argumentation er ohnedies überdeutlich an der großväterlichen Wertewelt befestigt hat. Mit ihm, dem einzigen, der Macht über die Mutter besitzt (ausdrücklich wird ihre Beziehung zu ihm eine »*hörige*« genannt, At 118), alliiert sich also der Machtlose gegen die Mächtige, und erstmals ist es Sprache, die dem nachmaligen Literaten, seiner Erinnerung nach, zu seiner Rettung dient, vorausgesetzt, es legitimiert sie der Großvater, »die Autorität, der sich jeder beugte« (Ki 19).

Die hier nachgezeichnete Struktur der rettenden Verbindung mit einem einflußreichen Mentor läßt sich in Bernhards Texten immer wieder nachweisen. Auch im ersten Band der Autobiographie tritt sie auf, wenn der Erzähler gerade an der Stelle, wo er die »*Ungeheuerlichkeit* und *Unglaublichkeit*« der Kriegsjahre resümiert (U 126), seine Rede mit Hilfe eines längeren Montaigne-Zitats an einer stabilen Autorität befestigt und damit zugleich sein literarisches Unternehmen legitimiert (vgl. Marquardt 1990, 138). Vor allem aber erfolgt auf diese Weise die konkrete Sprachfindung des jungen Menschen, deren Nachzeichnung ein zentrales Anliegen der Autobiographie ist. Nicht zufällig lautet das Wort, das sich der Autor von *Ein Kind* als chronologisch erstes zuschreibt, »*Großvater*« (Ki 61). Es ist die Anrede an den »Lehrer« (Ki 23), der ihm die Sprache und ihre Bedeutung als Mittel zur Aneignung der Natur vermittelt hat (vgl. Ki 80). Auch der Eintritt in die Welt der Literatur folgt in seiner Methode ausdrücklich dem Vorbild des Großvaters: »ich hatte [...] mir, wie mein Großvater das sein ganzes Leben lang praktiziert hatte, zu meiner Lektüre Notizen gemacht« (At 151f.).

Die Sprache der Dichter dient dabei zum einen als Medium für die individuelle Selbsterkenntnis: Vor allem Dostojewski, der Begründer eines spezifischen Diskurses der literarischen Seelenanalyse, wird in diesem Zusammenhang hervorgehoben, speziell sein Roman *Die Dämonen* (vgl. Kä 140f.), dessen Protagonist Stavrógin, ein »entwurzelter Skeptiker«, mit seiner »Unfähigkeit an irgendein höheres Ziel oder einen höheren Wert zu glauben, der ihn aus seiner entsetzlichen Indifferenz, seiner geistigen und moralischen Lähmung herausführen könnte« (Lavrin 1963, 100), an Figuren aus Bernhards Werk erinnert (an anderer Stelle erwähnt Bernhard neben Hamsuns *Hunger* und Goethes *Wahlverwandtschaften* auch Dostojewskis Roman *Der Jüngling*, bezeichnenderweise die Geschichte eines Menschen, der voll verzweifelter Haßliebe versucht, eine Beziehung zu seinem Vater zu finden; vgl. At 151f.). Dazu kommt jedoch die Möglichkeit, sich selbst als Autor eine gesellschaftliche Position zu verschaffen. Nachdem der Großvater seinen Platz als Schriftsteller freigegeben hat, schlüpft der

Enkel in seine Rolle (vgl. Kä 36) – in eine zweite Existenz als »literarische Nachfolge« (Höller 1993, 43). Bernd Seydel hat darauf hingewiesen, wie sehr Bernhard in seinen frühen Texten Elemente aus den Schriften des Großvaters mitverwendet, freilich mit zunehmender Entwicklung nicht mehr als direkte Übernahmen: »Wenn Bernhard in seinen Werken auf die hierarchisch geordnete Welt des Großvaters zurückgreift, dann so, daß er aus dem Wertegefüge gelöste Einzelheiten wie Requisiten, wie Kulissen verwendet, ohne sich um den ursprünglichen Sinnzusammenhang zu kümmern« (Seydel 1986, 51).

Die Kommunikationsstruktur zwischen Großvater und Enkel weist im übrigen eine deutliche Analogie zu einem der wichtigsten Kennzeichen der Texte Bernhards auf: zu ihrer charakteristischen Erzählform (vgl. das Kap. über *Frost*, S. 32f.). So wie einst der Enkel Aufnahmeorgan des großväterlichen Monologs war, dessen Worte die mütterliche Abweisung widerriefen (»Er hatte mich akzeptiert, nachdem mich alle anderen nicht akzeptiert hatten«; At 32), ist bei Bernhard in den meisten Fällen ein wenig konturierter Ich-Erzähler dem Monolog einer Sprachinstanz ausgesetzt, aus dessen Worte sich seine eigene Rede (und damit zugleich der literarische Text) zusammensetzt; »diese Figuren, Männerfiguren, das ist immer wieder mein Großvater mütterlicherseits«, gibt Bernhard in *Drei Tage* zu Protokoll (It 79). Die Funktion dieser Protagonisten ist dabei so komplex wie widersprüchlich: Der einstigen Autorität, der personalen Folie für die *tragenden* Figuren des literarischen Werks, wird die Verantwortung für Sätze übertragen, die der Autor selbst nicht selten andernorts (in der Autobiographie, aber auch im Rahmen nicht-literarischer Äußerungsformen) als seine eigenen deklariert. Die ambivalente Ausstellung der scheiternden Protagonisten im künstlerischen Artikulationsraum ist Zeugnis einer nie endenden Auseinandersetzung mit dem prägenden Menschen der frühen Lebenszeit, den Bernhards Literatur stets zugleich beschwört und demontiert; andererseits schlägt sich darin jedoch die Selbstreflexion des imaginierenden Bewußtseins nieder, deren Medium diese Texte sind. Nicht zuletzt inszeniert der Autor auf diese Weise jeweils von neuem seine eigene Sprachgewinnung, und die versuchte Loslösung seiner Ich-Erzähler von der Auslieferung an die dominanten Hauptfiguren, ihre zunehmende reflektierende Einmischung ins Textkontinuum vor allem im späteren Werk, dokumentiert dabei die mühevolle Suche nach Selbständigkeit, die in Bernhards Schriften literarisch nachgezeichnet wird.

V. Spätere Prosa

Es erscheint sinnvoll, die spätere Phase von Bernhards Prosaschaffen erst nach seinen autobiographischen Schriften darzustellen. Gerade im Kontext des Verständnismodells des Bernhardschen Schreibens als literarischer Selbstreflexion ist darauf hingewiesen worden, daß die Auseinandersetzung mit der eigenen Lebensgeschichte in den Jugenderinnerungen insofern eine deutliche Veränderung bewirkte, als sie dem Autor zunehmend dazu verhalf, »die Annäherung an einen gescheiterten Protagonisten als mögliche Existenz seiner selbst mit größerer Stabilität und Distanz zu vollziehen« (Huntemann 1991, 52).

Im Werk zeigt sich diese Veränderung vor allem darin, daß der verzweifelte Versuch einer Fühlungnahme mit dem Absoluten endgültig aus den Texten verschwindet bzw. höchstens noch parodiert wird (vgl. Klug 1991, 9). Bernhards spätere Prosa erreicht auch nirgends mehr »die sprachliche Beziehungsdichte seiner frühen Erzählungen, ist dafür aber in der Darstellung psychischer Mechanismen um so präziser« (ebd. 32).

»Bernhards späte Erzählerfiguren sind sich über die kleindimensionierten, nichtphilosophischen Antriebe hinter ihren philosophischen Interessen im klaren. Aus spektakulären Einzelgängern werden durchschnittlichere *Figuren*, Jedermänner. Anstelle von Wahnvorstellungen bestimmen bewußt wahrgenommene, aber unüberwindliche Interaktionsprobleme ihr *Verhalten*« (Klug 1990, 18).

Auffällig ist dabei (neben der polemischen Aburteilung der konkreten Lebensumgebung, v.a. Österreichs) die Tendenz zur offenen Selbstkritik. Dabei setzen sich in erster Linie die Romanfiguren mit sich selbst auseinander, dahinter steht jedoch (wiederum im Sinn der vielschichtig vorgetragenen Selbstreflexion) auch die kaum verhohlene Kommentierung autobiographischer Aspekte. Immer häufiger kommen die Erzähler bzw. Protagonisten zu aphoristisch angelegten, auf »kategorische Allgemeingültigkeit« zielenden Sätzen in der Wir-Form, womit die »zunächst persönliche Erfahrung [...] von vornherein als schlechthin exemplarisch« ausgegeben wird (Huntemann 1990, 186). Die einzelnen Urteile (nicht selten Aburteilungen) erfolgen zumeist aus der Position eines überlegenen Beobachters, der im Text »in sehr kurzer Zeit, meist in nur wenigen Stunden, aus der Beobachtung *einer* konzisen Szenerie ein komplexes Geflecht aus Erinnerung und Beurteilung des Gegenwärtigen zu konstruieren vermag« (Sorg 1992b, 114). Die Reflexion der einzelnen Themen (Balance zwischen

Alleinsein und Hinwendung zu den anderen, die Rettung vor dem verhängnisvollen Einfluß überzogener Vollkommenheitsvorstellungen etc.) können sich dabei über die Grenzen der einzelnen Werke hinaus fortsetzen, und es ist von geringem Einfluß auf diesen Mechanismus, wie stark die betreffenden Texte lebensgeschichtliche Hintergründe des Autors ausgestalten und verarbeiten. Überhaupt ist festzustellen, daß Bernhards späte Prosa »den Unterschied zwischen der Kunstwelt und der empirischen bewußt aufzuheben bestrebt ist in einer kaum noch Differenzen gestattenden Rede, die Fiktives und Reales unterschiedslos in den Strom einer genuinen Sprachwelt hineinzieht« (Sorg 1990, 14). Die »Tendenz zur spielerischen Vermischung der Grenzen zwischen fiktiver und realer Welt«, die »gegenseitige Durchdringung von Autobiographie und Roman« setzt sich immer stärker durch (Marquardt 1990, 65).

Als Beleg für diese Beobachtungen können die beiden Prosaarbeiten *Holzfällen* (1984) und *Auslöschung* (1986) angeführt werden. Der erstgenannte Text ist (bei aller Künstlichkeit der literarischen Inszenierung) stark autobiographisch grundiert, der zweite betont wesentlich stärker das fiktionale Element. Dennoch findet sich in beiden Fällen in ähnlicher Weise der Aspekt der fortlaufenden Auseinandersetzung mit sich selbst, der bilanzierenden Erforschung einer persönlichen Entwicklung. Die jeweiligen Hauptfiguren treffen »mit Menschen zusammen, die eine entscheidende, Jahrzehnte zurückliegende Phase ihres Lebens repräsentieren.« Dabei gelingt es ihnen jedoch nicht, sich und den anderen zu zeigen, daß sie der gemeinsamen Vergangenheit tatsächlich entkommen sind. »Handlungsblockaden und unkontrollierte Reaktionen zeigen ihnen, daß überwunden geglaubte Zwänge und Abhängigkeiten noch immer fortwirken« (Klug 1990, 20). Daraus spricht nicht zuletzt die skeptische Grundhaltung in Bernhards Schreiben, die in all diesen Texten gleichbleibt: »Wir machen immer wieder den Versuch, aus uns herauszuschlüpfen, aber wir scheitern in diesem Versuch« (*Der Untergeher*, Ug 129).

1. Zwischen Selbstdarstellung und Fiktion – Prosa zur Zeit der Autobiographie

1.1 »Ja«

Man kann mit Recht behaupten, daß sich mit der 1978 erschienenen Erzählung *Ja* eine Art »kommunikativer Wende« in Bernhards Werk vollzogen hat (Klug 1990, 19). Es ist das Jahr, in dem auch *Der Atem. Eine Entscheidung* erschienen ist, der dritte Band der Autobiographie, der öffentlichen Selbstdarstellung. Auch im Bereich der Fiktion entdeckt sich nun erstmals in Bernhards »Panoptikum ichbesessener Figuren« die »Dimension des Anderen als eines notwendigen Mittlers« (vom Hofe/Pfaff 1980, 56).

Der Ich-Erzähler, ein Naturwissenschafter, der sich (wie Saurau in *Verstörung,* vgl. V 109) mit den biologischen Abwehrstoffen, »*mit den Antikörpern in der Natur*« (Ja 127) beschäftigt, ist in seinem »*Arbeitskerker*« (Ja 112) »in die fürchterlichste Selbstbeobachtung« (Ja 17) hineingeraten. Die damit eingetretene Konsequenz allzu rigoroser Selbstabschließung repräsentiert eine Ausgangssituation, die auch in den folgenden Texten wiederkehren wird (vgl. z. B. *Beton, Auslöschung*). In seiner Verzweiflung sucht er das Gespräch mit dem Realitätenvermittler Moritz, dem ihm »zu diesem Zeitpunkt wahrscheinlich tatsächlich am nächsten stehenden Menschen« (Ja 7). Dort lernt er eine Perserin kennen, deren Schweizer Lebensgefährte, »*ein hochqualifizierter Ingenieur und weltberühmter Kraftwerkebauer*« (Ja 13), ihr in unwirtlicher Lage ein Haus bauen will. Durch die Begegnung mit ihr wird er »aus der längsten Isolation und Verzweiflung der letzten Jahre herausgerettet« (Ja 66), und er formuliert einen neuen Fundamentalsatz in Bernhards literarischem Projekt, »der Existenz auf die Spur zu kommen« (Ke 167): »Wenn wir nur einen Menschen in unserer Nähe haben, mit welchem wir letztenendes *alles* besprechen können, halten wir es aus, sonst nicht« (Ja 81). Doch auch die Beziehung zu jenem Menschen, in dem er scheinbar »einen idealen Partner für Geist und Gemüt« (Ja 136) bekommen hat, wird ihm bald »unerträglich« (Ja 138), und er bricht den Kontakt ab. Während er selbst durch die Begegnung mit der Perserin aus der Gefahr des Selbstmords gerettet wird (vgl. Ja 23), erfährt er zuletzt aus der Zeitung, daß sie sich vor einen Lastwagen geworfen hat.

Wie kein anderer der fiktionalen Texte zuvor hat die Erzählung *Ja* autobiographische Hintergründe. Auffälliger als bisher (vgl. Huber 1992, 140) tritt *Die Welt als Wille und Vorstellung* als »von frühester Jugend an das wichtigste aller philosophischen Bücher« auf, und es ist natürlich ein Erbstück des Großvaters mütterlicherseits (Ja 65f.). Moritz, »der geborene Realitätenvermittler und also Grundstücksgeschäftemacher« (Ja 30), ist eine literarische Transponierung von Karl Ignaz Hennetmair, der Bernhard seine drei nacheinander erworbenen Häuser vermittelt hat – und dessen mittlerweile publizierte Aufzeichnungen einen Einblick in die Geschichte dieser zehnjährigen, 1975 plötzlich abgebrochenen Freundschaft ermöglichen (Hennetmair 1992, 1994; vgl. dazu Höller 1993, 94f.). Der Text kommentiert also zugleich »in der für den Autor charakteristischen semantischen Überlagerung der Personen, der Ereignisse und der Gebäude« (Höller 1993, 92) die Phase von Bernhards Ansiedelung im oberösterreichischen Salzkammergut. Der Ich-Erzähler von *Ja* hat sich, so berichtet er, eine »Ruine« gekauft, aus der er mit der Absicht, »daß ich einen Platz für mich allein in der Welt hatte, der abzugrenzen und abzusperren gewesen war«, »ein bewohnbares wasserdichtes Bauwerk« gemacht hat (Ja 57f.).

Auch in die Gestalt der Perserin sind reale Vorbilder eingeflossen, nicht nur jene Maria Radson, die sich mit ihrem Mann in der Nähe von Ohlsdorf ansiedeln wollte (vgl. Hennetmair 1994, 156), sondern wohl auch die österreichische Autorin Ingeborg Bachmann, die längere Zeit tatsächlich mit einem Schweizer ›Architekten‹ befreundet war – mit Max Frisch nämlich (vgl. Höller 1993, 92f.). Sie hatte kurzzeitig über Hennetmair ebenfalls nach einem Haus in dieser Gegend gesucht, und sie hielt Bernhard für einen Autor, dessen Texte etwa der Prosa Becketts »unendlich überlegen« seien, »durch das Zwingende, das Unausweichliche und die Härte« (Bachmann 1978, 363).

»Wie sehr diese Bücher die Zeit zeigen, was sie gar nicht beabsichtigen, wird eine spätre erkennen, wie eine spätre Kafka begriffen hat. In diesen Büchern ist alles genau, von der schlimmsten Genauigkeit, wir kennen nur die Sache noch nicht, die hier so genau beschrieben wird, also uns selber nicht« (ebda. 361f.; vgl. zu Bernhard und Bachmann auch *Der Stimmenimitator*).

Als Gegenbild zur Perserin wird ihr Schweizer Lebensgefährte gezeichnet. »Mit dem Schweizer wäre wahrscheinlich ganz gut eine Unterhaltung über *alles Reale und Normale* möglich«, meint der Erzähler, mit ihr »sicher immer wieder *eine philosophische*« (Ja 94). Die beiden sind aber nicht nur eine literarische Inszenierung der Opposition von Realitätsfixiertheit und Geisteswelt. In ihnen begegnen wir auch einem jener aufeinander bezogenen Menschenpaare, die sich aus dem Gefühl der eigenen Unvollständigkeit heraus zu einem lebensnotwendigen Existenzgefüge verklammert haben und so voneinander abhängig geworden sind; Bernhard hat (vor allem in seinen Theaterstücken) wiederholt seiner Faszination für diese Beziehungsform nachgegeben. Der Erzähler nennt den Schweizer ein Beispiel dafür, wie jemand, wenn er »in dem für ihn entscheidenden, lebensentscheidenden Augenblick den wie für ihn und seine Talente haargenau konstruierten Menschen« trifft, von diesem dann »hinaufgeführt werden kann in die höchsten Höhen« (Ja 118). Nachdem er jedoch nun nicht mehr »entwicklungsfähig« und dieses System somit zusammengebrochen sei, baue er das »von ihm *gegen sie* entworfene unmenschliche Haus«, um sich »ihrer zu entledigen« (Ja 133). Ähnlich wie der tödliche Kegel in *Korrektur*, der allerdings dem Glück seiner Bewohnerin dienen sollte, fällt auch der Plan zu diesem Haus »wegen der geradezu kühnen Merkwürdigkeit« auf, und wiederum spiegelt er ein spezifisches Bild von Männlichkeit: Das Gebäude sei erkennbar »von einem in höchst eigenwilligen total egoistischen Gefühlen und Gedanken fühlenden und denkenden Manne« entworfen worden.

»Nicht die geringste Spur eines weiblichen Einflusses« (Ja 107). Wie der »Betonpanzer für eine Maschine, die in ihm arbeitet und die weder Licht, noch Luft braucht«, habe das Haus gewirkt, »menschenabweisend« (Ja 33).

An Roithamers Kegel erinnert auch das Ende des schauerlichen Wohngefängnisses. Während sich die Perserin mit Hilfe von Schlafmitteln zunehmend ihrer Sehnsucht nach endgültiger Regression hingibt, verfällt ihr Haus wieder der Natur (vgl. Ja 142). Mit bitterer Ironie wird im letzten Satz der Erzählung die Bedeutung des Titels klar: Der Erzähler habe die Perserin gefragt, »ob sie selbst sich eines Tages umbringen werde. Darauf hatte sie nur gelacht und *Ja* gesagt« (Ja 148). Die schriftliche Aufzeichnung ihres Unglücks wird hingegen ausdrücklich als lebensrettendes Unternehmen deklariert: er wolle, schreibt der Ich-Erzähler, einerseits die Erinnerung an die Perserin festhalten und andererseits seinen Zustand verbessern, seine »Existenz verlängern« (Ja 128). Die Gestalt der Perserin ist deshalb bereits als »Allegorie der Inspiration« gedeutet worden; Bernhards frühere »Reflexionspoesie« als »Medium vorwärtsgerichteter und selbsttranszendierender Ich-Entwürfe« werde damit endgültig verabschiedet (vom Hofe/Pfaff 1980, 54). Was zuvor als »Ausdruck analytischer Selbstdarstellung und Dokument verschiedenartig ausgeprägter Passionen des Ego« aufgetreten sei, verwandle sich erstmals »in das Zeugnis der Erinnerung an das Leiden eines anderen« (ebd. 57).

1.2 »Der Stimmenimitator«

Im gleichen Jahr wie *Ja* (1978) erschien unter dem Titel *Der Stimmenimitator* auch ein eigentümliches Gegenstück zu der ab 1959 entstandenen Kurzprosasammlung *Ereignisse*, die damals in ähnlicher Weise aus einer Art Wendesituation in Bernhards Schaffen resultiert hatte. Der ursprüngliche Titel *Wahrscheinliches, Unwahrscheinliches* (vgl. WG 199) spielt nicht zuletzt auf die ambivalente Stellung dieser Kurztexte zwischen Fiktion und Wirklichkeit an; der Protest der Tochter eines Salzburger Oberlandesgerichtspräsidenten, die sich (erfolgreich) gegen die Nennung ihres Vaters in einer Selbstmordgeschichte wehrte (vgl. dazu WG 200f., Schmidt-Dengler 1986, 47f.), legte den literarisch bewußt inszenierten Widerspruch offen. Bernhard selbst spricht in diesem Zusammenhang in einem offenen Brief von »freien Assoziationen und Denk-Erfindungen« (zit. nach WG 200), und er nennt den inkriminierten Text »eine philosophische Dichtung«, eine »Parabel« (ebd. 201).

Das Thema der meisten Geschichten ist, »wie aus alltäglicher Regelmäßigkeit und Vertrautheit plötzlich Gewalt, Mord und Totschlag als Ergebnis schockhafter Einsicht in die Ausweglosigkeit solchen Exi-

stierens entsteht« (Sorg 1990, 12). Sie behandeln in vielen Fällen
»den gewöhnlichen und den ungewöhnlichen Schrecken gegenwärtigen Lebens in anekdotisch zugespitzten oder pointenlos-grotesk aus-
laufenden Kurzszenen« (ebd.): absurd-mysteriöse Todesfälle, Suizide,
aber auch der plötzliche Durchbruch von Irrationalität kommen immer wieder vor. Gegenüber den *Ereignissen* mit ihrem »düster-be-
klemmenden Grundtenor« herrscht nun ein »makabrer Humor« vor,
der durchaus der allgemeinen Werktendenz entspricht (Huntemann
1990, 210; dort auch Beispiele). Die Zuordnung zur Gattung der
Anekdote (eigentlich »das Unveröffentlichte«, das die »Korrektur zur
überlieferten Geschichte« herstellt, Schmidt-Dengler 1986, 45) verweist darüber hinaus auf die (nicht nur im *Stimmenimitator* nach-
weisbare) Absicht des Autors, eine »Gegen-Authentizität« (ebd. 52)
zum offiziell Gesagten und Behaupteten zu errichten, das öffentlich
Geschönte und Zurechtgemachte lustvoll zu demaskieren; ein Beispiel dafür ist etwa der ironische Text über Goethes letzte Worte
(»*mehr nicht*«, Sti 58, vgl. auch *Goethe schtirbt, 1982*).

Anders als in den *Ereignissen* fallen die vielen Authentizitätssignale
auf, die den vorgetäuschten Realitätscharakter der überlieferten Geschehnisse unterstreichen. Viele Geschichten sind der Sphäre des Ge-
richts entnommen, ein später literarischer Nachhall von Bernhards
früherer Tätigkeit als Gerichtsreporter, aber auch eine Folge der inhaltlichen Dominanz von Vorfällen, die den Einzelnen und Gesetz
und Staat in Konflikt bringen. Über die Formeln »wie berichtet wird«
(Sti 59), »es ist bekannt geworden« (Sti 68, 176), »haben wir erfahren« (Sti 70) verknüpft sich eine (zumeist kollektive: »wir«) literarische Übermittlungsinstanz mit Ereignissen, die von anderen berichtet
oder bezeugt werden. Nicht selten werden Zeitungen »mit ihrer spezifischen versachlichenden Optik« (Huntemann 1990, 210) als Quellen namhaft gemacht, von »La Stampa« (Sti 113) und der »Frankfurter Allgemeinen« (Sti 58) bis zur »Welser Zeitung« (Sti 85). Der
begeisterte Zeitungleser Bernhard hat in einem Interview auch grundsätzlich auf die inspirative Funktion dieses Massenmediums hingewiesen: »Ich brauch' zuerst einmal Anregungen und irgendeinen chaotischen Zwischenfall oder irgendsowas. [...] Und in der Zeitung ist ja
alles chaotisch. Nur ist es sehr anstrengend, weil man das alles umset-
zen muß. Man muß es zuerst übersetzen, in Phantasie« (Hofmann
1991, 31). Angesiedelt sind die meisten Geschichten in Bernhards
Wohngegend, der Region zwischen Salzburg und Linz, aber auch aus
Polen (Sti 78ff., 131ff.), Portugal (Sti 138ff.) und Kairo (Sti 147ff.) berichtet das Ich vor allem im späteren Verlauf der Sammlung.

Die Aufeinanderfolge der einzelnen Prosastücke ist nur scheinbar
zufällig; bei genauerem Hinsehen ergeben sich durchaus Verknüpfungen und Gruppierungen (vgl. dazu auch Eybl 1995, 33ff.). Der Er-
öffnungstext über einen ehemaligen Philosophiestudenten, der sich

der Pflege des vom Alter gezeichneten *Hamsun* gewidmet habe (Sti 7f.), wiederholt die autobiographisch grundierte Konfiguration zwischen Großvater und Enkel und schlägt zudem das für Bernhard so wichtige Thema der Demontage menschlicher Autorität durch Natur und Tod an. Erst dann folgt die Titelgeschichte vom *Stimmenimitator*, der in der Lage ist, alle möglichen Stimmen nachzuahmen – nur seine eigene nicht (Sti 9f.). Wieder einmal befaßt sich Bernhard hier mit der Frage nach existentieller Authentizität, die er stets skeptisch beantwortet hat (vgl. Ke 167); man hat den Text allerdings auch als Anspielung auf die zunehmende Tendenz zur Selbstparodie im späteren Werk gedeutet (vgl. Huntemann 1990, 213). Das dritte Stück über den verlogenen Umgang zweier Philosophen miteinander (Sti 11f.) leitet eine durchlaufende Serie von Texten über Wissenschaftler und Philosophen ein (z.B. Sti 54, 160f.), die (wie etwa auch die aufeinander bezogenen Texte über Ärzte, Sti 128, 130) in vielen Fällen eine Vorgangsweise demonstrieren, die Bernhards Werk auch grundsätzlich prägt: die Demontage von Autoritäten durch die genauere Betrachtung ihrer persönlichen Erscheinung, die desillusionierende Wirkung allzu intensiver Auseinandersetzung mit ihnen (vgl. dazu später *Alte Meister*).

Drei aufeinanderfolgende Texte haben Schriftsteller als Protagonisten: ein Theaterautor verlangt, daß ihm sowohl die Schauspieler als auch das Publikum einer Aufführung seines Theaterstückes alles, was sie »mit seinem Schauspiel in Beziehung gebracht« hat, zurückgeben (Sti 116), ein anderer bezeichnet es als sein Erfolgsprinzip, »seine Komödien immer als Tragödien, seine Tragödien aber immer als Komödien auszugeben« (Sti 117), und ein dritter erschießt im Theater alle Zuschauer, die »an der falschen Stelle gelacht« haben (Sti 119). Bernhard stellt aber auch Beziehungen zu anderen Themen aus seinem Werk her. Der Text *Wahre Liebe*, in dem ein Italiener sein Glück mit einer Schaufensterpuppe gefunden hat, mit einer uneingeschränkt verfügbaren künstlichen Partnerin also (Sti 113f.), und das Anti-Märchen *Im Frauengraben*, in dem ein Fremder auf der Suche nach einer »für ihn geeignete[n]« Frau eine um zwanzig Jahre ältere, »vollkommen verkrüppelte«, aber sehr tierliebe und menschenfreundliche Einsiedlerin heiratet (Sti 86f., vgl. auch *Das Kalkwerk*), sind Variationen auf Bernhards Motiv vom absolut entsprechenden Menschen, den der Einzelne immer wieder ersehne. Die Geschichte von dem Tänzer, der seine Schritte zu reflektieren beginnt und von da an gelähmt ist (Sti 76), erinnert an Kleists Aufsatz *Über das Marionettentheater* (1810), und sie verweist auf einen wesentlichen Aspekt der in Bernhards Werk so bedeutsamen ›Künstlichkeits‹-Thematik.

Eine Hommage an die österreichische Dichterin Ingeborg Bachmann, die der Ignoranz ihres Heimatlandes zum Opfer gefallen sei (Sti 167f.), leitet den Schlußteil der Sammlung ein, der eine Reihe unglücklicher Biographien zusammenfaßt, bis hin zum letzten Stück *Zurückgekehrt*, das von einem österreichischen Künstler und seiner gegen alle Warnungen unternommenen Heimkehr nach langem Auslandsaufenthalt berichtet; jetzt sei für ihn »die Irrenanstalt *Am Steinhof* der ordentliche, gleichzeitig entsetzliche Wohnsitz« (Sti 179). So führt der Autor den Leser am Ende wieder nach Österreich zurück, freilich an einen Ort, der nochmals das auffälligste Leitmotiv der Sammlung aufnimmt: den leidvollen Durchbruch von Wahnsinn und Irrationalität.

1.3 »Die Billigesser«

Während sich die Sammlung *Der Stimmenimitator* zuweilen wie eine Art Experimentallabor von Bernhards literarischer Werkstatt ausnimmt, spielt der Text *Die Billigesser* (1980) eine der im früheren Werk viel ernsthafter und verbissener vorgetragenen Kernkonstellationen dieses Autors ironisch noch einmal durch. Der Privatgelehrte Koller hat vor sechzehn Jahren infolge eines Hundebisses im Wiener Türkenschanzpark sein linkes Bein verloren und arbeitet seither an einer Studie über die »Physiognomik«. Kurz nach seiner Beinamputation hat er vier sogenannte »Billigesser« kennengelernt, die so wie er in einer Wiener Öffentlichen Küche (WÖK) prinzipiell das billigste Essen wählen, und als er eines Tages auf seinem »regelmäßig« unternommenen Weg in den Wertheimsteinpark »anstatt wie schon gewohnheitsmäßig zur alten Esche, zur alten Eiche« gegangen ist (Bi 11), hat er in einem parodistisch hochgespielten Augenblick der »Erleuchtung« (Bi 147) den Einfall gehabt, aus dem Studium ihrer Physiognomien die ersten vier Kapitel seiner geplanten Studie zu gewinnen. Diese vier Teilabschnitte kann er dem Erzähler des Textes, einem Bekannten aus frühester Kindheit, noch vortragen, doch kurz vor der Mitteilung des fünften und entscheidenden Kapitels stirbt er an den Folgen eines Treppensturzes.

Wie so viele wissenschaftliche Arbeiten in Bernhards Werk zielt auch Kollers Studie auf absolute Welt-Erfassung, auf die analytische Bewältigung der Lebensumgebung eines Individuums: in einer solchen Schrift müsse »naturgemäß nicht nur ihr ureigenes Thema, sondern in gleicher Weise die ganze Natur und die Wissenschaft von der Natur abgehandelt« werden (Bi 116). »Zur Welt suchen wir den Entwurf – dieser Entwurf sind wir selbst«, lautet das von Novalis übernommene Motto der Erzählung (Bi 9). Bernhard unterschlägt jedoch, wie die Stelle weitergeht. Dort behauptet der romantische Autor nämlich noch »die Allmächtigkeit der selbstbewußten Subjektivität, die in freier Tätigkeit in der Einheit von Selbst- und Weltbezug die Welt nach ihrem Bilde« formt (Fischer 1985, 42). Dagegen setzt

Bernhard mit den *Billigessern* jedoch einen Text, der »von dem schriftstellerischen ›Wahnsinn‹, heutzutage allein aus sich heraus ein universell bedeutsames, ›transzendental‹ relevantes Opus zu schaffen, auf selber transzendental reflektierende Weise handelt« (Mennemeier 1983, 158f.). »Die Heilserwartungen einer auf metaphysische Totalerkenntnis abzielenden Geniekunst werden in religiösen Anspielungen in grotesker Form bloßgelegt« (Huntemann 1990, 41; zu biographischen Bezugnahmen auf Schopenhauer als Paradigma dieser Kunstauffassung vgl. ebd. 42f.).

In Kollers Studie geht es allerdings nicht nur um den »metaphysischen Schlüssel zur Natur überhaupt« (ebd. 35). Von der Fertigstellung seiner Schrift habe sich Koller »die Erfüllung seiner Lebensaufgabe versprochen« (Bi 13). Er verfehlt also buchstäblich seinen Existenzzweck, wenn er noch vor ihrer Niederschrift durch einen Unglücksfall ums Leben kommt. Und auch die inhaltliche Charakterisierung des zentralen letzten Kapitels seiner Arbeit ist vielsagend. Durch die Beschreibung der anderen, die als »Billigesser« ausdrücklich als seinesgleichen bezeichnet werden (vgl. Bi 35), sei Koller plötzlich »im Besitze seiner eigenen *Physiognomie* gewesen« (Bi 147) – die veränderte Formulierung spielt auf die Gewinnung eines eigenen Gesichts, eines eigenen Profils an. Bereits in einer frühen Rezension sind die vier Billigesser als partielle Selbstdarstellung des Autors gelesen worden: »der Kleinkaufmann, der sozial engagierte Belesene, der Sammler und Reimeschmied sowie der Flunkerer ergäben miteinander ein Bildnis ihres Autors« (Hans Haider, zit. nach Huntemann 1990, 95). So wäre denn Bernhards Erzählung von den *Billigessern* nicht zuletzt eine »Karikatur des eigenen Schreibens« (Marquardt 1990, 164), der eigenen (unvollständig bleibenden) Selbst-Erschreibung. Auch Koller gelingt die *Mitteilung* dieser »eigenen *Physiognomie*« (Bi 147) zuletzt nicht mehr. »Wir erkennen uns in jedem Menschen, gleich, wer er ist, [...] und finden uns doch nicht, so inständig wir uns darum bemühen«, heißt es am Ende des autobiographischen Bandes *Der Keller* (Ke 167).

Darüber hinaus ist aber Koller auch in anderer Hinsicht eine Art Inkarnation des bisher literarisch erarbeiteten Existenzmodells der Bernhardschen Prosa. Vielleicht am konzentriertesten von allen Protagonisten des Autors artikuliert er die Minimalformel jenes Selbstgewinnungsprogramms, das diese Texte durchspielen – und in seinem Scheitern zugleich in Frage stellen:

»Der Geistesmensch tue gut daran, von allem Anfang an gegen die Eltern und gegen die Lehrer und gegen die Gesellschaft und überhaupt gegen alles zu sein, um sich erst einmal vollkommen von diesen Eltern und Lehrern und von dieser Gesellschaft freizumachen, um sie dann mit der Zeit, tatsächlich und scharf und schonungslos beobachten und beurteilen zu können, was schließlich seine Aufgabe sei [...]. Eine andere Rechtfertigung habe der Geistesmensch nicht« (Bi 100).

Mit der Reaktivierung der ›Masse‹ als Zeichen für Konturlosigkeit und individuelle Ohnmacht, das auch schon in früheren Texten (z.B. in *Frost*) eingesetzt worden ist, erscheint von neuem die für Bernhards Werk charakteristische Ausgangskonstellation einer mühsam aufrechterhaltenen Existenz gegen die von allen Seiten drohende Auflösung: jeder Mensch sei »aus dieser Masse gekommen« und werde davon am Ende »wieder verschlungen«, sagt Koller (Bi 85), und bemerkenswert ist auch die Formulierung von der »Geschichte als Masse« sowie der »Gegenwart als Masse« (Bi 82), sodaß mit diesem Vorstellungskomplex buchstäblich das in Vergangenheit und Gegenwart insgesamt Vorgefundene identifiziert wird. Doch die bekannten Begriffe aus dem Bernhardschen Vokabular werden wiederholt auch in ironisch-spielerischer Weise eingesetzt, etwa wenn der Text von einer geradezu hypertrophen Serie von ›Geistes‹-Komposita durchzogen wird: ein »*absolut zuverlässiger Geistesort*« wird der Wertheimsteinpark genannt (Bi 148), er habe Koller zu seinen »*Geisteserfolgen*« (Bi 45) verholfen und ihm seinen »*Geistestriumph*« (Bi 46) ermöglicht (weitere Beispiele ließen sich nennen). Damit wird Kollers »*Geistes*weg« (Bi 61) letztlich zur Parodie auf alle ähnlichen Karrieren in Bernhards bisherigem Werk.

Der Wertheimsteinpark ist für Koller mit jenem Moment verbunden, welcher »der für seine Physiognomik *entscheidende Augenblick* gewesen« sei (Bi 14). Dort ist er mit dem im Buch immer wieder beschriebenen Wegwechsel plötzlich aus der Festgefahrenheit einer Lebensgewohnheit ausgebrochen, obwohl ihn sein »Bedürfnis nach Orientierung im Raum« (Marquardt 1990, 114) offenbar wie auch andere Figuren in Bernhards von Auflösung bedrohter literarischer Welt davon abhängig macht, »daß bestimmte Orte regelmäßig aufgesucht werden« (ebd. 113; vgl. *Alte Meister*), und er hat dadurch seine ins Stocken geratene Arbeit wieder in Gang gebracht. Daraus entwickelt sich ein Denken, das schließlich »alles, was auf diesen Entschluß hatte folgen müssen, auf dieses Ereignis« bezieht, der Wertheimsteinpark erscheint als »absolute Schaltzentrale seines Denkens« (Bi 42f.). Wiederum trägt dieser Versuch, eine Denkpraxis an einem strukturellen Zentrum zu befestigen wie die großen metaphysischen Systeme, deren Zerfall Bernhards Werk protokolliert, deutlich parodistische Züge. Von ähnlicher Komik ist jedoch auch der Bericht des Erzählers, wie sich sein Bekannter »ein mathematisches Denken erarbeitet« (Bi 41) habe, um sein Leben zu analysieren und zu einem zusammenhängenden System zu fügen. In geradezu inflationärem Umfang bemüht Koller Begriffe, die Kontinuität und Folgerichtigkeit suggerieren – etwa wenn er den Verlust seines linken Beines als »naturgemäß und folgerichtig« kommentiert (Bi 54) und seine Entwicklung als »vorauszusehen und *in sich logisch*« (Bi 84). Mit der nachträglichen Behauptung der lückenlosen Stringenz seiner Lebensgeschichte wird hier das persönliche Unglück, das Koller, wie der Erzähler an anderer Stelle sagt, aus der Sicherheit einer »Lebenslaufbahn herausgerissen« hat (Bi 42), zur Voraussetzung für einen von Natur aus vorherbestimmten »*Geistes*weg« umgedeutet (Bi 61).

Der Suche nach Zusammenhängen ist auch die Rekonstruktion jenes Moments gewidmet, in dem Koller zum erstenmal mit den Billigessern zusammengetroffen ist, und sie wird zu einer mit größtem sprachlichem Aufwand inszenierten Zelebration erfolgreicher Integration in eine Menschengemeinschaft, als absolutes Gegenbild zu den zahlreichen Schilderungen von Abweisung und Isolation in Bernhards Werken. Während sonst in diesen Büchern zumeist von Vereinsamung und Ausgrenzung gesprochen wird, geht hier der Wunsch, in die Gemeinschaft einer Gruppe aufgenommen zu werden, sogleich in Erfüllung: die Billigesser hätten Koller »mit dem größten Respekt« sogleich »den besten Platz [...] zur Verfügung gestellt« (Bi 22, vgl. auch Bi 31). Der freie Platz am Billigessertisch sei »jahrelang frei gewesen«, weil es die Billigesser »unter Ausnützung aller ihrer [...] Machtmittel in der WÖK fertiggebracht hätten, diesen Platz vier oder fünf Jahre freizuhalten für ihn, Koller, und für keinen andern« (Bi 39). Anders als viele Protagonisten in Bernhards Werk, und anders als der Erzähler der Autobiographie, der »immer abgewiesen, niemals angenommen, aufgenommen worden« sei (Kä 62), hat Koller somit das Gefühl, durch die Integration in eine Gemeinschaft von Menschen nicht zwecklos zu existieren: die Billigesser hätten ihm »schon in dem Augenblick, in welchem er sich an ihren Tisch gesetzt hatte, eine Aufgabe zugewiesen gehabt« (Bi 37). Und er spricht sich ausdrücklich die Berechtigung zu, *dazu*zugehören: aufgrund der gemeinsamen Gewohnheit, jeweils das billigste Essen in der WÖK zu wählen, habe er die »Grundvoraussetzung« erfüllt, nicht mehr »von dem Billigessertisch vertrieben« zu werden (Bi 35).

Die Identitätskategorie der »geborenen und [...] personifizierten Billigesser« (Bi 35) wird allerdings auch eingesetzt, um die Erzählinstanz des Textes von dem beobachteten Objekt abzuheben. Anders als Koller habe sein Jugendbekannter »keinerlei Berechtigung«, sich »jemals einen Billigesser nennen zu dürfen« (Bi 49). Überdeutlich, geradezu schematisch wird die Abgrenzung zwischen Erzähler und Hauptfigur vollzogen: Im Gegensatz zu Kollers Vorliebe für wissenschaftliche Lektüre sei für ersteren stets eine starke »Abneigung gegen Bücher« (Bi 51) charakteristisch gewesen. Koller sei »immer der Geistesmensch und der Augenkranke« gewesen, während der Erzähler von ihm »immer nur als der Gefühls- und Tatmensch bezeichnet worden« sei (Bi 53). Gleichzeitig besteht zwischen den beiden eine jener Zweierbeziehungen in Bernhards Werk, in denen ein Individuum durch die Unterwerfung eines anderen Menschen seine eigene Existenz zu befestigen sucht (vgl. Bi 59), und der Erzähler berichtet von der immerwährenden Anstrengung, von Koller »nicht unterworfen und vernichtet« zu werden (Bi 59).

Damit wird auch in den *Billigessern* ein Entwicklungsprozeß fortgeschrieben, der in *Korrektur* bereits zum Versuch einer Erzählerfigur geführt hat, sich von der übermächtigen Hauptperson der erzählten Welt zu lösen – während in den frühen Texten (z.B. *Frost*) der jeweilige Ich-Erzähler von der monologischen Rede des Protagonisten noch vollkommen überwältigt wurde. In der Erzählform der *Billigesser* ergibt sich aus der Situierung des Ich-Erzählers in einem Rahmengeschehen, von dem aus er sich erinnert, eine deutliche »Verschiebung der Proportion zwischen Selbstdarstellung des Ich-Erzählers und Darstellung der erzählten Person«, die auch für die folgenden Texte als Ausgangspunkt dienen wird (vgl. bes. *Der Untergeher*): »Der Monolog verlagert sich jetzt vom Protagonisten ganz auf die Erzählerfigur, die perspektivische Brechung der Sicht auf den Protagonisten erfolgt durch die eigene Erinnerung anstatt durch zitierte Berichterstatter«, woraus sich wiederum »neue Möglichkeiten einer skeptisch-reflektorischen Darstellungsform« ergeben, insbesondere »durch Sprünge zwischen den zeitlichen wie auch räumlichen Ebenen«. Die »Formel dieser Erinnerungskonstruktion« wird fortan ein »dachte ich« sein, das, »ähnlich wie vorher die Markierungen der Fremdzitate, jetzt immer wieder das Erinnerte als *eigenes Gedankenzitat* des Erzählers bewußt machen soll« (Huntemann 1990, 79f.).

1.4. »Beton« und »Wittgensteins Neffe«

Auch der Prosatext *Beton* (1982) spielt Material durch, das der Autor zuvor bereits in dunkleren Varianten gestaltet hat. Ähnlich wie im *Kalkwerk* geht es um das Scheitern eines Schreibversuchs und damit um das Problem der Sprachfindung, und wiederum wird zunächst eine Frau dafür verantwortlich gemacht, daß Bernhards Protagonist seine Studie (diesmal über den Komponisten Mendelssohn-Bartholdy) nicht zustande bringt (vgl. Bet 40). Allerdings erfolgt diese neuerliche Auseinandersetzung mit einer als »geistfeindlich« (Bet 13) wahrgenommenen weiblichen Figur in deutlich ironischer Brechung, und sie mündet nicht mehr in die schließliche Vernichtung der Hauptfigur: der scheiternde Studienschreiber verläßt fluchtartig sein Haus und reist nach Palma, wo der Schlußteil des Buches spielt.

Diesmal kann der Protagonist (vor allem zu Beginn des Textes) von der gedanklichen Beschäftigung mit seiner Schwester nicht loskommen. Sie sei ein ihm absolut entgegengesetzter Charakter, betont er (vgl. Bet 68), ein »Geschäftsmensch«, der schon als Kind »auf die Geistesverfolgung und die mit dieser eng einhergehende Geldvermehrung« angelegt gewesen sei (Bet 17). Die hier inszenierte Konfiguration ist jedoch nicht nur die ironisch-gemäßigte Variante der Opposition ›bedrohter (männlicher) Geist vs. übermächtige (weibliche) Geistfeindlichkeit‹; der Autor legt auch die Polarität ›Reales vs. Phantastisches‹ literarisch auseinander (vgl. Bet 52). Bemerkenswert ist vor allem die Begründung für das Unterlegenheitsgefühl des Protagonisten. Rudolf beschreibt seine Schwester als Beispiel für selbstverständliche Präsenz in der Menschengesellschaft, und der Eindruck ihrer Dominanz resultiert für ihn aus dem Gefühl seiner eigenen Exzentrizität. Während er sich durch seine Zurückhaltung »mit der Zeit selbst liquidiert« habe (Bet 64), sei sie in jeder Gesellschaft »der Mittelpunkt«, als sei sie »von der größten nur denkbaren Natürlichkeit« (Bet 66): »es kommt alles, wie sie es will, ganz von selbst« (Bet 67).

Auch in diesem Text ist die Grenze zwischen Authentizität und Fiktion auffällig porös: Der Erzähler heißt zwar Rudolf (wie Bernhards Lieblingsonkel und der durch Selbstmord aus dem Leben geschiedene Bruder des Großvaters, vgl. Höller 1993, 36f.), sein Name wird jedoch nur zu Beginn und am Ende des Buches innerhalb der Inquit-Formel »schreibt Rudolf« genannt, sodaß sich der Text über weite Strecken wie eine Ich-Erzählung liest. »Dieser Rücken ist der Rücken meines Großvaters mütterlicherseits« (Bet 22), denkt der Erzähler, wenn er versucht, sich aus der Distanz selbst zu beobachten, und rekonstruiert damit eine identifikatorische Konstellation, die der Autor auch an den Beginn seines eigenen Schreibens stellt (vgl. das Kap. über die Autobiographie). Die Reise nach Palma und die dort stattfindende Konfrontation mit dem Schicksal der Anna Härdtl (deren fiktiver Familienname gleichzeitig der Geburtsname von Bernhards Bekannter Christa Altenburg ist) haben ebenfalls reale Vorbilder (vgl. Fleischmann 1991, 75).

So läßt sich die ambivalente Darstellung der bedrohlich lebenstüchtigen Schwester als Auseinandersetzung mit der irritierenden Stärke und Überlegenheit eines letztendlich lebensnotwendigen Menschen lesen, dessen uneingeschränkt positive Variante als »Lebensmensch« in dem (im gleichen Jahr erschienenen) Prosatext *Wittgensteins Neffe* beschrieben wird (vgl. WN 31). Ganz im Gegensatz zu seinen Bezichtigungen habe er seine Schwester sogar wegen seiner Schreibhemmung zu sich nach Peiskam kommen lassen, um sie als »Hilfsmittel« für sein »Geistesprodukt zu mißbrauchen« (Bet 37). »Meine Schwester, die Hellsichtige« (Bet 34) wird aber auch zum Artikulationsmedium für die Analyse der in der Gestalt Rudolfs reflektierten Existenzform. Mit anderen formalen Mitteln als später im *Untergeher* werden damit die selbstverschuldeten Ursachen für ein fortwährend beklagtes Lebensunglück formuliert, etwa wenn die allzu große Isolation von Bernhards Figur kritisiert wird: »Du verachtest alles, hat sie gesagt [...]. Und vor allem verachtest du dich selbst. *Du bezichtigst alle aller Verbrechen, das ist dein Unglück*« (Bet 33). Überhaupt ist *Beton* zu großen Teilen ein Buch der Selbstanalyse. Der »Selbstspekulation« (Bet 145f.) sei er verfallen, schreibt Rudolf, und damit auch der »Selbstverdammung« und der »Selbstverspottung« (Bet 142; vgl. diesbezüglich auch *Ja*). Dabei wird ihm durchaus die Theatralik seiner eigenen Situation bewußt (vgl. Bet 114), die »Komödie«, in der er immer wieder gefangen ist (Bet 118), und beinahe bricht er in jenes Distanz nehmende Gelächter aus (vgl. Bet 117), nach dem die Texte Bernhards mit Fortdauer ihrer Entwicklung streben.

In Palma wird Rudolf dann an das ihm von einem früheren Besuch her bekannte Schicksal jener Anna Härdtl erinnert, die ihren Mann zu einer Laufbahn als Geschäftsmann veranlaßt hat, weil sie von der Vorstellung von »*Selbständigkeit*« fasziniert gewesen sei (Bet 182). Er sei aber an diesem Anspruch gescheitert und durch einen Fenstersturz »direkt auf den Beton« (Bet 193) umgekommen; mittlerweile steht auch ihr Name auf der »in den Beton« seines Grabes eingelassenen Marmortafel: »*suicidio*«, sagt der Portier (Bet 212). So variiert Bernhards Text, der schon mit seinem Titel auf die erst im Schlußteil beschriebene »Tragödie« (Bet 202) verweist, nicht nur mit der Geschichte des Ehepaares Härdtl (vgl. die Perserin und den Schweizer), sondern auch mit deren Funktion für den Erzähler Konstellationen, die wir schon am Beispiel der Erzählung *Ja* beschrieben haben: »Wenn wir einen Menschen treffen wie die Härdtl, dachte ich, der *so* unglücklich ist, sagen wir uns gleich, wir selbst sind gar nicht *so* unglücklich, wie wir glauben [...]. Tatsächlich richten wir uns an einem *noch* unglücklicheren Menschen sofort auf« (Bet 210).

Ein anderes unglückliches Lebensende, von dem in *Beton* bereits kurz berichtet wird (vgl. Bet 99), war der Anlaß zu einem Text, der im gleichen Jahr 1982 erschien. »*Zweihundert Menschen werden bei meinem Begräbnis sein und du mußt an meinem Begräbnis eine Rede halten*« (WN 164), habe der sterbenskranke Paul Wittgenstein (der Neffe des Philosophen Ludwig Wittgenstein, 1907-1979) zu dem mit ihm befreundeten Ich-Erzähler gesagt, doch dieser hat das Grab bis zum Erzählzeitpunkt noch immer nicht aufgesucht. An die Stelle der nicht gehaltenen Rede (vgl. Vellusig 1990, 41) tritt ein Erinnerungsbuch mit dem an Diderot (*Rameaus Neffe*, vgl. Heyl 1995, 200) angelehnten Titel *Wittgensteins Neffe*, dem der zitierte Satz als Motto voransteht.

Nur scheinbar folgt der Aufbau des Textes anekdotischer Beliebigkeit. An seinem Anfang steht eine umfangreiche Parallelführung der persönlichen Schicksale des Erzählers und seines Freundes. (Das Geschehen ist ausdrücklich durch die Jahreszahl 1967 historisch eingeordnet und durch die Nennung des eben erschienenen Romans *Verstörung* autobiographisch markiert, vgl. WN 7.). Beide befinden sich zur gleichen Zeit im Krankenhaus, der eine in der Lungenabteilung

»*Baumgartnerhöhe*«, der andere in der »Irrenanstalt *Am Steinhof*« (WN 8; zum Anteil von Dichtung und Wahrheit vgl. Höller 1993, 104). Wieder beginnt nun das für Bernhard charakteristische Modell der partiellen Identifikation und gleichzeitigen Abgrenzung abzulaufen. In beiden Fällen stimmen die jeweiligen Ursachen für den Krankenhausaufenthalt überein, und sie werden mit Grundmotiven der Bernhardschen Problemwelt identifiziert, mit dem Konflikt des Einzelnen gegen seine Umgebung und mit der scheiternden Beherrschung des eigenen Lebensmechanismus. Beide hätten ihre jeweilige Krankheit bekommen, weil sie »eines Tages die Beherrschung verloren«, weil sie »sich auf einmal gegen alles gestellt« hätten und »naturgemäß dadurch umgeworfen worden« seien, »nur ist er *verrückt* geworden aus demselben Grund, aus dem ich *lungenkrank* geworden bin« (WN 35). Zwar bezeichnet sich auch der Erzähler als »wenigstens so verrückt, wie der Paul gewesen ist«, doch nun betont er eindeutig den Unterschied: »daß der Paul sich von seiner Verrücktheit hat *vollkommen* beherrschen lassen, während ich mich von meiner ebenso großen Verrücktheit niemals habe vollkommen beherrschen lassen« (ebd.).

Während des gesamten Buches werden Wittgensteins Neffe und der Erzähler immer wieder parallelgesetzt. Beide hätten sie »kein größeres Vergnügen« gekannt als »Leute zu beobachten«, in der für Bernhard typischen Position im Hintergrund: »wir sahen alles, was wir sehen wollten, umgekehrt sah uns niemand« (WN 100). Wie der Erzähler sei auch Paul »ein ununterbrochener Bezichtiger« gewesen (WN 98), der Verfechter einer Kunst, welche auch in Bernhards Texten »die Erregung ritualisiert und zum Gegenstand ästhetischen Genusses macht« (Vellusig 1990, 48). Die Charakterisierung dieser Verteidigungsstrategie gegen eine als bedrohlich empfundene Welt wird zum Selbstkommentar, wenn der Erzähler von »jenen Wörtern« Pauls spricht, »die auch die meinigen sind, wenn ich mich auflehne oder wehre, wenn ich gegen die Unverschämtheit der Welt vorzugehen habe, will ich nicht den kürzeren ziehen, von ihr vernichtet werden« (WN 99). Mit Paul (vgl. WN 98) habe der Erzähler jene »Unruhe« geteilt, die wir in dem Prosatext *Gehen* so eindringlich inszeniert sahen (sie wird ausdrücklich auf den »Großvater mütterlicherseits« zurückgeführt, WN 142f.): »Ich gehöre zu den Menschen, die im Grunde keinen Ort auf der Welt aushalten und die nur glücklich sind *zwischen den Orten*, von denen sie weg und auf die sie zufahren« (WN 144). So gestaltet der Autor Bernhard am Beispiel von *Wittgensteins Neffen* eine »Form des Personseins, die die individuelle Diskontinuität in Raum und Zeit auf letztlich prekäre Weise als Stabilisierung der Identität erfahrbar macht« (Vellusig 1990, 43).

Das identifikatorische Modell der Selbstdarstellung über die Erinnerung an einen Freund ist nicht zuletzt an der Solidarität Pauls aus Anlaß der Grillparzer- und der Staatspreisverleihung (vgl. WN

105ff.) sowie nach der als mißglückt empfundenen Uraufführung des Stücks *Die Jagdgesellschaft* (vgl. WN 153ff.) montiert; auch diese anekdotischen Einschübe haben ihren strukturellen Sinn. In Gestalt von *Wittgensteins Neffen* realisiert sich ein Beispiel für jene Lebensform des gefährdeten, exzentrischen Geistesmenschen, die auch in Bernhards fiktionalen Texten (wohl nicht zuletzt nach dem Vorbild des realen Freundes und ähnlicher Biographien) immer wieder gestaltet ist. Über Analogie und Vergleich verbindet sich Pauls Existenz als »ununterbrochen Philosophierender« (WN 98) überdies mit der seines Onkels, des Philosophen Ludwig Wittgenstein, die dem Autor Bernhard ebenfalls Bausteine für seine literarischen Konstrukte geliefert hat (vgl. *Korrektur* und *Ritter, Dene, Voss*): »der eine hat sein Gehirn *publiziert*, der andere hat sein Gehirn *praktiziert*« (WN 45). Und beide werden in gleicher Weise dem Bernhardschen Paradigma der Ausgrenzung durch eine verständnislose Familie integriert: »Kopfschüttelnd« hätten sich Ludwig Wittgensteins Verwandte darüber amüsiert, »daß *der Unbrauchbare plötzlich in England berühmt* und *zu einer Geistesgröße* geworden ist«, und wie »den Paul«, dessen letzter im Buch überlieferter Streich sich nicht zufällig gegen ein ehrbares Mitglied seiner Familie richtet (vgl. WN 163f.), hätten sie deshalb »auch den Ludwig *ausgeschieden*« (WN 104).

Nach der Erwähnung der Entlassung aus dem Krankenhaus (vgl. WN 75) befaßt sich eine längere Passage mit dem Problem der Ausgrenzung des Kranken aus der Gesellschaft der Gesunden – und der Schwierigkeit der »*Wiederinbesitznahme*« (WN 80) der verlorenen Position. Es ist ein Szenario, das an das oben analysierte Aufnahmeritual in den *Billigessern* erinnert, aber wohl auch auf das reale Erlebnis der Krankheit, wie es in der Autobiographie beschrieben ist, zu beziehen ist: Der Gesunde wolle mit dem Kranken aus »Selbsterhaltungstrieb« nichts mehr zu tun haben, um nicht »an den Tod erinnert« zu werden (WN 79). Doch wenn »auf einmal der, welcher schon verarbeitet worden war«, wieder zurückkomme und »sein Recht« fordere, müsse er sich seinen Platz in der Gesellschaft erst auf mühevolle Weise wieder aneignen: »Die Kranken haben, von den Gesunden aus gesehen, kein Recht mehr« (ebd.). Genau dieselbe Logik ist jedoch auch dafür verantwortlich, daß am Ende die zuvor beschworene identifikatorische Verbindung mit dem Gleichgesinnten zerbricht. Nach dem letzten Besuch bei dem todkranken Freund sucht ihn der Erzähler »aus Angst, mit dem Tod *unmittelbar* konfrontiert zu sein« (WN 161), nicht mehr auf. Nochmals erinnert er sich, daß ihn Paul (ähnlich wie die Perserin den Erzähler von *Ja*) einst aus »einer krankhaften Melancholie, wenn nicht gar Depression« (WN 129) herausgerettet hat, nachdem er »alle verlassen« (WN 130) und sich »in eine fürchterliche geisttötende Selbstmordspekulation hineingeflüchtet« hatte (WN 129). So steht *Wittgensteins Neffe* auch stellvertretend für jene inzwischen verstorbenen Menschen, »die uns zu gewissen existenzentscheidenden Augenblicken und Zeiten alles bedeutet haben« (WN 132). Zuletzt wirft sich der Erzähler vor, daß er »aus diesem Freundessterben einen Großteil der Kraft für sein Überleben gezogen hat« (WN 161f.), wie all die anderen Überlebenden in Bernhards Werk, die sich von den *Untergehern* (vgl. das 1983 erschienene Buch) zur eigenen Rettung abgrenzen.

2. Bilanz und Zusammenfassung: »Auslöschung«

Auslöschung. Ein Zerfall ist mit etwa 650 Seiten der längste Prosatext von Thomas Bernhard. Ob er auch der letzte ist, wie sein Erscheinungsjahr 1986 annehmen läßt, ist fraglich. Es gibt seriöse Informationen (die auf Bernhard selbst und seinen Halbbruder zurückgehen, vgl. Weinzierl 1991, 193f.), wonach das Buch zu großen Teilen schon 1981/82 entstanden sei. Demnach wäre *Auslöschung* eine literarische Parallelaktion zum Abschluß der fünf autobiographischen Schriften, eine Zuordnung, die durchaus Sinn macht: der Text wird damit nämlich zu einem fiktionalen Kommentar zu Bernhards Versuch einer Selbst-Erschreibung. Er soll deshalb bereits an dieser Stelle besprochen werden. Die folgende Darstellung sollte jedoch unabhängig davon, ob man die hier vorgenommene chronologische Festlegung übernimmt oder nicht, ihre Schlüssigkeit bewahren.

Bernhards als letzter publizierter Text ist ein Nachlaß wie die ausdrücklich so deklarierte Erzählung *Watten*: der Schreiber wird ganz am Schluß als 1983 (im zunächst geplanten Erscheinungsjahr?) verstorben ausgewiesen. Die inhaltliche Struktur erinnert vor allem an *Korrektur*. Franz-Josef Murau, die Hauptfigur, ist durch einen Autounfall, bei dem seine Eltern und sein Bruder ums Leben gekommen sind, zum Erben von Wolfsegg geworden, einem umfangreichen Familienbesitz, den er allerdings nicht weiterführen wird: nach dem Begräbnis der Verwandten schenkt er ihn der Israelitischen Kultusgemeinde in Wien. Ähnliche ›Abschenkungen‹ gibt es auch schon in *Ungenach* und *Watten*, und darüber hinaus bezieht sich Bernhard auch auf einen Text, der ganz am Anfang seines Prosawerks steht (im motivischen Umfeld des Romans *Verstörung*): im *Italiener* trifft ein junger Erzähler anläßlich des Begräbnisses seines feudalen Vaters mit einem Verwandten aus der Toscana zusammen, der in der Rolle eines Lehrers erscheint (vgl. dazu Herzog 1995, 99f.).

Bernhard greift in *Auslöschung* also zentrale Motive und Themen seines Schaffens auf und spielt sie nochmals durch. Inzwischen hat sein Protagonist selbst das Alter des Italieners aus dem frühen Fragment erreicht, und er lebt als Privatlehrer für deutsche Literatur in

Rom. Es geht somit nicht mehr, wie in *Korrektur*, um die widersprüchliche Annäherung eines Erzählers an eine längst verstorbene Hauptfigur; hier tritt ein Individuum tatsächlich sich selbst gegenüber und analysiert sich im Gespräch mit einem jungen Schüler, mit dem jungen Gambetti, in dem er einen ihm »*entsprechenden Menschen und Partner*« gefunden hat (Aus 14) und mit dem ihn ein (zumindest aus Muraus Sicht) ideales Verhältnis verbindet« (vgl. Aus 10). Andreas Gößling verweist auf die Geschichte eines rhabdomantischen (=mit der Fähigkeit des Metallfühlens begabten) Mediums namens Campetti vom Anfang des 19. Jahrhunderts (vgl. Gößling 1988, 42ff.). Daß der Zugang zu der »siderischen« (nach der Lehre über die Eigenschaften des Eisens) Region der Phantasie, in der der Mensch (romantischen Vorstellungen entsprechend) neben der sinnlichen und der geistigen existiere, in psychologischer Hinsicht den »Kontakt des Individuums mit seiner unbewußten Dimension« (ebd., 43) bedeutet, läßt sich mit der auch in *Auslöschung* vorgenommenen Auseinandersetzung des Protagonisten mit seiner eigenen Vergangenheit gut verbinden. Nicht zufällig befindet sich unter den Büchern, die Murau seinem Schüler zur Lektüre aufgibt, ein Text, in dem sein Autor in der Frühzeit seines Schaffens ebenfalls mit Anspielungen auf romantische Bildlichkeit eine fiebrig-krankhafte Seelenlandschaft entfaltet hat: *Amras* von Thomas Bernhard (vgl. Aus 7f.; außerdem nennt Murau hier den *Siebenkäs* von Jean Paul, den *Prozeß* von Kafka, *Die Portugiesin* von Musil sowie *Esch oder die Anarchie* von Broch).

Rom ist für Murau unter den in Italien herrschenden »chaotischen politischen Verhältnissen« die ideale »Stadt für den Kopf« (Aus 207), vor allem aber die optimale Voraussetzung für seine längst geplante Schrift, die er über seinen »Herkunftskomplex« (Aus 201) verfassen will. »*Auslöschung*« werde er diesen Bericht nennen, denn alles, was er darin aufschreibe, »wird ausgelöscht, meine ganze Familie wird in ihm ausgelöscht, ihre Zeit wird darin ausgelöscht, Wolfsegg wird ausgelöscht« (ebd.). Daß der Titel seiner Schrift gleichzeitig auch das Buch bezeichnet, in dem sie vorkommt, erzeugt jene Verwischung zwischen fiktionaler Figur und Autor, mit der Bernhard stets so gerne spielt. »Wir tragen alle ein Wolfsegg mit uns herum«, verallgemeinert Murau, »und haben den Willen, es auszulöschen zu unserer Errettung« (Aus 199). Seine Formulierung, sein Bericht ziele auf alles, was er »unter Wolfsegg verstehe« (ebd.), deutet darauf hin, daß mit diesem Begriff nicht nur das reale Gebäude gemeint ist. Ganz ähnlich wie Roithamer in *Korrektur* schreibt auch Murau, dessen Vorname Franz-Josef an eine der bestimmenden Figuren des »habsburgischen Mythos« erinnert (vgl. Magris 1966; vgl. auch Bernhards Freund *Franz-Josef* Altenburg): »Die Geschichte von Wolfsegg belastet mich *in einer vernichtenden Weise*« (Aus 108). Für ihn erweitert sich die »Wolfseggbeschimpfung« zu einer »Beschimpfung alles Österreichischen und schließlich dazu auch noch alles Deutschen, ja letzten Endes alles Mitteleuropäischen« (Aus 111). Wie Roithamers Altensam repräsentiert das auszulöschende Erbe jedoch nicht nur »die Last ererbter Traditionen«, sondern zugleich »die mauerhaft gegenwärtige Geschichte des Ich« (Höller 1993, 91). Wolfsegg ist »Kindheitslandschaft« (Aus 599) *und* »geschichtlich chiffrierter Raum« (Gößling 1988, 10).

In Wolfsegg sei es »immer nur auf den wirtschaftlichen Vorteil für die Familie angekommen«, schreibt Murau (Aus 22). Die Gegenüberstellung von Geschäftssinn und Poesie, von Realem und Phantastischem zieht sich seit den frühen Texten (*Das Verbrechen eines Innsbrucker Kaufmannssohns*) bis herauf zu *Beton* (einem Text, der *Auslöschung* vermutlich zeitlich benachbart ist) durch Bernhards Werk. Die geliebte Kindervilla, in der Murau und seine Geschwister noch Theater gespielt haben, ist heute dem Verfall preisgegeben – es werde ja »das *tatsächlich Poetische* wie nichts sonst vernachlässigt« (Aus 185). Die fünf Bibliotheken auf Wolfsegg erinnern an eine verlorene Zeit, in der »das Denken zum obersten Gebot gemacht worden ist« (Aus 263). Wolfsegg bedeutet also auch die Zerstörung einer besseren Vergangenheit, die im Zeichen des Geistes gestanden habe. Die Nachkommen hätten hingegen auf nichts anderes geachtet, als daß sich das gemeinsame Erbe »nur noch mehr und mehr verfestigte«, und dabei allmählich selbst »die absolute Härte dieses Besitzklumpens angenommen« (Aus 37f.). Gegen die gesellschaftliche Auflösung stellen sie also die Stabilität eines konservierten Familienbesitzes, und damit wird deutlich, daß Italien, »*das* Land der chaotischen Verhältnisse« in den Augen der Muraus (Aus 393), nicht nur als Repräsentant des gegenwärtigen Weltzustands fungiert, sondern auch als Gegen-Territorium zum verhaßten Familienzusammenhang. Doch der Schreiber beurteilt den Konservativismus seiner Angehörigen keineswegs nur als anachronistische Haltung, die dem aktuellen Zeitgeschehen nicht mehr adäquat sei; vielleicht seien gerade sie, die ihre Zeit »mit einem realeren Verstand als andere« beherrschten (Aus 366), »auf dem richtigen Weg, nicht auf dem alles zerstörenden und vernichtenden, sondern auf dem, der alles zusammenhält und schützt« (Aus 368). Wieder nimmt der Autor damit das Thema ›Ordnung vs. Zerfall‹ auf, das sein Werk von Anfang an in aller Ambivalenz prägt.

Auslöschung ist Bernhards »einziges dezidiert politisches Buch« (Weinzierl 1991, 192). Schonungslos wie nirgends sonst wird eine autoritäre Erziehungstradition denunziert, die in Österreich den Charakter der Menschen und damit den des gesamten Landes geprägt hätten. Bei einem Österreicher habe man nie den Eindruck, mit einem »freien, unabhängigen Menschen« zu sprechen (Aus 293).

»Der österreichische Mensch ist durch und durch ein nationalsozialistisch-katholischer von Natur aus [...]. Katholizismus und Nationalsozialismus haben sich in diesem Volk und in diesem Land immer die Waage gehalten und einmal war es mehr nationalsozialistisch, einmal mehr katholisch, aber niemals nur eines von beidem« (Aus 292).

Scharfsichtig wird der »Zusammenhang zwischen der Überwältigung des Ich durch die gegenreformatorische barocke Herrschaftskirche und der politischen Überwältigungs-Ästhetik der Politik durch den Nationalsozialismus« angesprochen (Höller 1995, 69). Dabei muß Murau zugeben, daß ihn »die katholischen Bräuche [...] als Kind immer entzückt haben«, daß sie für ihn »ein Märchen gewesen« seien, so wie später »für die Erwachsenen ihr einziges Schauspiel« (Aus 142; vgl. zur Beziehung zwischen Theater und Kirche bei Bernhard: Höller 1993, 100f.). Doch auf diese Weise würden die Individuen nur »gefügig gemacht« – auch wenn dies für manchen »die einzige Rettung« sei, »für den schwachen Menschen, den durch und durch unselbständigen, der keinen eigenen Kopf hat« (Aus 142). Daraus entsteht ein bemerkenswerter Exkurs zur österreichischen Geistesgeschichte (wobei der Autor wieder einmal eine fiktive Figur seine eigenen Ansichten artikulieren läßt, vgl. Dreissinger 1992, 99): »Der Katholizismus ist daran schuld, daß es in Österreich so viele Jahrhunderte keine Philosophen und also überhaupt kein philosophisches Denken und dadurch auch keine Philosophie gegeben hat.« Die katholische Kirche und die Habsburger hätten das Denken »ausgeschaltet« und die Musik, »als die ungefährlichste aller Künste«, gefördert. »Wir sind ein durch und durch musikalisches Volk geworden, weil wir ein durch und durch ungeistiges geworden sind in den katholischen Jahrhunderten« (Aus 144f.).

Man kann *Auslöschung* als eine Art »Comédie humaine der österreichischen Geschichte« lesen (vgl. Höller 1995). »Wolfsegg ist während der Naziherrschaft eine Hochburg des Nationalsozialismus, gleichzeitig eine Hochburg des Katholizismus gewesen« (Aus 196). Das reale Schloß, Drehort für den Film *Der Italiener* (entst. 1970, vgl. WG 133), in dem es ebenfalls um das Fortleben nationalsozialistischer Greuel in den Köpfen von Zeitzeugen geht (zur biographischen Beziehung Bernhards zu Wolfsegg vgl. Weinzierl 1991, 188), wird für den Autor, dem der vieldeutige Ortsname schon als Journalisten aufgefallen ist (vgl. Höller 1995, 61), zur komplexen Metapher für die Ereignisse im »Jahrhundert der Wölfe« (N. Mandelstam, zit. nach ebd. 59; vgl. auch die Bedeutung des Wortes/Namens ›Wolf‹ für Adolf Hitler). Muraus Familie hätte »immer zu den gerade an der Macht Befindlichen gehalten und als geborene Österreicher die Kunst des Opportunismus wie keine zweite beherrscht« (Aus 195). Aber auch das Weiterwirken der nationalsozialistischen Mentalität, auf das Bernhards Texte zu dieser Zeit immer wieder aufmerksam machen (vgl. *Der Theatermacher* und v.a. *Heldenplatz*), inkarniert sich in Muraus Eltern. Zu ihrem Begräbnis erscheinen neben den hohen katholischen Geistlichen und den weltlichen Honoratioren die einstigen Gauleiter und SS-Obersturmbannführer, ein »feudales schwarzbraunes Provinzpandämonium« (Weinzierl 1991, 192), das in aller Schärfe auf den Umgang des österreichischen Staates mit der nationalsozialistischen Vergangenheit hinweist. *Auslöschung* erinnert an die vielen Verbrechen, die damals begangen wurden und die man später so schnell wie möglich vergessen wollte. »Das Schweigen unseres Volkes über diese tausende und zehntausende Verbrechen ist von allen diesen Verbrechen das größte« (Aus 459). Die Geschichte des Bergmanns Schermaier, der von einem Nachbarn angezeigt wurde, »*weil er den Schweizer Sender hörte*«, und den der Staat mit einem geringfügigen Geldbetrag »sozusagen abgefunden« hat (Aus 446f.), ist ein Mahnmal »für so viele, die über ihre Leiden während der nationalsozialistischen Zeit nicht sprechen, sich nur ab und zu darüber zu weinen getrauen« (Aus 457f.). Daß Muraus Eltern ausgerechnet die Kindervilla, sein »Kinderlieblingsgebäude« (Aus 459), als Versteck zweier Gauleiter mißbraucht haben, ist ein Symbol für die Zerstörung seiner eigenen Kindheit, die anfangs »ein Paradies« (Aus 137) gewesen sei. Murau, dessen Geburtsjahr 1934 den Beginn des Ständestaats und damit das Ende der Demokratie in Österreich markiert, ist trotz des offiziellen Endes der nationalsozialistischen Ära »doch nationalsozialistisch erzogen worden, gleichzeitig katholisch« (Aus 291; vgl. dazu die analog beschriebene Aufeinanderfolge der Erziehungssysteme in *Die Ursache*, U 105). In diesem Zusammenhang ist *Auslöschung* auch ein Dokument für die Schwierigkeiten, sich von einem historischen Erbe zu befreien, das allzu sehr in der eigenen Person eingewurzelt ist: seine Existenz sei »die lebenslängliche Befreiung von diesem österreichischen Ungeist«, sagt Murau zu Gambetti. »Von diesem Geist als Ungeist bin ich immer wieder angekränkelt« (Aus 293).

Muraus Mutter ist die letzte große Frauenfigur in Bernhards Prosawerk, deren Einfluß für alles Negative einer Existenz verantwortlich gemacht wird: »Das Böse auf Wolfsegg, wenn wir es auf seinen Ursprung zurückführten, führte immer auf unsere Mutter zurück« (Aus 297, vgl. Aus 569). Ihrem Sohn habe sie von Anfang an das Gefühl vermittelt, nicht gewollt zu sein. Als »*das überflüssigste Kind, das man sich vorstellen kann*«, habe sie ihn bezeichnet (ähnlich wie die Mutter in Bernhards Autobiographie), »ich blieb immer der, welcher nirgends hingehörte« (Aus 290). Ihr Eintritt in die über den Vater tradierte Welt wird zu einem neuerlichen Beispiel für die Überwältigung des Männlichen durch das zerstörerische Weibliche: sie habe »gleich bei ihrem Einzug in Wolfsegg alles Väterliche abgeschafft und das Ihrige durchgesetzt« (Aus 102). Auch soziologisch wird sie zugeordnet: als »die *Frau von unten*« (Aus 175), die Wolfsegg »*proletarisierte*« (Aus

176); durch sie sei die früher großzügige Anlage »eine kleinbürgerliche« geworden (Aus 102) – ein Entwicklungsprozeß, der auch in *Ungenach* und in *Korrektur* schon einmal inszeniert worden ist. Daß auch die väterliche Hinwendung zum Nationalsozialismus auf sie zurückgeführt wird, auf die »hysterische Nationalsozialistin« (Aus 193), signalisiert den Untergang einer im Vater inkarnierten Welt infolge des Durchbruchs von Irrationalität und wildgewordenem Kleinbürgertum, der im Buch auf die Figur der Mutter projiziert wird.

Der Vater ist somit der schwächere von beiden Elternteilen; er sei »niemals ein selbständig denkender Mensch gewesen« (Aus 52). Seinen eigentlichen Lebensraum habe das Büro gebildet, das ihm seine Individualität geraubt habe: »Das Büro hat sein Gesicht zu dem ausdruckslosen gemacht, das er zuletzt gehabt hat« (Aus 605). In Muraus Vater verkörpert sich die universale Herrschaft der Bürokratie, das »stahlharte Gehäuse der Hörigkeit« (Max Weber). »Ganz Europa läßt sich seit einem Jahrhundert von den Leitzordnern unterdrücken und die Unterdrückung der Leitzordner verschärft sich, dachte ich. Bald wird ganz Europa von den Leitzordnern nicht nur beherrscht, sondern vernichtet sein« (Aus 606). Die merkwürdige Beschimpfung der deutschen Literatur als »lächerliche Büroliteratur, die von Leitzordnern diktiert ist« (Aus 607), speist sich aus dem gleichen Zusammenhang. Muraus Vater zeigt damit, wie der Einfluß allgemeiner Bürokratisierung das alte Ideal der autonomen Persönlichkeit auflöst: »Je bürokratisierter die politischen und administrativen Apparate, desto korrupter, opportunistischer [...] ihre Träger« (Heins 1990, 88).

Seine Schwestern beschreibt Bernhards Protagonist als »Marionetten ihrer Mutter« (Aus 73), die sie »an sich gekettet« habe (Aus 62), weil sie sich »zeitlebens vor der Vereinsamung fürchtete« (Aus 64; vgl. die Mutter in dem Stück *Am Ziel*); als Sprachrohr der Mutter (vgl. Aus 103) hätten sie sich immer gegen ihren Bruder gestellt. Auch Muraus älterer Bruder (er heißt Johannes – wie Bernhards Großvater und – im Zweitnamen – sein Halbbruder, aber auch wie jener Bruder Roithamers, der in *Korrektur* nur kurz auftritt) erscheint als dem Erzähler absolut entgegengesetzte Existenz (vgl. Aus 83). Während sich dieser mit Beweglichkeit und Neugier, mit Unabhängigkeit und Aufnahmefähigkeit in Verbindung bringt, beschreibt er Johannes als äußerst fügsam und unselbständig: »ich bin in Wolfsegg immer *der Unruhegeist* gewesen, er *der Ruhepunkt*« (Aus 254). Wie sein Vater sei auch Johannes leidenschaftlicher Jäger gewesen, »alle möglichen sogenannten Herrenmenschen aus ganz Europa« hätten sich traditionell auf Wolfsegg eingefunden (Aus 186). Franz-Josef hingegen habe den Kontakt zu den Gärtnern bevorzugt, zu den »sogenannten *anderen Menschen*«, sie strahlten »die größte Ruhe aus und lebten in der Regelmäßigkeit und in der Einfachheit« (Aus 165). Er sei »immer der Pflanzenmensch« gewesen, Johannes »der Tiermensch« (Aus 166).

Murau nimmt damit eine Linie der Ablehnung gegen die Jagd in Bernhards Werk auf, die schon in *Frost* beginnt. Dort beklagt Strauch, Jagdgesellschaften täten sich »größenwahnsinnig zusammen, um die Natur wundzuschießen« (F 280; vgl. Kw 110f.). Murau unterstellt, »daß das Unglück der Welt zu einem Großteil auf die Jäger zurückzuführen ist, alle Diktatoren sind leidenschaftliche Jäger gewesen« (Aus 192). Wieder einmal wird bei Bernhard ein Realitätsbereich in zwei Aspekte auseinandergelegt: in Wolfsegg hätten sich »immer zwei Lager gegenübergestanden, die der Jäger und die der Gärtner« (Aus 191).

Gegen diesen fatalen Familienzusammenhang steht in Bernhards Text vor allem Muraus Onkel Georg, der sich ebenfalls in den mediterranen Süden abgesetzt hat (vgl. dazu Bernhards späte Reisen in diesen Bereich Europas; Höller 1993, 133) und dort eine (verlorengegangene) »*Antiautobiografie*« geschrieben hat (Aus 188). Seine Existenz ist ein Modell für gelungene Abgrenzung und Befreiung vom eigenen »Herkunftskomplex«, und er fungiert als einer jener Mentoren, die in den Büchern dieses Autors immer wieder dem Nachfahren helfen, die eigene Entwicklung abzustützen (nach dem Vorbild des Großvaters; vgl. dazu Tschapke 1984; zu *Auslöschung* v.a. Klug 1990, 24f.). Sein Onkel Georg habe Murau »auf den *Gegenweg*« gebracht (Aus 147), er habe ihm auch »die Literatur als *das Paradies ohne Ende*« geöffnet« (Aus 34). Wie oft in Bernhards Texten sind auch bei dieser Rekonstruktion eines Lebenswegs die Fronten überdeutlich abgesteckt – Selbstaufgabe vs. Autonomie: Er habe immer »die Wahl zwischen zwei Welten« gehabt, schreibt Murau, »zwischen der der Eltern [...] und der meines Onkels Georg«. Während die Eltern »immer nur nach den ihnen von ihren Vorgängern vorgeschriebenen Gesetzen gelebt« hätten, habe Onkel Georg »nur nach seinen eigenen, von ihm gemachten Gesetzen gelebt« (Aus 46).

Gegenfiguren zu Wolfsegg sind neben Muraus Onkel vor allem die Dichterin Maria und der Kirchenfürst Spadolini. »Die Maria aus der kleinen südösterreichischen lächerlichen Provinzstadt, in der Musil geboren worden ist« (Aus 232), ist eine neuerliche Hommage an Ingeborg Bachmann, doch im Personengefüge des Textes ist sie in erster Linie ein Idealbild von »Authentizität und Innerlichkeit« (Klug 1990, 25): »In jeder Zeile, die sie schreibt, ist sie ganz, ist alles aus ihr« (Aus 237). Auch Spadolini wird mit diesen Termini beschrieben; beide sind sie Persönlichkeiten, »auf die sich alles konzentrieren *muß*« (Aus 227). An dem Kirchenmann bewundert Murau seine Fähigkeit glanzvoller Selbstpräsentation: »Wie er etwas sagt und sich dabei zur Schau stellt, nicht *was* er sagt«, fasziniert ihn (Aus 555). »Die Mentoren bewundernd, identifiziert sich Murau vor allem mit der überlegenen Position, die sie in Interaktionen einzunehmen vermögen« (Klug 1990, 25). Seine Beziehung zu Spadolini ist darüber hinaus ambivalent: einerseits ist sie von Rivalität um die Mutter gekennzeichnet, die mit ihm eine Affäre hatte, andererseits ist er jedoch »der einzige«, der Murau »*anerkannt* hat« (Aus 500) – und damit eine positive Variante der Vaterfigur, ein weiterer Retter aus der Ablehnung, die der eigenen Familie nachgesagt wird. Als dritter kommt noch Eisenberg hinzu, der jüdische Freund aus Wien, der am Ende den Familienbesitz als Geschenk entgegennehmen wird. Er steht am Ende eines Traumes, in dem Murau und seine Freunde in einem Gasthaus Marias Gedichte dem auch in *Auslöschung* angesprochenen Schopenhauer gegenüberstellen (vgl. Aus 217, auch 149), im Mittelpunkt eines antisemitischen Angriffs des Wirtes (vgl. Aus 226); auch im Fall seiner (v.a. im Spätwerk auftretenden) jüdischen Figuren erfolgt bei Bernhard eine deutliche Identifikation mit den Opfern gesellschaftlicher Aggression und Ausgrenzung (vgl. zuletzt auch das Stück *Heldenplatz*).

Bernhards *Auslöschung* hat zwei Teile. Unter dem Titel »Das Telegramm« vollzieht sich zunächst mit Hilfe einzelner Fotografien eine phantasierend-reflektierende Annäherung an Muraus Familie, nachdem der Hinterbliebene über den Tod der anderen informiert worden ist. Im zweiten Abschnitt »Das Testament« folgt die konkrete räumliche Annäherung an Wolfsegg und den Rest der Familie sowie zuletzt die Schilderung der Begräbniszeremonie.

Im ersten Teil reflektiert der Erzähler immer wieder über die Auswirkungen der fotografischen Kunst. Die Fotografie sei »eine ungeheuerliche Naturverfälschung« (Aus 27), ihrem Erfinder sei »die endgültige Verzerrung der Natur und des in ihr existierenden Menschen« zu verdanken (Aus 29). Nicht nur den Ersatz der Realität durch die Welt der Bilder, die in der Folge »für die einzig wahre« genommen wird (ebd.), denunziert Murau dabei, sondern auch die Funktion der Fotografie als Mittel des Selbstbetrugs, der Beschönigung des Wirklichen: Die Menschen erwarteten von der Fotografie »ihr Wunsch- und Idealbild«, um sich darauf »eine schöne und glückliche Welt« zu schaffen, während sie in Wahrheit »die häßlichste und unglücklichste und verlogenste« sei (Aus 127). Doch dann thematisiert Murau auf bemerkenswerte Weise die Funktion der Fotos im Kontext seiner Konfrontation mit der Familie, als Mittel der Selbstbehauptung, der Gegenwehr: »Ich *wollte* wahrscheinlich lächerliche und komische Eltern auf dem Foto haben«, sagt er sich. »Ich wollte auch von meinem Bruder ein Foto haben, [...] das ihn lächerlich zeigt, *wie ich ihn sehen will*«, um so die Möglichkeit zu haben, sich dadurch »zu stärken in einem Schwächeanfall« (Aus 248f.).

Man kann diese Reflexionen nicht zuletzt als Auseinandersetzung mit der literarischen Technik lesen, die in Bernhards Texten eingesetzt wird. Bezeichnenderweise fällt gerade im Zusammenhang mit dem schrecklichsten Klischeebild, mit der Mutter, eine kurze Bemerkung, die erstmals in diesem Werk auf die psychologische Funktion solcher Denunziationsmethoden hinweist:

»Aber es wäre völlig unsinnig, ihr allein die Schuld an diesem Bösen in die Schuhe zu schieben, wie wir das tun, weil wir keine andere Wahl haben, weil uns ein anderes Denken viel zu schwierig ist, zu kompliziert, einfach unmöglich; wir vereinfachen die Sache und sagen, *sie ist ein böser Mensch, unsere Mutter*, und haben daraus einen lebenslänglichen Gedanken gemacht« (Aus 298).

Auslöschung enthält eine erstaunliche Anzahl von Passagen, in denen die eigene Darstellung angezweifelt, relativiert wird. Wolfsegg könne auch ganz anders gesehen werden, »als das Reizvollste, das sich denken läßt«, nur sei Murau »diese Betrachtungsweise nicht mehr möglich«, sie sei ihm »nie möglich gewesen« (Aus 539). Möglicherweise schimpfe er nur »aus einem Schuldgefühl heraus«, vermutet Murau, im Zusammenhang mit den Bestrebungen, von Wolfsegg »unabhängig zu sein«. »Wir hassen ja nur, wenn und weil wir im Unrecht sind« (Aus 105). Zur Relativierung kommt also die Selbstbezichtigung – und der Versuch, die an sich festgestellten Schwächen zu legitimieren: »nur die ungerechtesten« Gefühle könne er seiner Familie entgegenbringen, denn alle diese Menschen hätten ihn »auf die abstoßendste Weise enttäuscht« (Aus 304f.). Sein Mißtrauen spricht er an, es habe zu Wolfsegg gehört »wie alle andern sogenannten *bösen Eigenschaften*, die im Grunde nur die ganz natürlichen Mittel sind, sich behaupten zu können, nicht unterzugehen« (Aus 391; vgl. auch die Bemerkungen über seinen Hochmut, Aus 435f.). Im Zusammenhang mit der Begegnung mit dem verachteten Schwager erwähnt er vor allem auch »die ironisch-bittere Art«, die er dann einsetze, wenn er »den Ernst nicht ertrage« (Aus 379) – mit Sicherheit sind solche Aussagen zumindest zum Teil als Reflexionen des Autors über sich selbst zu verstehen.

Der alles integrierende Vorstellungsbereich des zweiten Abschnitts ist die Welt des Theaters. »*Begräbnisse sind immer nur ein Theater*« (Aus 532), lautet ein Kernsatz aus diesem Teil des Textes. Das bedeutet zum einen den Versuch einer Ablenkung vom Schrecklichen, den Willen zur Beschönigung: »jedes Drama ist verlogen, dachte ich. Und diese Art von Drama, ist die verlogenste« (Aus 634). Zum anderen weist die Metapher auf den Ablauf eines tradierten, sinnentleerten Mechanismus hin: »Dieses Schauspiel als Trauerspiel ist Jahrhunderte alt, habe ich gedacht, und alles geht wie von selbst« (Aus 320). Auf analoge Weise sei die kürzlich erfolgte Hochzeit der Schwester mit dem »Weinflaschenstöpselfabrikanten«, die im Buch mehrmals angesprochen wird, als perfekt geplante Aufführung in Szene gegangen (Aus 339ff.). Protagonisten in diesem Spiel seien stets die Repräsentanten der Kirche, die für diesen Zweck »die katholische Schauspielschule« besucht hätten (Aus 635). Und Spadolini ist für Murau »der außerordentlichste aller Schauspieler« (Aus 638); eine längere Passage im Buch führt vor, wie sein »berechnendes Trauertheater« (Aus 578f.) eine wortreiche Idealisierung der Verstorbenen auf die Bühne bringt. Doch das Bild vom Theater der Existenz hat noch eine ganz andere Bedeutung. Murau, der »Hauptdarsteller«, der seine »Rolle rekapituliert« und »die aufzusagenden Wörter« (Aus 319), betrachtet auch seine Heimkehr nach Wolfsegg und die Begegnung mit den Menschen dort als Aneinanderreihung von theatralischen Szenen, in denen alle Schritte und Handbewegungen »perfekt einstudiert« sein wollen (ebd.). Wie in keinem anderen Text offenbart diese literarische Figur »eine prinzipiell taktische Einstellung zur Interaktion« (Klug 1991, 5): »Wie gehe ich am besten vor? fragte ich mich, wie setze ich mich gleich am Anfang meines Auftritts in Szene?« (Aus 381). So verläuft seine mißglückte Annäherung an die Gärtner, mit denen er doch sympathisiert, und so vollzieht sich auch das Geschehen in der Küche, wo er sich gegenüber der Köchin angesichts des Gefühls, von ihr in seinen niedrigen Gefühlen durchschaut zu sein, »in die rettende Eindeutigkeit hierarchischer Rollenmuster flüchtet« (Klug 1990, 28) – stets mißlingt ihm die Sicherheit ungezwungener Selbstpräsentation. In der Begegnung mit dem ob seiner Durchschnittlichkeit verachteten Schwager, den er gleichwohl um »das Unbekümmerte, die Selbstverständlichkeit« seines Auftretens beneidet (Aus 467), wird diese Schwierigkeit ausdrücklich angesprochen (vgl. Aus 382). Vergeblich sehnt sich Murau nach der Unkompliziertheit der »einfachen Menschen«, zu denen es ihn schon immer hingezogen habe (Aus 137), und er spricht damit eines jener Motive an, die im Rahmen eines fortlaufenden Diskurses in Bernhards später Prosa über mehrere Texte hinweg immer wieder aufgegriffen werden. Auch Rudolf in *Beton* klagt über den Verlust des guten Kontakts, den er vor Ausbruch seiner Krankheit zu jenen Menschen gehabt habe, die er »seit langem nur die sogenannten einfachen Leute nenne« (Bet 148), und wie ihm ist auch den anderen Figuren in diesen Texten bewußt, daß es sich dabei um Menschen handelt, »die wir uns naturgemäß ganz anders vorstellen, als sie in Wahrheit sind«, wie es der Erzähler von *Der Untergeher* ausdrückt (Ug 206). »Die Einfachen sind nicht so einfach, wie geglaubt wird, die Komplizierten aber auch nicht so kompliziert«, formuliert Murau (Aus 337), einer jener vielen Menschen in Bernhards Werk, die »im Grunde für alles Einfache ruiniert sind« (Bet 148).

Neu sind die angesprochenen Probleme in Bernhards Werk nicht, und auch die Mechanismen, mit denen seine Figuren ihr psychisches Gleichgewicht zu regulieren trachten, sind bekannt. »Neu ist jedoch das Selbstbewußtsein, das diese Mechanismen begleitet. Dabei verblüfft besonders, daß einander widersprechende psychische Instanzen und Motive sich gleichzeitig artikulieren, ohne einander zu beeinflussen« (Klug 1990, 28; in diesem Aufsatz auch eine Analyse der psychischen Dynamik, die hier herrscht). In der Widersprüchlichkeit der ablaufenden Selbstreflexion liegt eine wesentliche Dimension der literarischen Darstellung. »Wie seine Vorgänger im Werk Thomas Bernhards ist auch Franz-Josef Murau eher der Schauplatz seiner (inneren) Rede als deren souveränes intentionales Subjekt: unablässig ereignet sich in ihm ein selbständig quellender Wortschwall« (ebd. 29). Er selbst verwendet in diesem Zusammenhang das Bild von der »Denkmaschine«, die Bernhards Figuren gerne als zentralen Verarbeitungsmechanismus ihrer Existenz aufgebaut hätten, deren ordnende Kraft sich jedoch »überfordert« zeigt: »sie produziert fortwährend Gedanken, von welchen wir nicht wissen, woher sie gekommen sind und wozu sie gedacht werden und in welchem Zusammenhang sie stehen« (Aus 158).

»Franz-Josef Muraus skeptische Botschaft lautet: es gibt keine Autonomie gegenüber der eigenen Lebensgeschichte. Als einzige Möglichkeit bleibt, die eigenen Begrenzungen und Verletzlichkeiten zu erkennen und sich bewußt dazu zu verhalten« (Klug 1990, 30). Daß letztlich »keine Freiheit von den Prägungen der Kindheit und der Geschichte« möglich ist (Sorg 1992b, 127), markiert die Grenzen des Versuches, den »Herkunftskomplex« mit seiner schriftlichen Darstellung »auszulöschen«; man kann diese Erkenntnis durchaus als Kommentar zu Bernhards eigener literarischer Praxis lesen. Die vollständige Loslösung bleibt zu Muraus Lebzeiten eine Phantasie, und es ist eine Phantasie der Vernichtung: »das Alte auflösen, um es am Ende ganz und gar auslöschen zu können für das Neue«, das ist Muraus Vorstellung, die er zu Gambetti äußert (Aus 211). Zu dieser Vorstellung gehört auch die »Sprengung des Ich-Panzers« (Höller 1995, 70), der aus dem auszulöschenden Erbe hervorgegangen ist; nicht nur Wolfsegg und seine Familie plane Murau »auseinanderzunehmen und zu zersetzen, sie zu vernichten«, sondern auch sich selber: »ein angenehmer Gedanke, meine Selbstzersetzung und Selbstauslöschung. Nichts anderes habe ich ja vor lebenslänglich« (Aus 296).

3. Über Kunst und Vollkommenheit

Die verbleibenden längeren Prosatexte *Der Untergeher*, *Holzfällen* und *Alte Meister* kann man durchaus im Zusammenhang betrachten. »In allen drei Fällen berichtet ein Ich-Erzähler, der selbst dem Geschehensraum angehört, in einem durchgehenden Erinnerungsmonolog [...] in episodischer, achronischer Folge von seinem Erlebnis mit einem Künstler, das ihn zur Aufzeichnung veranlaßt hat« (Huntemann 1990, 46). Darüber hinaus rechtfertigen die thematischen Übereinstimmungen eine solche Vorgehensweise: es geht vor allem um die Folgen übertriebener Perfektionsansprüche im Bereich des Lebens bzw. dem der Kunst. Wiederum stehen dabei Passagen der Selbstreflexion im Mittelpunkt, aber auch die Auseinandersetzung mit Kunst und Wirklichkeit (besonders mit der zeitgenössischen Realität des österreichischen Staates) nimmt großen Raum ein.

3.1 »Der Untergeher«

In *Der Untergeher* (1983) ist der Selbstmord des Pianisten Wertheimer, eines Freundes des Ich-Erzählers, Auslöser der Gedanken und Erinnerungen, aus denen der Roman besteht. Der geistigen Annäherung entspricht die äußerliche Bewegung des Erzählers, der zunächst ins Gasthaus von Wankham eintritt (was über viele Seiten gewissermaßen als räumliche Verankerung der zu dieser Zeit ablaufenden Reflexionen immer wieder sprachlich in Erinnerung gerufen wird), dort (im Zentrum des Buches) mit der Wirtin spricht und sich dann an den letzten Aufenthaltsort Wertheimers begibt, in dessen Jagdhaus, wo ihn der Holzknecht Franz über die letzte Lebenszeit des Verstorbenen unterrichtet (zum Aufbau vgl. Huntemann 1990, 80, v.a. auch Petrasch 1987, 216ff.).

Achtundzwanzig Jahre zuvor haben Wertheimer und der Erzähler während eines Kurses bei Horowitz in Salzburg angesichts der übermächtigen Spielkunst von Glenn Gould ihre Laufbahn aufgegeben. Beide haben sich in der Folge der Schriftstellerei verschrieben; der Erzähler arbeitet noch immer erfolglos an einer Studie über Glenn Gould, Wertheimer wandte sich den Geisteswissenschaften zu. Keiner der drei Freunde ist jedoch als »lebendige Individualität« gezeichnet, sie sind vielmehr »Produkte ›kombinatorischer Analysis‹ (Novalis), wechselweise bestimmt durch Übereinstimmungen, Ähnlichkeiten, Gegensätze«, gewissermaßen »ineinander reflektierte Aspekte und mögliche Erscheinungsweisen des EINEN Bernhardschen Begriffs der Kunstexistenz« (Gamper 1990, 68). Ein großer Teil des Buches besteht deshalb vor allem aus Vergleichen zwischen den drei Hauptfiguren. Zum einen werden sie dabei zwar »gegeneinander abgegrenzt«, gleichzeitig jedoch »die Konturen wieder verwischt«. Die Eigenschaften einer Figur sind »primär im Bezug auf gleiche, ähnliche oder gegenteilige Eigenschaften der anderen Figuren von Bedeutung«; deshalb erscheinen sie alle drei »eher als Teile in einem Bezugssystem, denn als real vorstellbare Personen« (Petrasch 1987, 235).

Glenn Gould wird als Inkarnation jener Eigenschaften charakterisiert, denen auch die anderen Personen in den Büchern des Autors, zumeist vergeblich, nachstreben. Präzisionsstreben und »*Selbstdisziplin*« (Ug 34), Isolationsdrang (vgl. Ug 27) und Ordnungsfanatismus (vgl. Ug 35) entstammen allesamt dem Merkmalskatalog von Bernhards bevorzugtem Personal. Auch als Naturhasser wird er beschrieben, und er zeigt zugleich die aus anderen Texten des Autors bekannte ambivalente Haltung gegenüber der Künstlichkeit, in die er sich geflüchtet hat:

>>Unsere Existenz besteht darin, fortwährend gegen die Natur zu sein und gegen die Natur anzugehen, sagte Glenn, solange gegen die Natur anzugehn, bis wir aufgeben, weil die Natur stärker ist als wir, die wir uns zu einem *Kunstprodukt* gemacht haben aus Übermut. Wir sind ja keine Menschen, *wir sind Kunstprodukte, der Klavierspieler ist ein Kunstprodukt, ein widerwärtiges,* sagte er abschließend<< (Ug 117f.).

Bei dem Versuch, der Natur zu >>entkommen<<, wollten Künstler wie er >>Klavier und nicht Mensch sein<<, wird er zitiert (Ug 118). >>Das Ideale wäre, *ich wäre der Steinway, ich hätte Glenn Gould nicht notwendig*<<, sagt er, >>*Steinway und Glenn in einem sein,* [...] *Glenn Steinway, Steinway Glenn nur für Bach*<< (Ug 119). Auch in seiner Denkwelt taucht somit jene Phantasie der lebensrettenden Verschmelzung mit einem mächtigen Einzelnen auf, die wir in Bernhards Werk immer wieder feststellen können. *Der Untergeher* ist mehr als eine Art Requiem für den realen kanadischen Klavierkünstler (1932-1982), der entsprechend der für Bernhard typischen literarischen Methode sogleich für das literarische Kalkül des Autors vereinnahmt wird. Auch Glenn Gould gerät in jenes >>Zwielicht von Fiktion und Realität<<, das bei Bernhard >>einerseits Verfremdung der zitierten Realität<<, andererseits Vorspiegelung dokumentarischer Echtheit der Fiktion<< (Gamper 1990, 68) bedeutet.

Noch wichtiger als die Beschreibung Glenn Goulds ist allerdings die Gegenüberstellung Wertheimers und des Ich-Erzählers, die eigentlich das Zentrum der Reflexionen ausmacht. In der Person seines Freundes sieht der Erzähler all jene Ursachen für existentielles Scheitern, die er selbst stets habe vermeiden können; Wertheimer ist >>der Bernhardsche Suizidär schlechthin<< (Huntemann 1990, 47). Wie viele Bernhard-Figuren (und nicht zuletzt der Autor selbst) habe Wertheimer eine äußerst aggressive Auseinandersetzung mit den Menschen seines familiären Herkunftsbereichs geführt; niemand habe seine Verwandten >>in ein entsetzlicheres Licht gestellt<< als er, sie so sehr >>*zu Boden geschildert*<< (Ug 63f.). Diese Haltung wird jedoch (wieder einer jener deutlichen Ansätze zur Selbstkritik in Bernhards späterer Prosa) ausdrücklich relativiert: Eltern und Schwester hätten doch immer versucht, ihn glücklich zu machen, heißt es, er habe sie aber stets zurückgestoßen (vgl. Ug 146). Vor allem habe es Wertheimer (eine grundlegende Frage in Bernhards Werk) an Authentizität gemangelt (vgl. Ug 124). >>Wertheimer war nicht imstande, *sich selbst als ein Einmaliges* zu sehen<<, lautet der Vorwurf, der sogleich in eine Lebensregel mündet, die dem Erzähler zur Errettung dient: >>Wir müssen kein Genie sein, um einmalig zu sein und das auch erkennen zu können<< (Ug 133f.). Er selbst habe im Unterschied zu Wertheimer niemals Glenn Gould sein wollen (vgl. Ug 133), und er sei deshalb seinem durchaus analog gelagerten Perfektionsdrang nicht zum Opfer gefallen. So heißt es denn in jenem Satz, den »der Übriggebliebene« (Ug 48) buchstäblich ins Zentrum des Buches (unmittelbar vor dem Eintritt der Wirtin) stellt: »Fazit ist: *er* hat sich umgebracht, nicht *ich*, dachte ich« (Ug 164).

Man kann die Reflexionen über den *Untergeher* als Versuch des Erzählers verstehen, »sich Aufschluß über den eigenen Standort zu geben« (Marquardt 1990, 50) – und damit gleichzeitig auch als neuerlichen Versuch einer Selbstreflexion, der die im gesamten Werk Thomas Bernhards mit zunehmender Perfektion angewandte Strategie der rettenden Distanzierung von bedrohlichen Selbstaspekten beispielhaft vorführt. »Der Umstand, daß die meisten Vorwürfe des Erzählers auch auf ihn selbst Anwendung finden könnten«, läßt den Verdacht zu, »hier mit bloßen Projektionen des Erzählers konfrontiert zu sein« (ebd. 56). So wird der Text zur »Geschichte der Selbstfindung und also Abgrenzung gegenüber dem Untergeher und dem Genie« (ebd. 57). Und der Erzähler weist auf seine bedrohliche Nähe zu der nachgezeichneten Existenzform auch durchaus hin: »Wir haben die größte Mühe, uns vor diesen Untergehern und diesen Sackgassenmenschen zu retten« (Ug 210), »sie ziehen einen, wo sie nur können, mit aller Gewalt hinunter« (Ug 211). Ausdrücklich wird diese Abgrenzung unter Bezugnahme auf die Autorität Glenn Gould legitimiert, denn von ihm stamme das verhängnisvolle Wort vom »*Untergeher*«, während der Erzähler »als *Philosoph*« bezeichnet worden sei (Ug 26).

Das ganze Buch hindurch sucht der Erzähler nach möglichen Gründen für Wertheimers Selbstmord. Womöglich sei es die »Ausweglosigkeit« gewesen, in die er sich zuletzt »*hineingespielt*« habe (Ug 10). Auch Glenns Tod wird als Erklärungsfaktor in Erwägung gezogen (vgl. Ug 33, 47). Das Motto des Buches, das später im Text wieder auftritt, weist jedoch auf einen weiteren Aspekt dieser Untergangsgeschichte: »Lange vorausberechneter Selbstmord, dachte ich, kein spontaner Akt von Verzweiflung« (Ug 76). Wertheimer hatte nämlich eine Schwester, die kurz vor seinem Selbstmord einen Großindustriellen in der Schweiz geheiratet hat und zu ihm nach Zizers bei Chur gegangen ist – ironischerweise an den Wohnort einer ehemaligen Landes-Mutter, der letzten österreichischen Kaiserin (vgl. Gamper 1990, 71). Seit dem Verlust seiner Eltern (vgl. Ug 144, 233) habe er die Schwester vollkommen »an sich gekettet« (Ug 38) – in der Überzeugung, daß sie »für ihn geboren worden sei, um bei ihm zu bleiben, sozusagen um ihn zu schützen« (Ug 43). Auch Wertheimer ist also eine jener Personen in Bernhards Werk, die sich nur durch die Unterwerfung eines anderen Menschen, den sie unverrückbar an sich binden, am Leben halten.

Als sie von ihm weggegangen sei, habe er ihr sofort »ewigen Haß« geschworen (Ug 43) und sein ganzes Unglück auf sie geschoben (vgl.

Ug 40): »Wir haben eine ideale Schwester für uns und sie verläßt uns im ungünstigsten Moment, völlig skrupellos« (Ug 57). Daß die Abtrünnige als Sechsundvierzigjährige geschildert wird (vgl. Ug 67) und damit im gleichen Alter wie die Mutter des Autors bei ihrem Tode, läßt erkennen, welche lebensgeschichtliche Folie hier mit eingeblendet ist. An ein ähnliches Unternehmen in *Korrektur*, das dort dem Protagonisten Roithamer mißlungen ist, erinnert die Bemerkung, Wertheimer habe einen »total ausbruchsicheren« Kerker für seine Schwester gebaut, sie sei aber entkommen (Ug 66). Der Erzähler formuliert, ins Allgemeine gewendet, die Lehre: »Wir können keinen Menschen an uns binden, sagte ich, wenn dieser Mensch es nicht will, müssen wir ihn in Ruhe lassen« (Ug 177). Sein verstorbener Freund jedoch wollte, so vermutet der Erzähler, die Schwester durch die Wahl des Ortes seines Selbstmords (in der Nähe ihres Hauses in Zizers) »in ein lebenslängliches Schuldgefühl« stürzen (Ug 76): »*sein Selbstmord war abgekartet*, dachte ich« (Ug 91).

Es ist erneut zu fragen (vgl. auch das Kap. über *Korrektur*), ob die unterschiedlichen Erklärungsansätze für das Geschehene (im Verein mit manchen Widersprüchen im erzählerischen Detail) tatsächlich den Schluß zulassen, daß damit die »Einsicht in die Unverläßlichkeit des Erzählers« zum »eigentlichen Erzählgegenstand« (Marquardt 1990, 67) werde. Es geht wohl auch im *Untergeher* ganz wesentlich um die Fragestellung nach der zwingenden Notwendigkeit eines irritierenden Ereignisses und eines Lebenswegs – und damit um einen Versuch, in der verwirrenden Vielfalt der Existenzdaten Gesetzmäßigkeiten zu erkennen. (Ingrid Petrasch deutet dies als »stellvertretend für die grundsätzlichere Frage nach der Geordnetheit und damit Sinnhaftigkeit oder Zufälligkeit und damit Sinnlosigkeit der menschlichen Existenz und der Welt schlechthin«; Petrasch 1987, 214.) Wie stets bei Bernhard handelt es sich bei den jeweils durchprobierten Kausalitätsmodellen, die dann wieder als unzulänglich verworfen werden, »um ein rein subjektives Ordnen der Welt, d.h. um ein Projezieren von Gesetzmäßigkeiten auf die Welt aufgrund eines menschlichen Bedürfnisses nach Geordnetheit« (ebd. 215).

3.2 »Holzfällen«

Holzfällen (1984) reagiert erneut auf den Selbstmord eines künstlerischen Menschen, auf den Freitod der »Bewegungskünstlerin« (Ho 271) Joana, die sieben oder acht Jahre zuvor von ihrem Mann mit ihrer besten Freundin verlassen und ohne finanziellen Rückhalt zurückgelassen worden ist (vgl. Ho 33f.). Auch sie ist (wie die Perserin in *Ja*) einer jener Menschen, die sich über einen anderen Menschen zu verwirklichen suchen: sie habe ihren Mann »in die Höhe gezwungen«

(Ho 136), weil sie für eine eigene Karriere nicht geeignet gewesen sei; eine »unbändige unstillbare Ruhmsucht« (Ho 139) habe sie dazu angetrieben. Ihr Untergang wird jedoch vor allem zum Zeichen eines endgültigen Verlusts im Leben des Erzählers und in der gegenwärtigen Welt. Früher war ihr Atelier für den Erzähler als »Kunstmittelpunkt« (Ho 52), als »*Kunsttempel*« (Ho 128) von entscheidender Bedeutung; er hat sie als reine »Märchenfigur« (Ho 274) in Erinnerung, keiner habe so viel wie sie »über seine Träume gesprochen und versucht, diese Träume zu *erforschen*« (Ho 273). In einer Zeit, in der »die Märchen [...] vorbei« sind (*Mit der Klarheit nimmt die Kälte zu*, Bernhard 1965, 243), könne ein Mensch, »der nur Träume und Märchen zu seinem Lebensinhalt gemacht hat«, jedoch nicht überleben (Ho 274).

Zum absoluten Gegenbild zu der verlorenen Welt der Künstlerin Joana wird für den Ich-Erzähler, der in diesem Fall wieder stark autobiographisch markiert ist, die auersbergerische Abendgesellschaft, deren literarische Denunziation aufgrund der Wiedererkennbarkeit realer Vorbilder (vgl. die Bemerkungen im Kap. über Bernhards Leben) vorübergehend zur Beschlagnahmung des Bandes und damit zu einer der größten literarischen Affären seit Ende des Zweiten Weltkriegs in Österreich geführt hat (vgl. dazu die Darstellung von Schindlecker 1987). Von jenem »Ohrensessel« aus, der in der ersten Hälfte des Texts immer wieder sprachlich aufgesucht wird, als stabiler Bezugspunkt der literarischen Rede gewissermaßen, beobachtet der Erzähler zunächst die Vorgänge um sich her, als »Zuschauer in einem künstlichen Gesellschaftstheater« (Huntemann 1990, 81), ehe mit dem Eintreffen des Ehrengastes, eines berühmten Burgschauspielers, das eigentliche »künstlerische Abendessen« beginnt. Wie in keinem anderen Buch ist hier die theatralische Situation des Beobachtens, die in Bernhards Literatur letztlich angestrebt wird, selbst in Szene gesetzt. Auf dem Ohrensessel kann der Erzähler die Gäste beobachten, »die wie auf einer Bühne agierten im Hintergrund, einer beweglichen Photographie ähnlich« (Ho 54). Dort, so sagt er, »sehe ich alles, höre ich alles, entgeht mir nichts« (Ho 31).

Auch in *Holzfällen* bezieht sich der Hauptvorwurf gegenüber Bernhards gescheiterten Protagonisten auf deren Inauthentizität – und damit auf Fragen der Identität (vgl. auch *Der Untergeher*, oben S. 122). »Den Anschein von allem haben sich diese Leute immer gegeben, wirklich gewesen sind sie nichts«, sagt der Erzähler über Auersberger und seine Frau (Ho 164); wieder entzündet sich die Kritik an der Anschuldigung, »keine eigene Existenz« zu haben, »nur eine nachempfundene« (Ho 243). Im Buch wird die entfremdete Lebensform der »*künstlerischen Menschen*« aus Auersbergers Umgebung am Beispiel des Begräbnisses der Joana in Kilb demonstriert. Dort hätten sie wie »von ihrer *künstlerischen Tätigkeit* verunstaltet« gewirkt, »*alles*

an ihnen war *künstlich*«, während die Kilber Bevölkerung »alles natürlich gemacht« habe (Ho 107). Die gleichen Defekte diagnostiziert
der Erzähler jedoch auch an sich: »ich *tat* erschüttert, dachte ich jetzt,
ich *war* es nicht« (Ho 102). Das Einzelereignis wird damit zum Ausgangspunkt für den generellen Befund einer Existenzweise, wie sie in
der Psychoanalyse unter dem Begriff des »Als-ob-Charakters« untersucht worden ist (vgl. Deutsch 1934): »Ich habe allen alles immer
nur vorgespielt, ich habe mein ganzes Leben nur gespielt und *vorgespielt*, [...] ich habe immer *nur ein vorgespieltes* Leben gehabt, niemals
ein tatsächliches, wirkliches« (Ho 105f.).

Einen großen Teil des Buches nehmen die Überlegungen des Erzählers zu den Ursachen des Verhaltens ein, das er im Verlauf des au-
ersbergischen Abendessens an sich selbst beobachtet, und man wird
diese Passagen wohl nicht zuletzt als Selbstanalyse des Autors lesen
können; *Holzfällen* ist ein wesentliches Dokument für jene »selbstthe-
rapeutische Progression«, die Bernhard durch sein Schreiben vollzieht
(Pail 1988, 56).

»Wir sind auf die innigste Weise mit Menschen befreundet, und wir glauben tatsächlich, auf lebenslänglich und werden eines Tages von diesen von uns über alles
andere geschätzten, ja bewunderten, schließlich sogar geliebten Menschen enttäuscht und verabscheuen sie und hassen sie und wollen mit ihnen nichts mehr
zu tun haben« (Ho 76f.).

Die vollkommene Zuneigung kennt also keine andere Negation als
den Umschlag in ebenso vollkommenen Haß. Wer stets bedingungslos verehrt, *wenn* er verehrt, haßt unermeßlich, wenn man ihn enttäuscht. Wieder ist es der Anspruch auf absolute Perfektion, an dem
sich diesmal die kritisierten ehemaligen Freunde messen lassen müssen: der mediokre Künstler, der stets nur »von dem *allerhöchsten Anspruch* gesprochen« hat, verfällt dem Verdikt, seine Umwelt »hinter-
gangen und betrogen« zu haben (Ho 224).

Daß solche anspruchsvollen Beziehungsformen stets zugleich die
vollkommene Abhängigkeit von den Menschen bedeuten, denen sich
der Einzelne buchstäblich ausliefert, führt im Gegenzug zu Präventiv-
maßnahmen, um der gefürchteten Enttäuschung vorzubeugen. »Wir
hängen uns jahrelang an einen Menschen«, denkt der Erzähler mit
Blick auf die von ihm früher verehrte Dichterin Jeannie Billroth,
»sind von diesem uns faszinierenden Menschen vollkommen abhängig schließlich« (Ho 219). Deshalb habe er sich der früheren Freundin »entzogen«, um nicht »von ihr verschlungen und also vernichtet«
zu werden (Ho 218), aus »Überlebensangst« (Ho 220). Durch Projektion wird die eigene Verhaltensweise dem anderen unterstellt: »Wir
saugen aus einem solchen Menschen jahrelang alles heraus und sagen
aufeinmal, er [...] sauge *uns* aus. Und mit dieser Gemeinheit müssen
wir dann lebenslänglich fertig werden, dachte ich jetzt« (Ho 221).

Ähnlich wie in der Autobiographie wird die vollzogene Entwicklung allerdings als Produkt einer gelungenen Selbst-Ermächtigung gerechtfertigt: »ich selbst habe mir diese ideale Entwicklung *genommen*, diese für mich ideale künstlerische Entwicklung, wie ich jetzt dachte« (Ho 223).

Gerade Jeannie provoziert zuletzt durch ihre Taktlosigkeit gegenüber dem Burgschauspieler, daß dieser in den Augen des Erzählers vorübergehend »zum *Augenblicksphilosophen*« wird (Ho 309) und jene »Auseinandersetzung mit einem entfremdeten sozialen Umfeld« artikuliert (Pail 1988, 63), die in Bernhards Text mit Mitteln der radikalen Distanzierung von der beobachteten Umgebung literarisch gestaltet wird. Ähnlich wie seine aktuelle Bühnenrolle, der alte Ekdal in Ibsens *Wildente*, der sich auf dem Dachboden seines Hauses in den ihm nicht mehr zugänglichen Wald hineinträumt, sehnt sich auch der Schauspieler nach dem Aufgehen im naturhaften Organismus des Hochwalds. Auf Jeannies Frage, ob er »in seiner Kunst sozusagen *eine Erfüllung gefunden* habe« (Ho 292), antwortet er, er wäre viel lieber »*in der freien Natur*« aufgewachsen und nicht (wie auch alle anderen Menschen, zu denen er spreche) »*in dem heillosen Wahnsinn der Künstlichkeit*« (Ho 301).

»In die Natur hineingehen und in dieser Natur ein- und ausatmen und in dieser Natur nichts als tatsächlich und für immer Zuhause zu sein, das empfände er als das höchste Glück. *In den Wald gehen, tief in den Wald hinein*, sagte der Burgschauspieler, *sich gänzlich dem Wald überlassen*, das ist es immer gewesen, der Gedanke, nichts anderes, als selbst Natur zu sein. *Wald, Hochwald, Holzfällen, das ist es immer gewesen*« (Ho 302; auch hier formuliert ein Protagonist, was der Autor selbst ähnlich sieht, vgl. Kathrein 1984).

3.3 »Alte Meister«

Bernhards vermutlich als letzter (vgl. das Kap. über *Auslöschung*) geschriebener längerer Prosatext *Alte Meister* (1985) rückt wieder einen dominierenden Protagonisten ins Zentrum, dessen Rollenmonolog durch einen Ich-Erzähler übermittelt wird. Der Privatgelehrte Atzbacher beobachtet eine Stunde lang den Musikphilosophen Reger, ehe er mit ihm, der ihn für einen bestimmten Zeitpunkt herbestellt hat, zu sprechen beginnt (AM 173, die »strukturelle Mitte des Buches«, Huntemann 1990, 84). Im restlichen Teil des Buches wird Reger dann nicht mehr aus der Erinnerung des Erzählers, sondern direkt zitiert. Anlaß des Treffens, das außerhalb einer in absoluter Regelmäßigkeit ablaufenden Reihe von Zusammenkünften stattfindet, und zugleich Endpunkt der »Komödie«, wie Bernhard den Text nennt, ist der von Reger arrangierte gemeinsame Besuch einer (desaströsen) Aufführung des *Zerbrochenen Krugs* im Burgtheater, jenes Kleist-

Stücks, das der Autor ganz besonders geliebt hat (vgl. Dreissinger 1992, 103).

Reger gehört in die Reihe der mit ihrem Herkunftsland verfeindeten außergewöhnlichen schöpferischen Menschen in Bernhards Werk: »Genie und Österreich vertragen sich nicht« (AM 21). Außerdem ist er einer jener Menschen in Bernhards Texten, die sich durch ihren auf beruhigende Gleichmäßigkeit abzielenden Lebensmechanismus in einer als instabil wahrgenommenen Welt zu behaupten suchen. Fixpunkte seiner Existenz sind das jeden zweiten Vormittag aufgesuchte Kunsthistorische Museum und das jeden Nachmittag besuchte Hotel Ambassador: »Jeder Mensch braucht eine solche Gewohnheit zum Überleben« (AM 27). Im Kunsthistorischen Museum, wo die Temperatur das ganze Jahr hindurch konstant gehalten wird (vgl. AM 20), ist ihm ein immer gleichbleibender Ort, die Bordone-Saal-Sitzbank, zur stabilen »Voraussetzung« für sein »Denken« (AM 142) geworden. Im Kunsthistorischen Museum hat er in dem Saaldiener Irrsigler aber auch ein ideales »Sprachrohr« gefunden, »seit über dreißig Jahren redet Irrsigler das, was Reger gesagt hat« (AM 12). So wird dem Sprecher von einem Menschen, mit dem ihn »*ein durch und durch ideales Distanzverhältnis*« (AM 205) verbindet, aus ungefährlichem persönlichem Abstand seine eigene Rede zur Selbst-Bestätigung zurückgespiegelt. Es ist ein Vorgang, der auffällig der immer wiederkehrenden Übertragung von Aussagen des realen Autors auf seine fiktionalen Figuren entspricht, seiner literarischen Selbstinszenierung also. Auch *Alte Meister* variiert abschließend nochmals Bernhards grundlegendes Thema von der Schwierigkeit, sich verständlich zu machen und zu kommunizieren.

Zur Funktion des von ihm regelmäßig aufgesuchten Aufenthaltsorts sagt Reger, daß das Kunsthistorische Museum der einzige ihm verbliebene »Fluchtpunkt« sei (AM 208). Wie sein Autor und dessen weitere Protagonisten beschreibt er seine Kindheit und Jugend als schreckliche Zeit des Leidens und der Qual (vgl. AM 106). Um »dem Leben zu entkommen«, habe er sich »aus der Welt in die Kunst davongeschlichen«, die er im Sinne des modernen Ästhetizismus als absoluten Gegenbereich zur realen Welt definiert (AM 190). Sein Umgang mit den Erzeugnissen der Kunst, den er als »*kritischer Künstler*« (AM 107) pflegt, ist jedoch von jener Ambivalenz gekennzeichnet, die Bernhards Texte auch insgesamt so deutlich prägt. Erneut taucht die grundlegende Opposition ›Kunst vs. Natur‹ auf, wenn Reger selbst »das außerordentlichste Kunstwerk« nur als »eine armselige völlig sinn- und zwecklose Mühe, die Natur nachzuahmen, ja nachzuäffen«, bezeichnet (AM 63). Ausgangspunkt für Regers Künstlerschelte ist aber auch die (für Bernhards Werk charakteristische) Opposition ›Individuum vs. Staat‹, die Frage nach der Freiheit des Einzelnen: »So wie der sogenannte freie Mensch eine Utopie ist, ist der sogenannte freie Künstler immer eine Utopie gewesen« (AM 62). Die Kunst sei zumeist eine »*Staatskunst*«, ihre Hervorbringungen seien »Bilder von Staatskünstlern« (AM 61), die sich dem »katholischen Staatsgeschmack angebiedert und verkauft« (AM 64) hätten. »Religionsverlogene Dekorationsgehilfen der europäischen katholischen Herrschaften« (AM 65f.) nennt sie Reger – in auffälliger Übereinstimmung mit ähnlichen Bemerkungen Friedrich Nietzsches (vgl. Huntemann 1990, 60f.). Zugleich jedoch formuliert er eine leidenschaftliche Apologie seiner Alten Meister, zu denen er gehen müsse, »*um weiterexistieren zu können*« (AM 208):

»Die Kunst ist das Höchste und das Widerwärtigste gleichzeitig, sagte er. Aber wir müssen uns einreden, daß es die hohe und die höchste Kunst gibt, sagte er, sonst verzweifeln wir. Auch wenn wir wissen, daß jede Kunst in der Unbeholfenheit und in der Lächerlichkeit und im Müll der Geschichte endet, wie alles andere auch, müssen wir *geradezu selbstsicher* an die hohe und an die höchste Kunst glauben, sagte er« (AM 79).

Diese Ambivalenz gegenüber den Erzeugnissen der Kunst geht vor allem auf Regers »Zerlegungs- und Zersetzungsmechanismus« (AM 226) zurück, mit dem er jedes Kunstprodukt einer genauen Überprüfung unterzieht, bis er »*einen gravierenden Fehler*« (AM 302) in ihm gefunden hat. Regers Vorgangsweise antwortet vor allem auf Gefahren, die bereits im *Untergeher* angesprochen wurden: seine schonungslose Kunstbetrachtung ist, wie die meisten Aktivitäten von Bernhards Figuren, Bestandteil eines spezifischen Überlebensprogramms. »Es darf nichts Ganzes geben, man muß es zerhauen«, erklärt der Autor 1970 in *Drei Tage* (It 87), und für seine Romanfigur ist die von ihr praktizierte Fragmentierung des Perfekten notwendig, um überhaupt weiterleben zu können:

»Das Vollkommene droht uns nicht nur ununterbrochen mit unserer Vernichtung, es vernichtet uns auch [...]. Erst wenn wir immer wieder darauf gekommen sind, daß es das Ganze und das Vollkommene nicht gibt, haben wir die Möglichkeit des Weiterlebens. Wir halten das Ganze und das Vollkommene nicht aus« (AM 42f.).

Regers Sätze, die beinahe wie ein erklärender Kommentar zum *Untergeher* klingen, beschreiben einen weiteren Aspekt innerhalb der Logik der Selbstbehauptung, die Bernhards Werk so eindringlich bebildert. Was dem betrachtenden Subjekt in allzu übermächtiger Perfektion gegenübertritt, konfrontiert es mit dessen eigener Unzulänglichkeit. Regers Kunstanalyse dient hingegen der Abwehr dieser Bedrohung, indem sie das Phantasma von absoluter Vollkommenheit, aus dessen Bann sich Bernhards Figuren nicht befreien können, als von keinem erreichbare Chimäre zu entlarven sucht. »Nur was wir am Ende lächerlich finden, beherrschen wir auch, nur wenn wir die Welt und das Leben auf ihr lächerlich finden, kommen wir weiter [...]. Im Zustand der Bewunderung halten wir es nicht lange aus und wir gehen zugrunde« (AM 122). Überdeutlich spielt diese Formulierung auf jene Verfahrensweise der Weltbewältigung an, die Bernhards literarische Arbeit grundsätzlich kennzeichnet (vgl. das Einleitungskapitel).

Einen besonders vernichtenden Befund in Form seitenlanger Scheltreden stellt Reger drei Personen aus, mit denen ihn eine besondere Beziehung verbindet, dem Dichter Adalbert Stifter (AM 72ff.), dem Komponisten Anton Bruckner (AM 76ff.) und dem Philosophen Martin Heidegger (AM 87ff.): das »Fürchterliche« sei, daß er mit allen dreien verwandt sei (vgl. AM 95). Denkt man dabei an Bernhards frühere begeisterte Stellungnahme über die »Reinheit Stifters« (WG 132) sowie an seine Anspielungen auf Heideggersche Terminologie in *Korrektur*, und erinnert man sich daran, daß er Bruckner in der Autobiographie als Lieblingskomponisten seines Großvaters bezeichnet (vgl. Ke 133), so wird das Bezugsfeld der Auseinandersetzung und der Abrechnung mit der eigenen Vergangenheit, mit der eigenen Herkunft deutlich. Es ist außerdem eine neue Variante der Selbst-Herleitung in Bernhards Werk: die Genealogie eines Menschen aus den Einflußfiguren seiner intellektuellen Biographie als Einordnung in ein geistiges Bezugsfeld, dem ausdrücklich auch eine gesellschaftlich verpönte, eine verbrecherische Komponente angehört (vgl. die Verbrechergestalten v.a. in Bernhards früherer Prosa) – Bernhards literarische Figur ist nämlich auch mit einem Doppelmörder verwandt (vgl. AM 99f.). »Nein, habe ich mir immer gesagt, ich werde nicht genauer nachforschen, wo ich herkomme«, kommentiert Reger seine »Ahnenausgrabung«, »denn dann grübe ich mit der Zeit möglicherweise noch mehr entsetzliche Fürchterlichkeiten aus, vor welchen ich, zugegeben, Angst haben« (AM 96).

Ein Bild im Kunsthistorischen Museum ist von der beschriebenen Demontage aller Kunstwerke ausgenommen. Stundenlang verharrt Reger nämlich vor Tintorettos »Weißbärtigem Mann«, und der Erzähler hat den Eindruck, er betrachte »etwas ganz anderes *hinter* dem *Weißbärtigen Mann*, [...] etwas weit außerhalb des Museums« (AM 45). Die melancholische Meditation vor dem Bild des alten Mannes richtet sich auf das kunstgewordene Sinnbild einer patriarchalen Instanz, deren Platz in Bernhards eigenem Existenzgefüge, wie er es in der Autobiographie nachgezeichnet hat, ebenfalls ein alter Mann eingenommen hat: der Großvater mütterlicherseits. Genau in der Mitte des Buches wird dieses Bild dann auch zum Gegenstand einer rätselhaften Episode. Eines Tages, so erinnert sich Reger, habe er seine gewohnte Bank schon mit einem Engländer besetzt vorgefunden, der »bei sich *zu Hause einen ebensolchen Weißbärtigen Mann*« habe und nun »zutiefst erschrocken« über die Existenz einer Zweitausgabe seines Tintoretto sei (AM 151). Es ist fraglich, ob hier tatsächlich auf Bernhards »Wiederholung der immergleichen Erzählmodelle und Topoi« (Huntemann 1990, 99) angespielt wird; jedenfalls verweist die quasi serielle Wiedergabe des in seiner bildlichen Anwesenheit dennoch abwesenden Ur-Bilds auf die Ersatzfunktion von Kunst, die das Verlorene nicht mehr wiederzubringen vermag, an dessen Stelle es getreten ist – womit sie zugleich die Grenze von Regers »*Kunstegoismus*« markiert, der (ähnlich wie im Fall der zahlreichen Zweierbeziehungen in Bernhards Werk) auch im Bereich der Kunst auf absolute Exklusivität abzielt: »*Ich wäre gern in dem Glauben, Goya habe nur für mich allein gemalt, Gogol und Goethe hätten nur für mich allein geschrieben, Bach habe nur für mich allein komponiert*« (AM 256).

Der angesprochene Substitutcharakter tritt überdeutlich zutage, wenn Reger im Schlußteil des Buches die vermeintlich lebensrettende Wirkungsmacht der Kunst mit dem Verlust des wichtigsten Lebenspartners seiner letzten Jahre konfrontiert. Kurz zuvor ist nämlich seine Frau verstorben, und dieser Schock hat ihn in eine bedrohliche Krise gestürzt, aus der er sich nur mit Mühe (und, wieder einmal bei Bernhard, mit Schopenhauer, vgl. AM 281) befreien konnte: »Wir sind urplötzlich von dem Menschen getrennt, dem wir *im Grunde alles* verdanken und der uns tatsächlich alles gegeben hat« (AM 249). Daß sie genau siebenundachtzig Jahre alt geworden ist (AM 247), spielt auf den Tod von Bernhards ebenso altem »*Lebensmenschen*« (vgl. WN 30) Hedwig Stavianicek im Jahre 1984 an (vgl. Höller 1993, 60). Was somit zum einen ein literarisches Requiem auf einen Menschen aus dem Lebenszusammenhang des Autors ist, knüpft zum anderen nochmals an sein immer wieder aufgegriffenes Thema des lebensnotwendigen geliebten Menschen an, der absolut auf die eigenen Ansprüche zugeschnitten zu sein hat. Regers Worte sind die Reflexionen eines Frauenhassers, der dennoch jahrelang von der Zuwendung einer Frau abhängig gewesen ist: »Meine Frau hat mich gerettet, immer habe er das weibliche Geschlecht gefürchtet und *die Frauen tatsächlich* sozusagen *mit Leib und Seele gehaßt* und doch habe ihn seine Frau gerettet« (AM 196).

Um sie sich genau entsprechend zu adaptieren, hat er sie erst zu einem idealen Partner erzogen, ähnlich wie etwa der im Text erwähnte Kleist in seinen Briefen an Wilhelmine von Zenge die bildsame Frau über die »Projektion eines faszinierenden Spiegel-Idols« zum Objekt seines aufklärerischen Erziehungsprogramms machen wollte (Neumann 1989, 143). Wieder einmal muß jedoch eine Bernhard-Figur erkennen, daß die Bindung an einen anderen Menschen zumindest am Tod eine unübersteigbare Grenze hat: »Wir stecken und wir stopfen alles aus uns in einen solchen Menschen hinein und er verläßt uns, stirbt uns weg, für immer [...]. Wir nehmen einen solchen Menschen für die Ewigkeit, das ist der Irrtum« (AM 29). Sein Verlust bedeutet für Reger nun eine letzte, die entscheidende Relativierung der Bedeutung von Kunst und Philosophie.

»Wir glauben, [...] *ohne einen einzigen Menschen auskommen zu können* und bilden uns ja auch ein, wir haben nur eine Chance, wenn wir nur mit uns selbst allein sind, aber das ist ein Hirngespinst. Ohne Menschen haben wir nicht die geringste Überlebenschance, sagte Reger, wir können uns noch so viele große Geister und noch so viele Alte Meister als Gefährten genommen haben, *sie ersetzen keinen Menschen*, so Reger, *am Ende sind wir vor allem von diesen sogenannten großen Geistern und von diesen sogenannten Alten Meistern alleingelassen*« (AM 291).

VI. Die Theaterstücke

1. Allgemeine Bemerkungen

Zwei Grundmodelle hätten die moderne Literatur besonders geprägt, schreibt der Autor Dieter Wellershoff in Anspielung auf zwei Theatertexte von Samuel Beckett und Jean-Paul Sartre: das Endspiel und die geschlossene Gesellschaft (vgl. Wellershoff 1973, 37). Zwischen diesen beiden Polen sind auch die Dramen von Thomas Bernhard angesiedelt.

Frühe Arbeiten fürs Theater verfaßte der Absolvent eines Schauspiel- und Regiestudiums am Salzburger Mozarteum (vgl. das Kap. über Bernhards Leben) bereits Ende der fünfziger Jahre. Herbert Gamper, der Autor der ersten grundlegenden Studie zu Bernhards Dramen, erwähnt u.a. eine Reihe von (zumeist 1958 entstandenen) Kurzschauspielen: *Die Köpfe, Die Erfundene, Rosa II, Frühling, Gartenspiel für den Besitzer eines Lusthauses* und *Mrs. Nightflowers Monolog.* Alle diese Texte sind nie im Druck erschienen (vgl. dazu Gamper 1977, 81ff.), die vier erstgenannten Stücke wurden Ende Juli 1960 auf Initiative (und auf Kosten) von Maja und Gerhard Lampersberg in Maria Saal (Kärnten) aufgeführt (vgl. ebd. 179ff.). Publiziert wurden hingegen die 1957/58 entstandenen »fünf Sätze für Ballett, Stimmen und Orchester« *die rosen der einöde* (1959; vgl. dazu das Kap. über Bernhards Frühwerk) sowie (erst 1970) das »Spiel für Marionetten als Menschen oder Menschen als Marionetten« *Der Berg* (das ebenfalls aus dieser Zeit stammt, vgl. WG 115 bzw. das Vorwort von Hans Rochelt zum Abdruck).

Überregional bekannt wurde Bernhard als Theaterdichter erst 1970 durch die Hamburger Uraufführung des Stückes *Ein Fest für Boris.* Damit begann zum einen die Zusammenarbeit mit dem Regisseur Claus Peymann, der in der Folgezeit beinahe alle Stücke Bernhards inszenierte und zu einer festen Größe in der dramatischen Produktion dieses Autors wurde. Vor allem aber entwickelte sich Bernhard von nun an zu einem der fruchtbarsten und erfolgreichsten Dramatiker der deutschsprachigen Nachkriegsliteratur: insgesamt 18 abendfüllende Theaterstücke sowie eine kleinere Zahl von Dramuletten (publ. zwischen 1978 und 1988, zusammengefaßt in den Sammlungen *Der deutsche Mittagstisch*, 1988, und *Claus Peymann kauft sich eine Hose und geht mit mir essen*, 1990; vgl. das Werkverzeichnis) entstanden in den verbleibenden Jahren bis zu seinem Tod. (Kurzfristig war der Autor Mitte der siebziger Jahre sogar als Burgtheaterdirektor im Gespräch; vgl. dazu Fialik 1991, 101ff.).

Schon sehr früh hat man Bernhards Stücke zu seinen erzählerischen Texten in Beziehung gesetzt. Viele Kommentatoren betonen
dabei vor allem die Homogenität zwischen den beiden Werkkomple-
xen. So weist etwa Hans Höller sowohl auf Strukturparallelen als
auch auf thematisch-motivische Übereinstimmungen hin: »Sie sind
bedingt durch den theatralischen Inszenierungscharakter seiner Prosa,
das szenische Arrangement aller Schauplätze in den Romanen und
Erzählungen und durch die Tendenz der Mittelpunktsfigur zum Monolog«. Vor allem aber seien bei Bernhard »Theater und Schauspielkunst selbst wichtige thematische Bildkomplexe – als Modelle des
Weltbezugs und der Wirklichkeitserfahrung – in der Prosa wie im
Drama« (Höller 1981, 46; eine Diskussion dieser Ansätze findet sich
bei Klug 1991, 29ff.). Dabei hat die Feststellung, daß Bernhards Dramen aus seiner Prosaarbeit herausgewachsen und daraus auch zu verstehen seien, nicht selten zu einer gewissen Abwertung geführt.
»Bernhards Theatertexte erreichen [...] nicht den Beziehungsreich-
tum, die Dichte, seiner Prosa [...], und aufgrund der zwangläufigen
Verundeutlichung durch das Medium (durch Veräußerlichung) ten-
dieren sie im Gegenzug zur Groteske, zur Farce« (Gamper 1977, 80;
vgl. auch Jooß 1976, 11, wo ein deutlicher »Authentizitätsverlust«
festgestellt wird).

Hingegen versucht Christian Klug in einer neueren Studie zu
Bernhards Dramen, diese Besonderheiten auf eine besondere Funktion der Theaterstücke im Kontext von Bernhards gesamtem Schreiben
zu beziehen. Seiner Meinung nach untersucht Bernhard in seinen
Texten vor allem die Art und Weise, wie sich Menschen mit Hilfe ihrer Rede, die das eigentliche Geschehen sowohl der Erzählungen als
auch der Dramen ausmacht, in einem Leben einzurichten trachten,
»dessen Grundbedingungen sie nicht ändern zu können glauben oder
nicht ändern wollen«, wobei sie sich auf die unterschiedlichste Weise
darum bemühen, »ihr real verlorenes psychisches Gleichgewicht wieder herzustellen« (Klug 1991, 1f.). Während jedoch in den frühen
Romanen und Erzählungen die apokalyptischen Innenwelten mono-
manischer Figuren vorgeführt worden seien, habe sich der Autor von
der identifikatorischen Präsentation seiner philosophischen ›Untergeher‹ später immer mehr entfernt; Klug spricht von »literarischen
Selbstdistanzierungen« (ebd. 4).

In diesem Prozeß der schrittweisen »Entmystifizierung« der Positionen, die von Bernhards frühen Protagonisten vertreten wurden
(ebd.), habe die Hinwendung zum Theater mit ihrer stärkeren »Typisierung des Personals« und ihrer »Erweiterung der Figurenkonstellation« eine entscheidende Rolle gespielt (ebd. 10; Klugs Untersuchung
bezieht Bernhards Theaterstücke in ihrem späteren Verlauf auf die Exi-
stenzdialektik Sören Kierkegaards und dessen Modell von der »Krankheit zum Tode«; vgl. ebd. 59ff.). Nach diesem Verständnis können

Bernhards Theaterfiguren als »existentielle Typen« angesehen werden, die sich »hinsichtlich der Strategien [...] unterscheiden«, mit denen sie sich in ihrem Leben einzurichten suchen (ebd. 2). Seine »dramatische Phänomenologie beschädigter Subjektivität« trägt nicht nur individuellen Charakter; in den Verhaltensweisen und Selbsttäuschungen der Figuren drückt sich die von Bernhard »universell behauptete Heteronomie von Subjektivität« aus (ebd.). Dabei ist seine fortlaufende Arbeit fürs Theater (wie auch sein gesamtes übriges Werk) in zunehmendem Maß von (Selbst-)Ironie gekennzeichnet; auch hier geht der Weg von der Tragödie zur Komödie, zur Bewältigung im theatralischen Rollenspiel.

Den Mangel an individueller Autonomie, die Probleme bei der Ausbildung und Aufrechterhaltung von Identität zeigt der Autor häufig an bestimmten Momenten, in denen seine Protagonisten mit der Realität ihres Lebens konfrontiert werden. Klug beschreibt Bernhards Stücke als »Versuchsanordnungen, die ihre Probanden anregen, über ihr eigenes Leben oder das eines Mitspielers zu reflektieren«; im Vordergrund stehe dabei die Frage »nach dem Sinn des gelebten Lebens und nach der Zufälligkeit oder Zwangsläufigkeit, mit der es abgelaufen ist, nach seinem inneren Zusammenhalt« (ebd. 113). Darin zeigt sich wiederum eine Analogie zu den erzählerischen Texten des Autors: die Erforschung der ›Ursachen‹, der Versuch, »durch Interpretation und Erinnerung Kontinuität in die Lebensgeschichte eines der Protagonisten zu bringen«, ist eines der zentralen Themen im gesamten Werk von Thomas Bernhard (ebd. 254).

Vor allem aber dokumentiert dieses Phänomen eines der auffälligsten Kennzeichen seiner Theatertexte: die Übermacht des Vergangenen. Die Vergangenheit von Bernhards Figuren beherrscht nicht nur ihre Gespräche und Reflexionen, soweit es um die Aufklärung undurchschauter Entwicklungsprozesse und Kausalitäten geht. Fortwährend wird deutlich, wie sehr sie sich in den immergleichen Bahnen von Wiederholungszwängen und festgefahrenen Verhaltensschemata bewegen, die als »zwanghafte Repetition der Begleitumstände« ihrer lebensgeschichtlichen Erschütterung erscheinen (Gamper 1974, 16). Das Leben erscheint den Menschen in seinen Stücken nur mehr als vorgeschriebenes Theaterstück, aus dem kein Weg ins Freie führt: »So viele Jahre spielen wir unsere Rolle / wir können nicht mehr heraus«, sagt Vera in *Vor dem Ruhestand* (St III/37). Sie empfindet sich als Gefangene in einem Drama, das von Anfang an festgelegt ist: »Wir haben unser Theaterstück einstudiert / seit drei Jahrzehnten sind die Rollen verteilt / jeder hat seinen Part / abstoßend und gefährlich [...] Wir existieren nur / weil wir uns gegenseitig die Stichwörter geben / weiter« (St III/39). Im Anschluß an diesen (Selbst-)Kommentar läßt sich auch die Analogie verdeutlichen, die zwischen Außen- und Innenwelt der Bühnenfiguren in Bernhards Stücken besteht: dem selbstgewählten Gefängnis eines festgefahrenen Lebensmechanismus, den wir zuvor mit dem Bild des Theaters charakterisiert fanden, entspricht »der meist hermetisch abgeschlossene Raum der Häuser oder Wohnungen«, der jeweils zum Schauplatz der Bühnenhandlung wird und auf die vermeintliche Bedrohung verweist, die für Bernhards Protagonisten von der Außenwelt ausgeht (Sorg 1992b, 154).

Zu den »Mechanismen der Lebensverarbeitung« (Bi 48), die in Bernhards Theaterstücken vorgeführt werden, gehören also auch die eng abgegrenzten Existenzgefüge, mit deren Hilfe seine Protagonisten ihr zerbrechliches Dasein zu befestigen und zu organisieren trachten. Zumeist sind die Menschen in Bernhards Stücken zu zweit aufeinander bezogen: »In Wahrheit hat mich mein ganzes Leben / immer nur das Verhältnis zwischen zwei Menschen interessiert«, sagt die »Gute« in *Ein Fest für Boris* (St I/29), deren Beziehung zu ihrer Dienerin Johanna den Prototyp für diese Konfiguration abgibt (vgl. später die Analyse des Textes). Schon in diesem Stück fällt die präzise Nachzeichnung zwischenmenschlicher Abhängigkeitsverhältnisse auf, die Bernhards Arbeiten fürs Theater auszeichnet. Dabei wird erkennbar, wie sehr die rücksichtslose Selbstdurchsetzung des Einzelnen gegen die gesamte Umgebung der Erhaltung seiner brüchigen Existenz dient: der Wunsch nach Selbstbeherrschung schlägt in das Begehren nach absoluter Kontrolle über die anderen um, in zwanghaft fixierten Zweierbeziehungen suchen sich Menschen durch die Unterdrückung ihrer Lebenspartner über ihre tatsächliche Ohnmacht hinwegzutäuschen, in Haßliebe an ein Gegenüber gekettet, das zumeist ebenfalls allein nicht mehr lebensfähig wäre.

Mit großer Präzision zeigt Bernhard in seinen Theaterstücken »zwischenmenschliche Beziehungen als Machtbeziehungen« (Kafitz 1970, 106) und als gewaltsame Instrumentalisierungen von Menschen. Die Struktur dieser Machtbeziehungen spiegelt sich nicht zuletzt in den autoritären Monologen, die Bernhards Figuren ihren zumeist stummen Gesprächspartnern aufzwingen: »An die Stelle des Austausches von Argumenten tritt die einhämmernde, insistierende Wiederholung als Ausdruck von Gewaltbeziehungen, in denen der Gegner nicht mehr überzeugt, nur noch überwältigt werden soll« (ebd. 107). Der Versuch, dem jeweiligen Gegenüber seine Selbständigkeit zu rauben, erinnert an Mechanismen aus der Frühzeit der menschlichen Sozialisation. Nach dem Psychoanalytiker Heinz Kohut hat der Wunsch nach Personen, die völlig der eigenen Verfügung unterliegen, sein Vorbild in einer der Antworten, die das Kleinkind auf den Verlust der sicheren Geborgenheit im Kontinuum des mütterlichen Körpers findet. Zu dieser Zeit imaginiert das Kind die anderen, von denen es Hilfe ersehnt, als »Selbst-Objekte« (Kohut 1979, 45), die sich innerhalb seiner Selbstgrenzen befinden und die es kontrollieren kann wie einen Teil dieses Selbst, das es gleichfalls kompensatorisch als allmächtig halluziniert, das Bild eines grandiosen Selbst, des »Größen-Selbst« (ebd. 43), errichtend.

Bernhards Stücke führen jedoch nicht nur zwanghaft aufrechterhaltene Zweierbeziehungen vor, sondern auch komplexere Machtgefüge, in denen die engen psychischen Abhängigkeitsverhältnisse zwischen mehreren Personen wirksam werden. Dabei weist der Autor scharfsichtig auf die Funktion von Rollenzuweisungen und gegenseitigen Projektionsmechanismen hin, wie sie etwa Horst Eberhard Richter am Beispiel von Familien untersucht hat: Durch bewußte oder unbewußte Erwartungen, die Partner aufeinander richten, können Menschen füreinander zur kompensatorischen Entlastung von »intraindividueller Konfliktspannung« dienen, wobei sie »den jeweiligen Partner als entschädigendes Ersatzobjekt oder als narzißtische Fortsetzung ihres Selbst« manipulieren (Richter 1970, 50). So landen einander komplementär ergänzende Menschentypen, ohne es bewußt angestrebt zu haben, im »Gefängnis der kompensatorischen Rollenfunktion«, in dem jeweils der eine »Persönlichkeitstorso« für den anderen die »zur Lebensfähigkeit vervollständigende Bezugsperson« ist (ebd. 56f.; vgl. dazu die Analyse von *Vor dem Ruhestand*).

Als Hilfsmittel, die menschliche Existenz zu bewältigen, dienen in Bernhards Theatertexten neben festgefügten Beziehungsstrukturen zwischen Menschen vor allem auch sprachliche Stabilisierungsmechanismen. Seine Protagonisten delegieren »die Selbst-Konstitution an Rollenmuster, Gewohnheiten oder an die rhetorische Fertigware des alltäglichen Geredes«, statt sich der Realität ihrer Existenz zu stellen (Klug 1991, 113f.): mit Hilfe von Klischees und Allgemeinplätzen versuchen sie, »das Unvorhergesehene als das Erwartbare zu behaupten und auf diese Weise metaphysische Behaustheit herzustellen« (ebd. 210; vgl. dazu auch das abschließende Kap. über Bernhards Sprache). Darüber hinaus findet sich in ihren Monologen eine geradezu mnemotechnisch vorgetragene Diätetik des Alltags, die stets auf die Beherrschung des hinfälligen, den Einflüssen der Natur unentrinnbar ausgelieferten Körpers ausgerichtet ist; Juliane Vogel spricht von der »Ablösung des theologischen ordo durch den säkularen der Disziplin« (Vogel 1987, 163). Die Zentralbegriffe dieser Selbstermahnungen lauten ›Kontrolle‹, ›Konzentration‹ und ›Konsequenz‹: »Wir dürfen alles / nur nicht die Kontrolle / über uns verlieren«, sagt die kranke Titelfigur des Stücks *Der Weltverbesserer* (St III/126). »Körper und Kopf beherrschen«, fordert der Kaplan in *Der Präsident*. »Körperdisziplin / Kopfdisziplin« (St II/47f.). Nicht zufällig sprechen diese Menschen, die sich ständig gegen das Auseinanderfallen ihrer Persönlichkeit zu wehren haben, von der Notwendigkeit der ›Konzentration‹: »Konzentration / ist das wichtigste« (*Der Ignorant und der Wahnsinnige*, St I/132; ähnlich *Die Macht der Gewohnheit*, St I/261). Wiederum aus dem Stück *Der Weltverbesserer* stammt der Satz: »Wir müssen immer die Konsequenz ziehen [...] konsequent sein / konsequent« (St III/162).

Bernhards dramatische Produktion ist nicht so sehr von einer Entwicklung geprägt wie sein Prosaschaffen. Die deutlichste Veränderung im Ton läßt sich zwischen dem Text *Ein Fest für Boris* und dem ersten eindeutig als »Komödie« angelegten Stück *Die Macht der Gewohnheit* erkennen; diesen und den dazwischen erschienenen Dramen wird auch der erste Abschnitt der folgenden Detailanalysen gewidmet sein. Ansonsten hat die Forschung meist zwischen bestimmten Grundmodellen unterschieden, die sich durch die gesamte dramatische Arbeit Bernhards verfolgen lassen. Hans Höller erkennt in den Theaterstücken des Autors zwei Haupttendenzen: »die Tendenz zur Satire in den Stücken, in denen Vertreter der gesellschaftlichen, ökonomischen, politischen und kulturellen Elite ins Licht der Bühne gerückt werden; und die Tendenz zur Komik in den Stücken mit gesellschaftlichen Außenseitern, meist mit gescheiterten, ins Abseits gedrängten Künstlern« (Höller 1993, 116; ähnlich auch Peymann 1985, 192); an dieser Unterscheidung orientieren sich auch die beiden abschließenden Teilkapitel der vorliegenden Darstellung.

Hingegen nennt Bernhard Sorg in seiner Werkeinführung »*zwei Formtypen*«: »Erstens die *Familiengeschichte*, worunter auch Konfigurationen nicht-verwandtschaftlicher Art zu verstehen sind, und zweitens die *Monologe der alternden Künstler oder Pseudo-Künstler, der Geistesmenschen unterschiedlicher Profession*« (Sorg 1992b, 154). Tatsächlich sind mehr als die Hälfte aller Stücke Thomas Bernhards Künstlerdramen (vgl. Huntemann 1990, 118). Die »Vorliebe für Artistenfiguren und tragische Clownsgestalten als der Selbstreflexion dienende Rollenbilder« gehört »in eine spezifische Linie der verkleideten Selbstdarstellung moderner Künstler seit dem ausgehenden 19. Jahrhundert« (ebd. 144); »die Künstlerfiguren in ihren verschiedenen Einkleidungen als Artist, Theatermacher, Weltverbesserer, Schauspieler und Autor« dienen dabei der Auseinandersetzung mit dem Verhältnis von Künstler und Gesellschaft (ebd. 146). Allerdings darf in diesem Zusammenhang auch die komplexe Thematisierung der ›Künstlichkeit‹ in Bernhards Werk nicht vergessen werden, die ebenfalls mit der problematischen Etablierung von Identität zu tun hat. Die Zwischenwelt, in die sich Bernhards Künstler begeben haben, wird ihnen nicht zuletzt zu einem Zufluchtsort vor dem Zugriff der Macht gesellschaftlicher Ordnungen, der in dieser Literatur stets mit aller Vehemenz abgewiesen wird. Als ›Künstler‹ kann sich der Einzelne den geschlossenen Verhaltensordnungen der Gesellschaft, die ihn zu entmächtigen drohen, auf spielerische Weise aussetzen, ohne ihnen zu verfallen. Indem er seine Äußerungen zugleich als »Zurücknahmen« definiert, die »das sprechende Ich als ein fingiertes zugleich präsentieren und eliminieren« (Neumann 1981, 457f.), unternimmt er einen subtilen Versuch der Selbst-Bewahrung, des Rückzugs in eine ironische Existenz.

Die Kernform der von Sorg als »Familiengeschichte« bezeichneten Struktur hat Willi Huntemann als »katalytischen Typ« beschrieben (vgl. dazu v.a. *Die Jagdgesellschaft, Der Präsident* und *Vor dem Ruhestand*). Die Figurenkonstellation beschreibt in diesem Fall ein »*Rollen-Dreieck*« aus Protagonist, Teilhaber und Antagonist (Huntemann 1990, 150).

»Die Protagonisten repräsentieren eine Ordnung, die auf Herrschaft beruht und sich in einer Krise befindet. Unterstützt von den ihnen nahestehenden Teilhabern und umgeben von Dienerfiguren, versuchen sie, letztlich erfolglos, sich in ihrer Position zu behaupten. Der Antagonist ›katalysiert‹ gleichsam diese Krise, indem er eine dialogische Verbindung mit dem Teilhaber eingeht, darin einem Katalysator in einer chemischen Katalyse durchaus nicht unähnlich« (ebd. 152).

Der beschriebene Dramentyp folgt einem charakteristischen Schema: »Antagonist und Teilhaber führen zunächst einen langen Dialog miteinander, bis schließlich der Protagonist auftritt und alle bis zur ›Katastrophe‹ zusammen bleiben« (ebd. 163). Bemerkenswert ist dabei, daß der Autor sämtlichen Antagonistenfiguren autobiographische Kennzeichen zugeschrieben hat (ebd. 168) – was diese Figuren allerdings durchaus nicht zu bloßen Sprachrohren ihres Erfinders macht: auch in Bernhards Theaterstücken gilt »das dynamisch-ironische Verhältnis von Identifikation und Distanz wie in der Rollenprosa« (ebd. 171). »Die autobiographische Markierung der Antagonisten will nicht sagen: in dieser Figur spricht der Autor, sondern: im Autor-Bewußtsein spricht (auch) diese Figur« (ebd. 170).

Nach Huntemann dient der Geschehensablauf dieses Dramentyps vor allem dem Ausdruck eines gedanklichen Konzepts: »die Gegenkraft beschleunigt die Auflösung einer bestehenden Ordnung (löst die in der Verwandtschaft von Protagonist und Teilhaber zutagetretende ›Bindung‹ auf), indem sie mit einem Glied dieser Bindung eine *neue* Bindung (im Dialog) eingeht und selber im Zerstörungsprozeß unversehrt bleibt« (ebd. 163). So gelingt es den Denkern, den »Antagonisten«, »die gesellschaftliche Ordnung geistig zu ›zerstören‹«; in den katalytischen Stücken Bernhards erfolgt die Inszenierung einer dialektischen »*Selbstaufhebung*« (ebd. 169). In diesem Zusammenhang läßt sich in mehrfacher Weise die dramatische Verfahrensweise Henrik Ibsens assoziieren: zum einen die analytische Technik, die auch Bernhards Texte prägt, zum anderen das Motiv des Eindringlings, der eine Lebenslüge entlarvt und dadurch eine erstarrte Ordnung zum Einsturz bringt (vgl. ebd. 172).

Huntemanns Bemerkungen weisen auf ein weiteres Kennzeichen der Stücke Bernhards hin, das in unterschiedlicher Weise kommentiert worden ist: auf ihre deklarierte Künstlichkeit (vgl. auch das Einleitungskap.), die freilich eine oft bemerkte Realitätsnähe der Figurendarstellung nicht ausschließt. Bernhards musikalisches Theater sei »Kopftheater«, schreibt Herbert Gamper, »mimetische Reproduktion von Denkprozessen«; seine Figuren seien »reine Kunstfiguren, im Sinne auch von ›künstlich‹, Verkörperungen von Denk- bzw. Existenzmöglichkeiten (-unmöglichkeiten)« (Gamper 1974, 11). Eine solche These kann sich auf den Autor selber stützen, der in einer Reihe von Motti auf die Künstlichkeit seiner Theaterarbeiten hingewiesen hat – etwa in der folgenden Passage aus Kleists Aufsatz *Über das Marionettentheater*, dem Motto von *Die Jagdgesellschaft*: »Ich erkundigte mich nach dem Mechanismus dieser Figuren, und wie es möglich wäre, die einzelnen Glieder derselben und ihre Punkte, ohne Myriaden von Fäden an den Fingern zu haben, so zu regieren, als es der Rhythmus der Bewegungen oder der Tanz erfordere« (St I/173). Der »Mechanismus der Figuren« in Bernhards Stücken dient dabei nicht zuletzt einer Variante der literarischen Selbstreflexion, die in seiner Prosa aus formalen Gründen noch nicht möglich war: der Ausfaltung der zahlreichen Ambivalenzkonflikte, die für seine Literatur so charakteristisch sind (vgl. Finnern 1987, 84: »Die Ambivalenz durchzieht die gesamte Erlebniswelt der Figuren«). »Thomas Bernhard spaltet die in der ›synthetischen Person‹ (Novalis) seiner Prosafiguren zusammengedachten Existenzmöglichkeiten auf und ordnet sie bestimmten Typen zu« (Klug 1991, 11).

Im Gegensatz dazu hebt Bernhard Minetti, der mehr als irgend ein anderer Schauspieler mit dem dramatischen Schaffen Bernhards verbunden ist (vgl. später die Analyse des Stückes *Minetti*), in einem Interview ausdrücklich hervor, die Stücke und Figuren dieses Autors seien für ihn durchaus »konkret« und »realistisch« (Minetti 1984, 22). Und auch der bevorzugte Bernhard-Regisseur Claus Peymann gibt an, bei seiner Inszenierungsarbeit stets einen ›realistischen‹ Zugang gewählt zu haben: »Eigentlich habe ich diese Figuren immer ganz realistisch als wahr genommen und habe auch versucht, dieses Klima auf der Probe zu erzeugen und im Bühnenbild zu ermöglichen« (Peymann 1985, 191). Aus seiner Sicht habe der Theaterautor Thomas Bernhard in seinen Stücken »einen bürgerlichen Totentanz überliefert und ermöglicht, der doch einen tiefen Einblick gibt [...] in den Zustand und die Vielfalt dieser vergehenden bürgerlichen Epoche, die er ähnlich zusammenfaßt wie vor ihm eigentlich nur noch Tschechow« (ebd. 193f.). Dieter Kafitz verweist deshalb zu Recht auf das Zusammenwirken der beiden Aspekte: »Nicht Handlungsanweisungen bietet Bernhard, auch nicht realistische Widerspiegelung konkreter Zustände, sondern prägnante Grundstrukturen, die in der Realität durch Gesetze und soziale Absicherungen verdeckt und erträglich gemacht werden« (Kafitz 1970, 105).

Formal erweisen sich Bernhards Theaterstücke bei aller individuellen Vielfalt als überaus homogen. Es sind in unregelmäßig angeordnete Verszeilen unterteilte Sprechpartituren ohne Interpunktion, die der Autor bewußt als »Vorlage« für die Arbeit der Schauspieler versteht: »ich liefere nur das Skelett« (Bernhard, zit. nach Dreissinger 1992, 40). Das auffällige Ungleichgewicht zwischen Sprachvorgang und äußerem Geschehen führt zu einer beinahe autonomen Strukturierung der Szenenfolge anstelle eines durchgehaltenen Handlungszusammenhangs (z.B. »Vorderdeck« – »Mitteldeck« – »Hinterdeck«, *Immanuel Kant*). »Musikalische Rhythmisierung der Bruchstücke, also Zugriff eines arrangierenden Kunstwillens, Kunstverstandes, muß die dialogische Spannung des Personendramas, zielstrebige Handlung, ersetzen« (Gamper 1974, 19; vgl. auch das Kap. über Bernhards Sprache). Dabei setzt der Autor häufig »das *Volumenverhältnis* seiner Szenen sehr bewußt zu Gliederungszwecken ein« (Huntemann 1990, 148; dort auch Beispiele). Bernhard Sorg charakterisiert die Dramen als »kunstvolle und formbewußte Versuche [...] einer beinahe klassizistischen Bändigung destruktiver Affekte« (Sorg 1992b, 152). Ernst Grohotolsky sieht Bernhards formale Anknüpfung an die klassizistische Tradition jedoch zugleich als Parodie auf die darin einst ausgedrückte Idee »freier, selbstbestimmter, zweckgerichtet handelnder Charaktere« (Grohotolsky 1983, 92). »Der ästhetische Sinnzusammenhang, die Form, die der Ausdruck der Autonomie des Subjekts, seiner Freiheit und Selbstbestimmung war, nimmt sich gleichsam selbst zurück in der Darstellung der Regression des Subjekts durch die irrationale Heteronomie« (ebd. 104).

2. Vom Endspiel zur Komödie der Existenz

Thomas Bernhards erstes abendfüllendes Theaterstück *Ein Fest für Boris* (Uraufführung: 29.6.1970, Deutsches Schauspielhaus Hamburg; Regie: Claus Peymann) sollte ursprünglich *Die Jause* heißen (WG 117). Mit dem Fest, das hier in Szene geht, läßt sich ein literaturhistorisches Vorbild assoziieren, dessen Hofmannsthalsche Fassung der Schauspiel- und Regiestudent Bernhard in Salzburg Jahr für Jahr beobachten konnte und als dessen negative Kontrafaktur seine eigenen Dramen gelesen werden können: »Viele Bernhard-Stücke folgen dem Muster des Salzburger Jedermannspiels, nur ohne abschließende Erlösung. Die Handlung läuft aus in ein gemeinsames Essen und Trinken, manchmal ein festliches Gelage, bei dem der Tod an einen der Mitspieler herantritt und ihn aus dem Kreis heraussterben läßt« (Höller 1993, 99; laut Hennetmair 1994, 47, war *Ein Fest für Boris* für die Salzburger Festspiele gedacht, und es entstand schon vor dem bei Gamper 1977, 85, angegebenen Jahr 1967). Das »Fest für Boris« findet aus Anlaß seines Geburtstages statt, eines Erinnerungstages, der in Bernhards Texten seine ganz besondere (negative) Bedeutung hat, und so ist auch der fatale Ausgang des Dramas innerhalb der literarischen Welt dieses Autors konsequent: völlig unbemerkt von den anderen und (anders als im Jedermannspiel) ohne Einbezug einer transzendenten Welt stirbt sein Protagonist, nachdem er zuvor (als groteske Parodie auf alle Formen des Protests gegen unzureichende Lebensumstände) durchaus folgenlos auf die zum Geburtstag erhaltene Pauke hauen durfte.

Die beiden Titel, der zuerst vorgesehene aus dem österreichischen Deutsch und die endgültige Version, liefern einen ersten Hinweis auf die Bedeutung des Feierns und des Essens, die in Bernhards Dramen von Anfang an zu beobachten ist. Häufig bildet ein Fest den strukturellen Rahmen oder auch den Abschluß des Bühnengeschehens (vgl. dazu v.a. Winkler 1989), wobei in diesem Zusammenhang meist jene Rekapitulation des Vergangenen erfolgt, die im Anfangsteil des Kapitels bereits angesprochen wurde. Auch die Metaphorik des Essens und Trinkens läßt sich in fast allen Stücken Bernhards nachweisen, und sie steht dabei häufig in parodistischer Verbindung mit dem Bereich des Geistigen: von der auf Shakespeares *Hamlet* anspielenden Meditation des *Theatermachers* »Leberknödelsuppe / oder Frittatensuppe / das war immer die Frage« (St IV/38f.) bis zu der Klage Ludwigs in *Ritter, Dene, Voss*: »In Bücher gehen wir hinein / wie in Gasthäuser / hungrig durstig / ausgehungert«, die »philosophische Mahlzeit« sei jedoch »immer nur ungenießbar« (St IV/196f.).

Im körperlichen Erscheinungsbild der Bühnenfiguren spiegelt sich die Deformation der Existenz, die sie führen. Der beinlose Boris ist vor Jahren von einer ebenfalls beinlosen Frau, der »Guten«, wie sie genannt wird, aus einem Krüppelasyl herausgeheiratet worden, und dreizehn seiner Leidensgenossen (auch ihnen fehlen die Beine) sind Gäste der grotesken Feier. Mit Krankheit und Verkrüppelung als Ursache für Machtbeziehungen, aber auch als Ausgangspunkt für besondere Kompensationsleistungen hat sich Bernhard immer wieder beschäftigt: »Die Ursache des Schöpferischen« sei »eine Körperverkrüppelung oder eine Geistesverkrüppelung«, behauptet der Verleger in dem Stück *Die Berühmten* (St II/139; vgl. zu dieser Thematik – unabhängig von Bernhards Texten – Niederland 1969); »alles wird von den Kranken / und von den Verkrüppelten beherrscht«, sagt der Jongleur in *Die Macht der Gewohnheit* (St I/272). *Ein Fest für Boris* benennt die Mängel der Lebensform, in die sich die Menschen im Asyl zu fügen haben. Trotz ihrer Verkrüppelung passen sie noch immer nicht in die Schlafplätze, die man ihnen zugemessen hat: »Wir haben alle [...] zu lange Körper / für die kurzen Betten« (St I/59). Und darüber hinaus nimmt die Anstalt auf die individuellen Besonderheiten ihrer Bewohner keinerlei Rücksicht: »Alle Kisten sind gleich groß«, beklagt sich der älteste Krüppel, es sind »Einheitskisten«, in denen sie ihre Existenz zuzubringen haben (St I/62). Wenn Bernhards Stück als Parabel zu verstehen ist, als Welt-Modell, so bildet es eine Gesellschaft ab, deren Angehörige in ihrem Menschsein unheilbar geschädigt sind. Sie sind Mitglieder einer sozialen Ordnung, die ihnen nur vorgeformte, normierte Plätze zuteilt, ohne auf die Bedürfnisse des Einzelnen einzugehen.

Hans Höller sieht Bernhards Darstellung der »Guten« als Spiegelung realer biographischer Erfahrungen, verbunden mit der »Einsicht in die allgemeine Struktur der auf Besitz begründeten Macht über sich selbst und die anderen«; er liest das Stück als eine »Parabel auf die von Besitz und Geldmacht dirigierte große infantile Scheinfreiheit in der Konsumgesellschaft« (Höller 1993, 113f.). Vor allem aber legt *Ein Fest für Boris* die charakteristische Beziehungsstruktur fest, die in Bernhards theatralischer Welt grundsätzlich zwischen den Menschen besteht. Den Anfang des Stücks bilden die Herrschaftsrituale der »Guten« gegenüber ihrer Dienerin Johanna; dieser Abschnitt (das »erste Vorspiel« zum *Fest für Boris*) hat übrigens in dem Einakter *Die Erfundene oder Das Fenster* (1958, unpubl.) eine Vorstufe (vgl. dazu Gamper 1977, 83), die Bernhard nach eigenen Angaben Jean Genets Stück *Die Zofen* nachempfunden hat (vgl. Dreissinger 1992, 102). Die »Gute« bezeichnet ihre Dienerin als ihr Eigentum: »Sie sind in meinen Besitz übergegangen« (St I/20). Johannas Gehfähigkeit führt ihrer beinlosen Dienstgeberin jedoch immer einen bedrohlichen Rest an Selbständigkeit vor Augen (auch die Tatsache, daß Bernhard seine Dienerfiguren stets mit individuellen Namen versieht und sie nicht als anonyme Rollenträger einführt, weist darauf hin, daß sie »nicht in theatralischer Entfremdung« leben wie die Herrschenden in seinen Stücken; vgl. Huntemann 1990, 159). So erzwingt die »Gute« für die Zeit des Fests die Anpassung ihrer Dienerin an die eigene »Bewegungslosigkeit« (St I/27): sie läßt sie ebenfalls an einen Rollstuhl angurten; »niemand darf auffallen / alle müssen gleich sein« (St I/51). Als »Mißbrauch« (St I/17) erscheint auch ihre Beziehung zu Boris, die keineswegs der in ihrer Rollenbezeichnung enthaltenen ›Güte‹ entsprungen ist: »Weil ich jahrelang nicht mehr allein sein kann«, sagt sie (St I/38), habe sie den beinlosen Krüppel geheiratet, nachdem ihr erster Mann bei eben jenem Unfall starb, der ihr die Beine raubte. Indem sie den Rat ihres Kaplans befolgte, »den Erbärmlichsten« zu nehmen (St I/39), hat sich die »Gute« eines Menschen bemächtigt, der wirklich völlig ausgeliefert ist (vgl. auch die Analyse des Romans *Das Kalkwerk*).

Thomas Bernhards Qualitäten als Theaterautor wurden rasch anerkannt. *Ein Fest für Boris* wurde mit dem Grillparzer-Preis 1972 ausgezeichnet, den die österreichische Akademie der Wissenschaften jeweils für das beste Theaterstück der letzten drei Jahre vergibt (zur Groteske um die Preisverleihung vgl. aus Bernhards Sicht WN 105ff.). Bereits sein zweites Stück wurde bei den Salzburger Festspielen aufgeführt: *Der Ignorant und der Wahnsinnige* (Uraufführung: 29.7.1972, Regie: Claus Peymann; in den Titelrollen: Ulrich Wildgruber und Bruno Ganz). Es wurde dort allerdings nur ein einziges Mal gespielt, weil sich die Festspielleitung weigerte, die vom Regisseur geforderte Abschaltung des Notlichts am Ende der Aufführung, die in absolute Finsternis münden sollte, durchzuführen (vgl. WG 146f.; in *Der Theatermacher* nimmt Bernhard später ironisch auf diese Affäre Bezug).

In dem Stück *Der Ignorant und der Wahnsinnige* legt der Autor wie nirgends sonst die widerstrebenden Tendenzen auseinander, die in seiner Literatur zu beobachten sind – im Sinn der Bemerkung Sigmund Freuds, in der Literatur könne das imaginierende Bewußtsein durch Aufspaltung des Ichs in Partial-Ichs die Konflikte seines Seelenlebens in mehreren Helden personifizieren (vgl. Freud 1966, 221). Bernhards Bühnenfiguren bilden zusammen ein »System komplementärer Rollen« (Klug 1991, 229), jede von ihnen repräsentiert »nur eine Position innerhalb des Interaktionssystems, das sie gemeinsam darstellen« (ebd. 240). »Das Märchen ist ganz musikalisch«, lautet das von Novalis stammende Motto des Stücks (St I/81), das deutlich auf dessen Charakter als künstlerische Konstruktion hinweist.

Das Zentrum des Geschehens ist der Auftritt einer Koloratursängerin als »Königin der Nacht« aus Mozarts Oper *Die Zauberflöte*, deren Gesang allerdings nur mittelbar zugänglich wird, indem ihn ein Lautsprecher zu den Menschen auf und vor der Bühne trägt. Die »Königin«, wie sie der Text nennt, wird von Anfang an als Inkarnation jener perfekten Künstlichkeit gepriesen, in der Bernhards Figuren immer wieder ihr Leben zu stabilisieren suchen: »das Wort Koloraturmaschine« wird gebraucht (St I/83), von dem »künstlichsten aller Mechanismen« (St I/93) ist die Rede, der »die Schwankungen / in der Natur« beherrsche (St I/142). »Die Existenz des Künstlers ist Paradigma von Existenz überhaupt, die immer eine künstliche ist« (Gamper 1977, 101). Dabei ist jedoch stets auch die Anstrengung spürbar, die unmenschliche Disziplin, von der wiederholt die Rede ist (die Königin sei »die diszipliniertseste«, wird gesagt, St I/107), vor den Augen des Publikums durchzuhalten.

Den Kommentar zu dieser Künstlerfigur liefern die beiden im Titel genannten Männerfiguren, der trunksüchtige, fast blinde Vater der Sängerin und der Doktor, dessen Figurenrede den Hauptteil des Stückes einnimmt. Zu Beginn des Stückes warten sie auf die Königin, und sie exemplifizieren damit eine Grundsituation der dramatischen Welt Thomas Bernhards: Jean-Marie Winkler hat das Warten (neben dem bereits genannten Fest) als charakteristische Konstante dieser Theaterstücke herausgestellt (vgl. Winkler 1989). Der »Ignorant« und der »Wahnsinnige« sind Beispiele für »zwei komplementäre Existenzmodelle«, für verschiedene Formen des Umgangs mit der individuellen Lebenssituation: »Während der Doktor ad hoc zu allem und jedem naturgesetzhafte Verallgemeinerungen formuliert, erblickt der Vater in allem seine mit innerer Notwendigkeit erfolgende gerechte Strafe« (Klug 1991, 230); seine Fixierung auf »das unveränderliche Schema seines individuellen Unglücks« ist geprägt von Symptomen »infantiler Angst und Abhängigkeit«, von der Sehnsucht nach Regression (ebd. 249f.).

Das Beziehungsgeflecht des Stückes ist allerdings noch komplizierter; eine Mehrzahl von Konstellationen sind gewissermaßen übereinanderprojiziert. Der Vater »hängt / mit seinem ganzen Wesen / an seiner Tochter« (St I/120), sagt der Doktor. So hat es seine Bedeutung, wenn im Text ausdrücklich zitiert wird, wie der Gesang der Königin beginnt: »O zittre nicht, mein lieber Sohn«, kommt am Ende des ersten Bildes aus dem Lautsprecher (St I/134). »Durch diesen Kunstgriff erscheint an Stelle der Tochter die Stimme einer mächtigen Mutter, deren verführerischem Sirenengesang er sich hingibt, zumal sie seinen Platz als den eines ›lieben Sohnes‹ anruft« (Korintenberg 1974, 13f.). Daß er in dem Moment dem Alkoholismus verfallen ist, als seine Tochter »zum erstenmal / öffentlich aufgetreten ist« (St I/ 87), verknüpft seine Sucht mit dem Zeitpunkt, da diese Stimme sich einem anderen Partner, dem Publikum, verband, sodaß er erkennen mußte, daß er sein Geschöpf nicht für sich allein besitzen werde. In der Beziehung, die den anderen völlig für sich okkupieren will, interveniert ein Rivale, der die schöne Illusion zerstört, »der einzige« zu sein. Im Verhalten des Vaters manifestiert sich der unbewußte Wunsch, »einziger Adressat der Stimme seiner Mutter zu sein, als welche er seine Tochter verkennt« (Korintenberg 1974, 14).

Der Doktor hingegen erinnert in seiner Rolle innerhalb des Figurengefüges an den Satz aus *Korrektur*: »Konsequentes Durchdenken eines, gleich welchen Gegenstandes, bedeutet Auflösung dieses Gegenstandes« (K 227f.). Denn während der Gesang der Königin den Mittelpunkt des Stückes bildet, ist das Gerüst des Textes ein Sektionsprotokoll, das der Doktor vorträgt. Von der Eröffnung des Gehirns bis zur Zerlegung des Unterleibs wird dabei detailliert das fachgerechte Eindringen ins Innere des menschlichen Körpers nachvollzogen. Daß gerade zu Beginn der Neuzeit die »paradigmatische Bedeutung der Anatomie« belegbar ist, läßt annehmen, daß diese auch »für die sich entwickelnde Naturwissenschaft die methodologischen Richtlinien gesetzt hat: Sichtbarmachen, Aufschneiden, Ent-decken« (Böhme/Böhme 1983, 52). In extremer Reduktion zeigt Bernhard am »Wahnsinn« des Doktors, was dem »Zerlegungs- und Zersetzungsmechanismus« (AM 226) zugrunde liegt, an dem einige seiner Figuren leiden: der Verstand als »chirurgisches Instrument«, wie es Konrad in *Das Kalkwerk* nennt (Kw 129).

Parallel zur Sektion der Leiche, die die Rede unterläuft, zeigt Bernhards Stück jedoch zugleich die »Demontage« jenes »Kunstprodukts« (Gamper 1977, 100), das in der ersten Szene konstruiert wird. Dort läuft eine jener in Bernhards Texten häufig auftretenden Ankleideszenen ab, in denen mit der intakten Bedeckung der körperlichen Blößen, bevor der Mensch sich in die Öffentlichkeit begibt, die Herstellung gesellschaftlicher Identität zeichenhaft vorgeführt wird. Doch die Angst der Sängerin vor dem Verlust ihrer Haare (vgl. St I/122) und vor dem Zerreißen ihres Kostüms (vgl. St I/128) zeigt, wie sehr sie ihre Selbstbeherrschung gegen die Befürchtung, das mühsam Aufgebaute könnte wieder auseinanderfallen, zu behaupten hat. Seit längerem stellt der Doktor fest, daß sich die Königin »auf das beängstigendste verändert hat / sie ist nicht mehr die gleiche« (St I/96). Gegen den Anschein (vgl. die Bezeichnung als »Mechanismus«, St I/126) droht auch diesem Menschen das stabile Sich-gleich-Sein, seine Identität, zu schwinden. Auf einmal sei es »möglicherweise / eine Todeskrankheit« (St I/149), sagt der Doktor, der die Königin mit seiner analytischen Rede buchstäblich ›seziert‹: im vorletzten Teil des Sektionsberichts beschreibt er tatsächlich die Zerlegung jener Organe, die zur Bildung einer Stimme benötigt werden (vgl. St I/159-162).

Zuletzt beschließt die Sängerin, ihre nächsten Verpflichtungen abzusagen und sich damit dem verhaßten Kunstmechanismus zu entziehen (vgl. St I/148f.): Es gebe »nichts Anstrengenderes«, als ein Mensch zu sein, von dem »die Welt / immer etwas / Außerordentliches« erwartet (St I/167), sagt der Vater, und der Doktor bekennt: Es »geht eine unglaubliche Faszination davon aus / sich gehenzulassen« (St I/89). Daß die Absage der KÖNIGIN ausgerechnet gegenüber den KÖNIGlichen Opern Stockholm und Kopenhagen erfolgt, verleiht jedoch auch dieser Handlung eine verborgene ödipale Bedeutung: Mit der Auflösung des singenden Kunstmechanismus, dessen Aufrechterhaltung zugleich an das mühevolle Unternehmen der Existenz erinnert, mündet das Stück schließlich in jene regressive Finsternis, deren Faszination auch Bernhards Monolog *Drei Tage* zuletzt beschwört (vgl. das Einleitungskap., S. 4). »Das Licht / ist ein Unglück«, kommentiert der Doktor, es exponiert den Beleuchteten wie »auf offener Bühne [...] wodurch alles die größte / Unsicherheit ist« (St I/168f.). Dieselbe Figur benennt jedoch auch den Widerspruch, der die Menschen in Bernhards Büchern zwischen der Angst vor dem Selbstverlust und der Sehnsucht, mit dem Selbst auch diese Angst noch zu verlieren, auseinanderreißt: »der Wunsch / tot zu sein / deshalb die Angst / vor dem Ende« (St I/155).

Sein »bestes Stück« nennt der Autor *Die Jagdgesellschaft* in einem Interview (Becker 1978, 83; Uraufführung: 4.5.1974, Burgtheater Wien; Regie: Claus Peymann; zu den Unstimmigkeiten um die Besetzung der Rolle des Schriftstellers, für die ursprünglich Bruno Ganz vorgesehen war, vgl. aus Bernhards Sicht WN 154ff.; eine Gegendarstellung Gerhard Klingenbergs steht in Fialik 1991, 95ff.). Es ist der erste Theatertext, in dem Bernhard eine Schriftstellerfigur zum Medium der Selbstreflexion macht (vgl. später v.a. *Am Ziel*): Ein dramatischer Schriftsteller ist Gast in einem Jagdhaus mitten im Wald, das einem General und dessen Frau gehört. Zunächst vertreibt er sich kartenspielend mit der Generalin die Zeit und spricht mit ihr darüber, daß der General schwer krank ist; außerdem hat der Borkenkäfer den Wald rund um das Jagdhaus befallen, in dem das Generalsehepaar einst (nach dem Weltkrieg) Zuflucht gefunden hat. Erst später kommt auch der General selbst mit seinen Jagdkameraden auf die Bühne und nimmt am Gespräch teil (zur Entstehung des Textes, in der sich Bernhards Arbeitsweise auf charakteristische Weise spiegelt, vgl. Höller 1993, 119f.).

Von Beginn an wurde der allegorische Charakter des Stücks wahrgenommen; bei der Uraufführung wollte Bernhard sogar, die Bäume mögen auch im Zimmer des Jagdhauses stehen, um diesen Umstand zu betonen (vgl. Peymann 1985, 191). *Die Jagdgesellschaft* ist der Modellfall des »katalytischen« Stücktyps, den wir eingangs im Anschluß an Huntemann nachgezeichnet haben. Der Titel verweist auf jene Form der menschlichen Herrschaftsdemonstration gegenüber der Natur, deren tödlicher Umgang mit dem kreatürlichen Dasein auch in anderen Texten denunziert wird (vgl. v.a. *Auslöschung*). Der Gastgeber der ›Jagdgesellschaft‹, der General, gehört zu der Serie von Mächtigen in Bernhards dramatischem Werk, die in einer Mischung aus Faszination und Abscheu zur Beobachtung freigegeben werden. Er hat jedoch in der Schlacht von Stalingrad einen Arm verloren; wie viele Bernhard-Figuren ist er also durch ein vergangenes Ereignis deformiert. Und auch gegenwärtig umgeben ihn Zeichen von Tod und Verfall: die tödliche Krankheit der Nieren (vgl. Bernhards Großvater, der auf diese Art gestorben ist), der Graue Star, die politische Absetzung, die von seinen Ministern betrieben wird – und dazu der Borkenkäfer, der symbolhaft die Lebensgrundlage des Generals unterhöhlt, weil er »alles hier / alles mit dem Jagdhaus Zusammenhängende / zerstört / zerfrißt / alles« (St I/201). »Die immer unausweichlicher ihn bedrängenden Erinnerungen und Erfahrungen des Todes« wirken nicht zuletzt als Bedrohung seiner Identität; sie sind »symbolische Markierungen jener psychischen Dynamik, die in Bernhards Stücken mehr besprochen als tatsächlich vorgeführt wird: des Ausbruchs einer Todeskrankheit« (Klug 1991, 264).

Der Schriftsteller läßt sich nicht nur aufgrund seiner Berufsbezeichnung als Reflexionsfigur des Autors verstehen. Wie sein Autor nimmt er die Position des distanzierten Beobachters gegenüber seiner Umgebung ein: »Wenn wir beobachten / und nicht in dem Geschehen sind [...] Wir müssen nicht teilnehmen / teil*haben* ja / aber nicht teil*nehmen*« (St I/208). Und wenn er über den Umgang mit seinen existentiellen Ängsten spricht, spielt er auf Bernhards Technik der Selbst-Ironisierung im Medium der Literatur an: »wir reden nicht darüber / und wenn wir darüber reden / reden wir so darüber / als wäre / über was wir reden / nicht wirklich [...] damit wir es ertragen / aushalten / weil wir unsere Existenz zu einem Unterhaltungsmechanismus gemacht haben« (St I/242f.). So enthält *Die Jagdgesellschaft* eine Reihe von Sätzen, die man als poetologische Selbstdarstellung des Autors Bernhard lesen kann, etwa die folgenden Bemerkungen des Generals:

»Der Schriftsteller in seinem Wahnsinn / schreibt eine Komödie / mehr eine Operette [...] Und dann glaubt die Welt die gebildete Welt / es handelt sich um etwas Philosophisches / Der Schriftsteller attackiert die Philosophie / oder eine ganze Menge von Philosophien / und setzt den Schauspielern ganz einfach seinen Kopf auf / und handelt es sich um eine Tragödie / behauptet er / eine Komödie sei es / und ist es eine Komödie / behauptet er / eine Tragödie / wo es doch nichts als Operette ist« (St I/206).

In Form eines kleinen Exposés für ein Theaterstück skizziert der Schriftsteller eine Konstellation, in der sich der General selbst wiederfinden muß. Während die Generalin ihrem Mann bisher die Wahrheit über seine Krankheit und den Borkenkäferbefall des Waldes verschwiegen hat, konfrontiert der Schriftsteller somit den Mächtigen, der seine Identität nur mit Hilfe von Verdrängung und Selbsttäuschung aufrechterhalten kann, mit der Realität: »einem General kann gesagt werden / was gesagt werden muß / offen« (St I/199). Doch der General in Bernhards Stück erträgt die Wahrheit nicht, die »Reflexion seiner Existenz« durch die Verdoppelung des Lebens auf der Bühne; der scheinbar Mächtige flieht »den Anblick des Spiegels«, den die Literatur darstellt (Klug 1991, 266). Ohne die Vorstellung eines fest verankerten Daseins, eines stabilen Existenzgefüges kann er nicht weiterleben, während der Schriftsteller die absolute Loslösung von Herkunft und Gesellschaft propagiert: »Herkunft / Ursprung / Abstammung / alles wegwischen [...] In dem Zustand der Unsicherheit / der Bodenlosigkeit / der Zügellosigkeit zu verharren gnädige Frau / das ist es« (St I/246f.). In diesem Moment hat der General schon den Raum verlassen; er schießt sich eine Kugel durch den Kopf. Ob man nun den Schriftsteller als absichtlichen Verursacher dieses Selbstmords versteht (vgl. Gamper 1977, 145f.) oder in dem Stück lediglich die »kontrastive Artikulation weitgehend unbeeinflußbarer Rollenmuster als typischer Existenzmodelle« sieht (Klug 1991, 289) – in jedem Fall spiegelt Bernhard in *Die Jagdgesellschaft* nicht zuletzt auch die (erhoffte) Wirkungsweise seines eigenen literarischen Vorgehens: der Machtmensch, der Repräsentant von Durchsetzung und Selbstbehauptung, geht unter, der skeptische Ironiker, der seine Existenz im Medium der Literatur reflektiert, bleibt am Leben.

Literatur wird auch in Form auffälliger intertextueller Beziehungen zu einem wesentlichen Verständnisrahmen für Bernhards Stück. Der Schriftsteller zitiert zwei Stellen aus Lermontows Roman *Ein Held unserer Zeit*, die sich jeweils mit der unabänderlichen Todesverfallenheit des Menschen beschäftigen (vgl. St I/176, 246). Dazu kommt noch die mehrfach bemerkte Analogie des Geschehensrahmens zu Tschechows Stück *Der Kirschgarten*, dessen historische Ausgangssituation sich »hinsichtlich des Absterbens einer Kultur« mit der *Jagdgesellschaft* vergleichen läßt (vgl. Gamper 1977, 148). Vor allem aber sollte man Bernhards Begegnung mit dem Drama *Herrenhaus* von Thomas Wolfe nicht vergessen, das ebenfalls eine ganz ähnliche Konstellation wie Tschechows Stück aufweist (Bernhard fertigte im Verlauf seines Studiums zu diesem Drama ein Regiebuch an, vgl. ebd. 217; Ingeborg Bachmann hat das Stück im übrigen übersetzt und bearbeitet, vgl. Bartsch 1988, 77). Auch dort findet sich die Auseinandersetzung zwischen einem General, der seinen Glauben an den Fortbestand einer traditionellen Ordnung der Dinge und Menschen verteidigt (vgl. Wolfe 1962, 112), und dessen Sohn, dem Repräsentanten einer jungen Generation, die »alle alten Heucheleien zum Platzen bringen« will: »Wir werden die Dinge so schildern, wie sie sind. Wir werden frei sein« (ebd. 130).

Mit dem am 27.7.1974 bei den Salzburger Festspielen uraufgeführten Stück *Die Macht der Gewohnheit* (Regie: Claus Peymann; Hauptrolle: Bernhard Minetti) leitet Bernhard eine Entwicklung hin zur Komödie ein, die sich in den folgenden Arbeiten fürs Theater immer mehr durchsetzen wird: »Ich selbst habe als junger Mensch zwischen der Sorbonne und der Komödie geschwankt«, lautet das erste Motto des Textes (es stammt von Diderot, St I/253), in dem die für Bernhards Werk charakteristische Ambivalenz zwischen Wissenschaft und (komödiantischer) Kunst ausgedrückt wird. Bernhards viertes Theaterstück spielt in einem besonders eng umgrenzten Raum: im Wagen des Zirkusdirektors Caribaldi. Seit 22 Jahren probt Caribaldi dort mit seinen vier Mitspielern, dem Dompteur, dem Spaßmacher, dem Jongleur und seiner eigenen Enkelin, Schuberts Forellenquintett, in der Hoffnung, es mit ihnen eines Tages in der Manege aufführen zu können: »ein einziges Mal eine perfekte Musik« (St I/263). Doch diese Proben enden regelmäßig mit einem Desaster; das Stück ist »eine bittere Verhöhnung und Parodie menschlicher Perfektionsillusionen« (Barthofer 1976b, 298).

Darüber hinaus führt der Autor jedoch wiederum eines seiner komplexen Machtgefüge vor. Um das Ziel künstlerischer Vollkommenheit zu erreichen, hat sich Caribaldi seine Mitspieler bedingungslos unterworfen: »Durch diese Tür / kommen Ihre Opfer herein / Herr Caribaldi«, sagt der Jongleur. »Nicht Menschen / Instrumente« (St I/269). Dabei geht Caribaldis Unterdrückungsmechanismus nicht nur auf den Wunsch zurück, perfekt zu musizieren, vollendete Schönheit zu erzeugen. »Die Kunst ist ein Mittel / für eine andere Kunst«, sagt er an einer Stelle (St I/266). Auch bei ihm haben die künstlerischen Aktivitäten, denen er wie so viele andere Protagonisten Bernhards nachgeht, stets »Beharrlichkeit, Geordnetheit beim Lernen, über allem aber Stetigkeit und Genauigkeit« zum Ziel (Rossbacher 1983a, 77). »Alles unter ständiger / in ständiger Kontrolle«, fordert er (St I/311) von seinen »Geschöpfen« und läßt seine Enkelin, mit der er hier redet, »exakt wie eine Marionette« (St I/283) immer von neuem die richtigen Bewegungen von Armen und Beinen üben (vgl. St I/ 283f., 308).

Der Konflikt zwischen der angestrebten Schwerelosigkeit des Ästhetischen und dem Scheitern an der Unzulänglichkeit des Körperlichen schlägt sich schon im Erscheinungsbild des verkrüppelten und altersschwachen Zirkusdirektors nieder; die namentliche Anspielung auf den italienischen Freiheitshelden Garibaldi, auf eine historische Projektionsfigur von Unabhängigkeit und Autonomie, ist voller Ironie. Der bis Bernhard so konsequent verfolgte Zwiespalt ›Geist vs. Körper‹ ist aber auch in Gestalt der anderen Bühnenfiguren präsent. Der Dompteur, dessen Tätigkeit auf die »Unterwerfung und Dienstbarmachung aggressiver tierischer Kräfte« (Barthofer 1976b, 307) ausgerichtet ist, lebt ständig in der Angst, selbst einem Angriff der von ihm unterdrückten Tiere zum Opfer zu fallen (vgl. seine Armverletzung, St I/287f., und seinen Traum, das Raubtier habe ihm den Kopf abgebissen, St I/297). Der Beruf des Jongleurs erinnert in besonderer Weise an den Versuch, die Grenzen der Schwerkraft zu überwinden; er ist im übrigen der einzige, der gegenüber Caribaldi von einem Ausbruch aus dem gemeinsamen Herrschaftszusammenhang träumt, doch dieser wischt das immer wieder angesprochene briefliche Angebot des Zirkus Sarrasani als Fiktion beiseite (St I/286). Der Spaßmacher und die Enkelin, die Seiltänzerin, repräsentieren weitere Formen der Existenzbewältigung, aber auch hier behält letztlich die Wirklichkeit des schmutzigen Wohnwagens gegenüber den vereinzelten »Augenblicken symbolischer Elevation« die Oberhand (Barthofer 1976b, 310).

So steht auf der einen Seite Caribaldis Traum von Archangelsk (vgl. St I/274), den man als »Metapher für die Vollkommenheit und Harmonie« verstehen kann (wenn man die Assoziation »Erzengel« verfolgt, Gamper 1977, 155), auf der anderen jedoch die immer wiederkehrende Formel »Morgen Augsburg«, die auf den unveränderlichen Fortlauf der seit 22 Jahren bestehenden Situation verweist. Allerdings ist die Benennung der »Lechkloake« (St I/331; die Repräsentanten der Stadt protestierten in für die aktuelle Rezeption der Texte Bernhards charakteristischer Weise gegen die Beschimpfung, vgl. WG 158) ebenfalls eine Anspielung auf einen (verlorenen) utopischen Bezugspunkt: immerhin findet dort der Protagonist des Romans *Heinrich von Ofterdingen* in der Vereinigung mit Mathilde die Erfüllung seiner Wünsche. Auch sonst zitiert Caribaldi immer wieder Novalis, besonders aus dem *Allgemeinen Brouillon*, das Exzerpte des romantischen Autors zur Emanationenlehre und über die Vorstellung einer allgemeinen Harmonie aller Dinge enthält (vgl. Klug 1991, 130; dort auch der detaillierte Nachweis der entsprechenden Stellen). Man sollte diese Aussprüche nicht nur als »Herrschaftssprache« (ebd. 131) verstehen, als bewußt eingesetzte unverständliche Reden zur Einschüchterung der intellektuell unterlegenen Mitspieler, sondern auch als Indiz dafür, daß sich Bernhards Hauptfigur wenigstens die Erinnerung an eine Existenz bewahrt hat, die nicht dem Chaos und der Zerstörung anheimgefallen ist (vgl. Gamper 1977, 154).

Dennoch bleibt die verbal beschworene Utopie angesichts der deprimierenden Realität für immer unzugänglich: »... aber das Geschlecht des Propheten ist erloschen ...«, lautet das zweite Motto der »Komödie« (diesmal zitiert der Autor Antonin Artaud, St I/253). So ist Bernhards Stück von der *Macht der Gewohnheit* letztlich die szenische Darstellung einer Lebensform, die sich mit dem stoischen Akzeptieren ihrer Rahmenbedingungen zu bescheiden hat: »Die Ursachen sind abhanden gekommen, die Gewohnheit hat die Macht übernommen« (Steinmann 1990, 31). »Wir wollen das Leben nicht / aber es muß gelebt werden« (St I/278), faßt Caribaldi die Maxime seines Existierens zusammen.

3. Künstler, Philosophen, Schriftsteller

Wiederholt schrieb Thomas Bernhard in unmittelbarer zeitlicher Nachbarschaft jeweils paarweise aufeinander bezogene Theaterstücke, die sich als gegensätzliche Varianten einer ähnlichen Thematik lesen lassen. Ein erstes Beispiel für diese Konstellation entstand im Sommer 1975: *Die Berühmten* und *Minetti*. Das Stück *Die Berühmten* war ursprünglich für die Salzburger Festspiele 1976 vorgesehen, wurde jedoch von der Festspielleitung nicht auf den Spielplan gesetzt (die Uraufführung fand am 8.6.1976 bei den Wiener Festwochen statt, Regie: Peter Lotschak); offiziell wurden künstlerische Gründe angegeben, Bernhard selbst beklagte sich in einem Absagebrief über die »Unkorrektheit« des Festspielpräsidenten und erklärte die Zusammenarbeit für beendet (vgl. dazu WG 173). *Minetti* ist nach jenem Schauspieler benannt, der zum wichtigsten Darsteller der großen Männerfiguren in Bernhards Theaterstücken werden sollte: Bernhard Minetti hatte erstmals 1974 in der Berliner Aufführung der *Jagdgesell-*

schaft eine Bernhard-Rolle gespielt und dann als Zirkusdirektor Caribaldi wesentlich zum Erfolg der Salzburger Uraufführung der *Macht der Gewohnheit* beigetragen (nach *Minetti*, das am 1.9.1976 unter Claus Peymann in Stuttgart herauskam, sollten noch *Der Weltverbesserer*, Karl in *Der Schein trügt* und der alte Schauspieler in *Einfach kompliziert* folgen).

Nach Herbert Gamper ist das später publizierte Stück *Minetti* zuerst entstanden (vgl. Gamper 1976, 280), und es läßt sich auch im Sinn der Entwicklung von Bernhards Werk als ein Text verstehen, der noch einmal die Grundkonstellation seiner früheren Arbeiten wiedergibt, ehe dann in Stücken wie *Die Berühmten* immer stärker ein parodistisches Moment bemerkbar wird. Im Hintergrund steht, wie so oft bei Bernhard, die Struktur einer realen Biographie: es ist das Leben des Schauspielers Werner Krauß, auf dessen Verlauf der Text immer wieder deutlich Bezug nimmt (vgl. Barthofer 1977). Dennoch zielt das Stück keineswegs »auf historisch dokumentierte Faktizität« ab, es ist »trotz des vordergründigen Realitätsgehaltes kein Schlüsseldrama« (ebd. 170f.).

Bernhards fiktionaler *Minetti* ist ein alter, vereinsamter Schauspieler, der sich dem geläufigen »Unterhaltungsmechanismus« (St II/221) der Gesellschaft radikal entzogen hat und deshalb von ihr in die Isolation gedrängt worden ist. Paradigma seiner Verweigerungshaltung ist seine Abscheu gegenüber allem »Klassischen«: »Alles was auch nur den Anschein hat / klassisch zu sein / verabscheue ich« (St II/229). Er bezieht sich dabei auf ein eskapistisch-konformistisches Verständnis von Klassizität, auf die Rezeption des Klassischen als dekoratives Element der Lebensverschönerung: »Die Menschheit flüchtet tagtäglich / in die klassische Literatur / denn in der klassischen Literatur ist sie unbehelligt [...] In der Klassik ist die Gesellschaft unter sich« (St II/242). Doch sein Entschluß, sich der klassischen Literatur zu verweigern, hat dazu geführt, daß ihn die gleiche Gesellschaft zum Feind erklärte. Daß seine »Heimatstadt« Lübeck (gleichzeitig diejenige Thomas Manns, auf den in dem Stück *Über allen Gipfeln ist Ruh* angespielt wird) einen Prozeß gegen ihn anstrengte, den er verlor, worauf er »aus Lübeck verjagt« wurde (St II/229), fügt sich in die Reihe der Konflikte zwischen Individuum und Gesellschaft in Bernhards Texten und außerdem in die Rede von der Feindlichkeit des Herkunftsbereichs eines jeden Menschen: »Der Geburtsort ist der Mörder des Menschen« (St II/237).

In dem Stück wird Minetti aber auch die letzte Anerkennung seiner Existenz vorenthalten, auf die er erklärtermaßen sein Leben ausgerichtet hat. Bernhards Protagonist begründet sein Hiersein mit einer Verabredung, die er mit dem Schauspieldirektor von Flensburg getroffen habe: er solle an dessen Theater zur Zweihundertjahrfeier noch einmal den Lear spielen, jene Rolle, mit der er sich einst einen

Namen gemacht hat. Einem jungen Mädchen, das er in der Hotelhalle trifft, zeigt er »die Beweise« (St II/234): die Maske, die der Künstler James Ensor für seine Verkörperung des Lear angefertigt habe, aber auch alte Zeitungsartikel, in denen seine einstige schauspielerische Leistung hervorgehoben wird (vgl. St II/235). Noch einmal will er jetzt in der Rolle des Shakespeareschen Königs um die Anerkennung seiner Schauspielkunst werben, die er ausdrücklich seinen »Existenzzweck« (St II/216) nennt. Ob die Erwartung, erwartet zu werden, berechtigt war oder nur seinem Wunschdenken entspringt, gibt das Stück allerdings nicht preis; jedenfalls kann Minetti das Dokument nicht vorweisen, das ihm den Anspruch aufs Erwartetwerden bescheinigt: er hat »das Beweismittel verloren«, das Telegramm des Schauspieldirektors (St II/240). Als der Besuch des Menschen, der ihm seinen »Existenzzweck« beglaubigen soll, dann tatsächlich ausbleibt, begeht Minetti im Freien in der eisigen Kälte Selbstmord, nachdem er sich zuvor in seine Learmaske verkrochen hat (vgl. St II/250). Auch diese Bernhard-Figur ist einer jener Menschen in diesem Œuvre, die in dem Gefühl leben, daß buchstäblich keiner auf sie gewartet hat, daß ihr Hiersein eigentlich gar nicht gewünscht worden ist.

In dem Stück *Die Berühmten* wird hingegen eine ganze Künstlergruppe vorgeführt, die sich keineswegs dem gesellschaftlichen »Unterhaltungsmechanismus« (St II/221) verweigert, sondern in einer Zeit der maximalen Kommerzialisierung von Kunst und Kultur ihre künstlerische Begabung in möglichst hohen materiellen Gewinn umzumünzen trachtet. Es ist eine böse Satire auf den Festspielbetrieb und seine Profiteure, in der die Kunst als »gigantische Gesellschaftsausbeutung« erscheint (St II/126), als geist- und gewissenlose »Massenfabrikation« (St II/124). Im Mittelpunkt des Textes steht (am Ende des letzten von zwei Vorspielen) die brutale Zerstörung der Vorbilder, die in Gestalt von Puppen ebenfalls auf der Bühne anwesend sind (es sind noch dazu Gründungsmitglieder der Salzburger Festspiele, vgl. Huntemann 1990, 140), durch die ihnen jeweils zugeordneten Berufskollegen aus der Gegenwart. Zu Beginn des Abschnitts »Die Perfidie der Künstler« hängen die Vorbilder jedoch als Gemälde an den Wänden und demonstrieren die Vergeblichkeit, sich der Macht der Vergangenheit vollständig zu entziehen. Ihre Nachfahren, »Karikaturen aktivistischer Selbstverwirklichungen« (Klug 1991, 94), werden in der Schlußszene »Die Offenbarung der Künstler« tatsächlich zu Tieren und geben sich trinkend und Eis essend (»Eis ist der Feind / des Sängers«, St II/189) der Regression hin; wie die meisten Stücke Bernhards endet auch dieses »in Chaos und Untergang« (Gamper 1974, 19). Zuletzt sind nur noch Tierstimmen zu hören und darüber, als Parodie der Verleugnung Christi, »das dreimalige schneidende Kikeriki des Hahns« (St II/202).

Historische Voraussetzung der Satire auf *Die Berühmten*, aber auch (in umgekehrter Form) der Tragödie des Schauspielkünstlers *Minetti* ist »der gesellschaftliche Verrat an der Kunst, ihre Ohnmacht und Bedeutungslosigkeit und damit die Rolle des Künstlers als des je nachdem mit Lumpen behängten oder mit närrischem Prunkgewand dekorierten Außenseiters der Gesellschaft« (Gamper 1976, 280). Zu dieser soziologischen Lesart kommen jedoch auch Bezugslinien, die den Text in Bernhards literarisches Projekt der Selbstreflexion einordnen. Nur scheinbar weist das Stück nämlich eine Figurenkonstellation ohne dominierende Hauptfigur auf (vgl. Huntemann 1990, 140). In seinem Zentrum steht deutlich der Bassist, dessen Ausspruch »Ich habe alles erreicht« auch den Beginn des dem Text vorangestellten Mottos bildet (St II/119). Neben der Denunziation einer Künstlergesellschaft, die nur mehr am Profit interessiert ist, enthält Bernhards Festspielsatire auch die ironisch inszenierte Erfolgsgeschichte eines Sängers, festgehalten zum Zeitpunkt der größtmöglichen Anerkennung durch die Gesellschaft: »Sie sind nicht nur der Berühmteste / Sie sind auch der Größte«, bescheinigt ihm der Kapellmeister (St II/149).

Von Beginn an ist der Text durch ein auffälliges Wechselspiel von Selbstdurchsetzung und Selbstverlust geprägt. Der Dialog innerhalb der ersten Szene handelt vor allem vom Absturz eines Dirigenten (dessen Funktion als Orchesterleiter an die fortwährende Thematisierung von Macht und Herrschaft in Bernhards Texten erinnert) in den Orchestergraben hinunter, der das Ende seiner Karriere bedeutete, und die Figurenrede kreist geradezu nach musikalischen Prinzipien um das Wort »kopfüber«, bezieht sich also auf das Scheitern der bei Bernhard stets vom Kopf aus versuchten Bewältigung der Existenz (vgl. bes. St II/121, 131). Dagegen steht gegen Ende des Stücks die Charakterisierung des Bassisten als »König [!] der Oper«, der »auf dem Gipfel« angekommen ist (St II/200). Daß der Sänger in auffälliger Häufung autobiographische Markierungen erhält, die auf seinen Autor verweisen (der ebenfalls Bassist war; vgl. auch das Motiv der Hausrenovierung, St II/170), macht das Stück zu einer besonders vertrackten Auseinandersetzung Bernhards mit sich selber – bis hin zu der ironischen Bemerkung über die Beziehung zum Lehrer der frühen Kindheit: »Wenn er seinen Großvater nicht gehabt hätte / was wäre unser Freund für ein natürlicher Mensch« (Sopranistin, St II/173).

Thematisch lassen sich auch die beiden Stücke *Immanuel Kant* (1978) und *Der Weltverbesserer* (1979) aufeinander beziehen (eine entsprechende Gegenüberstellung unternimmt Huntemann 1990, 130). Bernhards Kant, der in der Fiktion (anders als der reale Philosoph) verheiratet ist, fährt über den Atlantik nach Amerika, um dort eine Glaukomoperation durchführen zu lassen und ein Ehrendoktorat der Columbia-Universität entgegenzunehmen. An Bord befinden sich auch eine Millionärin, ein Kapitän, ein Admiral und ein Kardinal, die »moribunden Spitzen der spätbürgerlichen Gesellschaft« (Hodina 1995, 759). Vergeblich versucht Kant, gegen das Tuten der Dampfpfeifen und die Klänge des Donauwalzers eine Vorlesung zu halten: »Unmöglich von Vernunft zu sprechen / auf Hoher See« (St II/317). Bei seiner Ankunft wird er dann von Irrenärzten in Empfang genommen (Uraufführung von *Immanuel Kant*: 15.4.1979, Stuttgart; Regie: Claus Peymann).

So ist Bernhards »Komödie«, wie sie ausdrücklich heißt, natürlich kein historisches Drama, das von Leben und Werk des Autors der *Kritik der reinen Vernunft* handeln würde, vielmehr ist sie eine unbekümmert über Chronologie und Raum verfügende theatralische Phantasie: »... das soll nicht heißen, daß man im Theater Leben darstellen soll ...«, lautet das auf die Künstlichkeit der literarischen Konstruktion verweisende Motto von Artaud (St II/253). Dennoch hat der Autor seine Bühnenrede wiederum an einer Unzahl von Realitätspartikeln montiert, die ihm als Material für sein Theaterstück dienen. Dazu gehören die zahlreichen Zitate aus Originaltexten Kants, und zwar aus dessen Frühschriften, vor allem aus der *Allgemeinen Naturgeschichte und Theorie des Himmels* (reich dokumentiert bei Schings 1983, 441). Allerdings münden dabei die fast wörtlich zitierten Sätze (etwa über die »Exzentrizität«) übergangslos in Bemerkungen »von der Zwecklosigkeit / der Natur« (St II/256) – während Kant die Exzentrizität der Planeten bzw. die Abweichungen von der genauen Zirkelbewegung der Elementarteilchen keineswegs für zwecklos gehalten hat. Kant wird also »sofort auf den Bernhardschen Katastrophenton gestimmt, auf die Lehre von der Finsternis eingeschworen« (Schings 1983, 442). Und: der Philosoph der Aufklärung, zu deren zentralen Metaphern der Durchbruch des Lichts gegen die vorherrschende Finsternis gehört hat (vgl. z.B. Starobinski 1981, 40ff.), ist bei Bernhard vom Verlust des Augen-Lichts bedroht: »ich sehe nichts / beinahe nichts mehr / ein paar grundlegende Sätze vielleicht / dann herrscht Finsternis« (St II/307).

In einem Interview hat Bernhard zur Grundidee seines Stückes Stellung genommen. Er zeige darin »eine Gesellschaft auf hoher See«, die ständig von der Zerstörung bedroht sei, weil »alles [...] immer untergehen« könne (im Stück wird deshalb auf den Untergang der Titanic angespielt; vgl. St II/264). »Diese Gesellschaft ist eben auf der Oberfläche und bringt dann diesen Nörgler Kant, der ein Verrückter ist, wie alle großen Philosophen, [...] um«. Daß er letzten Endes ins Irrenhaus komme, sei der normale Weg eines denkenden Menschen. »Er endet in der Welt oder in der Geschichte, das ist ja auch ein Irrenhaus. Und der Stellenwert, den ein Philosoph dann in der Geschichte hat, das ist eigentlich der Stellenwert, den eine Zelle in einem Irrenhaus hat« (zit. nach Dreissinger 1992, 55f.). »Aufklärung schlägt um in Aussperrung« (Huntemann 1990, 128). Als historisches Vorbild für diese Schlußpointe könnte im übrigen eine Episode aus dem Leben eines anderen großen Denkers gedient haben: die Überstellung des geistig umnachteten Nietzsche von Turin nach Basel (1889), wobei man den Philosophen damit beschwichtigte, daß man ihn mit einem roten Teppich empfangen werde, während er in Wahrheit schon von Irrenärzten erwartet wurde (vgl. Hodina 1995, 762).

In demselben Gespräch stimmt Bernhard auch der Bemerkung der Interviewerin zu, der Kant-Satz: »Das Komische ist das verfehlte Erhabene« könnte als Motto vor dem Text stehen (zit. nach Dreissinger 1992, 56). Tatsächlich ist auch in diesem Stück der komische Konflikt zwischen Geist und Körper ein wesentliches Thema. Das ganze Bühnengeschehen hindurch erscheinen »die physischen Begebenheiten und Bedingungen, vor allem die immerzu auftretenden leiblichen Bedürfnisse als der eigentliche anarchische Störfaktor, der den hochtrabenden Geist und eine ›verrückte‹ Vernunft wiederholt zu Fall bringt« (Hannemann 1981, 357). Auch hier werden Details aus der realen Biographie Kants der Fiktion eingepaßt, denn aus den überlieferten Berichten ergibt sich für die späten Jahre des Philosophen »eine beklemmende Verfallsgeschichte, in der sich die grotesken Züge häufen« (Schings 1983, 436). Das Dahinschwinden der Geisteskräfte, die Notwendigkeit einer peinlich durchgehaltenen Ordnung, die Angst vor dem Erblinden (vgl. ebd. 436ff.) – sie fügen sich nahtlos in das Bernhardsche Modell von der Lächerlichkeit aller geistigen Höhenflüge angesichts der Hinfälligkeit des Körpers.

Besonders interessant ist das »Geistestrio« (St II/303), das von Kant, seinem Diener Ernst Ludwig und seinem Papagei Friedrich gebildet wird. Ernst Ludwig, dessen rechter Arm vom Schleppen des Papageienkäfigs dicker ist als der linke, repräsentiert durch die »körperliche Deformation als Folge der Funktion«, die er ausfüllt, »dasselbe arbeitsteilige Spezialistentum wie ›Kant‹. Dieser stellt den ›Kopf‹, jener die ›Arme‹« (Kafitz 1980, 111). Zwischen dem Vogel und dem Philosophen, der vor jenem seine »bedeutendsten«, seine »wichtigsten Vorlesungen« (St II/273) zu halten pflegt, besteht eine überaus komplexe Beziehung: Zum einen erinnert sein Name an den Ausspruch des historischen Kant, sein Zeitalter sei »das Jahrhundert *Friederichs*« (zit. nach Schings 1983, 440). Bernhards Komödie enthält auch in diesem Fall einen höhnischen Kommentar zur gesellschaftlichen Wirkungslosigkeit philosophischen Denkens: aus dem preußischen König, der kraft seiner Macht aufklärerischem Gedankengut zum Durchbruch verhelfen konnte, ist der bewußtlos nachplappernde Sprachspeicher geworden, aus der gesellschaftlichen Ausstrahlung des Denkers die Selbstbespiegelung eines komischen alten Mannes.

Zum anderen stellt der Vogel Friedrich für Kant, der die »Position des autoritären Denkers« einnimmt, »in seiner passiven Aufnahmehaltung den idealen Hörer« dar (Kafitz 1980, 110). Er ist die Inkarnation jener Selbst-Objekte, die Bernhards Protagonisten ihrer Macht zu unterwerfen trachten: für Kant ist er »der einzige Mensch [!] / den ich jemals zur Gänze gehabt habe« (St II/337). Darüber hinaus ist Kants Papagei die beste Versicherung gegen den Verlust des von ihm Hervorgebrachten, durch das er sich seinen Namen, seine Identität in der philosophischen Welt geschaffen hat: »er könnte alles / was ich jemals gedacht habe / auf das vorzüglichste referieren« (St II/280). Wie ein Spiegel reflektiert Friedrich, »das größte Kunstwerk der Welt« (St II/337), die Worte dessen, der sie hervorgebracht und aus ihnen dieses »Kunstwerk« erst gefügt hat (vgl. auch die anderen ›Sprachrohre‹ in Bernhards Texten, besonders Irrsigler in *Alte Meister*). So läßt sich die merkwürdige Beziehung zwischen Sprecher und Reflektor als Anspielung auf die Wort-Kunst des Autors lesen, die dem Sprachkünstler zur Selbstvergewisserung verhilft; nicht zufällig ist einer jener grundlegenden Sätze, die dem Philosophen noch geblieben sind, der »Satz der Identität« (St II/278).

Als Kommentar zu Bernhards Werk ist auch jene Stelle zu verstehen, in der Kant sagt, ihn habe »zeitlebens / die Methode des Equilibrismus interessiert«, weil er »unter Equilibrismusschwäche« leide: »Untergangsmenschen / Equilibristen / Komödienschreiber« (St II/ 333). Kants Biograph Wasianski überliefert, daß der Philosoph im Alter (genau wie Bernhards kranke Protagonisten) auf einer strikten Lebensdisziplin bestanden hat, wobei er von dem »Kunststück« gesprochen habe, sich selbst »bei allem Schwanken im Gleichgewicht zu erhalten« (zit. nach Schings 1983, 444). In bezug auf Bernhards Theaterstücke hat jedoch Hans-Jürgen Schings am Beispiel des *Immanuel Kant* erstmals auf die mit Fortlauf der Werkentwicklung ausgebildete »Koalition von Gleichgültigkeit und Equilibrismus« hingewiesen: »Bernhards Equilibrismus hat Methode: ästhetisch als Komödientragödie, logisch als Paradoxon, existenziell als neue Apatheia« (ebd. 445; vgl. das Einleitungskapitel).

Das Stück *Der Weltverbesserer* (1979; Uraufführung: 6.9.1980, Schauspielhaus Bochum; Regie: Claus Peymann, Hauptdarsteller: Bernhard Minetti und Edith Heerdegen) handelt erneut von der Beziehung eines Philosophen zu seiner Umgebung: zu der Lebensgefährtin, mit der er seit Jahren zusammenlebt, aber auch zu den Repräsentanten der Gesellschaft. »*Ich bin krank.* Ich leide vom Kopf bis zu den Füßen«, lautet diesmal das Motto des Textes (das von Voltaire stammt; St III/ 117). Zum einen zeigt sich in der Hinfälligkeit des alternden Denkers wiederum die letztendliche Überlegenheit der Natur über den Geist: »Eine Zeitlang gelingt es uns / über uns zu herrschen [...] dann fallen wir wieder in uns zusammen« (St III/121). Zum anderen jedoch wird die hypochondrische Pose des Weltverbesserers zum Machtmittel, mit dessen Hilfe er sich »Die Frau«, wie sie im Personenverzeichnis heißt, rücksichtslos unterworfen hat (vgl. die ironische Episode gegen Ende des Stückes, in der er »plötzlich, als ob er keine Hilfe nötig hätte«, aufsteht; er »entsinnt sich aber sofort seiner Lähmung und läßt sich von seiner Frau zu einem der Fauteuils führen«, St III/170).

Wie kaum eine andere Dramenfigur des Autors ist der Weltverbesserer ein Beispiel für das ambivalente Hin-und-her-Schwanken zwischen letztlich unbefriedigenden Möglichkeiten, die am Ende allesamt verworfen werden, zwischen »Alternativen ohne Alternative« (Weiss 1983, 188). Charakteristisch für die meisten Figuren Bernhards ist sein Ausspruch: »Ich hasse die Natur / ich habe die Natur immer gehaßt / Mir ist das Künstliche lieber / das soll nicht heißen / daß ich ein Anhänger der Kunst bin / auch die Kunst ist mir verhaßt« (St III/152). Klug versteht die auffällige Häufigkeit paradoxer Strukturen in Bernhards Dramen als literarische Gestaltung des Pascalschen Gedankens von der grundlegenden »*Unruhe des Daseins*«, von der »Gleichzeitigkeit der unversöhnlichen Gegensätze« als Grundstruktur der menschlichen Existenz (Klug 1991, 42), wobei das Daseinsparadox in diesen Stücken »im Hinblick auf seine individuelle Verwendung subjektiviert« erscheine (ebd. 50). Tatsächlich ist die »Differenz zwischen Ursprung und Surrogat«, zwischen ursprünglicher Ruhe und der aus ihrer Unerreichbarkeit folgenden unablässigen Bewegung (ebd. 44), ein charakteristisches Motiv bei Bernhard, dessen Werk ebenfalls zu zeigen versucht, wie sehr »alle Sinnsetzungen zum Ersatz« geworden sind (ebd. 47; vgl. dazu auch die Analyse des Prosatexts *Wittgensteins Neffe*, S. 108).

Ambivalent steht der Weltverbesserer auch jenem Ereignis gegenüber, auf das er sich in Bernhards Stück von Beginn an vorbereitet. Er hat einen »Traktat zur Verbesserung der Welt« (St III/129) verfaßt und soll nun dafür mit einem Ehrendoktorat geehrt werden. Doch die Auszeichnung beruht seiner Meinung nach nur darauf, daß die Gelehrten der Universität den Inhalt seiner Ausführungen mißverstanden haben: »Mein Traktat will nichts anderes / als die totale Abschaffung / nur hat das niemand begriffen [...] Wir können die Welt nur verbessern / wenn wir sie abschaffen« (St III/177). Bernhards Protagonist gehört zu jenen Figuren, die nicht mehr an die Fähigkeit der Philosophie glauben, die menschliche Existenz zu bewältigen. Ihre »philosophische Bildungsgeschichte gestaltet sich als Abfolge identifikatorischer Lektüren, die stets mit Enttäuschung über den Lehrmeister enden müssen« (Klug 1991, 54): »Einmal habe ich Montaigne vertraut / zuviel / dann Pascal / zuviel / dann Voltaire / dann Schopenhauer«, sagt der Weltverbesserer. »Wir hängen uns solange an diese philosophischen Mauerhaken / bis sie locker sind / und wenn wir lebenslänglich daran zerren / reißen wir alles nieder« (St III/177f.). Es hat auch seinen Hintersinn, daß er gerade in Trier, in der Geburts(!)stadt des ›Weltverbesserers‹ Karl Marx, die größte »Schlappe« (St III/147) seiner Laufbahn erlebt hat.

Dennoch kann der Philosoph des Weltekels zu keiner Zeit verhehlen, wie bedeutsam der bevorstehende »Staatsakt«, wie er die Ehrung nennt (St III/149), für ihn ist. Auch *Der Weltverbesserer* ist eine der ironischen Anerkennungskomödien, die Bernhard nun immer auffälliger in Szene setzt. Ehe ihm die offizielle Auszeichnung seines Lebenswerkes die außerordentliche Wertschätzung der Öffentlichkeit beglaubigen wird, erinnert er sich selbst und seine zum Zuhören verurteilte Lebensgefährtin fortwährend an Aussagen bedeutender Persönlichkeiten, die sein Ansehen im Bereich der öffentlichen Rede dokumentieren: »Der Erzbischof hat gesagt / ich sei ein Genie / und die Frankfurter Allgemeine Zeitung hat geschrieben / ich sei epochemachend« (St III/140). Obgleich er die Bedeutung der universitären Ehrung herunterspielt (vgl. St III/134 u.ö.), bereitet er sich das gesamte Stück hindurch minutiös auf die Zeremonie vor, deren Ablauf er wie eine theatralische Inszenierung probt und festlegt: »Es ist widerwärtig / sich produzieren zu müssen / Aber wir brauchen das Echo / sonst verhungern wir« (St III/155).

Zu Beginn der achtziger Jahre schrieb Bernhard noch ein drittes Paar von Stücken, in dem er in Gestalt zweier Schriftsteller wiederum analoge Figuren in höchst unterschiedlicher Schattierung einander gegenüberstellte. Im Winter 1980/81 entstand im Auftrag der Salzburger Festspiele das Stück *Am Ziel* (Uraufführung: 18.8.1981, Regie: Claus Peymann, Hauptdarsteller: u.a. Marianne Hoppe und Kirsten Dene als Mutter und Tochter). Darin trifft ein dramatischer Schriftsteller mit zwei Frauen zusammen, deren Gast er in der nächsten Zeit sein wird (als Prätext für diese Konstellation könnte Hugo von Hofmannsthals Fragment *Mutter und Tochter. Figuren zu einer ungeschriebenen Komödie* aus dem Jahr 1899 gedient haben; vgl. Huntemann 1990, 164). Die beiden, Mutter und Tochter, reisen seit 33 Jahren am immer gleichen Tag in ihr Haus am Meer, nach Katwijk. Während sie Unmengen an nie gebrauchten Kleidern einpacken, »Theaterrequisiten für ungelebte bzw. phantasierte Existenzen« (ebd. 155), sprechen sie, wie offensichtlich auch sonst die ganze Zeit, über die Geschichte der Familie: Die Mutter ist durch die Heirat mit einem Gußwerkbesitzer von ganz unten aufgestiegen. Den von ihr im Grund verabscheuten Mann hat sie von sich ferngehalten und ihn nur gedemütigt und verhöhnt; ihrem verkrüppelt geborenen Sohn hat sie von Anfang an den Tod gewünscht: »Ich getraute mich mein Kind nicht herzuzeigen« (St III/295). Seit dem Tod ihres Mannes vor zwanzig Jahren agiert sie nun an der Tochter ihre Qualrituale aus, als zwanghafte »Versuche, durch Machtentfaltung der eigenen im Vakuum vollkommener Beziehungs- und Sinnlosigkeit entwirklichten Existenz sich zu vergewissern« (Gamper 1981, 34).

Es ist nicht nur eine ironische Anspielung auf die zahlreichen machtlosen Nebenfiguren in seinen Stücken, wenn Bernhard seine

Protagonistin sagen läßt: »Diese furchtbaren stummen Rollen / diese fortwährend schweigenden Charaktere / die gibt es ja auch in der Wirklichkeit / Der eine redet der andere schweigt / er hätte vielleicht vieles zu sagen / aber es ist ihm nicht erlaubt« (St III/357). Daß Bernhards Figur im Personenverzeichnis »Die Mutter« heißt und ihr herangewachsenes Kind »Die Tochter«, macht auf ihre Funktion als Träger von Rollen aufmerksam: sie sind Repräsentanten eines Beziehungstyps, den der Autor präzise nachzeichnet. »Die Mutter will ihr Kind nicht hergeben / sie kettet es an sich / und läßt es nicht mehr los« (St III/336). Indem sie alles tut, daß auch die Erwachsene noch immer Kind bleibt, unselbständiger »Persönlichkeitstorso« (Richter 1970, 57), sorgt sie zugleich vor, daß ihre Tochter sie niemals verlassen wird, weil sie allein »gar nicht lebensfähig« ist (St III/328). So kann Bernhards Protagonistin ihren Selbsthaß an derjenigen ausagieren, in der sie sich wie im Spiegel wiederfindet: »Meine Lieblingsbeschäftigung / die Selbstpeinigung / indem ich dich peinige [...] aneinandergekettet in Liebe / in wahrer Mutterliebe« (St III/336).

Der Schriftsteller ist natürlich wiederum durch autobiographische Markierungen (Fischkutter bzw. Rotterdam, St III/325, Lieblingsstück *Der zerbrochene Krug*, St III/317, der Großvater, St III/377f.) auf seinen literarischen Erfinder bezogen. Denkt man an das Szenario der Existenzabsprechung durch die Mutter in der Autobiographie, so erhält es eine besondere Bedeutung, wenn der inzwischen berühmt gewordene Autor eine Mutterfigur einem dramatischen Schriftsteller in der Fiktion bescheinigen läßt: »Sie sind ja etwas geworden / man liest es in allen Zeitungen [...] Sie haben nichts zu fürchten« (St III/362). »Sie sind am Ziel mein Herr« (St III/379). Aber auch sonst schreibt Bernhard in *Am Ziel* die poetologische Selbstreflexion seines Stücks *Die Jagdgesellschaft* fort. So charakterisiert die Mutter im Gespräch mit ihrem Gast die angestrebte Wiedererkennbarkeit seiner literarischen Welt, die aus der individuellen Selbst-Inszenierung zu allgemeiner Repräsentativität vorstößt: »jede Ihrer Figuren denkt und spricht wie Sie / Wenn man es genau nimmt / sprechen alle aus dem einen / und einer spricht immer wie alle / dadurch bekommt das Ganze etwas Universelles [...] Wir denken das ist typisch dieser Mensch / und dabei sind *wir* es« (St III/374). Für Herbert Gamper ist der geistesgeschichtliche Hintergrund dieser Stelle »eine vom Schöpfungsgeist beseelte Welt, deren jeder Teil, weil teilhabend am Ganzen, dieses, als Mikrokosmos den Makrokosmos, repräsentiert ... in der insbesondere jeder einzelne Mensch – vorzüglich der Dichter, als *alter deus* – die ganze Menschheit in sich fühlen kann«. Bei Bernhard erscheine jedoch »das skizzierte Modell der Einheit im Mannigfaltigen und der Mannigfaltigkeit in der Einheit, des Einen in allem und alles in einem, als schöpferisches Prinzip außer Kraft gesetzt bzw. pervertiert zur hypertrophen Subjektivität eines Autors, der dem dissonant Auseinander- und Gegeneinanderstrebenden gewaltsam seine ›Jacke‹ überzieht« (Gamper 1981, 34).

Mit den Worten der Mutter wird dem Theater ausdrücklich die Möglichkeit abgesprochen, als gesellschaftsverändernde Kraft zu wirken: »Die Menschheit aufrütteln / das ist sehr komisch wenn du das sagst«, verspottet sie ihre Tochter (St III/318). Dennoch ist gerade sie es, die zuletzt das Konzept einer totalen Revolution vorzutragen hat: »Aber es genügt nicht daß ein paar junge Leute / ein paar alten den Kopf einschlagen das ist lächerlich / es gehört *alles* weggewischt *alles* über Nacht« (St III/382). Ihre Vernichtungsphantasie enthält auch ein künstlerisch-politisches Programm für ihren Gast, das so überzogen wie unerfüllbar ist: »ein dramatischer Schriftsteller hat doch / nichts anderes zu denken / wie jage ich die ganze Welt in die Luft / wie mache ich dem ganzen Spuk ein Ende« (St III/383). Ähnlich wie im Fall der Schwester Rudolfs in dem kurz danach veröffentlichten Text *Beton* (1982) macht der Autor auch die Mutter in *Am Ziel* zum Medium eines fiktiven Selbstgesprächs – und zum Sprachrohr unverhohlener Selbstkritik: »Sie sehen das Elend aber Sie beseitigen es nicht / Sie sind der Beobachter dieser Fäulnis / aber Sie räumen nicht auf damit« (St III/381).

In der Dichtersatire *Über allen Gipfeln ist Ruh. Ein deutscher Dichtertag um 1980* (1981; Uraufführung am 25. 6. 1982 bei den Ludwigsburger Schloßfestspielen; Regie: Alfred Kirchner; Hauptdarsteller: Traugott Buhre) macht sich Bernhard hingegen wiederum über einen ›Berühmten‹ lustig, der im Verlauf seiner Karriere die »höchste Höhe« erreicht hat (St III/200, 279). Bernhards Hauptfigur, der Schriftsteller Moritz Meister, hat sich mühevoll aus tristen Verhältnissen an die Spitze der deutschsprachigen Literaturszene hochgearbeitet und lebt nun zurückgezogen in einem von der Stadt kostenlos zur Verfügung gestellten Haus, das früher einmal einem jüdischen Besitzer gehört hat. Während des Bühnengeschehens empfängt er die obligaten Besuche: seinen Verleger, eine Doktorandin und einen Journalisten von der Frankfurter Allgemeinen Zeitung, alles Menschen, die ihm im öffentlichen Diskurs immer größere Anerkennung verschaffen werden. Ihnen liest er zuletzt aus seinem eben fertiggestellten Opus magnum vor, einer Tetralogie, die von der literarischen Welt bereits sehnsüchtig erwartet wird. Dabei wird das ganze Stück hindurch »der Anspruch bedeutender Erhabenheit als lächerlicher Schein entlarvt«; sämtliche Personen, die Bernhard auf die Bühne stellt, erscheinen als Repräsentanten einer »auf Schein und Phrasenhaftigkeit aufbauenden Kulturszene« (Barthofer 1982, 94f.).

Aus dieser Beschreibung ist abzulesen, wie sehr Bernhards Meister-Dichter als ironische Positivvariante der apokalyptischen Außenseiter in seinem Werk gestaltet ist. Seine »Existenz« habe sich zu etwas entwickeln können, sagt der Verleger, »was jetzt da ist feststeht fest begründet ist / unauslöschlich« (St III/279). Daß Meisters Existenz derart abgesichert scheint, führt er auf seine enge Beziehung zur Klassik zurück, und er erscheint damit als Gegenfigur zu dem Schauspieler *Minetti*, den seine Verweigerung gegenüber der klassischen Literatur in die gesellschaftliche Ächtung getrieben hat. »Wir leben ein Leben in Goethe« (S III/212), versichert Meister seiner Dissertantin. Eine Passage aus *Auslöschung* deutet an, daß sich Bernhard hier auf eine bestimmte Strömung innerhalb der Goethe-Rezeption bezieht, auf die Funktion des klassischen Dichters als bildungsbürgerliche Identifikationsfigur (vgl. Glaser 1979, 27ff.): Goethe sei »der erste deutsche Geisteshomöopath«, sagt Murau, weil er den Deutschen »die Binsenwahrheiten gebündelt und als allerhöchstes Geistesgut durch Cotta hat verkaufen und durch die Oberlehrer in ihre Ohren hat schmieren lassen« (Aus 575).

Bernhards »Komödie« enthält jedoch nicht nur die Referenz auf Goethe und seine Position innerhalb der deutschen Kulturgeschichte (vgl. dazu auch den Text *Goethe schtirbt*, 1982, in dem Bernhard den Weimarer Dichter mit Wittgenstein zeitlich in Zusammenhang bringt). Schon in der Beschreibung von Meisters Tetralogie wird auch auf Thomas Mann angespielt (*Joseph und seine Brüder*); dazu kommen die Gleichsetzung von Meisters Protagonisten Stieglitz mit dem Namen Kuckuck (St III/247) sowie die Bezugnahme auf das philosophische Gespräch des Paläontologieprofessors Kuckuck mit Felix auf dem Weg nach Portugal (vgl. St III/250; beides erinnert an die *Bekenntnisse des Hochstaplers Felix Krull*, vgl. Barthofer 1982, 95). Dazu kommen ironische Anspielungen auf den Autor Bernhard selbst (abgesehen von den autobiographischen Markierungen: der Wahl in die Deutsche Akademie für Sprache und Dichtung, St III/200, dem Interesse an Musik, St III/208, der Lungenkrankheit, St III/239, und dem Tischlerberuf des Vaters, St III/262, vgl. U 127). Die fortwährende Artikulation Meisters auf dem Umweg über seinen Protagonisten Stieglitz (»so sagt es mein Stieglitz«, heißt es immer – o.ä., z.B. St III/227) ist eine Parodie auf Bernhards eigene literarische Verfahrensweise. Immer wieder fallen Sätze, mit denen in anderen Texten die Grundkonstellation seiner literarischen Protagonisten charakterisiert wird: »In jedem Werk ist das Scheitern« (St III/225), oder die Feststellung: »Die Katastrophe ist ja das völlige Alleinsein / und tatsächliche Alleingelassensein mit sich selbst« (St III/227). Hier gehören sie jedoch der Rede eines eitlen Selbstdarstellers an, dessen Posen in ihrer Hohlheit lächerlich gemacht werden. Auf irritierende Weise thematisiert Bernhard die Fragwürdigkeit sprachlicher Artikulation, die Unterschiedslosigkeit zwischen Klischee und authentischer Aussage: ein- und derselbe Satz ist gleichermaßen als Ausdruck einer leidvoll erlebten Existenz und als phrasenhaftes Mittel der Selbstinszenierung verwendbar.

Mit der Komödie *Der Theatermacher* (1984) kehrt Bernhard wieder auf die Bühne der Salzburger Festspiele zurück (Uraufführung: 17.8.1985; Regie: Claus Peymann; Titelrolle: Traugott Buhre, seine Frau: Kirsten Dene). Im Mittelpunkt des Stücks steht der Staatsschauspieler Bruscon, der mit seiner Familie in einem Dorfgasthof seine Menschheitskomödie »Das Rad der Geschichte« aufführen will. Das Theater als mobile moralische Anstalt im Provinzgasthof hat sein »*historisches* Korrelat in Gottscheds Bemühungen, die bis dahin auf komödiantische Unterhaltung des Publikums festgelegten Theatergruppen für die Zwecke der bürgerlichen Aufklärung nutzbar zu machen« (Huntemann 1990, 126). Doch Bruscons gewaltiger Anspruch, die Totalität des Weltgeschehens in dramatische Form zu fügen, um eine »Geschichtsstandpauke« (St IV/112) abzuhalten, kollidiert mit der Unzulänglichkeit seiner Realisierung: in dem desolaten Wirtshaussaal kommt zuletzt keine Aufführung zustande, weil ein Gewitter den Pfarrhof in Brand steckt und die Leute aus dem Saal vertreibt.

Auch dieser Text ist zwischen mühsam erarbeiteter Intaktheit und ständig drohendem Zerfall, der alles scheinbar Festgefügte zuletzt dem Scheitern überantwortet, angesiedelt, und wieder entwirft der Autor darin jene Phänomenologie von Herrschsucht, Frauenhaß und Verfolgungswahn, die in vielen seiner literarischen Arbeiten auf die Grundfesten des Phantasmas vom männlich sich selbst behauptenden Individuum verweist. Erneut erklärt eine seiner Hauptfiguren eine Vertreterin des weiblichen Geschlechts zur Projektionsfigur alles Bedrohlichen. Fortwährend wirft Bruscon seiner Frau, die bezeichnenderweise im gesamten Stück kein einziges Wort spricht, die folglich nur vom Mann *be*sprochen wird, ihre angebliche Körperschwäche und Geistfeindlichkeit vor und bringt sie mit dem Fehlschlag seines theatralischen Projekts in Zusammenhang (vgl. St IV/58, 69, 83). Daß sie beständig ihren Text verliert, den er für sie geschaffen und ihr mühsam einstudiert hat (vgl. St IV/28), macht sie für den »Theatermacher« zur perfekten Verkörperung von Identitätsverlust und Ichzerfall: immerhin wird er selbst als Schriftsteller und Schauspieler buchstäblich durch Sprache konstituiert. Auch in Bernhards Theatertexten tritt Weiblichkeit häufig in Verbindung mit Sprachlosigkeit auf – und damit als Sammelbegriff für jenen Bereich, der außerhalb des sprachlich konstituierten Bereichs von Kultur und Zivilisation steht.

Hans Höller sieht in dem Stück *Der Theatermacher* »eine ironische Selbstparodie der eigenen Kunstprogrammatik«, zugleich aber »das welthaltigste komische Gleichnis über die Kunst in einer kunstfeindlichen Welt« (Höller 1993, 126). So erscheine Bernhards Protagonist zum einen als »heruntergekommener Erbe der romantischen Poetik«, in der Konstellation seiner Familie sei aber »wieder Bernhards Familienstück zu erkennen, mit dem kunstbesessenen Großvater im Mittelpunkt, dem sich die anderen drei Familienmitglieder [...] bedingungslos unterworfen haben« (ebd. 127). In seinem elitären Anspruch und seiner Verachtung des von ihm allem Künstlerischen und Schöpferischen entgegengesetzten Bürgerlichen (St IV/55), das er in seinem (nach dem Pianisten und Komponisten Ferruchio Busoni benannten, vgl. St IV/23) Sohn Ferruchio verkörpert glaubt, läßt sich Bruscon auch auf eine Strömung innerhalb der Kunst der Moderne beziehen, deren soziologische Ursachen Jean-Paul Sartre in seiner großen Flaubert-Studie beschreibt: Nach der Etablierung des Bürgertums als partikuläre Macht hätten sich im 19. Jahrhundert viele ursprünglich aufklärerischen Imperativen folgende Künstler von der neu entstandenen Herrschaftsschicht distanziert, um ihren Autonomieanspruch aufrecht erhalten zu können, und sich ein gleichsam aristokratisches Selbstverständnis als Vertreter einer zweckfreien ›Absoluten Kunst‹ (mit ihren Endpunkten Ästhetizismus und Dandyismus) geschaffen (vgl. Sartre 1980; auch Bernhard selbst ist in die Traditionslinie des Dandys eingeordnet worden, vgl. Neumeister 1973, 67ff.).

Dem Rückzug in die ›Absolute Kunst‹ ist im Fall von Bernhard Künstlerfiguren jedoch der Absturz in die Bedeutungslosigkeit gefolgt, wo auch die Macht über sich selbst, die eigene Identität, nur noch mühsam aufrecht zu erhalten ist. Denn Bruscons Größenphantasien dienen (wie bei Caribaldi und den anderen) nicht zuletzt dem Zweck der Selbstvergewisserung: gewaltsam bringt er seine Tochter Sarah dazu, die eigene Behauptung zu wiederholen, er sei der »größte Schauspieler / aller Zeiten« (St IV/65; vgl. 59). So hat ihm sein Sprachrohr (denn als solches tritt die Tochter in Bernhards Stück auf, wo sie fast nur Sätze aus Bruscons Menschheitskomödie zu sagen hat) durch vorgeformte Bestätigungsformeln zurückzuspiegeln, was er zur Vergewisserung seiner selbst benötigt. »Da ihr selbst / nicht auf die Idee kommt / mir zu sagen / wer ich bin / muß es erzwungen werden / Ich habe keine andere Wahl mein Kind / Wir führen ein verzweifeltes Leben / eine entsetzliche Existenz« (St IV/65f.).

Zwei weitere Stücke zeichnen noch einmal ein Porträt des Künstlers als alter Mann, das tragikomische Szenario einer immer mühevoller werdenden Bewältigung des individuellen Daseins. Das Zweipersonenstück *Der Schein trügt* (1983, Uraufführung: 21.1.1984, Schauspielhaus Bochum; Regie: Claus Peymann; Hauptdarsteller: Bernhard Minetti, Traugott Buhre) besteht aus den gegenseitigen Besuchen zweier Brüder, eines Jongleurs und eines Schauspielers, deren Namen (Karl bzw. Robert) an das Brüderpaar in der Erzählung *Ungenach* erinnern. Dabei inszeniert Bernhard im Grund ein »Selbstgespräch über das Verhältnis von Artistik und Kunst« (Huntemann 1990, 137), und er setzt sich zugleich mit zwei Arten der Existenzbewältigung auseinander, die auch in seinen übrigen Texten immer wieder gestaltet sind: auf der einen Seite steht die »Autonomie des Artisten, der stets nur *sich* darstellt« (ebd. 138), auf der anderen die Anlehnung des reproduzierenden Sprechkünstlers an eine stabilisierende Autorität, an die vorgegebene Rede des literarischen Autors. »Artist Welteroberer / Ich belehrte nie / Ich zeigte was ich konnte / das war alles«, sagt Karl (St III/407), der den Dialog in auffälliger Weise dominiert. Was ihn vor allem fasziniert habe: »berühmtsein / aufsehenmachen / der einzige sein« (St III/433) – anders als Robert, den er einen »Hochstapler« nennt (St III/394): »Artistik / möglicherweise sogar / höher zu stellen / als Schauspielerei« (St III/439).

Doch der Schein trügt tatsächlich. Der autoritäre Kunststückemacher muß feststellen, daß sein Bruder stets viel mehr geliebt worden ist. Und als seine Lebensgefährtin Mathilde, die eben gestorben ist, nicht ihm, sondern Robert ihr Wochenendhäuschen vermacht, ist er (das letzte Wort des Textes) aufs äußerste »irritiert« (St III/463). Ähnlich wie der Roman *Der Untergeher* handelt auch dieses Stück vom Verlust einer geliebten Frau, der von den Hinterbliebenen erst zu verarbeiten ist. Ihr Name erinnert wieder einmal an Novalis: sie heißt wie die Braut des *Heinrich von Ofterdingen* (Helmut Schödel weist auch auf den Tod der Bernhard-Schauspielerin Edith Heerdegen als reale Folie hin; vgl. WG 262). Wenn Bernhards Figuren mit Frauen zusammenleben, versuchen sie allerdings, diese kompromißlos an die eigenen Bedürfnisse anzupassen (vgl. erneut *Der Untergeher*). Auch Karl hat sich seine Lebensgefährtin unnachgiebig unterworfen - dem Perfektionswahn entsprechend, der vor allem in Bernhards späteren Prosatexten immer wieder reflektiert wird (»Perfektionszwang auf allen Gebieten / Unmenschlichkeit vielleicht«, St III/426, vgl. dazu das Motto des Stücks, St III/391). Nun hat sich Mathilde offenbar auf subtile Weise dafür gerächt.

In äußerster Reduktion führt das Stück *Einfach kompliziert* (Uraufführung: Schiller-Theater Berlin, 28.2.1986; Regie: Klaus André) ein letztes Mal den Kampf eines alten, kranken Künstlers gegen den Zerfall seiner Existenz vor. Diesmal hat die wiederum auf Bernhard Minetti zugeschnittene Hauptfigur keinen gleichaltrigen Gesprächspartner mehr. Dem alten Schauspieler ist nur noch die Erinnerung an die Zeit geblieben, als er (mit wenig Erfolg) Shakespeares Richard den Dritten gespielt hat, und in regelmäßigen Abständen ruft er die Vergangenheit ins Leben zurück, indem er sich noch einmal die (Bühnen-)Krone aufsetzt und sich vorstellt, ein König zu sein; durch die Kostümierung reiht sich auch dieses Stück ein in die »immerwährende Abdankungsrede«, deren Vortrag Bernhards Männerfiguren aufgegeben ist (Vogel 1987, 165). Die einzige Verbindung zum Leben bildet das Mädchen Katharina, das den gleichen Namen trägt wie die längst verstorbene Frau des Schauspielers. Obwohl er eigentlich gar keine mag, läßt er sich von ihr allwöchentlich Milch bringen, um auf ihren Besuch nicht verzichten zu müssen (vgl. auch die »verschwiegene Liebesszene« zwischen dem jungen Mädchen und dem

Schauspielkünstler in *Minetti*; Michaelis 1982b, 41). Ansonsten bleibt ihm nur noch die Selbstbespiegelung als Vergewisserung des eigenen Hierseins: einzig ein Tonband nimmt noch auf, was er an Worten von sich gibt, als radikale Schwundstufe sprachlicher Kommunikation (vgl. den Schluß des Stückes).

4. Tragikomödien aus Politik und Gesellschaft

In dem Stück *Der Präsident* (1975, Uraufführung: 17.5.1975, Akademietheater Wien; Regie: Ernst Wendt; fast gleichzeitig deutsche Erstaufführung, 21.5.1975, Stuttgart, Regie: Claus Peymann) setzt Bernhard die dramatische Beschäftigung mit der Welt der politischen Machtträger fort, die er in *Die Jagdgesellschaft* begonnen hat. Der Autor stellt seine ›Mächtigen‹ in einer Situation dar, in der sie von einer gegnerischen Gruppierung lebensbedrohlich angegriffen werden: Vor Beginn der Handlung ist auf den Präsidenten von Anarchisten, denen vermutlich auch sein eigener Sohn angehört, ein Attentat verübt worden. Dabei ist allerdings sein Adjutant, der Oberst, getötet worden; auch der Hund der Präsidentin ist vor Schreck einem Herzanfall erlegen. Die letzte Szene zeigt die Aufbahrung des Präsidenten; mit ihrem neuerlichen Anschlag haben die Anarchisten ihr Ziel erreicht.

Dazwischen zeigt der Autor die Repräsentanten der Macht jedoch nicht, wie es etwa im klassischen Geschichtsdrama üblich war, in ihrer öffentlichen Funktion, als Akteure in einem politischen Geschehen. Das Stück beginnt wiederum (vgl. *Der Ignorant und der Wahnsinnige*) mit einem Ankleideritual, in dessen Verlauf den Protagonisten die Rollen angemessen werden, die sie dann (in diesem Fall beim Staatsbegräbnis des Oberst) auszufüllen haben: »Die dominierenden Tätigkeiten im ersten Teil sind Schminke auflegen, in Kleider schlüpfen (in die Rolle schlüpfen)« (Gamper 1977, 175). Bei der Körperreinigung, beim Anziehen der Kleidung wird der Zuschauer »Zeuge einer intimen Selbstdarstellung der Mächtigen« (Hannemann 1977, 149); der körperlichen Entblößung entspricht die Enthüllung des Seelischen, wobei erneut (wie schon im Fall der Königin in *Der Ignorant und der Wahnsinnige*) der Toilettentisch zum Ort der enthüllenden Selbstgespräche einer Hauptfigur wird (Hannemann verweist auf die österreichische Bezeichnung des Möbelstücks als »Psyche«, vgl. ebd.).

Dabei zeigt Bernhard deutlich, daß die Identität seiner Figuren keineswegs gesichert ist. Um ihre existentielle Unsicherheit zu unterstreichen, verwendet er das »Motiv des sozialen Aufsteigers, des Parvenüs«, der sich von ganz unten bis zum Gipfel der Macht durchgesetzt hat (ebd. 153). In dieser Situation verspürt der eben erst an die

Spitze der Gesellschaft Durchgedrungene »das starke Bedürfnis, den neuen Status dauernd bestätigt zu finden« (ebd.): »Du hast Macht / hörst du / Macht«, muß sich die Präsidentin vor dem Spiegel beruhigend vorsagen (St II/15), und die Quälrituale gegenüber Frau Frölich, ihrer Dienerin (die an Bernhards erstes Stück *Ein Fest für Boris* erinnern), zeugen ebenfalls von der Notwendigkeit, sich der Position des Herrschenden stets von neuem zu vergewissern. Die Grundstruktur der Beziehungen zwischen diesen Menschen verdichtet sich in der sprachlichen Formel, die die Bühnenrede der Präsidentin von Anfang an durchzieht: »Ehrgeiz / Haß / sonst nichts« (St II/11 u.ö., die ersten Worte des Textes), und dazu kommt das ebenfalls immer wieder aufgenommene Wort von der »Angst«, von der die Mächtigen buchstäblich beherrscht sind (z.B. St II/26).

Wie kaum ein anderes Stück illustriert *Der Präsident* die von Bernhard bevorzugt in Szene gesetzte Auffassung, daß der Einzelne ohne die Verklammerung mit anderen Menschen, an denen er seine unvollständige Persönlichkeit zu befestigen trachtet, nicht lebensfähig sei. Es ist das komplexeste derartige Existenzgefüge, das der Autor konstruiert hat, und keiner darin entspricht dem Konzept individueller Autonomie und Selbständigkeit, das Bernhards Figuren stets so wortreich vortragen. Zum einen sind die Präsidentin und Frau Frölich in einer jener Bernhardschen Zweierbeziehungen zwischen Mächtiger und Beherrschter ineinander verkrallt. Zum anderen unterhält die Präsidentin Beziehungen zu zwei Männern, die die eheliche Verbindung mit ihrem ungeliebten Mann überlagern: zu ihrem Kaplan als »Geistesliebhaber« und zu ihrem Fleischhauer als »Körperliebhaber«, die sich »in ihrem Kopf nicht vereinigen« lassen (St II/94). Dazu kommt jedoch bei beiden noch die lebenswichtige Fixierung auf die beiden Opfer des ersten Mordanschlags, die ihnen durch das Attentat geraubt worden sind: »die erste Instanz meines Mannes war der Oberst«, sagt die Präsidentin, »meine erste und letzte Instanz / war mein Hund [...] Und jetzt haben sie uns beide weggenommen« (St II/42). Auf boshafte Weise parodiert der Autor die stabilisierende Anlehnung an derartige Bezugsinstanzen, und er macht deutlich, wie sehr dabei Projektion und Selbsttäuschung eingesetzt werden, um die eigene Identität über die Hinwendung zum idealisierten Anderen vor dem Zerfall zu retten.

Der Kaplan trägt in auffälliger Weise Markierungen, die ihn mit dem Autor in Verbindung bringen (vgl. seine Vergangenheit auf einem Fischkutter, St II/49, und die Nähe seiner Gedanken zur Philosophie Pascals, St II/51f.). Er, dessen Worte die Monologe der Präsidentin das gesamte Stück hindurch beherrschen, erscheint als einer von Bernhards Analytikern, als Vertreter der alles auflösenden Rationalität: einen »alles sezierenden Kopf« müsse man aufhaben, habe er gefordert (St II/48). Sein Denken verbindet sich jedoch auch mit der

Position, die im Stück den Anarchisten zugedacht ist: »In einem jeden Menschen / ist ein Anarchist«, zitiert ihn die Präsidentin; ein klarer Kopf sei »ein anarchistischer Kopf« (St II/71). In seiner Person drückt sich nicht zuletzt Bernhards eigene ambivalente Haltung zu Ordnung und Anarchie aus, und auch die Beziehung zwischen dem Präsidenten und seinem Sohn, der sich den Anarchisten angeschlossen hat, ist in diesem Sinne zu verstehen. »Die Gesellschaft schreit förmlich / nach einem solchen Mann / der Ordnung macht«, sagt der Präsident (St II/92), doch sein Sohn, als Archäologiestudent ein Experte für die Rekonstruktion von Vergangenem, hat sich ausgerechnet durch die Bekanntschaft mit einem Schriftsteller zur Zerstörung dieser Ordnung entschlossen (vgl. St II/16). Hier wiederholt sich jene Konstellation, der Bernhards Fürst Saurau und dessen in England studierender Sohn in *Verstörung* angehören: wie die beiden Romanfiguren »stellen Präsident und Sohn Extreme dar, die sich berühren« (Gamper 1977, 166).

Zu erwähnen bleibt, daß sich auch der Präsident neben seiner Frau eine Geliebte hält: eine Schauspielerin, mit der er kurz vor seinem Tod an seinem Urlaubsort und im Casino gezeigt wird, wo sie sein Vermögen verspielt. Im Zusammenhang mit ihr weist Bernhard auf eine irritierende Analogie zwischen künstlerischer Selbstdurchsetzung und politischen Machtvorstellungen hin: »die Wege in der Politik sind die gleichen Wege / wie die Wege in der Kunst / sie sind mit Rücksichtslosigkeit / und mit Brutalität gepflastert« (St II/86). »Im einzelnen identischen Ich, das sich mit Disziplin und Selbstbeherrschung gegen die Tendenz zur Auflösung behauptet und rücksichtslos seine Selbstbehauptung in Angriff nimmt, wird [...] die Affinität der Künstler und Meisterdenker mit den Repräsentanten der politischen Macht ausgeleuchtet« (Höller 1993, 118) – wie in Thomas Manns Essay *Bruder Hitler*, der auf bemerkenswerte Weise Strukturparallelen zwischen autoritär-faschistischen und künstlerischen Größenphantasien benennt: nach Mann gehören dazu »die Wut auf die Welt, der revolutionäre Instinkt, die unterbewußte Ansammlung explosiver Kompensationswünsche, das zäh arbeitende Bedürfnis, sich zu rechtfertigen, zu beweisen, der Drang zur Überwältigung, Unterwerfung, der Traum, eine in Angst, Liebe, Bewunderung, Scham vergehende Welt zu den Füßen des einst Verschmähten zu sehen ...« (Mann 1960, 848).

Besonders provokant findet sich diese Erkenntnis in einem Stück in Szene gesetzt, das Bernhards Regisseur Claus Peymann kurz vor seinem erzwungenen Abgang vom Württembergischen Staatstheater Stuttgart (er hatte sich humanitär für Mitglieder der Baader-Meinhof-Gruppe eingesetzt) ebendort herausbrachte: *Vor dem Ruhestand. Eine Komödie von deutscher Seele* (Uraufführung: 29.6.1979; Hauptdarsteller: Traugott Buhre; dazu Kirsten Dane als Clara). Zur gleichen

Zeit hatte man nämlich herausgefunden, daß der für Peymanns Entlassung verantwortliche Ministerpräsident Filbinger bis in die letzten Kriegstage als NS-Marinerichter tätig gewesen war. Rolf Hochhuths Stück *Juristen* (1979) brachte die Affäre in dramatischer Form auf die Bühne, und auch in Bernhards Text ist die Hauptfigur ein angesehener Richter, der seiner nationalsozialistischen Gesinnung treugeblieben ist. Rudolf Höller ist sein Name, und er ist damit assoziativ zum einen auf den Lagerkommandanten von Auschwitz, Rudolf Höß, bezogen, zum anderen jedoch auf den Reichsführer-SS, Heinrich Himmler, den er noch immer als Vorbild verehrt. Alljährlich begeht er Himmlers Geburtstag im Rahmen einer privaten Feier, die er in SS-Uniform abhält, und an einem dieser Festtage, auf dem »Höhepunkt« des Jahres (St III/30), spielt auch Bernhards Stück.

Die »Komödie von deutscher Seele« erregte jedoch nicht nur durch aktuelle politische Anspielungen, sondern auch durch die auffällige Nähe seiner Hauptfigur zu anderen Protagonisten dieses Autors – und nicht zuletzt zum Autor selbst – Aufsehen (Rudolf ist auch der Name des Erzählers von *Beton*, Höller heißt eine der Figuren aus *Korrektur*). »Ich habe das Gefühl, daß ich und alle anderen mit allen verwandt sind«, sagt dazu der Autor. »Daß auch ein Filbinger in mir ist wie in allen anderen. Daß auch der liebe Gott in einem ist und die Nachbarin und überhaupt alles, was lebt« (zit. nach Dreissinger 1992, 77). »Da beschreibt einer die Faschisten nicht aus aufgeklärtem, sicherem Abstand, sondern aus höhnischer Ferne und verzweifelter Nähe zugleich«, kommentierte Benjamin Henrichs nach der Uraufführung. »In allen politischen Stücken nach dem Krieg waren die Faschisten immer die anderen, nie stand die antifaschistische Rechtschaffenheit des Autors in Zweifel. Thomas Bernhard dagegen ist in allen seinen Figuren, auch in seinen Nazifiguren, höchstselbst anwesend«. Damit werde Bernhards Stück jedoch zugleich zu einer »Partie des Dichters mit sich selber, gegen sich selber«, sodaß sich die Frage stelle, ob es nicht seltsame Verwandtschaften gebe zwischen »einem radikalen Dichter, der die Welt am Schreibtisch vernichtet, und radikalen Spießern, die Ernst machen müssen, weil sie sich aus ihren Zerstörungsphantasien nicht in Literatur retten können« (Henrichs 1979, 34).

In *Vor dem Ruhestand* beschäftigt sich Bernhard nicht in erster Linie mit den historisch-politischen Umständen der Entstehung des Nationalsozialismus, sondern vor allem mit den psychischen Konstellationen, mit den »Strukturen des Imaginären« (Friedländer 1984, 17), die als Substrat für autoritär-faschistische Systeme dienen können. Das Motto des Stücks stammt aus dem Essay *The Art of Fiction* von Henry James: »Was ist Charakter anderes als die Determinierung des Ereignisses, der Handlung?« (St III/9; vgl. James 1972, 93). Höllers Charakterzüge stimmen auffällig mit denjenigen überein, die Klaus Theweleit in seinem Buch *Männerphantasien* an dem von ihm so genannten »faschistischen Mann« festgestellt hat. Den unbedingten Drang, sich durchsetzen zu müssen (gegen eine als bedrohlich empfundene lebendig-massenhafte Umgebung, die vor allem im Bild der Frau auftritt), konnte Theweleit in den von ihm untersuchten Texten aus dem Bereich der Freikorpsliteratur wiederholt dargestellt finden (vgl. bes. Theweleit 1980, II/44-64, 206-223). Er ist seiner Meinung nach aus der Angst des Einzelnen vor dem Zusammenbruch seines instabilen Ichs zu begründen – einem existentiellen Gefühl, das nicht nur in *Vor dem Ruhestand*, sondern auch in den übrigen Texten Bernhards immer wieder inszeniert ist.

Theweleit sieht die Funktion von starren Apparaten wie der nationalsozialistischen Hierarchie darin, dem Ich-Schwachen »ein gesellschaftliches Ich« (ebd. 220) aufzustülpen, ein »Organisations-Ich« (ebd. 223), das seine Identität zu stützen vermag. Joseph A. Federico weist im Zusammenhang mit Bernhards Stück auf die Funktion der nazistischen Ideologie als legitimierende »symbolische Sinnwelt« (Peter L. Berger/Thomas Luckmann) hin, die sozialen Rollen, politischen Institutionen und subjektiver Identität jeweils einen stabilen Platz innerhalb eines sinnvollen Ganzen zuzuweisen imstande ist (vgl. Federico 1984, 142f.). Versteht man den Nationalsozialismus als »Ausdruck einer umfassenden Modernisierungskrise« (Reichel 1991, 30), die nach dem »Leitbild einer homogenen, stabilen und konfliktfreien Ordnung jenseits des angeblichen Verfalls und der vermeintlichen ›Zersetzung‹« verlangt habe (ebd. 45), als Reaktion auf die modernen »Dynamiken von psychokultureller Zersetzungsangst, regressiver Selbstbehauptung und neusachlicher Vernunftkälte« (Sloterdijk 1983, 42), so läßt sich der Nationalsozialist Rudolf Höller durchaus auch mit den Ängsten und Obsessionen von Bernhards anderen Protagonisten in Verbindung bringen.

Die alljährlich in strenger Regelmäßigkeit inszenierte Feier des Geburtstags Heinrich Himmlers folgt erkennbar der Struktur eines säkularisierten Rituals (vgl. Federico 1984, 145, im Anschluß an die Anthropologinnen Sally F. Moore und Barbara G. Myerhoff). Dabei wiederholt die derart am Leben erhaltene Beziehung zwischen Himmler und Höller eine Konstellation, die wir in Bernhards Werk schon häufig angetroffen haben. Auch Rudolf Höller begibt sich unter den Schutz einer als allmächtig vorgestellten Person, um aus dieser Beziehung die Kraft für die eigene Existenz abzuleiten. Vor allem aber zeigt er fortwährend das Bedürfnis, sich des Gefühls der Macht und Bedeutung zu vergewissern, das er einst aus seiner Identität als Nationalsozialist zu gewinnen vermochte: »ich bin noch immer der alte / zu allem fähig« (St III/98). Und er verknüpft sein Leben stets von neuem mit dem politischen System, das ihm erst seinen Sinn verliehen hat: »Ich bin immer Soldat gewesen / und ich werde immer Soldat sein / für unsere Sache / da kann geschehen was will was will was will« (St III/96).

So ist *Vor dem Ruhestand* nicht so sehr ein politisches Stück über das Fortwirken des Nationalsozialismus; im Grunde führt der Autor auch hier die Funktionsweise jener Mechanismen der Lebensbewältigung vor, deren Struktur er zuvor bereits an anderen Figuren und Lebenssituationen nachgezeichnet hat. Zusammen mit Höller leben seine beiden Schwestern in dem gemeinsamen Haus: Vera, mit der er eine inzestuöse Beziehung unterhält, und Clara, die seit einem Bombenangriff während des Krieges gelähmt ist. Im Lauf der Zeit hat sich zwischen ihnen ein starres Existenzgefüge ausgebildet, in dem stets unveränderlich der gleiche Lebensmechanismus abläuft (vgl. die zu Beginn des Kapitels zitierten Sätze über das »Theaterstück«, nach dessen Vorgaben ihr Zusammenleben funktioniert, St III/39). Dabei erinnert die Überlebenstechnik von Vera und Rudolf Höller an Horst Eberhard Richters Beobachtung, wie sehr sich manche Personengruppen bzw. Familien »mit Hilfe von Vermeidungs- und Verleugnungstaktiken an die Illusion einer friedlichen, guten, geordneten Welt« klammern, »um sich die ängstigende Konfrontation mit den vorhandenen gesellschaftlichen Konflikten und Mißständen zu ersparen« (Richter 1970, 63). Vor allem Vera betreibt diese Art der Stabilisierung einer harmonischen Scheinwelt, indem sie sich das ganze Stück hindurch bemüht, die sie umgebende Wirklichkeit zu beschönigen; aber auch Rudolfs ständige Versuche, seinem Leben durch die Behauptung logisch-plausibel abgelaufener Entwicklungsprozesse Zusammenhalt zu verleihen, dienen dem gleichen Zweck, eine vom Zerfall bedrohte Existenz gedanklich-sprachlich zu befestigen (von der Bezugnahme auf undurchschaubare Mächte wie die »Natur«, St III/23, oder das »Schicksal«, St III/95, bis zur bloßen Tautologie: »Aber es ist eben so wie es ist«, St III/29).

Die Rolle der Zweiflerin (der »Antagonistin« im Sinne Huntemanns) erfüllt dagegen ihre Schwester Clara, das »Luftminenopfer« (St III/95), das schon durch seine bloße Anwesenheit die beiden übrigen Geschwister an der Verdrängung eines zentralen Komplexes ihrer Lebensgeschichte hindert. Es ist vor allem die stumme Anklage ihrer Existenz, die all die Beschwichtigungs- und (Selbst-)Rechtfertigungsversuche provoziert, mit denen Vera und auch Rudolf ihr prekäres Lebens-System gegen den drohenden Zusammenbruch abzudichten trachten; das ist wohl der Hintersinn von Veras Aussage, durch Claras Schweigen bleibe die »Komödie in Gang« (St III/75). Dreimal bricht die mühevoll aufrechterhaltene Schein-Harmonie auseinander: Am Ende der Akte 1 und 2 ist es jeweils Clara, deren aggressive Rede gegenüber Vera bzw. Rudolf heftige Konflikte heraufbeschwört, und am Ende von Akt 3 verleitet die Erinnerung an vergangene Machtvorstellungen den vor der Pensionierung stehenden Gerichtspräsidenten, das einst Erlebte auch in der Aktion wiedererstehen zu lassen – mit gezückter Pistole geht er auf seine Schwestern los. Ausgerechnet an dieser Stelle läßt der Autor den Zusammenbruch Rudolfs eintreten; stets demontiert Bernhard von jenen Grenzen her, die von der Hinfälligkeit des Körpers gesetzt sind, den Herrschaftswahn der scheinbar Mächtigen.

Eine ganz ähnliche Figurenkonstellation wie *Vor dem Ruhestand* weist Bernhards Stück *Ritter, Dene, Voss* (1984, Uraufführung: 18.8.1986, Salzburger Festspiele; Regie: Claus Peymann; Hauptdarsteller: Ilse Ritter, Kirsten Dene, Gert Voss) auf. Der Text gehe, so der Autor, auf die Notiz »Ritter, Dene, Voss, intelligente Schauspieler« zurück, und während der Arbeit seien seine Gedanken hauptsächlich auf Paul und Ludwig Wittgenstein konzentriert gewesen (St IV/227). Damit erinnert sein Stück zum einen an Bernhards Auseinandersetzung mit den Biographien des Freundes und des Philosophen (vgl. auch *Korrektur*, *Wittgensteins Neffe*), zum anderen ist es ein Beleg für ein Phänomen, dem in der bisherigen Darstellung nicht zuletzt durch die Nennung der wichtigsten Bernhard-Schauspieler Rechnung getragen wurde: »In erster Linie schreibe ich für Schauspieler«, betont der Autor aus Anlaß der Premiere von *Am Ziel*, »in zweiter Linie für mich und in dritter – was auch interessant ist – für Leute, die zuschauen« (zit. nach WG 230).

Mit *Ritter, Dene Voss* leitet Bernhard eine kleine Werkgruppe ein, die im Milieu des Wiener Großbürgertums angesiedelt ist, in der ›besseren Gesellschaft‹, deren Marotten und Eigenheiten er mit einer besonderen Mischung aus Faszination und Abscheu studiert hat. Was den Text mit *Vor dem Ruhestand* verbindet, ist vor allem die Übermacht der Familie, aus der sich die Figuren bis zum heutigen Tag nicht haben befreien können. In beiden Stücken wird erkennbar, welche Vorgeschichte der »Infantilismus« (St IV/224) dieser Figuren hat, warum sie nicht in der Lage sind, den familiären Schutzraum hinter sich zurückzulassen. Schon als Kinder an jeder individuellen Entwicklung gehindert, von ihren Eltern (vor allem vom Vater) bis in die kleinste Lebensäußerung hinein kontrolliert, ist es ihnen zu keiner Zeit gelungen, eine eigenständige Existenz aufzubauen. So werfen die Eltern von Bernhards Protagonisten auch als Tote noch überlange Schatten auf das Leben ihrer Kinder: unübersehbar beherrschen in *Ritter, Dene, Voss* die Portraits der Eltern den Raum (vgl. St IV/123), in dem die Opfer ihrer Erziehung seit dreißig Jahren ihr immergleiches Leben führen. Und der Versuch, von dem Haus der Eltern durch die Umgruppierung ihrer Möbel symbolisch Besitz zu ergreifen, scheitert kläglich – im unbeweglich bleibenden Schrank geht bloß das Familiengeschirr zu Bruch (vgl. St IV/208).

Anders als Rudolf Höller sucht Ludwig (die einzige der drei Hauptfiguren, die auch im Stück einen Vornamen trägt) seine Existenz nicht durch die gewalttätige Wendung nach außen, durch die Hinwendung zu einem autoritären politischen System zu stabilisieren. Er wählt den Rückzug aus der Gesellschaft, die ›Narrenfreiheit‹ des Irrenhauses, in das er sich mit Hilfe des Familienvermögens einkauft. Während seine Schwestern, die Verzweifelt-Zynische, die »nie etwas werden« wollte (St IV/138), und die Harmoniebedürftige, die ihren Bruder in ihrer mütterlichen Fürsorge erstickt (vgl. dessen Ausbruch am Ende des Mittagessens, St IV/190ff.), in ihrer Döblinger Herrschaftsvilla wohnen bleiben, träumt Ludwig (wie viele Figuren Bernhards) von der lebensrettenden Macht des Geistes: »ich überwinde alles nur / mit Denken« (St IV/174). Doch die Art seines Ausstiegs aus der Wirklichkeit macht seine Lebensform zur traurigen Parodie auf die erstrebte Existenz als Geistesmensch; von Bernhards »Kant« unterscheidet ihn nur, daß sein Einzug in die Zelle in Steinhof (der Wiener Nervenheilanstalt) zumindest teilweise freiwillig erfolgt. Der Familienname der Geschwister erinnert im übrigen an einen Denker, der mit Abstraktion und Geometrisierung die in Bernhards Texten immer wieder angesprochenen Verfahren rationaler Weltbewältigung auch zu Grundprinzipien der modernen Kunst erklärt hat: an Wilhelm Worringer, den Verfasser der ästhetischen Schrift *Abstraktion und Einfühlung* (1908). Seine Thesen lesen sich mitunter wie ein Kommentar zur Gedankenwelt von Bernhards Figuren: z.B. ermöglicht es für ihn die künstlerische Abstraktion, »das Objekt der Aussenwelt gleichsam aus dem Naturzusammenhang, aus dem unendlichen Wechselspiel des Seins herauszureissen« (Worringer 1919, 22), um angesichts der »Verworrenheit und Unklarheit des Weltbildes« (ebd. 58) »Ruhepunkte [...] zu schaffen« (ebd. 45).

Auch Bernhards vorletztes Stück spielt im wohlhabenden Wiener Gesellschaft: *Elisabeth II. Keine Komödie* (1987, Uraufführung: 5.11.1989, Schiller-Theater Berlin; Regie: Niels-Peter Rudolph; Hauptdarsteller: Kurt Meisel). Der 87jährige Großindustrielle Herrenstein ist noch einmal ein Beispiel für die verkrüppelten, ›künstlichen‹ Menschen in diesem Werk, und er knüpft in mehrfacher Weise an motivische Reihen an, die bereits in Bernhards frühesten Dramen eröffnet wurden. Wie die »Gute« in *Ein Fest für Boris* ist er auf die Hilfe seines Dieners angewiesen, denn er trägt Kunstbeine und ist durch seine »Hinfälligkeit« (St IV/281) alleine nicht mehr lebensfähig. Richard, so heißt der Diener, gehört der gleichen Beziehungsstruktur an wie Johanna und Frau Frölich, seine Vorgängerinnen in Bernhards Werk (*Ein Fest für Boris* bzw. *Der Präsident*), und wie der Jongleur in *Die Macht der Gewohnheit* versucht er, seinem Herrn durch die Drohung, ihn zu verlassen, die Grenzen seiner Macht bewußt zu machen – wobei ihn Herrenstein, anders als Caribaldi, am

Ende buchstäblich anfleht, ihn nicht im Stich zu lassen: »Sie können alles von mir haben / wenn Sie bleiben alles« (St IV/345).

Vor allem aber führt der Autor in *Elisabeth II.* den Komplex seiner Frauengestalten an einen denkwürdigen Endpunkt. Das Zentrum des Stückes bildet nämlich der Besuch von Bekannten Herrensteins, die von seinem Balkon aus den Besuch der englischen Königin beobachten wollen. Doch als der Festzug vorbeikommt, reißt der Balkon ab und alle stürzen in die Tiefe – außer dem Protagonisten und seinem Diener, die im Zimmer geblieben sind. In *Ein Fest für Boris* läßt Bernhard seine männliche Hauptfigur noch zugrunde gehen, dem Einfluß der »Guten« hoffnungslos ausgeliefert (sollte der Namensgebung etwa von Mussorgskis Opern-König *Boris Godunow* inspiriert sein, der 1965 in Salzburg eine legendäre Aufführung erlebte?). Der alte, kranke HERRenSTEIN in *Elisabeth II.* hingegen überlebt, weil er den verhängnisvollen Blick auf die letzte ›Königin‹ in diesem Werk vermeidet (vgl. dazu die Serie all der Theater-Könige und entmachteten Herrscher in Bernhards Stücken, aber auch die »Königin« in *Der Ignorant und der Wahnsinnige* oder die Mutter in *Am Ziel*).

Mit der Gestalt von Herrensteins Freund Guggenheim nimmt Bernhard schon in *Elisabeth II.* den Kern jenes Stückes vorweg, das den eigentlichen Abschluß seines dramatischen Œuvres bildet. Guggenheim, der Emigrant, teilt das Schicksal der Hauptfigur von *Heldenplatz*, dem Beitrag des Autors zum sogenannten ›Bedenkjahr‹ 1988, in dem an den 50 Jahre zurückliegenden Anschluß Österreichs ans Großdeutsche Reich erinnert werden sollte. Der Skandal, den Bernhards letztes Stück damals entfachte, ging im wesentlichen auf eine Reihe polemischer Aussagen im zweiten Akt zurück, die sich auf die aktuelle Situation des österreichischen Staates bezogen, vor allem auf die (auch in anderen Bernhard-Texten behauptete) Affinität der Österreicher zu autoritären politischen Systemen, speziell zum Nationalsozialismus (vgl. zuvor bereits *Der Theatermacher*, St IV/46): »eine in sich selber verhaßte Statisterie / von sechseinhalb Millionen Alleingelassenen«, wird Bernhards Herkunftsland darin genannt, »sechseinhalb Millionen Debile und Tobsüchtige / die ununterbrochen aus vollem Hals nach einem Regisseur schreien / Der Regisseur wird kommen / und sie endgültig in den Abgrund hinunterstoßen« (He 89). Mitbeteiligt an der turbulenten Aufnahme war dabei die Tatsache, daß Sätze wie diese ausgerechnet am Wiener Burgtheater vorgetragen werden sollten, auf der Bühne einer nationalen Kulturinstitution, deren traditionelle Funktion man vielfach in der repräsentativen Aufführung der großen Klassiker sehen wollte – und nicht in der streitbaren Auseinandersetzung mit Schmerzthemen der österreichischen Geschichte.

Bernhards Stück *Heldenplatz* (Uraufführung: 4.11.1988; Regie: Claus Peymann; Hauptdarsteller: Wolfgang Gasser, Marianne Hoppe) geht von der Fiktion aus, daß ein jüdischer Gelehrter, Prof. Schuster, der seit der Herrschaftsübernahme durch die Nationalsozialisten im Exil geblieben ist, auf Einladung des Wiener Bürgermeisters nach Wien zurückkehrt. Als er aber feststellen muß, daß sich die Mentalität der österreichischen Bevölkerung seit damals in keiner Weise geändert hat, stürzt er sich aus dem Fenster seiner Wohnung am Heldenplatz, an der Stätte von Hitlers erster großer Rede in Österreich, und auch seine Frau kommt von den Obsessionen der Vergangenheit nicht mehr los: zuletzt bricht sie, in ihrer Imagination noch immer von den Heilrufen der fanatisierten Massen gepeinigt, am Tisch zusammen (vgl. dazu die Schreie der ermordeten Polen in Bernhards frühem Text *Der Italiener*). Neben seiner prononciert politischen Stoßrichtung ist jedoch auch *Heldenplatz* eines jener Familienstücke, wie sie für Bernhard charakteristisch sind. Ein letztes Mal »führt uns der dramatische Text ein System von persönlichen Vorlieben, Leidenschaften, Ressentiments und Idiosynkrasien, Leiden und Krankheiten vor, in denen Thomas Bernhard selber zu erkennen ist« (Höller 1993, 16). Noch einmal greift der Autor auf das Mittel der Bruderfiktion zurück: während dem Verstorbenen jene Verdrängungspotenz ermangelt, die zum Überleben nötig ist, erscheint sein überlebender Bruder als der durchaus Hellsichtige, der es jedoch aufgegeben hat zu protestieren: »Das Leben ist ja ein einziger Protest / und es nützt gar nichts« (He 86).

Es erscheint wie eine ironische Pointe, daß ausgerechnet seine Worte im Stück jene öffentliche Aufregung auslösten, die aus Bernhards Theaterstück eine öffentliche Inszenierung machte, eine Verlängerung der Fiktion in die Realität hinein. »Ganz Österreich hat sich aufs Stichwort in eine Thomas-Bernhard-Komödie verwandelt – die hinterhältigste, abgefeimteste, entlarvendste, die Bernhard sich je ausgedacht hat«, schrieb damals die Journalistin Sigrid Löffler. »Ganz Österreich ist die Bühne, alle Österreicher sind Komparsen, die Hauptdarsteller sitzen in der Hofburg und am Ballhausplatz, in den Zeitungsredaktionen und in den Parteizentralen. Das Publikum aber ist die ganze Welt« (zit. nach Heldenplatz 1989, 95; diese Dokumentation des Burgtheaters faßt die Diskussion rund um die Uraufführung des Stücks zusammen).

VII. Der öffentliche Bernhard: Reden, Scheltreden, Leserbriefe

Zu seinen Lebzeiten war das Bild des Autors Thomas Bernhard vor allem in Österreich ganz wesentlich von den Skandalen geprägt, die er mit seinen literarischen Werken und mit seinen sonstigen öffentlichen Äußerungen auslöste. So konnte es Mitte der achtziger Jahre in einem Aufsatz zu diesem Aspekt heißen, die Rezeption der Texte Bernhards hätte sich von dem, was seine erzählenden, dramatischen und lyrischen Arbeiten von sich aus bewirken können, weitgehend emanzipiert. Bernhard sei zur »Kunstfigur« geworden, und sein literarisches Werk lasse sich »nicht mehr ablösen von der Wirkung, die es gehabt hat« (Schmidt-Dengler 1986, 94). Dabei seien seine provokanten Aktionen, mit denen die von seinen Texten ausgehende Verstörung noch verstärkt bzw. (bei Menschen, die diese Texte nicht kennen) erst erzeugt werde, durchaus nicht als »Teil eines Kunstprogramms« zu verstehen, sondern sie hätten teil »an einer konsequenten Praxis der Verweigerung« (ebd.). So lasse sich das auffälligste Prinzip dieser Vorgangsweise auch durchaus nicht inhaltlich definieren. Es laute vielmehr: »Wenn der Konsens am größten, ist Bernhards Lust zum Schelten am größten, [...] immer dort, wo das Wohlwollen und die Einigung eine Plattform des Redens ermöglicht, entfernt sich Bernhard unter wüster Beschimpfung« (ebd. 102).

Im Zusammenhang mit den literarischen Texten dieses Autors ist in erster Linie auf den autobiographischen Band *Die Ursache* (1975), auf den Prosatext *Holzfällen* (1984) und auf das Theaterstück *Heldenplatz* (1988) hinzuweisen (vgl. dazu und zu weiteren literarischen Anlaßfällen für öffentliche Aufregung Pfoser 1988, aber auch Donnenberg 1985, Häller 1987, Höller 1986 u. 1993, 12ff., Schmidt-Dengler 1986, 93ff.). Gerade die Vorgänge rund um *Heldenplatz* zeigten dabei Charakteristika, die nicht nur in diesem Fall zu beobachten waren. Zum einen wurden im Zusammenhang mit den letzten Texten Bernhards häufig einzelne Textpassagen, die provokative Sätze enthielten, bereits vor Erscheinen des gesamten Buches einem Teil der Presse zugespielt, worauf sich die öffentliche Erregung an genau diesen Ausschnitten auf nicht zuletzt auch verkaufsfördernde Weise entzünden konnte. Zum anderen aber (und dies war für die Wirkung des Autors in seinem Land besonders bedeutsam) führte diese Reaktion der Öffentlichkeit zu einer freiwillig-unfreiwilligen Selbstdarstellung ihrer führenden Repräsentanten, die sich in ihren jeweiligen Stellungnahmen gewissermaßen ›zur Kenntlichkeit entstellten‹ und somit das fiktional entworfene Szenario in die Realität hinein verlängerten. Die Rezeption von Bernhards Texten entwickelte eine ganz spezifische Eigendynamik, so daß jedesmal »von ihr ausgehend das politische Konfliktpotential der jüngsten Vergangenheit akut« wurde. Jedermann sah sich umgehend »zu einem Bekenntnis genötigt«, ob er nun von dem Text direkt angesprochen worden war oder nicht (Schmidt-Dengler 1986, 100).

Zurückzuführen ist die beschriebene Wirkung der literarischen Arbeiten von Thomas Bernhard nicht zuletzt auf den aggressiven, totalisierenden Stil, in dem reale Personen und Institutionen vor den Richterstuhl eines aburteilenden Ichs gezerrt werden. Zwei der oben genannten Texte enthalten auch die von Bernhard erfundene literarische Gattungsbezeichnung, die seine Art des künstlerischen Schimpfens benennt, seine spezifische »Form der affektiven Kritik« (Höller 1993, 17): *Eine Erregung* heißt *Holzfällen* im Untertitel, und in *Heldenplatz* verbindet die Hauptfigur diesen Begriff mit der Funktion, das eigene Hiersein noch einmal zu dokumentieren – »ab und zu gestatte ich mir doch eine Erregung / damit ihr nicht glaubt / ich bin schon tot« (He 91). Keinem Künstler von Rang sei es gelungen, »den negativ besetzten Begriff der Tirade so sehr zur Kunstform zu entwikkeln«, betont Wendelin Schmidt-Dengler (Vorwort zu Dreissinger 1992, 14), von der Gesellschaftskritik eines »Räsonneurs« spricht Elfriede Jelinek (zit. nach Dreissinger 1991, 311). Dabei ziehen sich wütende Angriffe gegen bestimmte gesellschaftliche Institutionen (z.B. die Kirche, den Staat, die Justiz, die Sozialistische Partei) und gegen einzelne Berufe (die Ärzte, die Juristen, die Lehrer, die Architekten, die Künstler) durch das gesamte literarische Werk (vgl. Finnern 1987, 79f.). Im Mittelpunkt steht immer wieder das Herkunftsland Österreich (vgl. zusammenfassend Häller 1986, 1987), im Spätwerk vor allem bezogen auf die verhängnisvolle historische Abfolge von Nationalsozialismus und Katholizismus: der Österreicher sei »immer ein gemeiner Nazi oder ein stupider Katholik« (AM 245), »ein abgefeimter opportunistischer Fallensteller« (AM 241), heißt es in *Alte Meister*, am Ende dieser literarischen Entwicklung also.

Zum öffentlichen Bild des Autors gehörten auch eine Reihe von Reden und anderen Publikationen, in denen sich Thomas Bernhard gewissermaßen selbst artikulierte – anstatt seinen literarischen Figuren in den Mund zu legen, was einen Teil seiner Zeitgenossen in der Folge zu wütenden Reaktionen provozierte. Diese nicht-fiktionalen Äußerungen waren durchaus nicht immer auf Skandale angelegt; vielfach waren es essayistisch-reflektierende Texte, in denen Themen zumeist aus den Prosaarbeiten vorweggenommen oder weiterverfolgt wurden, die also aus heutiger Sicht vor allem den Blick auf Bernhards Literatur erweitern und ergänzen. Dennoch gab es auch in diesem Bereich Anlässe für öffentliche Aufregungen und Proteste.

Als philosophischer Kommentar zu Bernhards Bild von der Natur läßt sich sein Beitrag zu der 1965 erschienenen Anthologie *Die sieben Todsünden* lesen; der Autor hatte den Abschnitt über den Zorn übernommen. Bernhard beschreibt dabei in offensichtlicher Anspielung auf Schopenhauers Konzeption des Weltwillens eine metaphysische Urkraft, die seit »Millionen von Jahren [...] das Universum in Bewegung« hält, als »die größte aller Natur*gewalten*« (TBL 20). In diesem Zusammenhang erfolgt eine erstaunliche Konkretisierung des Bernhardschen Zentralbegriffs ›naturgemäß‹ – als Leben nach den Gesetzen der Natur, deren Gültigkeit die menschliche Zivilisation vergeblich aufzuheben versuche (vgl. auch Bernhards Herleitung seiner lebensbedrohlichen Erkrankung aus dem Versuch, die Natur zu ignorieren, At 57). »Das Leben aus der Natur, das wir führen müssen, ist nicht für eine solche pseudonatürliche Entwicklung geschaffen, wie wir sie uns dauernd wünschen und uns durch Jahrhunderte vorzustellen angewöhnt haben, sondern es hält sich auf seine ihm *von Natur aus*, nicht *von den Menschen aus* entsprechende Art in Gang.« Auch hier schon beklagt Bernhard die Entfremdung des Menschen von der Natur, die er später in seiner Prosa mit dem Begriff der ›Künstlichkeit‹ bezeichnen wird: »Wir hören und sehen und fühlen alles *von uns aus*, nicht *von Natur aus*, das macht unsere Philosophien zunichte, das hält unsere Wissenschaften auf dem Boden der lächerlichen Menschlichkeit nieder« (TBL 24).

Im gleichen Jahr 1965 erhielt Bernhard den Literaturpreis der Freien Hansestadt Bremen. Seine Dankesrede *Mit der Klarheit nimmt die Kälte zu* enthält eine kritische Gegenwartsdiagnose, die eine Reihe von Bildern und Motiven aus den frühen Prosatexten auf eine historische Entwicklung bezieht. Der Autor konstatiert den epochalen Bruch, der in der ersten Hälfte unseres Jahrhunderts eingetreten sei: »Vor fünfzig Jahren noch ist Europa ein einziges Märchen gewesen, die ganze Welt eine Märchenwelt« (Bernhard 1965, 243). In den vergangenen fünf Jahrzehnten, »in welchen alles revoltiert und in welchen sich alles verändert hat«, seien jedoch »aus einem jahrtausendealten Märchen *die* Wirklichkeit und *die* Wahrheit geworden« (ebd.). Die neue Welt, die sich herausgebildet habe, sei von jener allgemeinen Verwissenschaftlichung geprägt, die etwa auch in *Verstörung* zu den auffälligsten Themen im Monolog des Fürsten Saurau gehört: »Wir haben ganz neue Systeme, wir haben eine ganz neue Anschauung von der Welt und [...] wir haben eine ganz neue Moral und wir haben ganz neue Wissenschaften und Künste. Es ist uns schwindelig und es ist uns kalt« (ebd. 244). Das Leben sei »nur noch Wissenschaft«, und von der »Klarheit« dieser »Wissenschaftswelt« seien die Menschen zutiefst erschrocken (ebd.). »Mit der Klarheit nimmt die Kälte zu. Diese Klarheit und diese Kälte werden von jetzt an herrschen« (ebd. 245).

Nach der metaphysischen Reflexion und der Zeitdiagnose folgte 1966 die sogenannte *Politische Morgenandacht*, ein polemischer Text über den Zustand des österreichischen Staates etwas mehr als 10 Jahre nach der Wiedergewinnung seiner politischen Souveränität. Mit der ihm eigenen Haltung der arroganten Abgrenzung von seiner Umgebung (»Wenn ich mich jetzt aus dem Denken, das *ich* denke, von dem dünnen Seil, an dem ich geschult bin, herablasse in die Alltagsarena«, Bernhard 1966, 11) klagt der Autor darüber, »von was für glänzenden, den ganzen Erdball überstrahlenden und erwärmenden Höhen« die österreichische Politik »im Laufe von nur einem einzigen halben Jahrhundert in ihr endgültiges Nichts gestürzt ist; bedauerlichstes Opfer [...] der proletarischen Weltrevolution« (ebd. 11f.). Der Schluß des Zitats ist Zeugnis einer politischen Haltung, die zu dieser Zeit auch im Bereich der Fiktion zu ähnlichen Aussagen von Bernhards Protagonisten geführt hat (vgl. z.B. *Ungenach*), der Hinweis auf den erfolgten Verlust jeglicher politischen Bedeutung im mitteleuropäischen Raum ist ein Beleg für die »Liquidation des ›habsburgischen Mythos‹«, von der man im Zusammenhang mit Bernhards Werk gesprochen hat (Donnenberg 1970, 246). Doch der Gegenwartsbefund läuft durchaus nicht auf eine bloße Verklärung der Vergangenheit hinaus, sondern auf die Feststellung eines Versäumnisses: »Die Vernichtung der Monarchie«, die »Vernichtung Hitlers«, setzt der Autor fort, »wir haben sie nicht genützt!« (Bernhard 1966, 13). Der Schluß des Textes hat durch den mittlerweile erfolgten EU-Beitritt Österreichs eine besondere Pointe erhalten: »Wir werden aufgehen in einem Europa, das erst in einem andern Jahrhundert entstehen mag, und wir werden *nichts* sein« (ebd.).

Einen veritablen öffentlichen Skandal löste Bernhards Rede zur Verleihung des sogenannten ›Kleinen Österreichischen Staatspreises für Literatur‹ (4.3.1968) aus. Sie enthält jenen Satz, den man immer wieder zu Recht als fundamentale Aussage des Autors angesehen hat, als Grundlage für sein Weltbild und für seine literarische Arbeit: »Es ist nichts zu loben, nichts zu verdammen, nichts anzuklagen, aber es ist vieles *lächerlich*; es ist alles lächerlich, wenn man an den *Tod* denkt« (Bernhard 1968, 349). Österreich sei ein »Requisitenstaat«, seine Bevölkerung »apathisch« und der »Agonie« verfallen. »Was wir denken, ist *nach*gedacht, was wir empfinden, ist chaotisch, was wir sind, ist unklar« (ebd.). Als der österreichische Unterrichtsminister diese Ansprache angehört hatte, verließ er wütend den Saal; Bernhard hatte den ersten größeren Eklat bewirkt, von dem auch eine breitere Öffentlichkeit Notiz nahm (vgl. auch seine eigene Darstellung, WN 114ff.). Den Wildgans-Preis der österreichischen Industriellenvereinigung, der ihm unmittelbar danach verliehen werden sollte, erhielt der Autor nur mehr per Post zugesandt, weil man einen weiteren Skandal vermeiden wollte (vgl. WG 96f.). Auch in der für diese Preisverleihung vorgesehenen Rede steht der Tod im Mittelpunkt: »Wenn wir der Wahrheit auf der Spur sind, ohne zu wissen, was diese Wahrheit ist, [...] so ist es das Scheitern, es ist der Tod, dem wir auf der Spur sind« (Bernhard 1968, 347); die Wissenschaften, die Künste, die Natur – alle seien sie gleichermaßen »*Merkmale des Todes*« (ebd.). Mit der beständigen Andeutung von Themen, die dann nicht wirklich in Angriff genommen werden, führt dieser Text die »Paradoxie einer Rede« vor, »die die Möglichkeit sprachlicher Verständigung radikal leugnet [...], aber darauf besteht, dies aller Welt immer von neuem zu verkünden« (Bayer 1995, 179): »ich müßte hier doch von allem reden, von allem gleichzeitig reden, aber von allem gleichzeitig zu reden, ist unmöglich, es ist unmöglich, also kann ich Ihnen nur sagen, von was allem ich heute und hier reden *könnte*, andeuten, was ich in Wahrheit verschweige« (Bernhard 1968, 348). Nicht zuletzt spielt der Sprecher mit der Kommunikationssituation, in die er inzwischen geraten ist: »Sie fürchten ständig, daß ich etwas ausspreche, das Sie fürchten und Sie sind im Grunde froh, daß ich hier über nichts *wirklich* spreche« (ebd.).

Vor allem der sprachkritischen Reflexion widmet sich *Nie und mit nichts fertig werden*, Bernhards Rede zur Verleihung des Georg-Büchner-Preises 1970. Ganz im Sinne seiner bekannten Sprachskepsis formuliert der Autor: »die Wörter, an die wir uns anklammern, weil wir aus Ohnmacht verrückt und aus Verrücktheit verzweifelt sind, die Wörter [...] verfälschen und verkrüppeln und verdüstern und verfinstern nur« (Bernhard 1970, 83). »Was wir veröffentlichen, ist nicht identisch mit dem, was ist, [...] es sind ganz andere Verhältnisse, es sind ganz andere Zustände« (ebd. 84). Auch die in der Literatur immer wieder auf ambivalente Weise thematisierten Auswirkungen analytischen Denkens werden angesprochen: »wer denkt, löst auf, [...] zersetzt, denn Denken ist folgerichtig die konsequente Auflösung aller Begriffe« (ebd.). Auf Schopenhauer spielt der folgende Satz an: »Wir sind [...]: die Angst, die Körper- und die Geistesangst und die Todesangst als das Schöpferische« (ebd.) – der Tod sei »der eigentliche inspirirende Genius«, heißt es in *Die Welt als Wille und Vorstellung* (Schopenhauer 1977, II/542), »alle Religionen und philosophischen Systeme« seien »das von der reflektierenden Vernunft aus eigenen Mitteln hervorgebrachte Gegengift der Gewißheit des Todes« (ebd. 543).

Neben den Reden ist auch noch an Bernhards zahlreiche Leserbriefe zu erinnern, mit denen der Autor v.a. in Zeitungen an die Öffentlichkeit getreten ist (eine umfassende Zusammenstellung enthält Dittmar 1991; der Band mußte nach Protesten von Bernhards Erben zurückgezogen und in gekürzter Fassung neu herausgegeben werden). Besonders spektakulär waren dabei die Beschimpfung des Nobelpreisträgers Elias Canetti als »Schmalkant und Kleinschopenhauer« (ebd.

68) und die Angriffe auf den österreichischen Bundeskanzler Bruno Kreisky als »süßsaure Art von Salzkammergut- und Walzertito« (ebd. 108f.). Auch dabei handelt es sich jedoch keineswegs um kunstlos-spontane Äußerungen aus dem außerliterarischen Erlebnisbereich; die Leserbriefe des Autors sind wie alle anderen publizierten Texte kunstvoll kalkulierte sprachliche Konstrukte, wie Wolfram Bayer in einer grundlegenden Untersuchung dieses Sektors von Bernhards Schreiben zeigen konnte. Auch hier finden sich »Signale einer distanzierenden und reflektierenden Spannung zwischen einem beobachtenden und einem beschriebenen Ich« (Bayer 1995, 172), ähnlich wie die bekannten Inquit-Formeln in der Prosa (»so Karrer«, »sagte Reger«): Einschübe wie »denke ich«, »wie ich es sehe« oder »wie mir scheint« machen diese Distanz des Schreibers von seinen Gedanken bzw. Empfindungen deutlich. »Auch in den außerliterarischen Äußerungen stellt sich das Ich als ein schreibendes, beobachtendes, lesendes und sich erinnerndes dar« (ebd. 173). Der literarisch gestaltete Leserbrief ermöglicht nicht weniger als die literarische Fiktion die ständig weitergeführte Selbstreflexion seines Verfassers: »Die Auseinandersetzung mit dem Adressaten ist vor allem eine Auseinandersetzung des Absenders mit sich selbst« (ebd. 174).

Besonders irritierend war von Anfang an die Selbstverständlichkeit, mit der Bernhard auch in seinen Reden und Leserbriefen die inhaltlichen Positionen und die charakteristische Sprechweise seiner fiktionalen Figuren beibehielt. Dabei wurden die semantischen und lexikalischen Einheiten »mal wie fertige Versatzstücke von Text zu Text weitergereicht [...], mal in einer Art freier Formeltechnik stets neu kombiniert und transponiert« (ebd. 169). Gelegentlich spielte der Autor aber auch mit dieser Übereinstimmung zwischen öffentlicher Äußerung und literarischer Fiktion. So integrierte er etwa in den Leserbrief »Vranitzky. Eine Erwiderung« (13.9.1985) ein explizit ausgewiesenes Zitat aus *Alte Meister* (Dittmar 1991, 149) und bezog sich auch in der öffentlichen Entgegnung auf eine als Psychiatrie-Empfehlung verstehbare Äußerung des österreichischen Kunstministers Moritz auf den »Österreichagitator und Moralist[en]« Reger aus demselben Buch (ebd. 153), wodurch sich der Leser dazu verführt sehen mußte, »Reger zu einem Sprachrohr Bernhards zu machen und seine provokanten Tiraden als ungeschminkte Selbstaussage des Autors zu werten« (Bayer 1995, 171).

Dieses Phänomen weist zugleich auf ein grundsätzliches Charakteristikum, das sich vor allem im späteren Werk des Autors nachweisen läßt: es gibt nur noch »*einen* Redestrom, an dem *alle* Texte partizipieren« (Sorg 1992a, 309). Alle Äußerungen und Idiome verschmelzen zu einer einheitlichen Sprachproduktion, welche die Grenzen zwischen Fiktion und Selbstaussage, zwischen dem literarischen und dem nicht-literarischen Bereich überschreitet. »Thomas Bernhard entwirft gleichsam einen imaginären Protagonisten namens Thomas Bernhard, dessen Person aus seinen Texten besteht und dessen Texte seine Person konstituieren« (ebd.). Der Versuch, eine erlebte Wirklichkeit radikal der Verfügung des eigenen Sprechens und Schreibens zu unterwerfen, ist jedoch auch Ausfluß jenes Machtanspruchs, der die gesamte literarische Arbeit dieses Autors antreibt: des Wunsches, die gesamte Realität, so übermächtig und bedrohlich sie sich anfangs auch darstellen möge, mit Mitteln der sprachlichen Aneignung, der Formulierkunst und der Phantasie, gewissermaßen in den Griff zu bekommen. »Aus der triumphierenden Geste des Briefschreibers, der Staatsmänner und Funktionäre zu literarischen Gestalten umcodiert, [...] spricht die Befriedigung desjenigen, der die realen Abbilder der Macht in Marionetten seines literarischen Universums verwandelt« (Bayer 1995, 187).

Besonders auffällig wird in Bernhards Leserbriefen zunehmend das Ausland als Gegen-Bereich zu den kritisierten österreichischen Verhältnissen eingesetzt. Der »Topos der Heimkehr« ermöglicht dem Schreiber jenen »Blick von außen« (ebd. 182), in dem sich nicht zuletzt die auch in den fiktionalen Texten grundsätzlich angestrebte Distanznahme des unbeteiligten Beobachters niederschlägt. Mit Hilfe der stereotypen Eröffnungsformel in den Briefen (»Soeben aus dem Ausland zurückgekehrt«) erfolgt so eine »öffentliche symbolische Selbstausbürgerung, effektvoll gepaart mit dem Gestus des in den besten Häusern verkehrenden Kosmopoliten« (ebd. 183). Die endgültige »Selbstausbürgerung« aus Österreich vollzieht Thomas Bernhard jedoch mit seinem Testament, das er ausdrücklich als »posthume literarische Emigration« verstanden haben soll (Höller 1993, 7). Darin ist zum einen der Umgang mit dem vorhandenen literarischen Nachlaß des Autors festgelegt: »Nach meinem Tod darf aus meinem eventuell gleich wo noch vorhandenen literarischen Nachlaß, worunter auch Briefe und Zettel zu verstehen sind, *kein Wort* mehr veröffentlicht werden« (zit. nach dem Faksimile bei Hennetmair 1994, 13). Vor allem aber richtet sich Bernhards ›Letzter Wille‹ gegen den österreichischen Staat, dessen Zugriff auf die individuelle Existenz er auch in seiner Literatur bis zuletzt zurückgewiesen hat:

»Weder aus dem von mir selbst bei Lebzeiten veröffentlichten, noch aus dem nach meinem Tod gleich wo immer noch vorhandenen Nachlaß darf auf die Dauer des gesetzlichen Urheberrechtes innerhalb der Grenzen des österreichischen Staates, wie immer dieser Staat sich kennzeichnet, etwas in welcher Form immer von mir verfaßtes Geschriebenes aufgeführt, gedruckt oder auch nur vorgetragen werden.
Ausdrücklich betone ich, daß ich mit dem österreichischen Staat nichts zu tun haben will und ich verwahre mich nicht nur gegen jede Einmischung, sondern auch gegen jede Annäherung dieses österreichischen Staates meine Person und meine Arbeit betreffend in aller Zukunft« (ebd.).

Bis heute haben sich die Thomas-Bernhard-Nachlaßgesellschaft und der Suhrkamp-Verlag (mit Ausnahme jener Burgtheater-Produktionen, deren Entstehung der Autor selbst noch miterlebt und gutgeheißen hat) an diese Verfügungen gehalten.

VIII. Der Bernhardsche Ton:
Musik und Sprache

Wenn Thomas Bernhard auf andere Autoren seiner Zeit Einfluß aus-
geübt hat (vgl. dazu Zeyringer 1995), dann nicht zuletzt durch seinen unverkennbaren sprachlichen Stil; es gibt wohl keinen zeitgenössischen Autor, auf den diesbezüglich so viele Parodien verfaßt worden
sind (instruktiv zusammengestellt bei Dittmar 1990). Auch Bernhards bevorzugter Regisseur Claus Peymann betont: »Wie Sie schon
nach drei Takten Mozart erkennen, so erkennen Sie auch nach drei
Sätzen, Gott sei Dank, Thomas Bernhard« (Peymann 1985, 193).
Dem in der Kritik häufig vorgetragenen Einwand, es handle sich in
diesen Texten immer wieder um dasselbe, sei mit genau diesem Argu-
ment entgegenzutreten: »Auch die Fugen Bachs sind sich alle gleich
und doch völlig verschieden, das darf man, glaube ich, nie vergessen.
In der Musik fällt es uns viel leichter, so etwas zu akzeptieren« (ebd.).
   Es ist kein Zufall, daß Peymann seine Vergleiche aus dem Bereich
der Musik entlehnt. Auch der Autor selbst weist auf diese entscheidende Beziehung hin, wenn er seine Art zu schreiben charakterisiert:

»Ich würde sagen, es ist eine Frage des Rhythmus und hat viel mit Musik zu tun.
Ja, was ich schreibe, kann man nur verstehen, wenn man sich klarmacht, daß zu-
allererst die musikalische Komponente zählt und daß erst an zweiter Stelle das
kommt, was ich erzähle. Wenn das erste einmal da ist, kann ich anfangen, Dinge
und Ereignisse zu beschreiben. Das Problem liegt im Wie« (Dreissinger 1992,
109).

Die Musik ist also ein »zentraler poetologischer und metaphysischer
Vorstellungskomplex sowohl im Denken seiner Figuren als auch in
Äußerungen des Autors über seine Arbeitsweise« (Klug 1991, 187).
Schon in der Beschreibung seines Lebens betont Bernhard die Bedeutung seiner musikalischen Ausbildung; nicht zu vergessen ist dabei
die »psychophysische Funktion« (Reiter 1989, 150) der Musik, ihr
Anteil am individuellen Heilungsprozeß des Erzählers. In seinem autobiographischen Monolog *Drei Tage* verwendet der Autor die Musik
jedoch auch als Metapher zur Kennzeichnung eines Atmosphäri-
schen, das die bloße Faktizität überschreitet: »Die Kindheit, das sind
immer wieder Musikstücke, allerdings keine klassischen« (It 78), und
der Maler Strauch in *Frost* formuliert, die Musik sei »die einzige Be-
herrscherin des *doppelten Todesbodens*« (F 189). »Musikalische Viel-
deutigkeit wird zum Zeichen eines der Sprache Transzendenten, von
Transzendenz überhaupt, zum Mittel der Darstellung des Undarstell-

baren« (Klug 1991, 197). Zurückbeziehen läßt sich dieses Konzept auf Novalis und auf Schopenhauer (vgl. ebd. 195ff.), und wie bei ihnen steht Musik und Musikalität bei Bernhard »stets in unmittelbarem Bezug zur Innerlichkeit« (ebd. 207): »Wir konnten die Quellen für unsere Musik [...] nur in uns selbst« finden, schreibt der überlebende Bruder in *Amras* (A 38), und der Fürst in *Verstörung* wird zitiert: »In der Musik hören wir, was wir fühlen« (V 164).

Auffällig ist dabei die enge Verbindung zwischen Musik und Mathematik: »die Musik«, habe Roithamer in *Korrektur* gesagt, »sei die der Naturwissenschaft und dem menschlichen Wesen nächste Kunst, die Musik sei im Grunde hörbar gemachte Mathematik« (K 60). Auch im Kontext des Einsatzes von Musik als Mittel zum Aufbau eines individuellen Lebensgefüges zeigt sich das Interesse an dem, »was man den formallogischen Aspekt der Musik nennen könnte« (Reiter 1989, 151): »Ich entwickelte die Musik, als wäre sie nichts als eine höhere Mathematik« (Ke 137). Die Behauptung einer Affinität zwischen Musik und Mathematik geht ebenfalls auf Vorstellungen der Romantik zurück, doch die Vision des Novalis, »daß musik- und mathematikanaloges Sprechen im Medium der Poesie absolute Erkenntnis ermögliche« (Klug 1991, 194), läßt sich im Fall von Bernhards an ungeheuren Studien arbeitenden Privatwissenschaftlern nicht mehr realisieren. Die Idee von der Musik als hörbar gemachter Mathematik, in der sich die innere Harmonie der Welt erfahren läßt, reduziert sich auf ihre Negativvariante, wonach eine »Störung der idealen, harmonischen Wechselverhältnisse körperlicher wie geistiger Prozesse« die eigentliche Ursache von Krankheit sei (ebd. 196) – der Krainer-Sohn in *Verstörung* ist ein extremes Beispiel dafür (vgl. oben, S. 43).

Musik als »Konstruktionsprinzip« (Gamper 1977, 84) ist nicht zuletzt auch als formales Mittel zu verstehen, das »eine alternative Stimmigkeit zur diskursiven Kohärenz« schafft (Klug 1991, 191f.). Am Ende von *Die Jagdgesellschaft* steht die Bemerkung des Autors: »Das Stück ist in drei Sätzen geschrieben, der letzte Satz ist der ›langsame Satz‹« (St I/249), und *Am Ziel* nennt er »eine Art symphonisch-dramatische Dichtung in zwei Sätzen, einem langsamen und einem noch langsameren Satz« (zit. nach WG 230). »Im Musikalischen enthält Bernhards Werk eine ästhetische Einheit stiftende Qualität, die dem Zerfall und der Auflösung im Inhaltlichen, der Zerlegung des Lebens in die nicht mehr sinngebundenen Teile, entgegensteht« (Rossbacher 1983b, 382). Andrea Reiter schlägt »die Zuhilfenahme musiktheoretischer Begriffe und Analysemethoden als Heuristik« vor (Reiter 1989, 154f.), wobei sie sich auf die Untersuchung später Prosatexte konzentriert. Sie formuliert die Hypothese, daß Bernhards Werk durchaus im musikwissenschaftlichen Sinn in Motive zerfällt, in kleinste sinntragende Glieder einer Komposition, die »nach musikalischen Gesichtspunkten entwickelt, folgerichtig aneinandergereiht und später im Werk ›zitiert‹ werden« (ebd. 155); so wie im Fall einer musikalischen Komposition stehe auch hier das Verständnis der aufgebauten Struktur »in einem direkten Verhältnis zur Wiederholung« (ebd.).

Die Bedeutung der Wiederholung als konstituierendes Prinzip von Bernhards literarischem Stil ist immer wieder hervorgehoben worden (vgl. Jahraus 1991, 1992; Betten 1985, 377ff.; Klug 1991, 170ff.). Schon in einem der frühesten Bücher über Bernhards Werk wird festgestellt, daß die Sätze bei diesem Autor »in immer neuen Variationen um ein einziges, scheinbar belangloses Wort« rotieren und sich dann regelmäßig um neue »Stich-Wörter« gruppieren (Strebel-Zeller 1975, 108). Man hat auf die »Technik der Vermeidung textueller Integration durch pronominale Verkettung« verwiesen, die den »Eindruck einer den normalen Lebenszusammenhang durchbrechenden Perseveration« erzeuge (Eder 1979, 77). Es scheine, als funktionierte (wie bei Aphatikern) »jene wohltätige Dämpfung des Kurzzeitgedächtnisses nicht mehr«, durch deren Einwirken die »überflüssigen Informationen zugunsten neuer unterdrückt« werden; »die perseverierenden Reizworte stecken jeden Folgezustand des Bewußtseins mit den Irritationen des vergangenen an« (ebd.). Auch in den Dramen kombiniert Bernhard die verschiedensten Wiederholungstechniken: »unmittelbar aufeinanderfolgende Wortrepetitionen, aber auch Wiederholungen und Paraphrasen von größeren satzartigen Strukturen über längere Textpassagen, ja selbst das ganze Stück hinweg« (Betten 1985, 380). In den von Reiter untersuchten Passagen lassen sich »oft wiederholte, nur leichtvariierte Leitsätze« identifizieren, die zusammen eine Art Gerüst ergeben (Reiter 1989, 158). Manchmal werde diese Struktur geradezu »als rondoartige Form« deutbar: eine Art Refrain umschließe kürzere Zwischentexte (ebd. 159). Eine prinzipielle »Dialektik von gleichbleibenden und veränderten Elementen« ergebe die sich innerhalb des Textes vollziehende Entwicklung: »Jeder radikalen Veränderung geht eine Festigung durch die Wiederholung gleichlautender Aussagen voran« (ebd. 162).

In einem aufschlußreichen Hörfunkinterview hat der Lektor von Bernhards späterer Prosa, Raimund Fellinger, von einem »musikalischen Oppositions-, Konstruktions- und Destruktionsprinzip« gesprochen. Elementare (mit Vorliebe einander opponierende) Begriffe wie Tod, Leben, Natur, Kunst oder Krankheit würden zuerst in langen Perioden in allen Facetten nachgezeichnet und umschrieben, zuerst der eine, dann der jeweils opponierende Begriff. Dann würden in einer Art »Durchführung« diese Gegensätze zusammengeführt und die Opposition damit zum Zusammenbruch gebracht. Diese Aufhebung der Gegensätze münde allerdings nicht in einer Synthese, in einem Begriff höherer Qualität, sondern in einem verzweifelten Lachen, vor dem letztlich alles der Sinnlosigkeit verfalle. Bernhards typische Stilmittel wie Übertreibung, superlativisches Sprechen, Steigerung etc. dienten dabei im wesentlichen nur der Konturierung der einzelnen Begriffe (ORF, Ö 1, 5.2.1994).

Es gibt jedoch auch andere Möglichkeiten, die Musikalisierung der Sprache bei Bernhard zu verstehen. In Bernhards Versuch, das von ihm als »hölzern und schwerfällig« empfundene Deutsch in einen Rhythmus zu »sublimieren«, um ihm »eine Musikalität zu geben« (zit. nach Dreissinger 1992, 152), mag sich durchaus auch »eine Sehnsucht nach Harmonie und rettendem Aufgehobensein«, die in der Realität nicht mehr zu finden sind, niedergeschlagen haben (Herzog 1994, 36). Während anfangs die »maschinenhafte, sich selbst reproduzierende Mechanik« der regelmäßigen Sprachformen noch als »Ausdruck der Selbstentfremdung« erschienen sei (ebd. 40), als der verzweifelte Versuch, »Zusammenhänge festzumachen, die offensichtlich nicht mehr herzustellen sei (ebd. 38), sieht Andreas Herzog die zunehmend harmonisch arrangierte Wiederholungsstruktur im späteren Werk auch als Medium einer eigentümlichen »Geborgenheit« (ebd. 40). »Im Musizieren mit der Sprache erreichen die Bernhardschen Figuren eine der Meditation ähnliche Zeit- und Raumenthobenheit, durch die sie sich von den bohrend-zerstörerischen Reflexionen über ihr Dasein ablenken« (ebd.). Doch auf Dauer vermag die Musik das Verlorengegangene nicht zurückzubringen: »*Künst-lich* wird bei Bernhard wiederzugewinnen versucht, was *natür-lich* längst verlorengegangen ist«; die Musikalität der Sprache bleibt »ein *mecha nisches* Verfahren«, das die Unerreichbarkeit von »Aufgehobensein, Vollkommenheit und Vollendung« nicht verleugnen kann (ebd. 42).

Eine Untersuchung des Werks von Thomas Bernhard kann auf die differenzierte Beschreibung seiner Sprache nicht verzichten. Eva Marquardt prägt in ihrer Studie (im Anschluß an Tzvetan Todorov) die Formel, bei diesem Autor dominiere ab seinem ersten Roman grundsätzlich der *discours* über die *histoire* (das Erzählen über das Erzählte; Marquardt 1990, 32). »Das hervorstechendste Merkmal der Texte« sieht Volker Finnern »gerade in ihrer Redundanz: in dem Ungleichgewicht ihres Bedeutenden und ihres Bedeuteten, in der Inflation der Sprache und der Deflation der Sache, in der Variation einerseits und der Monotonie andererseits« (Finnern 1987, 68). Auch er beobachtet, daß stets »ein erzähltes Geschehen hinter seiner erzählerischen Vermittlung zurücktritt« (ebd. 72), nicht nur durch den Einsatz komplexer Erzählstrategien, sondern auch durch die Betonung der Sprache selbst. In bezug auf die Theaterstücke kann man sich nicht zuletzt auf den Autor selbst berufen: Dramatik habe für ihn »in erster Linie mit Sprache zu tun«, sagt er selbst in einem Gespräch, bei seinen Texten müsse man »hinhören« (WG 231). Die Forschung hat diesem Umstand nicht immer, aber doch in substantiellen Beiträgen Rechnung getragen; ich kann mich daher auf die Zusammenfassung ihrer wichtigsten Ergebnisse konzentrieren.

Großen Anteil am sprachlichen Stil Bernhards hat seine auffällige Syntax. »Die Hochspannung bei Bernhard wird erzeugt durch generatorenhaft kreisende, großräumige Satzgebilde«, heißt es in einem wichtigen frühen Aufsatz zu seinem Werk (Maier 1970, 19); »ihr Behauptungs- oder Überredungscharakter schließt jede Passivität der Selbstverunsicherung, jedes grüblerische Schweigen aus« (ebd.). Für sich genommen fungiert die verschachtelte Syntax »als ein sinnliches Zeichen (Signal) für Rationalität, Überblick, Differenziertheit« (Klug 1991, 141). Die Hypotaxe sei »das System der lückenlosen, geschlossenen Form«, sie demonstriere »selbstsichere Folgerichtigkeit«, sei ein »Machtgefüge«, schreibt auch schon Maier. Ihr Charakter entspreche den mittelpunktszentrierten, statischen Systemen, die bei Bernhard zerfallen. Gerade deshalb gerate aber der Satzbau dieses Autors »in ein zerstörerisches Kreiseln« (Maier 1970, 19). »Sowohl die parataktischen wie auch die hypotaktischen Sätze werden ständig überdehnt, auf diese Weise zerbrochen«, heißt es in einer anderen Arbeit, die ebenfalls das frühe Prosaschaffen kommentiert (v.a. *Verstörung*). »Flüchtig skizzierte Vorstellungsreihen, in Kürzel endende Satzketten vermitteln den Eindruck der Atemlosigkeit, der Hektik. Immer wieder fallen die syntaktischen Gefüge aus ihrer ursprünglichen Konstruktion heraus« (Jooß 1976, 91). Man könne somit von einer »Umfunktionierung der Hypotaxe« sprechen: »weg von der trocken logischen Stringenz hin zur atemlosen Eruption, zum Emotionalen, Irrationalen« (Maier 1970, 20). Eine »Endlos-Sinuskurve« nennt Elfriede Jelinek Bernhards Texte, in denen »die Erfahrung des zuwenig Luft Kriegens den wüsten Atem des Sprechers erzeugt« habe: »Seine lebenslange Krankheit hat ihn herausgehoben, seinen stets fehlenden Atem hat er festschreiben müssen. [...] Solange ich spreche, bin ich« (zit. nach Dreissinger 1991, 311).

Bernhards Sprache ist eine Nominalsprache. Die »Entmächtigung des verbalen Satzteils« dient dem »Registrieren von etwas, das unabhängig vom einzelnen Menschen vor sich geht« (Höller 1979, 65). Mit der Verlagerung der Bedeutungsfunktion hin zu den Substantiven wird »das Zuständliche herausgestellt, was der meist ausweglosen Situation der Hauptfiguren entspricht, sowie das Allgemeine, Endgültige der Aussage« (Henniger-Weidmann 1977, 220).

Am auffälligsten zeigt sich diese Tendenz in seinen ungewöhnlichen Komposita. In der Prosa der sechziger Jahre dienen diese oft neologistischen Bildungen, diese »Zusammenballungswörter« (Maier 1970, 20) noch der »Mimesis psychischer Spannungszustände und mystischer Evidenzen der Protagonisten sowie, in den Scheltreden, dem Ausdruck seiner Aversionen« (Klug 1991, 123). Im Zusammenhang mit der Sprache Strauchs spricht der Erzähler von *Frost* von einer »Herzmuskelsprache« (F 137), die mit ihren »erstaunlichen, an den Tiefsinn grenzenden Wortkonstruktionen« (F 68) den »Doppelboden der Sprache, Hölle und Himmel der Sprache« öffnet (F 137). »*Wirklichkeitsverachtungsmagister* ist zum Beispiel ein solches Wort und *Gesetzesbrechermaschinist* [...], *Menschenwillenverschweiger*« (F 68).

Im Spätwerk sieht Anne Betten in Bernhards Einsatz von Nominalkomposita nicht mehr so sehr ein Spiel mit möglichen Bedeutungen, sondern »eines der formalen Variations- und Kombinationsmöglichkeiten und semantischen Kontrast- und Verblüffungseffekte« (Betten 1987, 87). Jetzt fassen die komplexen substantivischen Bildungen »die Resultate langer Überlegungen und Beschreibungen immer wieder zusammen«, sie sind zumeist »durch den Prätext ausgiebigst vorbereitet« (ebd.). Zum einen gibt es »weiträumig über den ganzen Text verteilte Fälle, die dem Aufbau thematischer Ketten und ihrer permanenten textuellen Verflechtung dienen«, aber auch »unmittelbare Aufeinanderfolgen solcher wiederholend-variierender Zusammensetzungen« kommen vor (ebd. 79). An ihnen läßt sich nachvollziehen, »wie sich Bernhards Text quasi spiralförmig, in immer neuen Windungen, Bekanntes wiederholend noch mitumspielend, Neues hinzufügend, weiterschraubt, und das in enger Verfugung, eines aus dem anderen entwickelnd« (ebd. 86). Meistens bildet er dabei »ein einziges, absatzloses Textkontinuum [...] aus Gedankenkomplexen, die sich über größere Passagen langsam, nicht streng linear, sondern mit unzähligen Wiederholungsschlaufen entrollen und unmerklich ineinander übergehen« (ebd.). Die Komposita fungieren also damit »neben und über den eindringlichen Wiederholungen von Wörtern und Motiven als Hauptknotenpunkte innerhalb des dichten eng- und grobmaschigen Netzes thematischer Bezüge und sind tragende Pfeiler der gesamten Textstruktur« (ebd. 88).

Im Zusammenhang mit Bernhards Theaterstücken hat man als wichtigen Effekt der auch dort auffälligen Substantivierung von Verben eine »entindividualisierende Ritualisierung und Typisierung« herausgestellt (Klug 1991, 117). Indem der Sprecher mit Hilfe von nominalen Bildungen auf einen »Typus oder abstrakten Begriff von Handlung« (ebd. 115) Bezug nimmt, aktualisiert er nur »ein präexistentes Muster von Handlung« (ebd. 116), das Geschilderte erscheint als »Vollzug eines Immergleichen« (ebd. 117). Auch die Vergegenständlichung der Eigenschaften durch Nominalisierung – etwa in der markant wiederkehrenden Formel »[...] ist eine Ungeheuerlichkeit« (z. B. St I/183) – hat eine ähnliche entindividualisierende und typisierende Wirkung. Handlungstypus und Eigenschaftsabstraktum werden auf diese Art »zu präexistenten Größen, vor deren ontologischer Dignität das handelnde Subjekt verschwindet« (Klug 1991, 118). Im Vergleich zur Prosa wird dieses sprachliche Mittel im Drama allerdings weit weniger spektakulär eingesetzt, die Bildlichkeit ist stark reduziert. Die Figurenrede illustriert nun nicht mehr »die Welt der Unglücklichen und Apokalyptiker gleichsam von innen heraus (metaphorisch, analogisch, durch faszinierende Bildlichkeit)«, sondern zeigt auf wesentlich distanziertere Weise »in der logischen Form ihrer Rede die Mechanismen ihres mentalen Verhaltens« (ebd.).

Eine wichtige Funktion bei der Demonstration dieser Mechanismen hat in Bernhards Dramen die »Vielzahl syntaktischer und argumentativer Stereotype, Sentenzen und Binsenweisheiten« (ebd., 209). »Bernhards Protagonisten begegnen ihrer Umgebung, Menschen, Ereignissen, Erinnertem und Erzähltem vorwiegend in der Haltung von absoluter Evidenz. Alles Einzelne und Zufällige identifizieren sie automatisch als Exempel fundamentaler Gesetzmäßigkeiten« (ebd. 210). Auf diese Weise läßt sich einerseits »das Skandalöse, Sinnwidrige oder Überraschende auf das Erwartbare und Naturgemäße reduzieren« (ebd. 213), andererseits können Sinnwidersprüche entschärft werden, indem sie »als verwirklichte Paradoxien« ausgegeben werden, mit denen man sich abzufinden hat (ebd. 209). So stabilisiert die etwa in dem Stück *Der Ignorant und der Wahnsinnige* (St I/84, 86, 96 etc.), aber auch im *Kalkwerk* (Kw 21) auffällig eingesetzte »adversative Stereotype« ›einerseits‹ vs. ›andererseits‹ den darin enthaltenen Gegensatz, statt ihn zu entwickeln, und verdichtet das widersprüchliche Phänomen »zum Symbol einer fundamentalen Einheit des Widersprüchlichen oder einer Harmonie von Wechselwirkungen« (Klug 1991, 216). Auch der von Bernhard so gern verwendete Chiasmus suggeriert einen »harmonischen Gleichgewichtszustand« (ebd. 219), dient genauso der Beruhigung wie die anderen sprachlichen Stillstellungsversuche: »Wechselwirkung / Artistik / Kunst / Kunst / Artistik« (*Die Macht der Gewohnheit*, St I/262).

Der beschriebene Versuch einer »Abwehr von Irritationen durch die Herrschaft der Allgemeinbegriffe« (Klug 1991, 214) zeigt vielfach Eigenheiten, die für gesprochene Sprache charakteristisch sind. »Thomas Bernhards Theaterstücke sind Inszenierungen von Sprechsprache« (ebd. 144). Aus linguistischer Sicht ist bereits die Nähe bestimmter Dramenpassagen zu »Transkriptionen authentischer Gespräche« festgestellt worden (Betten 1985, 381): sie vollziehen einen »Prozeß der schrittweisen Konstitution eines Mitteilungskerns (oder Gesprächsthemas), an den sich bei den weiteren Durchgängen verschiedene Nebenthemen anhängen können, die in mehr oder weniger engem Bezug zum Hauptthema stehen« (ebd. 384). Oft ist dieses Sprechen »unmittelbar, präreflexiv« (Klug 1991, 147): die Figuren (wie die von Klug an dieser Stelle analysierte »Präsidentin«) folgen »wechselnden psychischen Impulsen, ohne sich als identisches Selbst zu konstituieren, das sich bewußt und wohlüberlegt zu der befürchteten Möglichkeit verhielte« (ebd. 148), und auch an diesem diskontinuierlichen Springen zwischen bestimmten Vorstellungen, Erinnerungen und momentanen Gewißheiten haben die Artikulation von

Ängsten und der Versuch ihrer Beschwichtigung einen entscheidenden Anteil. Man kann dies durchaus als Demonstration der Erkenntnis werten, »daß Identität eine unabschließbare Aufgabe« ist; der oft konstatierte Mangel an Identitätsbewußtsein ist ein affektives Problem, »bei dem Angst und Ich-Schwäche die Hauptrolle spielen« (ebd. 149).

Aber auch in Bernhards Prosawerk ist die hochartifizielle Verarbeitung von Phänomenen der gesprochenen Sprache nicht zu übersehen.

»Alltagssprachliche Redeformen, die in der Verkünstlichung zu Stilistika werden, sind: Das Räsonieren in Übertreibungen und Superlativen; das Zetern, Wettern und Sich-in-etwas-Hineinreden; der Schimpfmonolog, in dem sich Sprache ohne dialogisches Gegenüber im Kopf bewegt; die topische Argumentation vom Typ ›Jedes Ding hat zwei Seiten und beide können richtig sein‹; der All-Satz und die Ausschließlichkeitsaussage, die der alltäglichen Vorurteilsbildung zugrundeliegen; vor allem die Wiederholung von Reiz- und Empfindlichkeitswörtern in Situationen der Betroffenheit, der Verzweiflung, der Ratlosigkeit, aber auch als Zeichen eines Zustandes der Irritation bzw. der Überreiztheit« (Rossbacher 1983b, 378).

Nicht wenige dieser Stilmittel haben ebenfalls die Funktion, den Eindruck von Komplexität und Ungewißheit zu reduzieren; mit ihnen »schließen wir jene unserer Räsonnements ab, in denen wir die Schwebe zwischen Erkenntnis und Ungewißheit nicht aushalten, weil Ungewißheit Angst erzeugt« (ebd. 380). Modaladverbien wie ›tatsächlich‹, ›naturgemäß‹ (vermutlich jenes Wort, auf das eine Bernhard-Parodie am wenigsten verzichten kann) und ›folgerichtig‹ erzeugen eine »Satire des Evidenten« (Finnern 1987, 107). Begriffe wie ›immer‹, ›ständig‹, ›fortwährend‹, ›fortgesetzt‹ suggerieren »ein gewisses Maximum an Dauer« oder zumindest die »Dauer einer Wiederholung« (ebd.). »Alles in allen Menschen ist nichts als Ablenkung vom Tode«, lautet in der Erzählung *Ja* einer dieser Sätze (Ja 81), dessen logische Struktur nicht die geringste Lücke mehr offenläßt. Vor allem jene Passagen, die in den späten Prosatexten in Form indikativischer Gültigkeitsaussagen prinzipielle Erkenntnisse festhalten sollen, gehören zu diesem Set von aphoristischen Antwortversuchen auf die Frage nach der Existenz, der sich Bernhard bei seiner literarischen Arbeit verschrieben hat. Das Subjekt dieser Sätze heißt ›wir‹, und ihr Inhalt steht im Allgemeingültigkeit behauptenden Präsens:

»Unsere Ausgangsbasis ist immer nur die, daß wir von nichts etwas wissen und nicht einmal eine Ahnung davon haben, sagte er, dachte ich. Schon gleich, wenn wir etwas angehen, ersticken wir in dem ungeheuren Material, das uns zur Verfügung steht auf allen Gebieten, das ist die Wahrheit, sagte er, dachte ich. Und obwohl wir das wissen, gehen wir unsere sogenannten Geistesprobleme immer wieder an, lassen uns auf das Unmögliche ein: *ein Geistesprodukt zu erzeugen*« (Ug 96).

Mit dem Versuch von Bernhards Figuren, sich in der erdrücken-
den Faktenvielfalt einer als chaotisch und destabilisiert wahrgenommenen Realität zu orientieren, hat wohl nicht zuletzt die übertreiben-
de Redeweise zu tun, die der Autor über sein fiktionales Werk hinaus
auch in seinen nichtfiktionalen Texten betrieben hat – woraus nicht
zuletzt die zahlreichen empörten Reaktionen seitens der Öffentlichkeit zu erklären waren. »Der Superlativ leugnet Abstufung, Gradie-
rung, Kompromisse, Mittelwege; er ist damit eine grammatisch-äs-
thetische Entsprechung zu Bernhards radikaler Verweigerung einer
evolutionären Weltsicht« (Rossbacher 1983b, 379). »Wir steigern uns
oft in eine Übertreibung derart hinein«, sagt Murau in *Auslöschung*,
»daß wir diese Übertreibung dann für die einzige folgerichtige Tatsache halten und die eigentliche Tatsache gar nicht mehr wahrnehmen,
nur die maßlos in die Höhe getriebene Übertreibung. Mit diesem
Übertreibungsfanatismus habe ich mich schon immer befriedigt«
(Aus 610f.). »Wenn wir unsere Übertreibungskunst nicht hätten, [...]
wären wir zu einem entsetzlich langweiligen Leben verurteilt, zu einer
gar nicht mehr existierenswerten Existenz« (Aus 128). Die Kunst der
Übertreibung sei »eine Kunst der Überbrückung«, der »Existenzüber-
brückung« (Aus 611).

Die vehemente Konturierung des sprachlichen Ausdrucks durch
den übermäßig gebrauchten Superlativ reaktiviert lustvoll eine archai-
sche Weise der Beur-Teilung der menschlichen Lebensumgebung. In
der frühesten Kindheitsphase wird zunächst aufgrund der noch man-
gelhaften Integrationsleistung des frühkindlichen Ichs radikal zwischen ›guten‹ und ›bösen‹ Objekten (zwischen ›positiven‹ und ›negativen‹ Introjektionen) unterschieden; erst im Verlauf der Ausbildung
einer stabilen Ich-Identität, wenn der Mensch allmählich auch dazu
imstande ist, beide Qualitäten an ein und demselben Objekt zu ertragen, bildet sich ein differenzierteres Wahrnehmungsschema aus (vgl.
Kernberg 1980, 44f.). Vielleicht trägt auch dieser abschließende Blick
aus der Perspektive der Psychoanalyse ein wenig zum Verständnis für
die Faszination eines Autors bei, der wie kein anderer die Trennung
in Schwarz und Weiß, in Gut und Böse inszeniert (wobei der sprachliche Aufwand für das Böse stets bei weitem dominiert), in dessen
Texten aber gleichzeitig auf subtile Weise die Mechanismen bloßgelegt sind, die solch manichäischer Einteilung der Welt zugrunde liegen.

IX. Vita

Die Zusammenstellung stützt sich v.a. auf die grundlegende Monographie von Hans Höller (1993) und auf die Vita von Andreas Herzog (in: Dreissinger 1991, S. 341-352). Vgl. (z.T. abweichend) Hennetmair 1994, 154ff.

1931	Nicolaas Thomas Bernhard wird am 9. Februar in Heerlen/Holland geboren, als Sohn des Tischlers Alois Zuckerstätter und der Herta Bernhard (später verehelichte Fabjan, Tochter des Schriftstellers Johannes Freumbichler)
1931	bei den Großeltern mütterlicherseits in Wien
1935	Übersiedlung mit den Großeltern nach Seekirchen am Wallersee (bei Henndorf)
1936	Heirat der Mutter mit Emil Fabjan
1938	Übersiedlung mit der Mutter nach Traunstein, Oberbayern, wo der Stiefvater Arbeit gefunden hat; die Großeltern ziehen ins nahegelegene Ettendorf; Geburt des Halbbruders Johannes Peter
1940	Geburt der Halbschwester Susanne; Selbstmord des Vaters in Berlin
1941/42	Verschickung in ein NS-Erziehungsheim im thüringischen Saalfeld
1943	Ab Herbst im NS-Schülerheim in Salzburg; Gymnasium; in den folgenden Jahren Geigenunterricht (bei Prof. Steiner), Zeichen- und Malunterricht
1944	Rückkehr nach Traunstein (nach dem schwersten Bombenangriff auf Salzburg)
1945	Rückkehr nach Salzburg: katholisches Schülerheim Johanneum; Humanistisches Gymnasium; Musikästhetik bei Prof. Theodor W. Werner; Gesangsunterricht bei Maria Keldorfer
1946	Übersiedlung der Mutter und ihrer Familie sowie der Großeltern nach Salzburg
1947	Abbruch des Gymnasiums, kaufmännische Lehre
1948-51	Schwere Erkrankung (Rippenfellentzündung, in der Folge Lungentuberkulose); Aufenthalte im Krankenhaus, in Sanatorien und Heilstätten (u.a. in der Lungenheilstätte Grafenhof)
1949	Tod des Großvaters (11. 2.), Begegnung mit Hedwig Stavianicek (dem um 35 Jahre älteren »Lebensmenschen«, fortan Wiener Wohnung in der Obkirchergasse 3, zahlreiche Reisen, v.a. Jugoslawien u. Italien, Bekanntschaft bis zu ihrem Tod 1984)
1950	Tod der Mutter (13. 10.)
1952-54	Freie Mitarbeit beim Demokratischen Volksblatt (Salzburg). Gerichtssaalberichte, Reiseberichte, Buch-, Theater- und Filmkritiken
1955	Erster Prozeß nach einem Artikel über das Salzburger Landestheater
1955-57	Hochschule für Musik und darstellende Kunst »Mozarteum« in Salzburg. Musikunterricht, Regie- und Schauspielstudium; Abschluß mit Bühnenreifeprüfung (18. 6. 1957)
1957-60	Freundschaft mit Gerhard Lampersberg und seiner Frau, der Sängerin Maja Weis-Ostborn. Zeitweise Wohnsitz in Maria-Saal, Kärnten

1960	Aufführung mehrerer Kurzschauspiele in Maria-Saal in Kärnten, kurzer Aufenthalt in England
1963	Polenaufenthalt, Julius-Campe-Preis
1965	Einzug in einen Vierkanthof in Ohlsdorf, Oberösterreich; Restaurierung des Gebäudes (fast ein Jahrzehnt lang), in der Folge auch zwei andere Hauskäufe; bis 1975 Bekanntschaft mit dem Realitätenvermittler Karl Ignaz Hennetmair; Literaturpreis der Freien Hansestadt Bremen; Tod der Großmutter (1. 7.)
1967	Operation im pulmologischen Krankenhaus auf der Baumgartnerhöhe in Wien
1968	Kleiner Österreichischer Staatspreis (Eklat nach der Dankesrede); Anton-Wildgans-Preis (Festakt wird abgesagt)
1969	Beginn der Bekanntschaft mit dem Regisseur Claus Peymann
1970	Georg-Büchner-Preis der Deutschen Akademie für Sprache und Dichtung
1972	Franz-Theodor-Csokor-Preis; Adolf-Grimme-Preis (für das Drehbuch zum »Italiener«); Grillparzer-Preis; Austritt aus der katholischen Kirche
1974	Gespräche über die mögliche Übernahme der Direktion des Wiener Burgtheaters; Hannoverscher Dramatiker-Preis; Prix Séguier
1975	Ehrenbeleidungsklage des Salzburger Stadtpfarrers Franz Wesenauer wegen seiner Darstellung in »Die Ursache«
1976	Literaturpreis der Österreichischen Bundeswirtschaftskammer
1978	Spitalsaufenthalt im Krankenhaus Wels, »Lungensarkoidose«
1979	Austritt aus der Deutschen Akademie für Sprache und Dichtung
1982	Premio Prato für »Verstörung«
1983	Premio Mondello
1984	Eklat um »Holzfällen« (als Schlüsselroman gelesen, Ehrenbeleidungsklage von Gerhard Lampersberg, Beschlagnahme, kurzfristiges Auslieferungsverbot seiner Bücher für Österreich durch Bernhard)
1988	Prix Medicis für »Maîtres anciens« (»Alte Meister«); Kampagne um »Heldenplatz«
1989	gestorben am 12. Februar in Gmunden/Oberösterreich (letzter Abend: vierzigster Geburtstag des Großvaters); Bekanntgabe des Todes erst nach dem Begräbnis (16. 2. in Wien, Grinzinger Friedhof); Testament verbietet weitere Veröffentlichungen aus dem Nachlaß und (in Österreich) sämtliche öffentlichen Aufführungen und Publikationen des vorliegenden Werks

X. Bibliographie

1. Werkverzeichnis

Die folgende Übersicht über die publizierten Arbeiten Thomas Bernhards ist chronologisch angeordnet; bei entlegenen Texten wird auf leicht auffindbare aktuelle Publikationsorte verwiesen.

Thomas Fabian (Pseudonym): Das rote Licht. In: Salzburger Volksblatt, 19. Juni 1950 (vermutl. Thomas Bernhards erste lit. Publikation).

Niklas van Heerlen (Pseudonym): Vor eines Dichters Grab. In: Salzburger Volksblatt, 12. Juli 1950.

Thomas Fabian (Pseudonym): Die Siedler. In: Salzburger Volksblatt, 8. September 1951.

Mein Weltenstück. In: Münchner Merkur, 22. April 1952.

Die verrückte Magdalena. In: Demokratisches Volksblatt, 17. Jänner 1953.

Der große Hunger. In: Demokratisches Volksblatt, 15. Oktober 1953.

Sieben Tannen, die die Welt bedeuten. In: Demokratisches Volksblatt, 24. Dezember 1953.

Salzburg, Im Dom, Im Hofe von St. Peter, Friedhof in Seekirchen (Gedichte). In: Die Furche, 31. Juli 1954.

Betagte Landschaft, Sankt Sebastian in der Linzer Gasse, Kreuzgang im Kloster Nonnberg, Die Landschaft der Mutter (Gedichte und Prosa). In: Handschreiben der Stifterbibliothek 13 (1954).

Dorotheum, Das Augustiner-Bräustübl, Rund um Mozart, Nacht in Salzburg (Prosatexte). In: Salzburg von A-Z. Hrsg. v. Josef Kaut, Salzburg 1954, S. 49f., 75f., 189f., 208.

Großer, unbegreiflicher Hunger. In: Stimmen der Gegenwart 1954. Hrsg. v. Hans Weigel, illustriert von Angela Varga, Wien 1954, S. 138-143 (auch in TBL 56-60). Dort auch: Biographische Notiz, S. 259.

Heimkehr, Pfarrgarten in Henndorf, Lied der Magd, Am Abend, Aufzuwachen und ein Haus zu haben ..., Mein Weltenstück (Gedichte). In: Die ganze Welt in meines Herzens Enge. Anthologie junger Salzburger Lyrik. Salzburg 1955, S. 58-63.

Die Dörfler, Mein Vater (Gedichte). In: Stillere Heimat 1956, S. 78f.

Das Jahr ist wie das Jahr vor tausend Jahren, Im Gras, Immer fragen sie nach mir (Gedichte). In: Wort in der Zeit 2 (1956), H. 6, S. 34f.

Der Schweinehüter. In: Stimmen der Gegenwart 1956. Hrsg. v. Hans Weigel, Wien und München 1956, S. 158-179.

Auf der Erde und in der Hölle. Gedichte. Salzburg 1957.

In hora mortis. Salzburg 1958.

Unter dem Eisen des Mondes. Gedichte. Köln 1958.

die rosen der einöde. fünf sätze für ballett, stimmen und orchester. Frankfurt/Main 1959 (zuvor bereits zwei Szenen daraus in etwas anderer Fassung in: Die Neue Rundschau 1958, S. 314-334).

Ereignisse. In: Wort in der Zeit 5 (1959), H. 10, S. 28-31 (Ein Wolkenbruch, Ein Streckenarbeiter, Ein Unbekannter, In einem Herrschaftssitz, Der Schuldirektor, Ein Schauspieler; außer dem ersten und der dritten Text 1969 in überarbeiteter und erweiterter Form erschienen in: Literarisches Colloquium Berlin).

Neue Gedichte. In: Wort in der Zeit 7 (1961), H. 7, S. 20-22 (Großmächtiges Tabernakel des Windes, An W. H., Roßhändler, Bauern, Grenadiere, Schützt mich, Zerfressener April).

In der Bibel, Mir ist der Mond zu schad (Gedichte). In Lyrik aus dieser Zeit. München und Esslingen 1961, S. 75, S. 104.

Dich kennt keiner. Schädelmost (Gedichte). In: Stillere Heimat 1961, S. 111-113.

Die Irren / Die Häftlinge. Privatdruck, Klagenfurt 1962 (neu aufgelegt: Frankfurt/Main 1988).

Weinen über trostlose Tage (fünf Gedichte). In: Wort in der Zeit 8 (1962), H. 8, S. 29-31 (Im Tal, Krieger, Eine Strophe für Padraic Colum, Geburtstagsode, Morgen).

Beschreibung einer Familie, Jetzt im Frühling, Die Irren, In silva salus, An W. H., Kein Baum, Eine Ursache für John Donne, Zwei Bierflaschen und der Eisstock, Kitzlochklamm, Schmerz, Erinnerung an die tote Mutter (Gedichte). In: Frage und Formel. Gedichte einer jungen österreichischen Generation. Hrsg. v. Gerhard Fritsch u.a., Salzburg 1963, S. 86-97.

Frost. Roman. Frankfurt/Main 1963.

Ereignisse. In: Insel-Almanach auf das Jahr 1964. Frankfurt/Main 1963, S. 60-64 (enth.: Zwei junge Leute, Das Mädchen, Der Vierzigjährige, Die Verwalterin, Eine Maschine, Der Schuldirektor; wiederveröff. in der gleichnam. Sammlung 1969).

Der Briefträger. In: Neunzehn deutsche Erzählungen. München o.J. [1963], S. 65-87 (entst. 1962, 1969 als Der Kulterer wiederveröff. in: An der Baumgrenze).

Ein Frühling. In: Spektrum des Geistes 13 (1964), S. 36.

Eine Zeugenaussage. In: Wort in der Zeit 10 (1964), H. 6, S. 38-43.

Amras. Frankfurt/Main 1964.

Der Italiener. In: Insel-Almanach auf das Jahr 1965, Frankfurt/Main 1964, S. 83-93 (entst. 1963; 1971 ohne den letzten Satz wiederveröff.).

Der Zimmerer. In: Die Neue Rundschau 1965, S. 62-74.

Ein junger Schriftsteller. In: Wort in der Zeit 11 (1965), H. 1-2, S. 56-59 (auch in TBL 51-55).

[Ira. Zorn]. In: Hans-Geert Falkenberg (Hrsg.): Die sieben Todsünden. Vierzehn Essays. Mit einem Nachwort von Raymond Mortimer. München 1965, S. 159-164 (auch in TBL 20-24).

Mit der Klarheit nimmt die Kälte zu. In: Jahresring 65/66. Stuttgart 1965, S. 243-245 (Ansprache anläßlich der Verleihung des Rudolf-Alexander-Schröder-Stiftung-Literaturpreises der Freien Hansestadt Bremen 1965).

Politische Morgenandacht. In: Wort in der Zeit 12 (1966), S. 11-13.

Jauregg. In: Literatur und Kritik 1 (1966), H. 1, S. 18-25.

Der neue Erzieher. In: Akzente 13 (1966), S. 416-420 (als Zwei Erzieher auch in: Prosa, 1967).

Die Mütze. In: Protokolle 1966, S. 52-62.

Viktor Halbnarr. Ein Wintermärchen. In: Dichter erzählen Kindern. Köln 1966, S. 250-256.

Verstörung. Roman. Frankfurt/Main 1967 (Vorabdruck: Henzig, Huber, Zehetmayer. In: Literatur und Kritik 1 (1966), H. 6, S. 24-37).

An der Baumgrenze. In: Jahresring 67/68. Stuttgart 1967, S. 46-52.

Prosa. Frankfurt/Main 1967 (enth.: Zwei Erzieher, Die Mütze, Ist es eine Komödie? Ist es eine Tragödie?, Jauregg, Attaché an der französischen Botschaft, Das Verbrechen eines Innsbrucker Kaufmannssohns, Der Zimmerer).

Ungenach. Erzählung. Frankfurt/Main 1968.

Unsterblichkeit ist unmöglich. In: Neues Forum 15 (1968), H. 169/170, S. 95-97 (auch in TBL 25-30).

Der Wahrheit und dem Tod auf der Spur. Zwei Reden. In: Neues Forum 15 (1968), H. 173, S. 347-349 (Ansprachen zur Verleihung des Österreichischen Staatspreises für Literatur und des Wildgans-Preises der österreichischen Industrie 1968).

Midland in Stilfs. In: Akzente 16 (1969), S. 338-355.

An der Baumgrenze. Erzählungen. Zeichnungen von Anton Lehmden. Salzburg 1969 (enth.: Der Kulterer, Der Italiener. Fragment, An der Baumgrenze).

Watten. Ein Nachlaß. Frankfurt/Main 1969.

Ereignisse. Berlin 1969.

Ein ländlicher Betrüger. In: Ver sacrum. Neue Hefte für Kunst und Literatur 1969, S. 64-66.

Der Berg. Ein Spiel für Marionetten als Menschen oder Menschen als Marionetten. In: Literatur und Kritik 5 (1970), S. 330-352 (entst. 1956).

Ein Fest für Boris. Frankfurt/Main 1970 (entst. spätestens 1967).

Das Kalkwerk. Roman. Frankfurt/Main 1970.

Nie und mit nichts fertig werden. In: Jahrbuch der Deutschen Akademie für Sprache und Dichtung Darmstadt 1970, S. 83f. (Rede anläßliche der Verleihung des Georg-Büchner-Preises 1970; auch in TBL 31f.).

Als Verwalter im Asyl. Fragment. In: Merkur 24 (1970), S. 1163f. (auch in WG 128-130).

Der Italiener. Salzburg 1971 (enth.: Der Italiener. Ein Film, Der Italiener. Photographiert von Heidrun Hubert, Der Italiener. Fragment, Drei Tage [letzteres auch in TBL 9-19]).

Midland in Stilfs. Drei Erzählungen. Frankfurt/Main 1971 (enth.: Midland in Stilfs, Der Wetterfleck, Am Ortler. Nachricht aus Gomagoi).

Gehen. Frankfurt/Main 1971.

Der Ignorant und der Wahnsinnige. Frankfurt/Main 1972.

Ebene. In: Walter Pichler. 111 Zeichnungen. Mit einem Essay von Max Peintner und einem Prosatext von Thomas Bernhard. Salzburg 1973, S. 245-247 (auch in WG 149-151).

Die Jagdgesellschaft. Frankfurt/Main 1974.

Der Kulterer. Eine Filmgeschichte. Salzburg 1974.

Die Macht der Gewohnheit. Komödie. Frankfurt/Main 1974.

Bernhard Minetti (Brief an Henning Rischbieter). In: Theater heute 1975, Sonderheft »Theater 1975«, S. 38.

Der Präsident. Frankfurt/Main 1975.

[In frühester und in rücksichtsloser Beobachtung ...] In: Erste Lese-Erlebnisse. Hrsg. v. Siegfried Unseld. Frankfurt/Main 1975, S. 96 (auch in TBL 33).

Die Ursache. Eine Andeutung. Salzburg 1975.

Korrektur. Roman. Frankfurt/Main 1975.

Die Berühmten. Frankfurt/Main 1976.

Der Keller. Eine Entziehung. Salzburg 1976.

Ahnenkult. Ein Gedicht für Höherstehende oder wie man sich einer hohen Aufgabe auf die kürzeste Zeit (zehn Minuten) entledigt. In: Literatur im Residenz-Verlag. Almanach auf das Jahr 1977. Salzburg 1977, S. 21-23.

Minetti. Ein Porträt des Künstlers als alter Mann. Mit sechzehn Fotos von Digne Meller-Marcowicz. Frankfurt/Main 1977 (entst. im Sommer 1975, wie auch Die Berühmten).

Die Kleinbürger auf der Heuchelleiter. In: Die Zeit, 17. Februar 1978 (urspr. geplant für die Anthologie Glückliches Österreich, Salzburg 1978; aus Furcht vor einer Klage vom Verleger zurückgezogen).
Immanuel Kant. Komödie. Frankfurt/Main 1978.
Der Atem. Eine Entscheidung. Salzburg 1978.
Ja. Frankfurt/Main 1978.
Der Stimmenimitator. Frankfurt/Main 1978.
Der deutsche Mittagstisch. Eine Tragödie für ein Burgtheatergastspiel in Deutschland. In: Die Zeit, 29. Dezember 1978.
Der Weltverbesserer. Frankfurt/Main 1979.
Vor dem Ruhestand. Eine Komödie von deutscher Seele. Frankfurt/Main 1979.
Die Billigesser. Frankfurt/Main 1980 (Vorabdrucke in: Jahresring 78/79. Literatur und Kunst der Gegenwart. Stuttgart 1978, S. 181-189; Akzente 1979, S. 502-517).
A Doda. Für zwei Schauspielerinnen und eine Landstraße. In: Die Zeit, 12. Dezember 1980.
Die Kälte. Eine Isolation. Salzburg 1981.
Über allen Gipfeln ist Ruh. Ein deutscher Dichtertag um 1980. Komödie. Frankfurt/Main 1981.
Alles oder nichts. Ein deutscher Akt. In: Theater heute 1981, H. 5, S. 5-9.
Am Ziel. Frankfurt/Main 1981.
Ave Vergil. Gedicht. Frankfurt/Main 1981 (entst. 1959/60).
Ein Antwortbrief. In: Jochen Jung (Hrsg.): Mein(e) Feind(e). Literaturalmanach [des Residenz-Verlages] 1982. Salzburg 1982, S. 28.
Verfolgungswahn. In: Die Zeit, 11. Januar 1982.
Ein Kind. Salzburg 1982.
Goethe schtirbt. In: Die Zeit, 19. März 1982 (auch in TBL 36-48).
Beton. Frankfurt/Main 1982.
Montaigne. Eine Erzählung (in 22 Fortsetzungen). In: Die Zeit, 8. Oktober 1982.
Wittgensteins Neffe. Eine Freundschaft. Frankfurt/Main 1982.
Der Schein trügt. Frankfurt/Main 1983.
Der Untergeher. Frankfurt/Main 1983.
In Flammen aufgegangen. Reisebericht an einen einstigen Freund. In: Programmbuch 52 (Der Schein trügt). Schauspielhaus Bochum 1983/84, S. 98-103 (z.T. in WG 268-270).
Holzfällen. Eine Erregung. Frankfurt/Main 1984.
Der Theatermacher. Frankfurt/Main 1984.
Ritter, Dene, Voss. Frankfurt/Main 1984.
Alte Meister. Komödie. Frankfurt/Main 1985.
Einfach kompliziert. Frankfurt/Main 1986.
Auslöschung. Ein Zerfall. Frankfurt/Main 1986.
Elisabeth II. Keine Komödie. Frankfurt/Main 1987.
Christine Lavant: Gedichte. Hrsg. v. Thomas Bernhard. Frankfurt/Main 1987.
Der deutsche Mittagstisch. Dramolette. Frankfurt/Main 1988 (A Doda, Maiandacht. Ein Volksstück als wahre Begebenheit [Meiner Kindheitsstadt Traunstein gewidmet], Match, Freispruch, Eis, Der deutsche Mittagstisch, Alles oder nichts).
Heldenplatz. Frankfurt /Main 1988.
In der Höhe. Rettungsversuch, Unsinn. Salzburg 1989 (entst. 1959).
Claus Peymann kauft sich eine Hose und geht mit mir essen. Drei Dramolette. Frankfurt/Main 1990. (Claus Peymann verläßt Bochum und geht als Burgtheaterdirektor nach Wien [1986], Claus Peymann kauft sich eine Hose und

geht mit mir essen [1986], Claus Peymann und Hermann Beil auf der Sulzwiese [1987]).

2. Literaturverzeichnis

Die folgenden bibliographischen Abschnitte umfassen zunächst Texte von Thomas Bernhard (vorwiegend mit Hilfe von Siglen, im Falle weniger Kurztexte mit Hilfe von Jahreszahlen angegeben). Bei der Zitation wurde auf die leichte Auffindbarkeit der Belegstellen geachtet; deshalb erfolgen hier immer wieder Verweise auf weitere aktuelle Publikationsorte, v.a. auf die fast vollständige Gesamtausgabe in der Reihe der »Suhrkamp Taschenbücher«.

Dann kommt eine Zusammenstellung bibliographischer Arbeiten zu Bernhard, gefolgt von einer umfangreichen Liste von Büchern und Aufsätzen zu Thomas Bernhard, wobei nach Möglichkeit wiederum aktuelle Mehrfachpublikationen genannt werden. Den Abschluß bilden weitere Texte, die auf die vorliegende Untersuchung Einfluß genommen haben.

Genauere Angaben finden sich darüber hinaus in Jens Dittmars »Werkgeschichte« (unter der Sigle WG zitiert); sie ist eine unverzichtbare Grundlage für jede Beschäftigung mit dem Gesamtwerk Thomas Bernhards.

2.1 Texte von Thomas Bernhard

Mit Hilfe von Siglen zitierte Texte:

A   Amras. Frankfurt/Main 1988 (=suhrkamp taschenbuch 1506).
AM   Alte Meister. Komödie. Frankfurt/Main 1985 (seitenidentisch mit suhrkamp taschenbuch 1553).
At   Der Atem. Eine Entscheidung. Salzburg 1978.
Aus   Auslöschung. Ein Zerfall. Frankfurt/Main 1986 (seitenidentisch mit suhrkamp taschenbuch 1563).
Bet   Beton. Frankfurt/Main 1982 (seitenidentisch mit suhrkamp taschenbuch 1488).
Bi   Die Billigesser. Frankfurt/Main 1980 (=edition suhrkamp 1006, seitenidentisch mit suhrkamp taschenbuch 1489).
E   Erzählungen. Frankfurt/Main 1988 (=suhrkamp taschenbuch 1564).
Ereig   Ereignisse. Frankfurt/Main 1994 (=suhrkamp taschenbuch 2309).
F   Frost. 3. Aufl., Frankfurt/Main 1980 (=suhrkamp taschenbuch 47).
G   Gehen. Frankfurt/Main 1971 (= suhrkamp taschenbuch 5).
GG   Gesammelte Gedichte. Hrsg. von Volker Bohn. Frankfurt/Main 1991 (seitenidentisch mit suhrkamp taschenbuch 2262).
He   Heldenplatz. Frankfurt/Main 1988 (=Bibliothek Suhrkamp 997).
Ho   Holzfällen. Eine Erregung. Frankfurt/Main 1984 (seitenidentisch mit suhrkamp taschenbuch 1523).
IH   In der Höhe. Rettungsversuch, Unsinn. Salzburg und Wien 1989.
It   Der Italiener. Frankfurt/Main 1989 (=suhrkamp taschenbuch 1645) [enthält auch den Monolog »Drei Tage«].
Ja   Ja. Frankfurt/Main 1978 (seitenidentisch mit suhrkamp taschenbuch 1507).

K	Korrektur. Roman. Frankfurt/Main 1975 (seitenidentisch mit suhrkamp taschenbuch 1533).
Kä	Die Kälte. Eine Isolation. Salzburg 1981.
Ke	Der Keller. Eine Entziehung. Salzburg 1976.
Ki	Ein Kind. Salzburg 1982.
Ku	Der Kulterer. Eine Filmgeschichte. Frankfurt/Main 1976 (=suhrkamp taschenbuch 306).
Kw	Das Kalkwerk. Roman. 2. Aufl., Frankfurt/Main 1976 (=suhrkamp taschenbuch 128).
St	Die Stücke. 4 Bände, Frankfurt/Main 1988 (=suhrkamp taschenbücher 1524, 1534, 1544, 1554).
Sti	Der Stimmenimitator. Frankfurt/Main 1978 (seitenidentisch mit suhrkamp taschenbuch 1473).
TBL	Thomas Bernhard. Ein Lesebuch. Hrsg. von Raimund Fellinger. Frankfurt/Main (=suhrkamp taschenbuch 2158).
U	Die Ursache. Eine Andeutung. Salzburg 1975.
Ug	Der Untergeher. Frankfurt/Main 1983 (seitenidentisch mit suhrkamp taschenbuch 1497).
Ung	Ungenach. Erzählung. Frankfurt/Main 1968 (seitenidentisch mit suhrkamp taschenbuch 1543).
V	Verstörung. Frankfurt/Main 1969 (seitenidentisch mit suhrkamp taschenbuch 1480).
W	Watten. Ein Nachlaß. Frankfurt/Main 1969 (seitenidentisch mit suhrkamp taschenbuch 1498).
WG	Thomas Bernhard. Werkgeschichte. Hrsg. von Jens Dittmar. Aktualisierte Neuausgabe, Frankfurt/Main 1990 (=suhrkamp taschenbuch materialien 2002).
WN	Wittgensteins Neffe. Eine Freundschaft. Frankfurt/Main 1987 (seitenidentisch mit suhrkamp taschenbuch 1465).

Weitere Texte Bernhards, aus denen zitiert wird (chronologisch):

Der Schweinehüter. In: Stimmen der Gegenwart 1956. Hrsg. v. Hans Weigel. Wien und München 1956, S. 158-179.

Mit der Klarheit nimmt die Kälte zu. In: Jahresring 65/66. Stuttgart 1965, S. 243-245.

Politische Morgenandacht. In: Wort in der Zeit 12 (1966), S. 11-13.

Der Wahrheit und dem Tod auf der Spur. Zwei Reden. In: Neues Forum 15 (1968), H. 173, S. 347-349.

Nie und mit nichts fertig werden. In: Jahrbuch der Deutschen Akademie für Sprache und Dichtung Darmstadt 1970, S. 83f.

2.2 Bibliographisch orientierte Arbeiten zu Thomas Bernhard

Dittmar, Jens (Hrsg.): Thomas Bernhard. Werkgeschichte. 2. aktualisierte Aufl. Frankfurt/Main 1990 (=suhrkamp taschenbuch materialien 2002).

Ders.: Aus dem Gerichtssaal. Thomas Bernhards Salzburg in den 50er Jahren. Wien 1992.

Habringer, Rudolf Konrad: Thomas Bernhard als Journalist. Dokumentation eines Frühwerks. Hausarbeit (masch.), Salzburg 1984.

Huntemann, Willi: Kommentierte Bibliographie zu Thomas Bernhard. In: Text und Kritik 43 3. Aufl. 1991, S. 125ff.

Moritz, Herbert: Lehrjahre. Thomas Bernhard – Vom Journalisten zum Dichter. Weitra 1992.

Sorg, Bernhard: Thomas Bernhard. In: Kritisches Lexikon zur deutschsprachigen Gegenwartsliteratur (Stand 1. 1. 1990).

2.3 Sekundärliteratur zu Thomas Bernhard

Anz, Heinrich: Geschichtenerzählen: Geschichtenzerstören – zum poetologischen Modell in Thomas Bernhards Frühwerk am Beispiel der Erzählung »Der Kulterer«. In: Text & Kontext 14 (1986), H. 2, S. 176-184.

Bachmann, Ingeborg: Thomas Bernhard: Ein Versuch. In: dies.: Werke. Bd. 4. München/Zürich 1978, S. 361-364.

Barthofer, Alfred: Berge schwarzer Qual. Zur thematischen Schwerpunktstruktur der Lyrik Thomas Bernhards. In: Acta Germanica 9 (1976a), S. 187-211.

Ders.: Das Cello und die Peitsche. Beobachtungen zu Thomas Bernhards »Die Macht der Gewohnheit«. In: Sprachkunst 7 (1976b), H. 1, S. 294- 311.

Ders.: King Lear in Dinkelsbühl. Historisch-Biographisches zu Thomas Bernhards Theaterstück »Minetti«. In: Maske und Kothurn 23 (1977), H. 2, S. 159-172.

Ders.: Die Sprache der Natur. Anmerkungen zur Natur und zur Naturdarstellung bei Adalbert Stifter und Thomas Bernhard. In: VASILO (=Vierteljahresschrift des Adalbert-Stifter-Instituts des Landes Oberösterreich) 35 (1986), S. 213-226.

Ders.: Vorliebe für die Komödie: Todesangst. Anmerkungen zum Komödienbegriff bei Thomas Bernhard. In: VASILO 31 (1982), S. 77-100.

Ders.: Wittgenstein mit Maske. Dichtung und Wahrheit in Thomas Bernhards Roman »Korrektur«. In: Österreich in Geschichte und Literatur 23 (1979), S. 186-207.

Bartsch, Kurt: Das Fürchterliche ist ja auch immer lächerlich. Einführende Anmerkungen zum Werk Thomas Bernhards. In: Text & Kontext 14 (1986), H. 2, S. 185-197.

Ders., Dietmar Goltschnigg und Gerhard Melzer (Hrsg.): In Sachen Thomas Bernhard. Königstein/Ts. 1983.

Bauer, Günther G.: Der Absolvent Thomas Bernhard. Der Schriftsteller besuchte die Akademie »Mozarteum«. In: Salzburger Nachrichten 25. 2. 1989.

Bayer, Wolfram: »Das Gedruckte und das Tatsächliche.« Realität und Fiktion in Thomas Bernhards Leserbriefen. In: Gebesmair/Pittertschatscher (Hrsg.) 1995, S. 162-202 [auch in: ders. (Hrsg.) 1995, S. 58-80].

Ders. (Hrsg.): Kontinent Bernhard. Zur Thomas-Bernhard-Rezeption in Europa. Wien, Köln, Weimar 1995 (enth. neben den in der Bibl. angeführten Artikeln u.a. Beiträge zur Übersetzung Bernhards ins Spanische, Ungarische und Italienische und zur Rezeption in Frankreich, Italien, Spanien, der DDR, den Niederlanden, Norwegen, der Schweiz, England, Polen, Tschechien, Ungarn, Rußland, der Ukraine und Bulgarien).

Becker, Peter von: Bei Bernhard. Eine Geschichte in 15 Episoden. In: Theater heute 1978, Sonderheft »Theater 1978«, S. 80-87.

Bernardi, Eugenio: Bernhards Stimme. In: Gebesmair/Pittertschatscher (Hrsg.) 1995, S. 34-46.

Best, Otto F.: Säkularisierte Eschatologie. In: Thomas Bernhard: Der Wetterfleck. Erzählungen. Hrsg. v. Otto F. Best. Stuttgart 1976 (=Universal Bibliothek 9818), S. 63-76.

Betten, Anne: Die Bedeutung der Ad-Hoc-Komposita im Werk von Thomas Bernhard, anhand ausgewählter Beispiele aus »Holzfällen. Eine Erregung« und »Der Untergeher«. In: Brigitte Asbach-Schnitker und Johannes Roggenhofer

(Hrsg.): Neuere Forschungen zur Wortbildung und Historiographie der Linguistik. Festgabe für Herbert E. Brekle zum 50. Geburtstag. Tübingen 1987, S. 69-90.

Dies.: Sprachrealismus im deutschen Drama der siebziger Jahre. Heidelberg 1985 (=Monographien zur Sprachwissenschaft 14).

Beutner, Eduard: Körperlicher Schmerz: Zur Darstellbarkeit einer Grenzerfahrung. Am Beispiel von Thomas Bernhards »Frost«, Waltraud Anna Mitgutschs »Die Züchtigung« und Gustav Ernst. In: Herbert Herzmann (Hrsg.): Literaturkritik und erzählerische Praxis. Deutschsprachige Erzähler der Gegenwart. Tagungsakten des internationalen Symposions University College, Dublin, 14. bis 16. Februar 1993. Tübingen 1995, S. 123-136.

Blöcker, Günter: Rede auf den Preisträger. In: Deutsche Akademie für Sprache und Dichtung: Jahrbuch 1970. Heidelberg/Darmstadt 1971, S. 74-82.

Bohnen, Klaus: Allegorien des Verstandes. Versuch über Thomas Bernhards Prosa. In: Text & Kontext 2 (1974), H. 2, S. 3-27.

Bohnert, Karin: Ein Modell der Entfremdung. Eine Interpretation des Romans »Das Kalkwerk« von Thomas Bernhard. Wien 1976 (= Dissertationen der Universität Wien 130).

Botond, Anneliese (Hrsg.): Über Thomas Bernhard. Frankfurt/Main 1970 (=edition suhrkamp 401).

Buchka, Peter: Die Schreibweise des Schweigens. Ein Strukturvergleich romantischer und zeitgenössischer deutschsprachiger Literatur. München 1974 (=Literatur als Kunst).

Bugmann, Urs: Bewältigungsversuch. Thomas Bernhards autobiographische Schriften. Bern, Frankfurt/Main, Las Vegas 1981 (= Europäische Hochschulschriften I/435).

Cirio, Rita: Austriaco infelix. Intervista con Thomas Bernhard. In: L'Espresso, 7.11.1982, S. 163-171 [dt. in Dreissinger 1992, 95-103].

Daviau, Donald G.: Bernhard in Amerika. In: Pittertschatscher/Lachinger (Hrsg.) 1985, S. 113-160 [Neuaufl. Weitra 1994, S. 119-159].

De Rambures, Jean-Louis: Alle Menschen sind Monster, sobald sie ihren Panzer lüften. Interview mit Thomas Bernhard für Le monde. Aus dem Französischen von Andres Müry. In: Suhrkamp Theaterblatt Nr. 7, Februar 1983 und Frankfurter Allgemeine Zeitung 24. 2. 1983 [auch in Dreissinger 1992, S. 104-113].

Dissinger, Dieter: Alptraum und Gegentraum. Zur Romanstruktur bei Canetti und Bernhard. In: Literatur und Kritik 10 (1975), S. 168-175.

Dittmar, Jens: Aus dem Gerichtssaal. Thomas Bernhards Salzburg in den 50er Jahren. Wien 1992.

Ders. (Hrsg.): Der Bernhardiner. Ein wilder Hund. Tomaten, Satiren und Parodien über Thomas Bernhard. Wien 1990.

Ders. (Hrsg.): Sehr geschätzte Redaktion. Leserbriefe von und über Thomas Bernhard. Wien 1991 (2., verschlechterte Aufl. 1993, nach Protesten der Erben Bernhards; neuer Titel: Sehr gescherte Reaktion).

Ders.: Der skandalöse Bernhard. Dokumentation eines öffentlichen Ärgernisses. In: Text + Kritik, H. 43, 2. Aufl. 1982, S. 73-84.

Ders.: Thomas Bernhard als Journalist beim Demokratischen Volksblatt. In: Jurgensen (Hrsg.) 1981, S. 15-35.

Ders.: »Die verrückte Magdalena«. Eine frühe Erzählung Thomas Bernhards. In: Bartsch (Hrsg.) 1983, S. 35-41.

Ders. (Hrsg.): Thomas Bernhard. Werkgeschichte. Aktualisierte Neuausgabe, Frankfurt/Main 1990 (= suhrkamp taschenbuch 2002) [auch oben im Siglenverzeichnis].

Donnenberg, Josef: Gehirnfähigkeit der Unfähigkeit der Natur. Zu Sprache, Struktur und Thematik von Thomas Bernhards Roman »Verstörung«. In: Gerlinde Weiss und Klaus Zelewitz (Hrsg.): Peripherie und Zentrum. Studien zur österreichischen Literatur. Festschrift für Adalbert Schmidt. Salzburg, Stuttgart, Zürich 1971, S. 13-42.

Ders.: Thomas Bernhards Zeitkritik und Österreich. In: Pittertschatscher/Lachinger (Hrsg.) 1985, S. 42-63 [Neuaufl. Weitra 1994, S. 53-72].

Ders.: Thomas Bernhard und Österreich. Dokumentation und Kommentar. In: Österreich in Geschichte und Literatur 14 (1970), S. 237-251.

Ders.: War Thomas Bernhards Lyrik eine Sackgasse? In: Bartsch (Hrsg.) 1983, S. 9-34.

Ders.: Zeitkritik bei Thomas Bernhard. In: Zeit- und Gesellschaftskritik in der österreichischen Literatur des 19. und 20. Jahrhunderts. Hrsg. vom Institut für Österreichkunde. Wien 1973, S. 115-143.

Dorowin, Hermann: Die mathematische Lösung des Lebens. Überlegungen zur jüngsten Prosa Thomas Bernhards. In: Bartsch (Hrsg.) 1983, S. 168-178.

Dreissinger, Sepp (Hrsg.): Thomas Bernhard. Portraits. Bilder und Texte. Weitra 1991 (mit Beiträgen von Ilse Aichinger, H. C. Artmann, Ingeborg Bachmann, Peter von Becker, Hermann Burger, Antonio Fian, Krista Fleischmann, Michael Frank, Friedrich Heer, Karl Hennetmair, Benjamin Henrichs, Marlies Hörbe, Elfriede Jelinek, Karin Kathrein, Josef Kaut, Bernhard Minetti, André Müller, Claus Peymann, Reinhard Priessnitz, Andreas Graf Razumovsky, Marcel Reich-Ranicki, Botho Strauß, Karl Woisetschläger, Carl Zuckmayer).

Ders. (Hrsg.): Von einer Katastrophe in die andere. 13 Gespräche mit Thomas Bernhard. Weitra 1992 (Thomas Bernhard im Gespräch mit Viktor Suchy, Armein Eichholz, Brigitte Hofer, Nicole Casanova, Erich Böhme/Hellmuth Karasek, Niklas Frank, Jean-Louis de Rambures, Rita Cirio, Peter Mörtenböck, Patrick Guinand, Andreas Müry, Asta Scheib, Conny Bischofberger/Heinz Sichrovsky).

Eder, Alois: Perseveration als Stilmittel moderner Prosa. Thomas Bernhard und seine Nachfolge in der österreichischen Literatur. In: Studi tedeschi 22 (1979), S. 65-100.

Eichholz, Armin: Morgen Salzburg. Gespräch mit dem Dramatiker Thomas Bernhard. In: Münchner Merkur, 24./25.7.1976, S. 31 [auch in Dreissinger 1992, S. 35-48].

Endres, Ria: Am Ende angekommen. Dargestellt am wahnhaften Dunkel der Männerporträts des Thomas Bernhard. Frankfurt/Main 1980 (= Fischer Taschenbuch 2311) [Neuaufl. Weitra 1995].

Eybl, Franz: Thomas Bernhards »Stimmenimitator« als Resonanz eigener und fremder Rede. In: Bayer (Hrsg.) 1995, S. 31-43.

Federico, Joseph A.: Millenarianism, Legitimation, and the National Socialist Universe in Thomas Bernhard's »Vor dem Ruhestand«. In: The Germanic Review 59 (1984), Nr. 4, S. 142-148.

Felderer, Brigitte: Uns ist nichts zu heiß. Ein Theaterbrand in der »Neuen Kronen Zeitung«. In: Bayer (Hrsg.) 1995, S. 214-228.

Fetz, Gerald A.: Thomas Bernhard und die österreichische Tradition. In: Wolfgang Paulsen (Hrsg.): Österreichische Gegenwart. Die moderne Literatur und ihr Verhältnis zur Tradition. Bern 1980, S. 189-205.

Ders.: Kafka and Bernhard: Reflections on Affinity and Influence. In: Modern Austrian Literature 21 (1988), Nr. 3/4, S. 217-241.

Fialik, Maria.: Der Charismatiker. Thomas Bernhard und die Freunde von einst. Wien 1992.

203

Dies.: Der konservative Anarchist. Thomas Bernhard und das Staats-Theater. Wien 1991.

Finck, Adrien: Im Zeichen Trakls: Die frühe Lyrik Thomas Bernhards. In: ders. und Hans Weichselbaum (Hrsg.): Antworten auf Georg Trakl. Salzburg 1992 (=Trakl-Studien 18), S. 130-146.

Finnern, Volker: Der Mythos des Alleinseins: die Texte Thomas Bernhards. Frankfurt/Main, Bern, New York, Paris 1987 (=Europäische Hochschulschriften 1/998).

Fischer, Bernhard: »Gehen« von Thomas Bernhard. Eine Studie zum Problem der Moderne. Bonn 1985 (= Bonner Arbeiten zur deutschen Literatur 43).

Fleischmann, Krista: Thomas Bernhard – Eine Begegnung. Wien 1991 (Monologe auf Mallorca [1981], Holzfällen [Wien 1984], Die Ursache bin ich selbst [Madrid 1986]).

Dies. (Hrsg.): Thomas Bernhard – Eine Erinnerung. Interviews zur Person. Wien 1992.

Fraund, Thomas: Bewegung – Korrektur – Utopie. Studien zum Verhältnis von Melancholie und Ästhetik im Erzählwerk Thomas Bernhards. Frankfurt/Main, Bern, New York 1986 (= Studien zur Deutschen Literatur des 19. und 20. Jahrhunderts 2).

Fröhlich, Hans-Jürgen: Verstörung unten und oben. Der Fürst in Thomas Bernhards zweitem Roman und ein Seitenblick auf Macchiavellis Il Principe (eine metaliterarische Marginalie). In: Neues Forum 15 (1968), H. 173, S. 351-356.

Fueß, Renate: Nicht fragen. Zum Double-bind in Interaktionsformen und Werkstruktur bei Thomas Bernhard. Frankfurt/Main, Bern, New York 1983 (= Europäische Hochschulschriften I/665).

Gamper, Herbert: Die Bloßstellung, die Verleumdung der Kunst. In: Spectaculum 25/2. Frankfurt/Main 1976, S. 279-282.

Ders.: »Eine durchinstrumentierte Partitur Wahnsinn«. In: Botond (Hrsg.) 1970, S. 130-136.

Ders.: Einerseits Wissenschaft, Kunststücke andererseits. Zum Theater Thomas Bernhards. In: Text+Kritik 1974, H.43, S. 9-21.

Ders.: »Der hellsichtigste aller Narren«. Der Künstler Gould als »Gould« in Thomas Bernhards Figurengarten. In: du. Die Zeitschrift der Kultur. H. 4: Mythos Glenn Gould. Die Wahrheit und andere Lügen (April 1990), S. 68-71.

Ders.: »Sind wir am Ziel, ist alles das Verkehrte«. Zu Thomas Bernhards Stück »Am Ziel«. In: Theater heute 1981, H. 10, S. 34f.

Ders.: Theater machen oder Schluß machen. In: »Der Theatermacher«. Programmheft Staatstheater Stuttgart (Premiere 31.5.1990), unpagin.

Ders.: Thomas Bernhard. München 1977 (= dtv 6870: Dramatiker der Weltliteratur).

Ders.: »Thomas Bernhards philosophisches Theater«. In: Neue Zürcher Zeitung, 29. 1. 1988.

Gebesmair, Franz und Alfred Pittertschatscher (Hrsg.): Bernhard-Tage Ohlsdorf 1994. Materialien. Weitra 1995.

Görtz, Franz Josef: Hier spukt natürlich Beckett. Thomas Bernhard und die Kritik. In Text+Kritik 1974, H. 43, S. 36-44.

Gößling, Andreas: Die »Eisenbergrichtung«. Versuch über Thomas Bernhards »Auslöschung«. Münster 1988.

Ders.: Thomas Bernhards frühe Prosakunst. Entfaltung und Zerfall seines ästhetischen Verfahrens in den Romanen Frost – Verstörung – Korrektur. Berlin, New York 1987 (=Quellen und Forschungen zur Sprach- und Kulturgeschichte der germanischen Völker N.F. 88).

Greiner-Kemptner, Ulrike: Subjekt und Fragment: Textpraxis in der (Post-)Moderne. Aphoristische Strukturen in Texten von Peter Handke, Botho Strauß, Jürgen Becker, Thomas Bernhard, Wolfgang Hildesheimer, Felix Ph. Ingold und André V. Heiz. Stuttgart 1990 (=Stuttgarter Arbeiten zur Germanistik 240).

Grohotolsky, Ernst: »Die Macht der Gewohnheit« oder: Die Komödie der Dialektik der Aufklärung. In: Bartsch (Hrsg.) 1983, S. 91-106.

Grossklaus, Götz: Österreichische Mythen. Zu zwei Filmen von Thomas Bernhard und Peter Handke. In: Zeitschrift für Literaturwissenschaft und Linguistik 8 (1978), H. 29, S. 40-62.

Habringer, Rudolf Konrad: Thomas Bernhard als Journalist. Dokumentation eines Frühwerks. Hausarbeit (masch.), Salzburg 1984.

Häller, Heinz: Glückliches Österreich. Österreich als Thema bei Thomas Bernhard. In: Zeitschrift für studentische Forschung [Wien] 1 (1986), Sonderband Literatur: Österreichische Moderne, S. 83-111.

Ders.: Österreich. Eine Herausforderung. In: Schmidt-Dengler/Huber (Hrsg.) 1987, S. 111-151.

Hamm, Peter: Auf der Erde und in der Hölle. Thomas Bernhard als Lyriker. In: Die Zeit, 26.4.1991.

Handke, Peter: Als ich »Verstörung« von Thomas Bernhard las. In: Botond (Hrsg.) 1970, S. 100-106.

Hannemann, Bruno: Satirisches Psychogramm der Mächtigen. Zur Kunst der Provokation in Thomas Bernhards »Der Präsident«. In: Maske und Kothurn 23 (1977), S. 147-158.

Ders.: Vernunft auf Irrfahrt. Zu Thomas Bernhards Komödie »Immanuel Kant«. In: Maske und Kothurn 27 (1981), S. 346-359.

Haslinger, Adolf: »Mütze, Mantel, Wetterfleck«. Kleiderthematik und poetisches Verfahren bei Thomas Bernhard. In: Gebesmair/Pittertschatscher (Hrsg.) 1995, S. 17-33.

Heldenplatz. Eine Dokumentation. Hrsg. vom Burgtheater Wien. Wien 1989.

Helwig, Heide: Falsche Vertraulichkeiten? Parodien und Satiren zu Thomas Bernhard. In: Bayer (Hrsg.) 1995, S. 109-128.

Hennetmair, Karl Ignaz: Aus dem versiegelten Tagebuch. Weihnacht mit Thomas Bernhard. Weitra 1992.

Ders.: Thomas Bernhard – Karl Ignaz Hennetmair. Ein Briefwechsel 1965-1974. Wiss. kommentiert von Peter Bader. Weitra 1994.

Henniger-Weidmann, Brigitte: Worttransfusionen, Bedeutungsverschiebungen und Neologismen bei Thomas Bernhard. In: Harald Hartung, Walter Heistermann und Peter M. Stephan (Hrsg.): Fruchtblätter. Freundesgabe für Alfred Kelletat. Berlin 1977, S. 217-224.

Henrichs, Benjamin: Herr Bernhard und die Deutschen. »Vor dem Ruhestand«: Peymanns Abschied von Stuttgart. In: Die Zeit, 6.7.1979.

Hensel, Georg: Gelächter im Lebenskäfig. Der Dramatiker Thomas Bernhard. In: Frankfurter Allgemeine Zeitung, 17.2.1989.

Herzog, Andreas: Thomas Bernhards Poetik der prosaischen Musik. In: Zeitschrift für Germanistik N.F. 1 (1994), S. 35-44.

Ders.: »Vom Studenten der Beobachtung zum Meister der Theaterkunst«. Bernhard I, Bernhard II, Bernhard III. In: Gebesmair/Pittertschatscher (Hrsg.) 1995, S. 99-124.

Ders.: Von »Frost« (1963) zu »Auslöschung« (1986). Grundzüge des literarischen Schaffens Thomas Bernhards. Diss. (masch.), Leipzig 1989.

Heyl, Tobias: Zeichen und Dinge, Kunst und Natur. Intertextuelle Bezugnahmen in der Prosa Thomas Bernhards. Frankfurt/Main u.a. 1995 (=Münchener Studien zur literarischen Kultur in Deutschland 24).

Hodina, Peter: Die Karnevalisierung des großen Aufklärers. Thomas Bernhards Komödie »Immanuel Kant«. In: Die lustige Person auf der Bühne. Gesammelte Vorträge des Salzburger Symposions 1993. Hrsg. von Peter Csobádi u.a. Anif/Salzburg 1994 (=Wort und Musik 23), S. 751-768.

Höller, Hans: »Auslöschung« als Comedie humaine der österreichischen Geschichte, in: Gebesmair/Pittertschatscher (Hrsg.) 1995, S. 58-73.

Ders.: »Es darf nichts Ganzes geben«, und »In meinen Büchern ist alles künstlich«: Eine Rekonstruktion des Gesellschaftsbilds von Thomas Bernhard aus der Form seiner Sprache. In: Jurgensen (Hrsg.) 1981, S. 45-63.

Ders.: Der Kaiser, der Künstler und der Tod. Überlegungen zu Franz Grillparzer und Thomas Bernhard. In: Schmidt-Dengler/Huber (Hrsg.) 1987, S. 171-181.

Ders.: Kritik einer literarischen Form. Versuch über Thomas Bernhard. Stuttgart 1979 (= Stuttgarter Arbeiten zur Germanistik 50).

Ders.: Thomas Bernhard. Reinbek bei Hamburg 1993 (=rororo Monographien 504).

Ders.: Thomas Bernhards Theaterstück »Minetti«. Eine Untersuchung zur Sprachform, Rezeptionsstruktur und Tradition. In: Annali dell' Istituto di Lingue e Letteratura Germaniche, Università di Parma 1978/79, S. 163-178.

Ders.: Thomas Bernhard und Adalbert Stifter. Die Radikalisierung der Isolation und Todesfixierung von Stifters »Hagestolz«. In: Pittertschatscher/Lachinger (Hrsg.) 1985, S. 29-42 [Neuauflage Weitra 1994, S. 41-52].

Hörlezeder, Renate, Fritz Mühlbeck und Andreas Nowak: Die Erregungskurven. Eine empirische Untersuchung zur Resonanz Bernhards in den deutschsprachigen Printmedien 1963-1992. In: Bayer (Hrsg.) 1995, S. 229-238.

Hofmann, Kurt: Aus Gesprächen mit Thomas Bernhard. München 1991 (=dtv 11356).

Holzinger, Lutz: Erzählen als Krankheitsbericht. Der Fall Thomas Bernhard. In: Neues Forum 18 (1971), H. 208, S. 55f.

Huber, Martin: »Möglichkeitsfetzen von Erinnerung«. Zur Rezeption von Thomas Bernhards autobiographischer Pentalogie. In: Bayer (Hrsg.) 1995, S. 44-57.

Ders.: »Romanfigur klagt den Autor«. Zur Rezeption von Thomas Bernhards »Die Ursache. Eine Andeutung«. In: Schmidt-Dengler/Huber (Hrsg.) 1987, S. 59-110.

Ders.: Thomas Bernhards philosophisches Lachprogramm. Zur Schopenhauer-Aufnahme im Werk Thomas Bernhards. Wien 1992.

Ders.: Unterhaltung für Fortgeschrittene. Zur Rezeption Thomas Bernhards. In: Zeitschrift für studentische Forschung [Wien] 1 (1986), Sonderband Literatur: Österreichische Moderne, S. 147-168.

Huguet, Louis: Thomas Bernhard ou le Silence du Sphinx. Perpignan 1991 (=Cahiers de l'Université de Perpignan 11).

Huntemann, Willi: Artistik & Rollenspiel. Das System Thomas Bernhard. Würzburg 1990 (=Epistemata, Reihe Literaturwissenschaft 53).

Ders.: Fan-Post ins Jenseits. Anmerkungen zur posthumen Bernhard(iner)-Literatur. In: Bayer (Hrsg.) 1995, S. 153-162.

Ders.: »Treue zum Scheitern«. Bernhard, Beckett und die Postmoderne. In: Text + Kritik, H. 43, 3. Aufl. 1991, S. 42-74.

Ibsch, Elrud: Von Hypothese zu Korrektur. Die Widerlegung als Denk- und Gestaltungsprinzip in Thomas Bernhards »Korrektur«. In: Albrecht Schöne (Hrsg.): Kontroversen, alte und neue. Akten des VII. Internationalen Germanisten-Kongresses. Tübingen 1986, S. 186-191.

Ingen, Ferdinand van: Denk-Übungen. Zum Prosawerk Thomas Bernhards. In: Amsterdamer Beiträge zur neueren Germanistik 14 (1982): Studien zur österreichischen Erzählliteratur der Gegenwart. Hrsg. von Herbert Zeman, S. 37-86.

Jahraus, Oliver: Das ›monomanische‹ Werk. Eine strukturale Werkanalyse des Œuvres von Thomas Bernhard. Frankfurt/Main, Berlin, Bern, New York, Paris, Wien 1992 (=Münchener Studien zur literarischen Kultur in Deutschland 16).

Ders.: Die Wiederholung als werkkonstitutives Prinzip im Œuvre Thomas Bernhards. Frankfurt/Main, Bern, New York, Paris 1991 (=Europäische Hochschulschriften I/1257).

Jelinek, Elfriede: Der Einzige und wir, sein Eigentum. In: profil, 20.2.1989, S. 72f. [z.T. auch in Dreissinger 1991, 311].

Jooß, Erich: Aspekte der Beziehungslosigkeit. Zum Werk von Thomas Bernhard. Selb 1976 (= Münchner Dissertation).

Jurdzinski, Gerald: Leiden an der »Natur«. Thomas Bernhards metaphysische Weltdeutung im Spiegel der Philosophie Schopenhauers. Frankfurt/Main, Bern, New York, Nancy 1984 (= Europäische Hochschulschriften I/761).

Jurgensen, Manfred (Hrsg.): Bernhard: Annäherungen. Bern 1981 (= Queensland Studies in German Language and Literature 8).

Ders.: Die Sprachpartituren des Thomas Bernhard. In: ders. (Hrsg.) 1981, S. 99-122.

Ders.: Thomas Bernhard. Der Kegel im Wald oder die Geometrie der Verneinung. Bern, Frankfurt/Main, Las Vegas 1981a.

Kafitz, Dieter: Die Problematisierung des individualistischen Menschenbildes im deutschsprachigen Drama der Gegenwart (Franz Xaver Kroetz, Thomas Bernhard, Botho Strauß). In: Basis. Jahrbuch für deutsche Gegenwartsliteratur 10 (1980), S. 93-126.

Karasek, Hellmuth und Erich Böhme: »Ich könnte auf dem Papier jemand umbringen«. Der Schriftsteller Thomas Bernhard über Wirkung und Öffentlichkeit seiner Texte. In: Der Spiegel, 23.6.1980, S. 172-182 [auch in Dreissinger 1992, S. 68-88].

Kathrein, Karin: »Es ist eh alles positiv«. Thomas Bernhard über seine Bücher, seine Feinde und sich selbst. In: Die Presse, 22./23.9.1984, Beilage »spectrum«, S. 1 [auch in Dreissinger 1991, S. 187-191].

Kittler, Wolf: Todesarten. Literatur und Kybernetik in Thomas Bernhards »Jagdgesellschaft«. In: B. J. Dotzler (Hrsg.): Technopathologien. München 1992 (=Materialität der Zeichen A/7), S. 223-246.

Klug, Christian: Interaktion und Identität. Zum Motiv der Willensschwäche in Thomas Bernhards »Auslöschung«. In: Modern Austrian Literature 23 (1990), H. 3/4, S. 17-37.

Ders.: Thomas Bernhards Arbeiten für das Salzburger Demokratische Volksblatt 1952 bis 1954. In: Modern Austrian Literature 21 (1988), Nr. 3/4, S. 135-172.

Ders: Thomas Bernhards Theaterstücke. Stuttgart 1991 (=Metzler Studienausgabe).

Knapp, Gerhard P. und Frank Tasche: Die permanente Dissimulation. Bausteine zur Deutung der Prosa Thomas Bernhards. In: Literatur und Kritik 6 (1971), S. 483-496.

König, Josef: »Nichts als ein Totenmaskenball«. Studien zum Verständnis der ästhetischen Intentionen im Werk Thomas Bernhards. Frankfurt/Main, Bern, New York 1983 (= Europäische Hochschulschriften I/682).

Ders.: Schöpfung und Vernichtung. Über die Kopf-Metapher in Thomas Bernhards Roman »Das Kalkwerk«. In: Sprache im technischen Zeitalter 17 (1977), S. 231-241.

207

Kohlenbach, Margarete: Das Ende der Vollkommenheit. Zum Verständnis von Thomas Bernhards »Korrektur«. Tübingen 1986.

Kohlhage, Monika: Das Phänomen der Krankheit im Werk von Thomas Bernhard. Herzogenrath 1987.

Korintenberg, Georg: »Der Ignorant und der Wahnsinnige«. Psychoanalytische Bemerkungen zu einem Schauspiel von Th. BERNHARD. Unveröff. Typoskript, Freiburg 1974.

Kreuzwieser, Markus: Schauplatz – Textplatz. Eine literarische Wanderung. In: Gebesmair/Pittertschatscher (Hrsg.) 1995, S. 203-247.

Kucher, Gabriele: Thomas Bernhard: »Ungenach – Korrektur«. Zur Auflösung des geschichtlichen Seelenzustandes in der Gegenwartsliteratur. In: dies.: Thomas Mann und Heimito von Doderer: Mythos und Geschichte. Auflösung als Zusammenfassung im modernen Roman. Nürnberg 1981 (= Erlanger Beiträge zur Sprach- und Kunstwissenschaft 65), S. 220-228.

Lederer, Otto: Syntaktische Form des Landschaftszeichens in der Prosa Thomas Bernhards. In: Botond (Hrsg.) 1970, S. 42-67.

LeRider, Jacques: Der Fall Otto Weininger. Wurzeln des Antifeminismus und Antisemitismus. Wien 1985.

Lindenmayr, Heinrich: Totalität und Beschränkung. Eine Untersuchung zu Thomas Bernhards Roman »Das Kalkwerk«. Königstein/Ts. 1982 (= Hochschulschriften Literaturwissenschaft 50).

Löffler, Sigrid: Werch ein Illtum! In: konkret 1989, H. 4, S. 60-62 [Nachruf].

Madel, Michael: Solipsismus in der Literatur des 20. Jahrhunderts. Untersuchungen zu Thomas Bernhards Roman »Frost«, Arno Schmidts Erzählung »Aus dem Leben eines Fauns« und Elias Canettis Roman »Die Blendung«. Frankfurt/Main 1990.

Magris, Claudio: Geometrie und Finsternis. Zu Thomas Bernhards »Verstörung«. In: Etudes Germaniques 33 (1978), S. 282-297.

Maier, Wolfgang: Die Abstraktion vor ihrem Hintergrund gesehen. In: Botond (Hrsg.) 1970, S. 11-23.

Markolin, Caroline: Die Großväter sind die Lehrer. Johannes Freumbichler und sein Enkel Thomas Bernhard. Salzburg 1988.

Marquardt, Eva: Gegenrichtung. Entwicklungstendenzen in der Erzählprosa Thomas Bernhards. Tübingen 1990 (=Untersuchungen zur deutschen Literaturgeschichte 54).

Matt, Peter von: Unbekannter Dichter. In: Frankfurter Allgemeine Zeitung, 10. 8. 1991.

Mauch, Gudrun: Thomas Bernhards Roman »Korrektur«: Die Spannung zwischen dem erzählenden und dem erlebenden Erzähler. In: Österreich in Geschichte und Literatur 23 (1979), S. 207-219.

Dies.: Thomas Bernhards Roman »Korrektur«. Zum autobiographisch fundierten Pessimismus Thomas Bernhards. In: Amsterdamer Beiträge zur Neueren Germanistik 14 (1982): Studien zur österreichischen Erzählliteratur der Gegenwart. Hrsg. v. Herbert Zeman, S. 87-106.

Mennemeier, Franz Norbert: Poetische Reflexion und Ironie. Zu Thomas Bernhards Prosawerk »Die Billligesser«. In: Bartsch (Hrsg.) 1983, S. 158-167.

Meyerhofer Nicholas J.: Thomas Bernhard. Berlin 1985.

Michaelis, Rolf: Himmelssturz, Höllenflug. »Ein Kind«: Der 5. Band von Thomas Bernhards Jugenderinnerungen. Autobiographie als Erziehungsroman. In: Die Zeit, 4.6.1982a.

Ders.: Hohe Schule der Einsamkeit. Aus den Anfängen eines großen Schriftstellers: Thomas Bernhards frühe Prosa-Skizzen, Kurz-Erzählungen, poetische Miniaturen und Aphorismen »In der Höhe«. In: Die Zeit, 24. 3. 1989.

Ders.: Kunstkrüppel vom Übertreibungsspezialisten. Zu Bernhards Theaterstükken 1974-1982. In: Text + Kritik, H. 43, 2. Aufl. 1982b, S. 25-45.
Ders.: Verstörung durch Totentänze. In: Theater 1975. Sonderheft der Zeitschrift Theater heute. Bilanz und Chronik der Saison 74/75, S. 75-77.
Minetti, Bernhard: Spielen: Poesie mit Sinnlichkeit erfüllen. Ein Gespräch mit Olivier Ortolani. In: Theater heute 1984, H. 9, S. 17-25.
Mittermayer, Manfred: »Der Entwurf zur Welt sind wir selbst«. Zu Thomas Bernhards Prosa »Die Billigesser«. In: Gebesmair/Pittertschatscher (Hrsg.) 1995, S. 125-150.
Ders.: Ich werden. Versuch einer Thomas-Bernhard-Lektüre. Stuttgart 1988 (=Stuttgarter Arbeiten zur Germanistik 214).
Ders.: »Die schaurige Lust der Isolation«. Vorschläge zum Verständnis von Thomas Bernhards Schreiben. In: Pittertschatscher/Lachinger (Hrsg.) 1985, S. 64-88 [Neuaufl. Weitra 1994, S. 73-94].
Ders.: Strauch im Winter. Thomas Bernhards »Frost« als Inszenierung eines Ichzerfalls. In: Modern Austrian Literature 21 (1988), H. 3/4, 1-18.
Ders.: Die Weltstandpauke. Welttheater und Theaterwelt bei Thomas Bernhard. In: Welttheater, Mysterienspiel, rituelles Theater. »Vom Himmel durch die Welt zur Hölle«. Gesammelte Vorträge des Salzburger Symposions 1991. Hrsg. v. Peter Csobádi u.a. Anif/Salzburg 1992 (=Wort und Musik 15), S. 663-674.
Mixner, Manfred: Vom Leben zum Tode. Die Einleitung des Negationsprozesses im Frühwerk von Thomas Bernhard. In: Jurgensen (Hrsg.) 1981, S. 65-98.
Ders.: »Wie das Gehirn plötzlich nur mehr Maschine ist...« Der Roman »Frost« von Thomas Bernhard. In: Bartsch (Hrsg.) 1983, S. 42-68.
Moritz, Herbert: Lehrjahre. Thomas Bernhard – Vom Journalisten zum Dichter. Weitra 1992.
Müller, André: Im Gespräch mit Thomas Bernhard. Weitra 1992.
Neumeister, Sebastian: Der Dichter als Dandy. Kafka, Baudelaire, Thomas Bernhard. München 1973.
Noll, Alfred J.: »Holzfällen« vor dem Richter. Juristisches zu Bernhards Kunst und Lampersbergs Ehre. In: Bayer (Hrsg.) 1995, S. 191-210.
Obermayer, August: Der Locus terribilis in Thomas Bernhards Prosa. In: Jurgensen (Hrsg.) 1981, S. 215-230.
Petersen, Jürgen H.: Beschreibung einer sinnentleerten Welt. Erzählthematik und Erzählverfahren in Thomas Bernhards Romanen. In: Jurgensen (Hrsg.) 1981, S. 143-176.
Petrasch, Ingrid: Die Konstitution von Wirklichkeit in der Prosa Thomas Bernhards. Sinnbildlichkeit und groteske Überzeichnung. Bern 1986 (= Münchener Studien zur lit. Kultur in Deutschland 2).
Peymann, Claus: Thomas Bernhard auf der Bühne. In: Pittertschatscher/Lachinger (Hrsg.) 1985, S. 187-200 [Neuaufl. Weitra 1994, S. 187-199].
Pfoser, Alfred: Das Reiz-Reaktionsspiel. Thomas Bernhard und seine SkandalKunstwerke. Eine Chronik. In: Salzburger Nachrichten 4. 11. 1988.
Piechotta, Hans Joachim: »Naturgemäß«. Thomas Bernhards autobiographische Bücher. In: Text + Kritik, H. 43, 2. Aufl. 1982, S. 8-24.
Pikulik, Lothar: Heinar Kipphardt: »Bruder Eichmann« und Thomas Bernhard: »Vor dem Ruhestand«. Die »Banalität des Bösen« auf der (Welt-)Bühne. In: Deutsche Gegenwartsdramatik. Bd. l: Zu Theaterstücken von Thomas Brasch, Heiner Müller, Friederike Roth, Franz Xaver Kroetz, Heinar Kipphardt, Thomas Bernhard. Hrsg. von Lothar Pikulik, Hajo Kurzenberger, Georg Guntermann. Göttingen 1987 (= Kleine Vandenhoeck-Reihe 1520), S. 141-191.
Pittertschatscher, Alfred und Johann Lachinger (Hrsg.): Literarisches Kolloquium Linz 1984: Thomas Bernhard. Linz 1985 [Neuaufl. Weitra 1994].

Radax, Ferry: So ist Thomas Bernhard wirklich. In: Wochenpresse (Wien), 21.10.1988, S. 54-56.

Ders.: Thomas Bernhard und der Film. In: Pittertschatscher/Lachinger (Hrsg.) 1985, S. 201-213 [Neuaufl. Weitra 1994, S. 200-211].

Reich-Ranicki, Marcel: Thomas Bernhard. Aufsätze und Reden. Zürich 1990.

Reinhardt, Hartmut: Das kranke Subjekt. Überlegungen zur monologischen Reduktion bei Thomas Bernhard. In: GRM N.F. 26 (1976), S. 334-356.

Reiter, Andrea: »Die Bachmann [...] war halt eine gescheite Frau. Eine seltsame Verbindung, nicht?«. Das Bild der Frau in Thomas Bernhards Prosa. In: Die Rampe 1992, H. 2, S. 17-43.

Dies.: Thomas Bernhards »musikalisches Kompositionsprinzip«. In: Literatur Magazin 23. Reinbek bei Hamburg 1989, S. 149-168.

Rossbacher, Karlheinz: Quänger-Quartett und Forellen-Quintett. Prinzipien der Kunstausübung bei Adalbert Stifter und Thomas Bernhard. In: Bartsch (Hrsg.) 1983a, S. 69-90.

Ders.: Thomas Bernhard: »Das Kalkwerk« (1970). In: Paul Michael Lützeler (Hrsg.): Deutsche Romane des 20. Jahrhunderts. Neue Interpretationen. Königstein/Ts. 1983b, S. 372-387.

Sagmo, Ivav: »Denn wir alle sind in der Künstlichkeit aufgewachsen, in dem heillosen Zustand der Künstlichkeit (...)«. Zu Thomas Bernhards Prosabänden »Holzfällen« und »Alte Meister«. In: Text & Kontext 14 (1986), H. 2, S. 237-252.

Scheib, Asta: »Von einer Katastrophe in die andere«. Ansichten des Dichters Thomas Bernhard. In: Süddeutsche Zeitung, 17./18. 1. 1987 [auch in Dreissinger 1992, S. 136-153].

Scheichl, Sigurd Paul: Nicht Kritik, sondern Provokation. Vier Thesen über Thomas Bernhard und die Gesellschaft. In: Studii Tedeschi 22 (1979), H. 1, S. 101-119.

Schindlecker, Eva: »Holzfällen. Eine Erregung«. Dokumentation eines österreichischen Literaturskandals. In: Schmidt-Dengler/Huber (Hrsg.) 1987, S. 13-39.

Schings, Hans-Jürgen: Die Methode des Equilibrismus. Zu Thomas Bernhards »Immanuel Kant«. In: Hans Dietrich Irmscher und Werner Keller (Hrsg.): Drama und Theater im 20. Jahrhundert. Festschrift für Walter Hinck. Göttingen 1983, S. 432-445.

Schmidt-Dengler, Wendelin: »Analogia entis« oder das »Schweigen unendlicher Räume«? Theologische Themen bei Heimito von Doderer und Thomas Bernhard. In: Gott in der Literatur. Linz 1976, S. 93-107 [auch in: ders. 1986, S. 13-25].

Ders.: Bernhard-Scheltreden. Um- und Abwege der Bernhard-Rezeption. In: Pittertschatscher/Lachinger (Hrsg.) 1985, S. 89-112 [Neuaufl. Weitra 1994, S. 95-118; auch in: ders. 1986, S. 93-106].

Ders.: »Komödientragödien«. Zum dramatischen Spätwerk Thomas Bernhards. In: Gebesmair/Pittertschatscher (Hrsg.) 1995, S. 74-98 (in leicht veränderter Form: Die Tragödien sind die Komödien oder Die Unbelangbarkeit Thomas Bernhards durch die Literaturwissenschaft. In: Bayer [Hrsg.] 1995, S. 15-30).

Ders.: Thomas Bernhard. In: Dietrich Weber (Hrsg.): Deutsche Literatur der Gegenwart in Einzeldarstellungen, Bd. 2. Stuttgart 1977 (= Kröners Taschenausgabe 383), S. 56-76.

Ders.: »Der Tod als Naturwissenschaft neben dem Leben, Leben.« In: Botond (Hrsg.) 1970, S. 34-41 [auch in: ders. 1986, S. 7-12].

Ders.: Der Übertreibungskünstler. Studien zu Thomas Bernhard. Wien 1986 (2., erw. Aufl. 1989).

Ders.: Verschleierte Authentizität. Über Thomas Bernhards »Der Stimmenimitator«. In: Bartsch (Hrsg.) 1983, S. 124-147 [auch in: ders. 1986, S. 42-63].

Ders.: Von der Schwierigkeit, Thomas Bernhard zu lesen. Zu Thomas Bernhard »Gehen«. In: Jurgensen (Hrsg.) 1981, S. 123-142 [auch in: ders. 1986, S. 26-41].

Ders. und Martin Huber (Hrsg.): Statt Bernhard. Über Misanthropie im Werk Thomas Bernhards. Wien 1987.

Schönau, Walter: Thomas Bernhards »Ereignisse« oder Die Wiederkehr des Verdrängten. Eine psychoanalytische Interpretation. In: Wissen aus Erfahrungen. Werkbegriff und Interpretation heute. Festschrift für Herman Meyer zum 65. Geburtstag. Hrsg. v. Alexander von Bormann u.a. Tübingen 1976, S. 829-844.

Schuh, Franz: Ist Thomas Bernhard ein Faschist? In: protokolle 1981, H. 4, S. 19-22.

Ders.: Vranitzky, Bernhard und ich. In: Schmidt-Dengler/Huber (Hrsg.) 1987, S. 183-190. [Zuerst in Falter 1986, Nr. 20, S. 38f.]

Schweikert, Uwe: »Im Grunde ist alles, was gesagt wird, zitiert«. Zum Problem von Identifikation und Distanz in der Rollenprosa Thomas Bernhards. In: Text + Kritik 1974, H. 43: Thomas Bernhard, S. 1-8.

Sebald, W. G.: Wo die Dunkelheit den Strick zuzieht. Einige Bemerkungen zum Werk Thomas Bernhards. In: Literatur und Kritik 20 (1981), H. 155, S. 294-302 [auch in: ders.: Die Beschreibung des Unglücks. Zur österreichischen Literatur von Stifter bis Handke. Frankfurt/Main 1994 (=Fischer Taschenbuch 12151), S. 103-114].

Seiler, Manfred: Frege kommt in Frage. Anmerkungen zu Thomas Bernhards Drama »Ludwig und seine Schwestern«. In: Spectaculum 44. Frankfurt/Main 1987, S. 299-305.

Seydel, Bernd: Die Vernunft der Winterkälte. Gleichgültigkeit als Equilibrismus im Werk Thomas Bernhards. Würzburg 1986 (- Epistemata, Reihe Literaturwissenschaft 22).

Sorg, Bernhard: Kunst ja, Politik nein. Thomas Bernhard in Österreich. In: Gunter E. Grimm (Hrsg.): Metamorphosen des Dichters. Das Selbstverständnis deutscher Schriftsteller von der Aufklärung bis zur Gegenwart. Frankfurt/Main 1992a, S. 302-311.

Ders.: Das Leben als Falle und Traktat. Zu Thomas Bernhards »Der Weltverbesserer«. In: Bartsch (Hrsg.) 1983, S. 148-157.

Ders.: Thomas Bernhard. München 1977; 2., neubearb. Aufl. [enthält Teile der 1. Aufl. nicht mehr], München 1992b (=Beck'sche Reihe Autorenbücher 627).

Ders: Thomas Bernhard. In: Kritisches Lexikon zur deutschsprachigen Gegenwartsliteratur (Stand: 1.1.1990).

Steinmann, Siegfried: Sprache, Handlung, Wirklichkeit im deutschen Gegenwartsdrama. Studien zu Thomas Bernhard, Botho Strauß und Bodo Kirchhoff. Bern 1986.

Stieg, Gerald: Otto Weiningers »Blendung«. Weininger, Karl Kraus und der Brenner-Kreis. In: Otto Weininger. Werk und Wirkung. Hrsg. von Jacques LeRider und Norbert Leser. Wien 1984, S. 59-68.

Strebel-Zeller, Christa: Die Verpflichtung der Tiefe des eigenen Abgrunds in Thomas Bernhards Prosa. Zürich 1975.

Struck, Volker: »menschenlos«. Die Notwendigkeit der Katastrophe. Der utopische Schein im Werk Thomas Bernhards. Frankfurt/Main, Bern, New York 1985 (= Europäische Hochschulschriften I/762).

Strutz, Johann: »Wir, das bin ich.« Folgerungen zum Autobiographienwerk von Thomas Bernhard. In: Bartsch (Hrsg.) 1983, S. 179-198.

Text + Kritik 1974, H. 43: Thomas Bernhard [bisher 2 weitere Neuauflagen, 1982 und 1991].

Thorpe, Kathleen Elizabeth: Die schon verlorenen Spiele im Prosawerk Thomas Bernhards. Diss. (masch.) University of the Witwatersrand, Johannesburg 1981.

Tismar, Jens: Gestörte Idyllen. Eine Studie zur Problematik der idyllischen Wunschvorstellungen am Beispiel von Jean Paul, Adalbert Stifter, Robert Walser und Thomas Bernhard. München 1973 (= Literatur als Kunst).

Ders.: Thomas Bernhards Erzählerfiguren. In: Botond (Hrsg.) 1970, S. 68-77.

Tschapke, Reinhard: Hölle und zurück. Das Initiationsthema in den Jugenderinnerungen Thomas Bernhards. Hildesheim, Zürich, New York 1984.

Tunner, Erika: Absolutheitsstreben und Vernichtungsdrang oder die Kunst des Scheiterns. Reflexionen zum Werk von Thomas Bernhard. In: Revue d'Allemagne 8 (1976), S. 584-600.

Dies.: Die Thematik der Regression bei Thomas Bernhard. In: Austriaca 4 (1978), H. 7, S. 23-36.

Vellusig, Robert H.: Thomas Bernhard und »Wittgensteins Neffe«: Die Bewegung des Hinundher. In: Modern Austrian Literature 23 (1990), H. 3/4, S. 39-52.

Vogel, Juliane: Die Ordnung des Hasses. Zur Misanthropie im Werk Thomas Bernhards. In: Schmidt-Dengler/Huber (Hrsg.) 1987, S. 153-169.

Dies.: Die Gebetbücher des Philosophen − Lektüren in den Romanen Thomas Bernhards. In: Modern Austrian Literature 21 (1988), H. 3/4, S. 173-186.

Vom Hofe, Gerhard: Ecce Lazarus. Autor-Existenz und ›Privat‹-Metaphysik in Thomas Bernhards autobiographischen Schriften. In: duitse kroniek (Den Haag) 32 (1982), H. 4, S. 18-36.

Ders. und Peter Pfaff: Das Elend des Polyphem. Zum Thema der Subjektivität bei Thomas Bernhard, Peter Handke, Wolfgang Koeppen und Botho Strauß. Königstein/Ts. 1980.

Walitsch, Herwig: Thomas Bernhard und das Komische. Versuch über den Komikbegriff Thomas Bernhards anhand der Texte »Alte Meister« und »Die Macht der Gewohnheit«. Erlangen 1992.

Weber, Albrecht: Wittgensteins Gestalt und Theorie und ihre Wirkung im Werk Thomas Bernhards. In: Österreich in Geschichte und Literatur 25 (1981), S. 86-104.

Weinzierl, Ulrich: Bernhard als Erzieher. Thomas Bernhards »Auslöschung«. In: Paul Michael Lützeler (Hrsg.): Spätmoderne und Postmoderne. Beiträge zur deutschsprachigen Gegenwartsliteratur. Frankfurt am Main 1991, S. 186-196 [auch in: German Quarterly 63 (1990), S. 455-461].

Weiß, Gernot: Auslöschung der Philosophie. Philosophiekritik bei Thomas Bernhard. Würzburg 1993 (=Epistemata, Reihe Literaturwissenschaft 111).

Weiss, Walter: Franz Kafka − Thomas Bernhard. Ein Teil-Vergleich. In: London German Studies 2 (1983), S. 184-198.

Ders.: Thomas Bernhard − Peter Handke: Parallelen und Gegensätze. In: Pittertschatscher/Lachinger (Hrsg.) 1985, S. 1-17 [Neuaufl. Weitra 1994, S. 14-29].

Winkler, Jean-Marie: Aspekte moderner Anti-Dramatik. Vergleichende Betrachtungen zu Samuel Becketts »Endspiel« und Thomas Bernhards »Ein Fest für Boris«. In: Horst Turk (Hrsg.): Konvention und Konventionsbruch. Jahrbuch für internationale Germanistik 1992, S. 220-235.

Ders.: L'attente et la fête. Recherches sur le théâtre de Thomas Bernhard. Bern, Frankfurt/Main, New York, Paris 1989.

Woisetschläger, Karl und Joseph Gallus Rittenberg: Thomas Bernhard − eine Erbschaft. Nachfragen in Gmunden, Obernathal, Weinberg. In: Die Presse, 24./25. 6. 1989.

Zelinsky, Hartmut: Thomas Bernhards »Amras« und Novalis mit besonderer Berücksichtigung von dessen Krankheitsphilosophie. In: Botond (Hrsg.) 1970, S. 24-33.

Zeyringer, Klaus: Der Vorschimpfer und sein Chor. Zur innerliterarischen Bernhard-Rezeption. In: Bayer (Hrsg.) 1995, S. 129-152.
Zuckmayer, Carl: Ein Sinnbild der großen Kälte. In: Botond (Hrsg.) 1970, S. 81-88 [urspr.: Die Zeit, 21. 6. 1963.]

2.4 Weitere Texte

Artaud, Antonin: Das Theater und sein Double. Frankfurt/Main 1979 (=Fischer Taschenbuch 6451).
Bartsch, Kurt: Ingeborg Bachmann. Stuttgart 1988 (=Sammlung Metzler 242).
Beck, Dieter: Krankheit als Selbstheilung. Wie körperliche Krankheiten ein Versuch zu seelischer Heilung sein können. Frankfurt/Main 1981.
Beckett, Samuel: Fünf Spiele. Endspiel – Das letzte Band – Spiel – Spiel ohne Worte 1 und 2 – Glückliche Tage. Übers. von Elmar und Erika Tophoven. Frankfurt/Main 1970 (=Fischer Taschenbuch 7001).
Benjamin, Walter: Paul Valéry. Zu seinem 60. Geburtstag. In: ders.: Gesammelte Schriften. Hrsg. von Rolf Tiedemann und Hermann Schweppenhauser. Bd. II.1. Frankfurt/Main 1977, S. 386-390.
Böhme, Hartmut und Gernot Böhme: Das Andere der Vernunft. Zur Entwicklung von Rationalitätsstrukturen am Beispiel Kants. Frankfurt/Main 1983.
Broch, Hermann: Die Schlafwandler. Eine Romantrilogie. Frankfurt/Main 1978 (=suhrkamp taschenbuch 472).
Canetti, Elias: Die Blendung. Roman. Frankfurt/Main 1965 (=Fischer Taschenbuch 696).
Ders.: Masse und Macht. Frankfurt/Main 1980 (=Fischer Taschenbuch 6544).
Deutsch, Helene: Über einen Typus der Pseudoaffektivität (»Als ob«). In: Internationale Zeitschrift für Psychoanalyse 20 (1934), S. 323-335.
Diderot, Denis: Mystifikation oder Die Porträtgeschichte. Übers. von Pan Rova. In: Sinn und Form 8 (1956), S. 489-509.
Dostojewskij, Fjodor M.: Die Dämonen. Übers. von Marianne Kegel. München 1977 (=dtv 2027).
Ders.: Der Jüngling. Roman. Übers. von E.K. Rahsin. München, Zürich 1986 (=Serie Piper 404).
Eliot, T.S.: Collected Poems 1909-1962. London 1974.
Freud, Sigmund: Der Dichter und das Phantasieren. In: ders.: Gesammelte Werke, Bd. 7. 4. Aufl., Frankfurt/Main 1966, S. 213-223.
Ders.: Trauer und Melancholie. In: ders.: Gesammelte Werke, Bd. 10. 3. Aufl., Frankfurt/Main 1963, S. 428-446.
Friedländer, Saul: Kitsch und Tod. Der Widerschein des Nazismus. München 1984.
Gallas, Helga: Das Textbegehren des »Michael Kohlhaas«. Die Sprache des Unbewußten und der Sinn der Literatur. Reinbek bei Hamburg 1981 (= das neue buch 162).
Genet, Jean: Die Zofen. Übers. von Gerhard Hock. In: ders.: Alle Dramen. Reinbek bei Hamburg 1982 (= rororo 5115), S. 39-79.
Glaser, Hermann: Spießer-Ideologie. Von der Zerstörung deutschen Geistes im 19. und 20. Jahrhundert und dem Aufstieg des Nationalsozialismus. Erw. Ausg., Frankfurt/Main, Berlin, Wien 1979 (=Ullstein-Buch 3549).
Goethe, Johann Wolfgang: Die Wahlverwandtschaften. Mit einem Nachw. von Ernst Beutler. Stuttgart 1956 (=Universal-Bibliothek 7835).
Hamsun, Knut: Hunger. Roman. Übers. von J. Sandmeier und S. Angermann. München 1982.

Heins, Volker: Max Weber zur Einführung. Hamburg 1990.

Hochhuth, Rolf: Juristen. Reinbek bei Hamburg 1979.

Höller, Hans: Überlegungen zu einem Erklärungsmodell der österreichischen Sprachthematik. In: Akten des VI. Internationalen Germanisten-Kongresses Basel 1980, S. 499-506.

Höß, Rudolf: Kommandant in Auschwitz. Autobiographische Aufzeichnungen. Hrsg. von Martin Broszat. 8. Aufl., München 1981 (= dtv 2908).

Horkheimer, Max und Theodor W. Adorno: Dialektik der Aufklärung. Philosophische Fragmente. Frankfurt/Main 1971 (=Fischer Taschenbuch 6144).

Ibsen, Hendrik: Die Wildente. Übers. von Bernhard Schulze. In: ders.: Dramen. Berlin 1977, S. 535-642.

Jacobson, Edith: Das Selbst und die Welt der Objekte. Frankfurt/Main 1973.

James, Henry: From The Art of Fiction (1884). In: English Theories of the Novel. Vol. III: Nineteenth Century. Edited by Elke Platz-Waury. Tübingen 1972 (= English Texts 9), S. 91-95.

Janik, Dieter: Die Kommunikationsstruktur des Erzählwerks. Ein semiologisches Modell. Bebenhausen 1973 (=Thesen und Analysen 3).

Kafka, Franz: Der Proceß. Roman, in der Fassung der Handschrift. Hrsg. von Malcolm Pasley. Frankfurt/Main 1993.

Kernberg, Otto F.: Borderline-Störungen und pathologischer Narzißmus. 4. Aufl., Frankfurt/Main 1980 (= Literatur der Psychoanalyse).

Kierkegaard, Sören: Die Krankheit zum Tode. Furcht und Zittern. Die Wiederholung. Der Begriff der Angst. Hrsg. von Hermann Diem und Walter Rest. München 1976 (=dtv 6070).

Kleist, Heinrich von: Sämtliche Werke und Briefe. Hrsg. von Helmut Sembdner. 2 Bde. München 1970.

Kohut, Heinz: Narzißmus. Eine Theorie der psychoanalytischen Behandlung narzißtischer Persönlichkeitsstörungen. 2. Aufl., Frankfurt/Main 1979 (= suhrkamp taschenbuch wissenschaft 157).

Lacan, Jacques: Das Spiegelstadium als Bildner der Ichfunktion wie sie uns in der psychoanalytischen Erfahrung erscheint. In: ders.: Schriften, Bd. 1. Olten, Freiburg 1973, S. 61-70.

Laing, Ronald D.: Das geteilte Selbst. Eine existentielle Studie über geistige Gesundheit und Wahnsinn. Reinbek bei Hamburg 1976 (= rororo 6978).

Ders.: Das Selbst und die Anderen. Reinbek bei Hamburg 1977 (= rororo 7105).

Lang, Hermann: Die Sprache und das Unbewußte. Jacques Lacans Grundlegung der Psychoanalyse. Frankfurt/Main 1973.

Lavrin, Janko: Dostojevskij. Reinbek bei Hamburg 1963 (=rororo Monographien 88).

Lebert, Hans: Die Wolfshaut. Roman. Frankfurt/Main 1993 (=Fischer Taschenbuch 11497).

Lermontow, Michail: Ein Held unserer Zeit. Übers. von Johannes von Guenther. Stuttgart 1969 (= Universal-Bibliothek 968-70).

Lévi-Strauss, Claude: Die elementaren Strukturen der Verwandtschaft. 2. Aufl., Frankfurt/Main 1984.

Liessmann, Konrad Paul: Kierkegaard zur Einführung. Hamburg 1993.

Magris, Claudio: Der habsburgische Mythos in der österreichischen Literatur. Salzburg 1966.

Ders.: Der unauffindbare Sinn. Zur österreichischen Literatur des 20. Jahrhunderts. Klagenfurt 1978 (= Klagenfurter Universitätsreden 9).

Mann, Thomas: Bruder Hitler. In: ders.: Gesammelte Werke in 12 Bänden, Bd. XII: Reden und Aufsätze 4. Frankfurt/Main 1960, S. 845-852.

Marquard, Otto: Identität: Schwundtelos und Mini-Essenz – Bemerkungen zu einer Genealogie einer aktuellen Diskussion. In: ders. und Karlheinz Stierle (Hrsg.): Identität. München 1979 (= Poetik und Hermeneutik 8), S. 347- 359.

Mozart, Wolfgang Amadeus: Die Zauberflöte. Oper in zwei Aufzügen. Dichtung von Emanuel Schikaneder. Hrsg. und eingeleitet von Wilhelm Zentner. Stuttgart 1969 (= Universal-Bibliothek 2620).

Musil, Robert: Drei Frauen. Reinbek bei Hamburg 1952 (=rororo 64).

Ders.: Der Mann ohne Eigenschaften. Roman. Reinbek bei Hamburg 1978.

Neumann, Gerhard: Franz Kafka. In: Handbuch der deutschen Erzählung. Hrsg. von Karl Konrad Polheim. Düsseldorf 1981, S. 448-460.

Ders.: Heinrich von Kleist. In: Gunter E. Grimm und Frank Rainer Max (Hrsg.): Deutsche Dichter 5. Romantik, Biedermeier und Vormärz. Stuttgart 1989 (=Universal-Bibliothek 8615), S. 133-179.

Niederland, W.G.: Klinische Aspekte der Kreativität. In: Psyche 23 (1969), S. 900-928.

Nietzsche, Friedrich: Werke in 3 Bdn. Hrsg. von Karl Schlechta. München 1954ff.

Novalis: Schriften. Die Werke Friedrich von Hardenbergs in 4 Bänden. Hrsg. von Paul Kluckhohn und Richard Samuel. Stuttgart 1960ff.

Pascal, Blaise: Gedanken. Eine Auswahl. Hrsg. und übers. von Ewald Wasmuth. Stuttgart 1979 (=Universal-Bibliothek 1621).

Paul, Jean: Blumen-, Frucht- und Dornenstücke oder Ehestand, Tod und Hochzeit des Armenadvokaten F. St. Siebenkäs. Hrsg. von Walter Höllerer und Norbert Miller. München, Zürich 1986 (=Serie Piper 571).

Rank, Otto: Das Inzest-Motiv in Dichtung und Sage. Grundzüge einer Psychologie des dichterischen Schaffens. 2. Aufl., Leipzig und Wien 1926.

Reichel, Peter: Der schöne Schein des Dritten Reiches. Faszination und Gewalt des Faschismus. München 1991.

Richter, Horst-Eberhard: Patient Familie. Entstehung, Struktur und Therapie von Konflikten in Ehe und Familie. Reinbek bei Hamburg 1970.

Sartre, Jean-Paul: Geschlossene Gesellschaft. Stück in einem Akt. Übers. von Traugott König. Reinbek bei Hamburg 1986 (=rororo 5769).

Ders.: Der Idiot der Familie. Gustave Flaubert 1821-1857. I. Die Konstitution. Reinbek bei Hamburg 1977 (=das neue buch 78).

Ders.: Der Idiot der Familie. Gustave Flaubert 1821-1857. IV. Objektive und subjektive Neurose. Reinbek bei Hamburg 1980 (=das neue buch 132).

Ders.: Die Wörter. Übers. von Hans Mayer. Reinbek bei Hamburg 1968 (=rororo 1000).

Schipperges, Heinrich: Krankwerden und Gesundsein bei Novalis. In: Richard Brinkmann (Hrsg.): Romantik in Deutschland – Ein interdisziplinäres Symposion. Stuttgart 1978 (= Sonderband der DVjs), S 226-242.

Schopenhauer, Arthur: Die Welt als Wille und Vorstellung I. u. II, jeweils 2 Teilbde. Zürich 1977 (=Zürcher Ausgabe, Bde. 1-4, detebe-Klassiker 20421-20424).

Shakespeare, William: 27 Stücke in der Übersetzung von Erich Fried. Hrsg. von Friedmar Apel. Berlin 1989; daraus: Richard III., Bd. 1, 9-90; König Lear, Bd. 3, S. 145-223.

Sloterdijk, Peter: Kritik der zynischen Vernunft. Frankfurt/Main 1983 (=edition suhrkamp 1099).

Sontag, Susan: Krankheit als Metapher. Frankfurt/Main 1981 (=Fischer Taschenbuch 3823).

Starobinski, Jean: 1789. Die Embleme der Vernunft. Hrsg. und mit einem Vorwort versehen von Friedrich A. Kittler. Paderborn, München, Wien, Zürich 1981 (=UTB 1150).

Stork, Jochen: Die Bedeutung des Vaterbildes in der frühkindlichen Entwicklung. In: ders. (Hrsg.): Fragen nach dem Vater. Französische Beiträge zu einer psychoanalytischen Anthropologie. Freiburg, München 1974 (= Alber Broschur Philosophie), S. 259-302.
Strindberg, August: Totentanz. Übers. von Willi Reich. Stuttgart 1975 (=Universal-Bibliothek 8860).
Sylvester, David: Gespräche mit Francis Bacon. München 1982.
Syring, Marie Louise: Kunst und moderne Psychoanalyse. Das Spiegel-Stadium. In: Kunstforum International 1981, H. 43, S. 49-77.
Theweleit, Klaus: Männerphantasien. Bd 1: Frauen, Fluten, Körper, Geschichte. Bd. 2: Männerkörper – zur Psychoanalyse des weißen Terrors. Reinbek bei Hamburg 1980 (= rororo 7299, 7300).
Tschechow, Anton: Der Kirschgarten. Übers. von Johannes von Guenther. Stuttgart 1974 (=Universal-Bibliothek 7690).
Valéry, Paul: Herr Teste. Übers. von Max Rychner. Frankfurt/Main 1974 (= Bibliothek Suhrkamp 162).
Weininger, Otto: Geschlecht und Charakter. Eine prinzipielle Untersuchung. [Nachdruck] München 1980.
Ders.: Über die letzten Dinge. Mit einem biographischen Vorwort von Dr. Moriz Rappaport. 3. Aufl., Wien und Leipzig 1912.
Wellershoff, Dieter: Literatur und Lustprinzip. Essays. Köln 1973.
Wiederkehr-Benz, Katrin: Kohut im Überblick. In: Psyche 36 (1982), S. 1-16.
Wittgenstein, Ludwig: Tractatus logico-philosophicus. Logisch-philosophische Abhandlung. 13. Aufl., Frankfurt/Main 1978 (= edition suhrkamp 12).
Wolfe, Thomas: Herrenhaus. Übers. von Peter Sandberg. In: ders.: Willkommen in Altamont! Herrenhaus. Zwei Dramen. Reinbek bei Hamburg 1962 (=rororo 516), S. 87-158.
Worringer, Wilhelm: Abstraktion und Einfühlung. Ein Beitrag zur Stilpsychologie. 8. Aufl., München 1919.
Wuchterl, Kurt und Adolf Hübner: Ludwig Wittgenstein. Reinbek bei Hamburg 1979 (=rororo Monographien 275).

Titelregister

Aufgenommen wurden ausschließlich Texte von Thomas Bernhard.
Wenn dem jeweiligen Text ein eigener Abschnitt gewidmet ist, wird
die entsprechende Seitenangabe hervorgehoben.

Namenregister

Dieses Register enthält die Namen von Personen, auf die im Zusammenhang mit Bernhards Werk Bezug genommen wird. AutorInnen von Sekundärliteratur wurden nicht aufgenommen.

Angaben zum Autor

Manfred Mittermayer, geb. 1959; Studium der Germanistik, Anglistik und Philosophie in Salzburg; Promotion über Thomas Bernhard, seit 1984 Lehrtätigkeit an der Universität Salzburg.

Printed in the United States
By Bookmasters